건강한 목회를 통해 세워가는
건강한 교회

건강한 목회를 통해 세워가는 건강한 교회

김덕수 지음

도서출판 대서

건강한 목회를 통해 세워가는 건강한 교회

2020년 4월 25일 재개정판 1쇄 발행

지은이 : 김덕수
펴낸이 : 장대윤

펴낸곳 : 도서출판 대서
서울 서초구 방배동 981-56
Tel 583-0612
Fax 583-0543
daiseo1216@hanmail.net

등록 제22-2411호
ISBN 979-11-86595-60-2   03230

Copyright ⓒ 2020 김덕수
책값은 뒤표지에 있습니다.

저작권법에 의하여 무단전재와 복제를 금합니다.
잘못된 책은 바꿔드립니다.

이 책을 펼친 주님 안의 동역자들에게…

　필자가 가르치는 뜨거운 열정을 지닌 신학생들 중에서 '나는 설교에 목숨 걸겠다'는 말을 하는 사람들을 종종 본다. 어떤 목사님은 확신에 찬 목소리로 '예배가 살면 교회가 산다'고 한다. 물론 '무릎으로, 기도로 목회를 해야 한다'거나 '전도하지 않는 교회는 성장하지 않는다'는 말도 자주 듣는다. 모두 맞는 말이다.

　그러나 설교만 잘하면, 기도만 열심히 하면 교회가 성장하는가? 현상적으로, 대형 교회 목회자들은 대부분 설교를 잘하고, 기도도 열심히 하고, 신유의 은사를 갖고 있기도 하기 때문에 어느 한 부분을 강조할 수도 있다. 그러나 나는 설교를 누구보다 잘하지만 그리 성장하지 못하는 교회도 보았다. 뿐만 아니라, 누구보다 많이 뜨겁게 기도하는 목사님도 알지만 그 교회는 지속적으로 자라지 못하고 있다. 전도자의 은사를 가졌지만, 교회는 어느 선을 넘어가지 못하는 경우도 많이 보았다.

건강하게 자라는 교회는 어떤 한 가지만 잘한다고 되는 것이 아니라, 여러 가지 균형 잡힌 목회적 요소들을 골고루 가지고 있어야 한다는 것이 연구 결과 밝혀졌다.

교회는 조직체가 아니라 생명체요 몸이기 때문에, 하나님께서 만드신 여러 생명체들과 마찬가지로 여러 영양소가 균형 있게 공급될 때 건강하게 자라는 것이다. 그리스도의 몸인 교회는 영적이지만, 이 땅에서 사람들로 구성된 가시적 공동체이므로 영적 요소와 함께 목회적으로 다양한 요소들을 갖춰야 하는 것이다.

크리스티안 A. 슈바르츠는 건강한 교회의 요소들을 『자연적 교회 계발(Natural Church Development)』이란 저서를 통해 8가지 질적 특성(사역자를 세우는 지도력, 은사 중심적 사역, 열정적 영성, 기능적 조직, 영감있는 예배, 전인적 소그룹, 필요 중심적 전도, 사랑의 관계)으로 제시했다. 또한 스티븐 A. 매키아 역시 『건강한 교회를 만드는 10가지 비결(Becoming A Healthy Church)』이란 저서를 통해 그것이 무엇인가를 밝혀낸 바 있다.

이런 특성을 가진 목회를 하면 교회는 건강해지고, 건강한 교회는 자연적으로 자라나게 된다는 것이 생명체적 원리이다. 교회의 성장은 건강한 목회로 인해 생겨난 건강한 교회의 열매이지 인위적으로 조작하고 수단과 방법을 가리지 않고 인간이 만들어내야 하는 일이 아님을 목회자는 잊어서는 안된다.

이런 건강한 교회 계발 방식은 도널드 맥가브란과 피터 와그너를 통해 전세계에 보급된 전통적인 교회성장학파와 그 접근방법에 있어서 궤를 달리하며 이제 교회성장운동의 대안이 되고 있다.

물론 원래 교회성장 운동의 출발점은 선교지향적이었으며 그들이 꿈꿨던 것도 교회의 성장을 통한 하나님 나라의 확장이었다. 그러나 오늘날의 교회성장 운동은 그 동기와 목적은 어디론가 사라지고, 자신의 왕국을 키워가는 수단과 방법론으로 사용되고 있는 것이 문제이다. 혹자는 그 테두리 안에서 나만 잘하면 된다고 생각하지만, 찢어진 우산 아래서 계속 비를 맞으며 목회라는 평생 마라톤을 하겠다는 것은 어리석은 일이다. 성경적인 원리를 발견했다면, 새 포도주는 새 부대에(막 2:22) 담아야 한다는 것이 우리 주님 예수 그리스도께서 말씀하시는 목회의 지혜이다. 그러므로 그 낡은 우산에서 담대하게 벗어나서, 성경적이며 참으로 건전한 목회의 원리를 찾아 건강한 목회를 통해 하나님과 세상 앞에 부끄러울 것이 없는 건강한 교회를 세워가는 여행을 떠나야 할 것이다.

이 책은 《목회와 신학》과 각종 신학 저널 혹은 여러 목회 연구소 기관지 등에서 한국교회 목회자들을 위해 제시한 문제들에 대한 답변으로 필자가 쓴 글들을 모은 것이다. 그래서 어떤 곳에 실렸던 글이라도 모두 현실 교회의 문제에 대한 분석과 그 대안, 그리고 교회라는 목회 현장에서 어떻게 해야 할 것인가 하는 실제적인 제안을 하려고 노력한 것이며, 현장 목회자들을 염두에 두고 썼다. 건강한 교회를 만들기 위한 건강한 목회의 각 주제에 대해 모두 다 다룬 것은 아니지만, 부딪힌 문제에 대해서는 지면이 허락하는 한에서 포괄적인 제안을 해보려고 했던 것들이다. 필자는 신학대학원 교수이지만 교수 사역을 하기 전에 했던 십수 년간의 목회경험이 끊임없이 나를 몰아가, 쉴 새 없이 연구실과 강의실을 너머 목회 현장을 넘나들려고 했던 조그만 노력의 산물이다.

  아무쪼록 이 책이 우리 목회 현장에서 가장 자주 부딪히고, 문제로 느꼈던 점들에 대한 해결의 길잡이요, 바른 목회, 건강한 목회의 길을 걷기 원하는 동료 목회자들을 위한 작은 지침이 되기를 소망하며 간절한 기도의 손에 담아 내놓는다.

백석대학교 신학대학원 방배동 연구실에서
김덕수

목차

이 책을 펼친 주님 안의 동역자들에게… _ 5

Chapter 01 단순한 교회성장에서
건강한 교회 만들기로의 패러다임 전환

건강한 교회, 건강한 목회란 무엇? _ 13
퇴락하는 한국교회를 바로 세우기 위한 교회 분립개척 배가인가 _ 55

Chapter 02 건강한 목회의 기본-
삶의 변화를 일으키는 성경적 설교

말씀을 듣는 능력과 사역 _ 89
개혁주의 설교- 삶의 변화를 일으키는 설교 _ 93
이동원 목사의 설교 세계 _ 117
강해설교에 대한 오해와 바른 강해설교의 본질 회복 _ 127

Chapter 03 건강한 교회의 얼굴-
하나님의 영광과 임재가 나타나는 예배

예배 변혁을 위한 일곱 가지 제안 _ 155
포스트모던 시대 예배 갱신을 위한 제안 _ 173

Chapter 04 건강한 교회의 골격- 소그룹과 셀사역

셀목회와 교회 성장 _ 197
한국교회를 위한 소그룹 사역 방식을 찾아서… _ 207
셀사역은 장로교회를 침례교회로 바꿔야만 가능한가? _ 222
전통교회의 셀교회로의 전환 _ 235
리더십 측면에서 본 셀사역 _ 260
셀교회 운동과 가정교회 운동, 그리고 이머징교회와 미셔널 교회 운동의 추구점과 본질 _ 269

Chapter 05 건강한 교회를 위한 일꾼 세우기-
제직선발과 훈련
　　양육과 은사 관점에서 본 제직 선출과 제직 훈련 _ 315

Chapter 06 건강한 목회의 토대- 영성에 기초한 목회
　　가톨릭 영성과 차별성 있는 개혁주의 영성 확립을 위한 목회적 제안 _ 335

Chapter 07 건강한 교회를 세우기 위한 핵심요소-
성경적 리더십
　　성경적 리더십의 독특성과 차별성의 기반 _ 363
　　현대 목회환경에 적합한 성경적 리더십 (1) _ 394
　　현대 목회환경에 적합한 성경적 리더십 (2) _ 404
　　성공적인 팀목회를 위한 목회자의 역할 _ 412

Chapter 08 건강한 교회의 표현- 현대사회에 맞는 전도
　　현대 전도운동에 대한 검토와 21세기를 위한 효과적 전도 제안 _ 431

Chapter 09 종합적 진단과 실제적 제안-
Test Case: 한국의 장로교회의 경우
　　한 세기를 보낸 한국 장로교회의 발전을 위한 목회신학적 분석과 제안 _ 489

Appendix 부록
　　지성과 감성 그리고 신앙의 조화, 조나단 에드워즈 _ 523

Footnote 미주 _ 529

Chapter 01

단순한 교회성장에서 건강한 교회 만들기로의 패러다임 전환

단순한 교회성장에서
건강한 교회 만들기로의 패러다임 전환

건강한 교회, 건강한 목회란 무엇인가?

우리는 이런 저런 멋진 소리를 잘하지만, 솔직히 말하자면 목회자의 최대 관심은 교회의 성장일 것이다. 교회성장은 하나님의 뜻이라는 구호에 매혹되어 대다수의 목회자들은 안 그런 척 하면서도 교회성장 운동에 열을 올려온 것이 사실이다. 그러나 많은 교회들이 양적으로 성장했지만, 교회성장운동에 따른 여러 가지 문제점을 느끼고 나서 이제 새로운 시각으로 이에 대해 돌아보게 되었다. 교회성장운동의 진원지였던 풀러신학교(Fuller Theological Seminary)도 오래 전부터 그 문제점을 인식하여 맥가브란과 피터 와그너의 퇴진 후에 후진 학자들은 더 이상 전통적인 교회성장학을 가르치고 있지 않다.

그럼 무엇이란 말인가? 교회성장운동의 문제점을 극복하고 대안으로 제시된 것은 무엇인가?

성경을 제외하고 전 세계에서 가장 많이 팔린 책으로 꼽히는 '목적이 이끄는 삶'의 저자인 릭 워렌 목사가 목회에 관해 쓴 가장 실제적이며 뛰어난 책 중의 하나로 여겨지는 '새들백교회 이야기(원제목은 The Purpose Driven Church이다)'에서 그는 "21세기 교회의 핵심 이슈는 교회의 성장이 아닌 교회의 건강이다"[1]라고 바르게 지적을 했다. 전 세계 교회의 주목을 받아왔던 새들백교회는 전통적인 교회성장 운동의 결과가 아닌, 바로 이런 관점 즉 '건강한 교회'에 대한 신학의 산물이다. 릭 워렌이 잘 이해한 것처럼 "성장에만 초점을 맞추는 것은 문제의 핵심을 놓치는 것이다. 교인들이 건강하다면 그들은 하나님이 의도하신 대로 자라난다. 건강한 교회는 성장하기 위해 잔재주를 부릴 필요가 없다. 그것은 자연스럽게 성장한다[2]"는 사실을 목회자들은 깨달아야 할 것이다.

이런 관점은 어디서 나온 것일까? 그것은 릭 워렌목사 역시 풀러신학교의 목회학박사 과정을 마친 사람임을 알면 분명해질 것이다. 풀러신학교는 이제 '교회성장운동'을 넘어서 '건강한 교회'란 관점을 일깨워 준지 오래기 때문이다. 릭 워렌이 "살아 있는 생명체들이 건강하다면 자라나는 것은 당연하다... 교회는 몸이지 사업체가 아니다. 그것은 생명체이지 조직이 아니다."[3]라며 생명체로서의 교회의 건강성을 강조하는 것은, 역시 풀러신학교에서 연구했던 크리스티안 A. 슈바르츠의 '자연적 교회 계발 (원제는 Natural Church Development이나 국내에는 '자연적교회성장'으로 번역되었다. 고 옥한흠목사가 적극 추천했었다.)[4]'운동에서 잘 확대 증언되고 있다.

지금까지 간단하게 그 흐름을 짚어 본 것처럼, 이제 단순히 교회성장이 아니라, 생명체인 교회의 자연적이고 유기적인 발전단계를 이해하고 교회가 스스로 자라갈 수 있도록 건강성을 유지해주는 것이 중요하다는 것을 우리는 분명하게 알고, 거기서 모든 논의가 시작되어야 한다. 이것은 교회 성장에만 매달려 있던 목회자들에게는 일종의 패러다임 전환이라 할 수 있을 것이다.

21세기에 걸맞은 목회 패러다임으로의 변화

미국의 유수한 신학대학원에서 조사해 보니 대부분의 신학생들은 대교회 출신이라는 결과가 있었다. 그들은 신학교에서 항상 대형교회의 상황을 전제로 공부하고, 졸업 후에 그런 교회를 목회할 것으로 생각한다. 그런데 졸업 후의 실상은 졸업생 중 극히 일부만을 제외하고는 대부분이 작은 교회에서 목회를 하게 된다는 것이다. 그 때 발견하게 되는 것은 혼자서 모든 것을 해결해야 하는 작은 교회나 개척교회에서 사역할 준비가 안되어 있는 자신의 모습이며, 그 당황스러움은 곧 사역에 대한 절망감으로 변한다는 것이다.

그럼 우리나라의 경우는 다를까? 더하면 더하지, 크게 다르지 않다고 생각한다. 국내 교회의 대다수를 차지하고 있는 소위 개척교회와 소형 교회 목회자들은 신학교 시절 가졌던 멋진 교회상은 사역을 시작한지 몇 년이 되지 않아 너무나 이상적인 꿈이었음을 발견하게 된다. 그들 중 일부는 현실에 적응하며 처절한 목회환경에서 살아남기 위해 이제 교회성장을 위해서라면 무엇이든 할 태세로 탈바꿈하게 된다.

게다가 소위 성공했다는 대형교회 목회자들은 대부분 신학교가 목회를 위해 가르쳐준 것이 무엇이냐고 대놓고 말한다. 심한 경우, 그들은 자신의 성공 경험을 신학보다 더 확신있게 주장하며 심지어는 성경적인 목회와 성경이 말하는 교회는 이런 것이라고 하면 코웃음 치기도 한다. 아마도 그들이 다니던 시절, 신학교에서 잘못 가르쳤든지 그들이 신학교 다닐 때 공부를 제대로 안했을 것이라고 생각된다. 나는 미국의 유명교회 목사들 상당수가 자신들이 다녔던 신대원에 대한 감사를 표현하는 것을 많이 보았기 때문이다.

그러나 13년간 미국과 한국의 교회들에서 목회를 해보고 이제 12년간 신대원교수로 섬기며 부정할 수 없는 것은, 신학교에서 보는 현장 즉 교회는 신학이 없는 목회요 실리적 사역일 뿐이며, 교회에서 보는 신학교는 현실성이 없는 신학만 가르치고 사역에 도움이 안되는 교육이라는 비난이 어느 정도 사실이라는 점이다.

사실 사역자들이 실제로 사역해야 할 현실은 21세기 첨단 문화 속의 사회요, 그 가운데서 급격하게 변하는 사람들을 위한 것인데, 목회자들은 아직도 19세기 이전의 농경문화와 20세기 산업사회 모델의 목회방식만 답습하고 있다. 게다가 앞에서도 언급한 것처럼 성공한 대형교회의 목회방식은 대다수의 소형교회에는 적절하지도 않다.

슈바르츠를 주축으로 한 '자연적교회성장' 그룹이나, 고든콘웰신학교의 스티븐 A. 매키아[5]를 중심으로 한 '비전 뉴잉글랜드' 그룹 모두 초대형교회만이 아니라 중소형교회를 포함한 건강한 교회들을 포괄적으로 연구 조사한 결과 건강한 교회들의 특징과 요소들을 이미 밝혀낸 바 있다.

자연적 교회 발전(NCD) 방식에 대한 C. 슈바르츠의 연구 결과는 최소치 원리와 6가지 생명체 원리 등도 주목할 만하지만, 건강한 교회들이 갖고 있는 8가지 질적 특성을 찾아낸 데에 의의가 있다.

그것은 1. 사역자를 세우는 지도력, 2. 은사 중심적 사역, 3. 열정적 영성, 4. 기능적 조직, 5. 영감넘치는 예배, 6. 전인적 소그룹, 7. 필요 중심적 전도, 8. 사랑의 관계이다.

우리나라의 중소 교회나 교회 개척자들에게 사실 더 도움이 되는 연구는 스티븐 매키아의 미국 교회 개척의 무덤으로 여겨졌던 뉴잉글랜드 지역에 개척된 교회 중에 살아 남아 건강하게 자라간 교회들을 연구해서 찾아낸 건강한 교회의 10가지 특징인데 그것은,

1. 하나님의 권능을 주시는 임재, 2. 하나님을 영화롭게 하는 예배, 3. 영적인 훈련, 4. 공동체 안에서의 배움과 성장, 5. 사랑과 관심이 넘치는 관계를 맺고자 하는 열심, 6. 청지기 리더십의 개발, 7. 교회 밖에 초점을 맞추기, 8. 지혜로운 행정과 책임, 9. 그리스도의 몸과의 네트워킹, 10. 청지기 정신과 관용이다. 여기서 1~3은 하나님과의 관계에서 나타난 특징이고, 4~6은 하나님의 가족인 성도들과의 관계에 관련된 것이고, 7~10은 하나님 가족 밖의 사람들과의 관계와 사역, 행정에 관련된 것인데 슈바르츠의 8가지 질적 특성과 크게 다르지 않고 그것을 좀더 구체적이고 세부적으로 표현한 것으로 볼 수도 있다.

이처럼 성경적인 교회상과 성경적인 건강한 목회에 대한 계발은 그 어느 때보다 빠르게 일어나고 있지만, 대부분의 목회자들은 그것을 알지도 따라가지도 못하고 있다.

그저 어느 교회가 성공했더라, 어느 유명 교회 목사가 세미나를 한다더라, 어떤 프로그램이 좋더라는 소문만 뒤쫓아 다니며 이 세미나 저 세미나를 듣고, 이렇게 저렇게 교회를 바꿔보지만 목회의 본질을

바꾸지 않고 남의 프로그램만 돌리는 것은 헛수고일 뿐이다.

목회 패러다임 전환의 필요성

사실 최근, 목회에도 큰 변화가 일어나고 있다. 그러나 그것은 효과적 사역 프로그램의 변화 정도가 아니라, 근본적인 목회 패러다임의 전환이라고 까지 할 정도이다.

그것을 이해하고 대처한 교회들이 바로 오늘날 미국은 물론 국내에도 최근 20-30년 이내에 새롭게 부상하고 사람들에게 거론되고 있는 교회들이다(전통적인 대형교회들을 말하는 것이 아니다.).

혹자는 영원한 복음을 전하는 목회가 뭐가 달라질게 있냐, 무슨 패러다임의 전환이냐고 하겠지만 그것은 조선시대와 구한말의 유림의 주장과 조정 대신들의 주장과도 비슷하다.

1968년 까지만 해도, 어느 나라가 1990년대 세계 시계 제조업계를 지배할까라고 물으면 누구나 다 스위스라고 대답했었다. 왜냐하면 그 때에는 세계에서 가장 우수한 시계를 생산하던 나라, 세계 시계업계를 지배하던 나라는 우수한 미세한 톱니바퀴와 태엽 등을 잘 만들던 정밀시계공업의 스위스였기 때문이다. 그러므로 누구든지 갖고 싶은 시계는 당연히 스위스 시계였다. 누구나 의심 없이 그렇게 대답했을 것이다. 실제로 스위스 시계업계는 1968년 세계 시계 시장 매출의 65%를, 이익의 80% 이상을 점유하던 거대한 몸체였다. 그들은 게으르지 않았다. 그것은 열심히 노력해서 이룬 결과였다. 끊임없이 연구 개발과 개선을 통해 방수시계와 자동 태엽시계를 만들어내어 선두를 지켜왔다. 그러나 1980년대에 들어서서 65%에서 10%로 하락했고, 이윤도 20% 미만으로 떨어졌다.

왜 그랬을까? 시계 제작의 패러다임 전환을 대비 못한 것이다.

기계적 메카니즘에서 전자공학을 바탕으로 한 쿼르츠(수정진동) 전자시계가 나온 것이다. 즉 스위스인들이 그렇게 중요하게 여겼던 기어, 베어링, 메인 스프링들이 없어도 시계가 작동하는 새로운 세상이 열린 것이다. 그 결과 1979년에서 1981년 사이에 시계 제조공 6만2천명 중 5만명이 실직했다.

반면, 1968년 세계 시계 시장의 1%도 점유 못하던 일본의 세이코 사는 전자 시계 패러다임으로 전환했다. 그리고 1990년대에는 세계 시계 시장의 33%를 점유하게 되었다.

문제는 수정의 전자 운동은 1967년 스위스 Neuchatel 연구소에서 스위스 시계제조업자들에게 내놓은 혁신적인 아이디어였지만, 시계는 기어와 스프링으로 움직이는 거라는 전통적인 패러다임에 갇혀 있던 사람들에게 거절을 당했던 것이었다. 그들이 볼 때는 이건 시계가 아니었다. 자국의 시계 시장 지도자들에게 거절 당하자 그 연구소는 세계 시계 대회에 출품을 했고, 그 것을 발견한 세이코사는 즉시 쿼르츠방식의 전자시계로 패러다임을 바꿨다.

그 후 수 십년 간 고생을 한 후에, 스위스도 이제는 그 흐름을 따르게 되었지만 그동안 그들은 엄청난 손실을 겪었다.

그럼, 이런 상황 속에서 지도자의 역할은 무엇일까?

필자의 『삶의 변화를 일으키는 변혁적 기독교 리더십』(대서)이란 저술에서 자세히 다루고 있지만, 지도자는 미래를 보고, 하나님이 주시는 비전을 품고, 그 비전을 이루기 위해 사람들을 목적지로 데리고 가는 사람이다.

막1:33을 보면 얼마나 많은 사람들이 예수님을 좇아다녔는지 '온 동네가 문 앞에 모였더라'고 한다. 오늘날로 말하자면 과장법이기는 해도, 도시 전체가 예수님을 찾아 나왔다는 것이다. 그러나 35절에 보듯이 주님은 나가사(그들을 두고 떠나셨다!) 한적한 곳(그것은 마가복음의 모티프인 광야이다!)으로 떠나가셨다. 그러자 36절에서 보듯 제자들이 주님을 찾아가서 '모든 사람이 주를 찾나이다'(37절)고 한다. 몰려든 사람을 안 돌보고 지금 뭐하고 계시냐는 것이다. 오늘날의 목회자들이 바라는 바, 교회성장을 이룬 것 아닌가? 얼마나 기뻐해야 하겠는가? 그 때 주님의 반응은 무엇이었을까? 38절을 보면 다른 마을들로 가자는 것이다. 왜? 복음을 전해야 하므로. 그러면서 중요한 말씀을 하신다: "내가 이를 위하여 왔노라"

주님은 사람들의 인기와 교회성장이 아니라, 그를 보내신 목적 즉 하늘 아버지께서 주신 미션(사명)을 위해 움직이셨다. 목적이 이끄는 삶은 예수님에게서 시작된 것이지, 단지 릭 워렌목사의 책에서 나온 얘기만이 아니다. 목적이 이끄는 삶, 즉 자신을 보내신 하나님 아버지의 사명에 의해 살기에 주님은 삶의 방식을 바꾸고 길을 바꾸고 목회의 패턴을 바꿨다. 그래서 거기엔 삶의 변화가 있었던 것이다. 그래서 나는 리더십의 핵심을 변혁적 리더십이란 표현으로 설명하는 것이다. 사실 고대 사회에서는 그런 사람을 현자 혹은 지혜자라고 불렀지만, 우리 주님은 그런 의미에서 변혁의 리더 곧 구원자요 주님이시다.

현대 경영학의 아버지 격인 피터 드러커는 혼란기의 경영관리를 언급하며, 혼란한 시대를 헤쳐 나가는 경영자에게 가장 필요한 경영 능력은 예견이라고 했다.

그런데 훌륭한 예견은 점치는 것, 혹은 환상을 보는 것이 아니다. 선지자 혹은 예언자도 그런 식으로 이해하고 이상한 종말론으로 접근하면 곤란하다.

목회자에게도 마찬가지다. 선지자가 되고 환상을 보는 사람만이 현대 교회의 리더가 될 수 있다는 말은 아니다. 그러나 적어도 하나님께서 주시는 시대의 징조(싸인)는 말씀과 현실파악을 통해 이해해야 제대로 된 목회를 할 수 있다. 많은 리더십 전문가들은 훌륭한 예견은 단지 환상을 보는게 아니라, 상당부분이 탁월한 전략적 연구의 결과라고 하는데 그것도 어느 정도 사실임을 부정하지 말자.

그런데 전략적 탐구에는 다음과 같은 5 요소가 있다.

첫 째는 영향의 요소이다. 탐구의 주제에 영향을 미치는 요소들을 찾고 이해하는 능력이다.

둘째는 확산적 사고이다. 하나의 정답이 아니라, 여러 가지 가능성을 발견하는 사고 능력이다.

셋째는 수렴적 사고이다. 다양한 생각을 하나로 모아서 역량을 집약할 우선순위를 결정하는 능력이다.

넷째는 배열화이다. 각 요소들을 현재에서 미래로 연계하는 다양한 경로로 그려내고 배치하는 능력이 있어야 한다.

마지막 다섯 번째는 형상화능력이다. 미래에 대해 연구하며 앞으로 할 일을 발견했다면 그것을 간단한 몇 단어, 그림, 다이어그램, 모델

등으로 형상화할 수 있는 능력이 있어야 한다.

  목회후보생이나, 부교역자 가운데도 이런 능력을 가진 사람이 사역을 제대로 해내고 교회를 세워가지, 쌓아올린 신학 지식에 대한 자부심만 가득한 사람치고 목회를 잘 해내는 경우를 본 적이 별로 없다.
  그러므로 목회 지도자에게도 이 다섯 가지 요소가 필요하다.
  우리가 탐구하고 연구하고 추구할 최종 목적은 분명하다. 나의 멋진 계획과 멋드러진 대중 집회 담화 발표를 통해서가 아니라, 예수 그리스도의 십자가의 복음을 통해 오직 하나님 나라의 확장과 하나님의 영광을 도모하는 것이다. 여기서 하나님과 복음은 어느 시대나 어느 사회에도 당연히 옛 것 그대로이다. 그러나 그것을 표현하는 목회는 달라져야 한다.
  미국에서도 전통적인 대형교회들이 쇠락을 거듭할 때 새롭게 떠오른 새들백교회와, 윌로우크릭교회, 그리고 근래에 부상해 올라온 펠로우십교회, 노스포인트교회와 모자이크 교회 등을 보라. 그리고 국내에서도 50년에서 100년 넘는 전통을 자랑하는 교회 들 가운데 장로교 합동측의 사랑의 교회나 안산동산교회 장로교 통합측의 온누리교회를 보라. 침례교회에서 지구촌 교회를 보고, 고신측에서 샘물교회와 개혁측의 오륜교회와 독립교회 중 나들목교회 등이 역사와 전통을 자랑하는 이전의 전통적인 대형교회들과 어떻게 다른지 생각해 보았는가?
  어떤 사람들은 그 교회는 단지 목사가 설교를 잘해서 그렇다고 한다. 그러나 설교만 잘해서가 아니다. 심지어 이중 어떤 교회의 담임목사는 소위 가장 뛰어난 '설교가'라고 말하기 어렵다. 그 교회들의 특징은 설교는 기본적으로 어느 정도 이상 되지만, 종합적으로 앞으로 우리가 볼 건강한 교회의 제 요소들을 균형 있게 갖고 있다는 점이다. 더 중요한 것은 소속 교단 교회들이 유지하려고 애썼던 이전의 전통에 묶여있지 않고, 대담하게 목회의 패러다임의 전환을 이루었다는 점이다.

그런데 지금 계속해서 사용하고 있는 '패러다임'이란 무엇인가?

영어의 패러다임은 헬라어 'paradeigma'에서 온 말로, 모델, 패턴, 사례 유형이란 뜻을 담고 있다. 이 용어는 토마스 쿤(Thomas S. Kuhn) '과학혁명의 구조'란 책을 통해 널리 알려지게 되었다. 우리는 그의 과학에서의 패러다임에는 관심이 없다. 그러나 우리가 알아야 할 중요한 점은 패러다임을 공유할 때 사람들은 동일한 규칙과 표준을 사용한다는 사실이다.

아담 스미스(Adam Smith)도 마음의 힘(Power of the Mind)을 언급하며 '패러다임이란 가정들을 공유하는 것이다. 패러다임은 마치 물고기가 물 속에 있듯이 우리가 세상을 받아들이는 방법이다. 패러다임은 우리가 세상을 설명하고 그 움직임과 변화를 예견할 수 있도록 도와준다'고 했다.

스탠포드 연구소의 핵심 지도자 중 하나였던 윌리스 하몬(Willis Harmon)은 그의 저서 '미래를 위한 불완전한 안내서(An Incomplete Guide to the Future)'에서 패러다임이란 인식하고 생각하고 평가를 내리고 현실에 대한 특별한 비전을 연상하면서 행동하게 만드는 기본적인 방식이라고 정의했다.

목회자로서 우리가 알아야 할 것은, 지배적인 패러다임이 명백하게 드러나는 경우는 거의 없다는 점이다. 패러다임이란 생각보다는 직접적인 경험이나 문화를 통해 전달되는 무언의 이해를 공유하는 것으로, 불명확한 모습으로 존재한다. 여러분은 위에서 언급한 미국과 한국에서 이 불확실한 세상 속에서 두드러지게 부상하는 새로운 교회들의 특징을 보여주는 공통적인 어떤 명확한 선언문을 본 적이 있는가? 없다. 그러나 그 교회들에는 전통적인 교회와는 다른 어떤 목회 패러다임이 존재한다.

패러다임이란 어떤 것을 규정하거나 확실하게 만들며, 또한 어떻게 행동해야 성공할 수 있는가를 알려준다.

예를 들자면 일반 사회에서는 토플러(Alvin Toffler)나 나이스빗(John Naisbitt)이 사회에 근본적으로 변화를 초래할 새로운 트렌드 10가지 (그는 이것을 메가트렌드라고 했다)를 지적했던 것이 그런 것이다.

이와 같은 패러다임 전환의 시대에 지도자가 해야 할 일에 대해 계속 생각해 보자. 경영학에서는 피터 드러커가 발견한 중요한 경영원리 중 두 가지가 있는데, 이것을 목회에 적용하면 교회 세계에도 동일하게 중요한 원리가 될 수 있는 것이다.

그 첫째는 모든 업무(사역)는 팀을 위한 업무(사역)이다. 어떤 개인도 모든 일을 다 할 수 있는 성향이나 기술을 다가지고 있지 못함을 그는 지적했다. 팀의 목적은 강점을 더 생산적 이게 하는 것이고 약점은 이 상황에 무관하게 만드는데 에 있다.

둘째로, CEO(우리의 경우는 담임목회자가 해야할 일이다)에게 가장 중요한 질문은 다음 3가지이다.

1) "무엇이 우리가 하는 일인가?", 2) "누가 우리의 고객인가?", 3)

"무엇이 우리 고객이 가치 있게 여기는 것인가?" 여기서 고객을 교인들로 대치하면 이 질문은 목회 지도자들에게도 매우 중요한 질문이 될 것이다.

경영에서는 트렌드나 패러다임이 2-3년 마다 새롭게 나타난다. 목회 세계에서는 그것보다는 느리지만 그래도 20-30년이 지나도록 현재 교회의 목회 패러다임의 움직임을 못 느낀다면 문제라 아니할 수 없다.

여기서 우리는 앞에서 드러커가 제기한 두 번 째 질문 즉 지도자에게 중요한 질문 세 가지를 목회적 차원에서 생각해 보고자 한다.

그 질문의 첫 항목은 '무엇이 우리 목회자들이 하는 일인가?'에 대한 것이다.

그 대답은 '건강한 교회를 세우는 것'이다. 단지 멋진 성전을 건축하는 것이 아니다! 신약의 교회는 성전도 아니고, 우리 주님은 손으로 짓지 아니한 교회를 짓겠다고 하셨다.

그렇다면 이 시대의 전통적인 교회들의 특징은 무엇인가부터 점검해봐야 할 것이다.

현 시대의 전통적인 교회들의 특징

이 시대는 물론 다가오는 세대를 감당하기에 효과적일 수 없는 전통적인 교회들이 보이는 공통적 특징 5가지는 다음과 같다.

첫 째 공동체 정신의 결여이다.

현재 우리 한국교회들은 지나치리만큼 개인주의적인 신앙으로 이끌고 있다. 중세 로마 가톨릭교회가 지나치게 국가적, 교회적 신앙생활로 이끌어 폐해를 발생시킨 것에 대한 반발을 개신교가 한 것은 이해가 가지면, 냉철히 돌아보면 너무 지나치다. 심지어 복음 전파도 개인 구원 측면만 강조한다. "당신의 어머니나 아버지가 믿는 것이 당신과 상관없다, 아내 옷자락 붙잡고 천당 가는 것이 아니다, 당신이 회개하고 당신이 믿고 당신이 구원받아야 한다"는 말도 한 편으로는 맞지만, 그것만 강조하다보니 영접하고 나서 교회에 다니라고 하면 "마음에 안 드는 사람들 속에서 왜 내가 교회 생활을 해야 하는지?" 이해가 되지 않는다고 한다. 집에서 혼자 성경 읽고 혼자 기도해도 되는데, 왜 교회에 다니며 그 문제 많은 사람들과 골치 아픈 일을 겪어야 하는지 그들이 전도받을 때 들었던 복음과 기독교로는 사실 이해가 되지 않을 것이다. 그들에게는 교회 안의 형제자매 개념도, 특히 교회 밖의 이웃에 대한 얘기도 사실 이해가 되지 않는다. 우리의 전도와 복음제시 그리고 목회에서 공동체적 요소가 별로 없기 때문이다. 이제 교인들에게는 예수님께서 사마리아인의 비유를 통해 이웃이 무엇인지 말씀하셨던 의도를 제대로 이해한다는 것이 쉽지 않다. 우리는 그 비유를 그 정황 속에서 다시 들어야 한다.

   교인들 뿐 아니다. 교회 내의 각 부서는 서로 경쟁적이고, 교회들끼리도 서로 이기적이다. 교회가 조금만 커지면 다 자기 이름으로 선교하고 싶어하고, 자기 이름으로 땅사서 건물 짓고 싶어하고, 자기 이름의 사역과 프로그램을 만들어 불신자는 보지도 않는 교계 신문에 비싼 돈들여 광고하기에 바쁘다. 심지어 교단도 복음에 있어서 근본적으로 다르지 않아도 다른 교단과 함께 하는 것이 싫다. '하나님 나라'라는 개념은 이렇게 하여 허울 좋은 말 뿐의 신학이 된다.

한 장소에 수천 명이 모여서 함께 예배를 드리고 한 곳에 수백 수천 명이 모여서 새벽기도회를 하지만, 그 기도제목은 다만 자기와 가족을 위한 개인주의적인 것이요, 설교와 예배는 내게 도움이 되는 것이어야 하고, 이 교회는 내 마음에 맞는 것이어서 선택한 것뿐이다. 옆 사람이 누구인지 관심 없고 그 이름을 알고 싶지도 않고, 더군다나 무엇 때문에 그가 고통 받고 아파하는지는 내가 알 바가 아니다. 축복받고 예배 끝나면 뒤도 안돌아보고 자신이 가고 싶은 곳으로 가 버릴 뿐이다.

그들은 여전히 그리스도의 몸과 지체라는 말을 쉽게 쓰고 교회란 말보다는 공동체란 단어 사용하기를 선호하지만, 그 의미는 거의 상실된 듯하다. 당신의 교회에는 정말 성경이 말하는 공동체의 모습이 나타나고 있는가? 공동체는 어떤 곳인지 성경적으로 말할 수는 있겠는가?

목회에서 공동체성을 나타내기 위한 전략으로 필자의 '소그룹과 셀 사역 그리고 셀교회로의 전환(킹덤북스)'를 참조하기 바란다.

자기중심적 신앙생활 방식의 또 다른 결과로, 전통적인 교회들은 은사에 관한 관심 역시 자기중심적 은사 운동 혹은 개인주의적 은사 운동이다.

순복음교회와 같은 오순절 계열 교회들의 영향으로 이제 은사에 대해 부정적인 눈으로 보던 전통적이고 보수적인 모든 교파의 교회들도 은사에 대해 관심을 갖게 된 것은 바람직한 일이다. 그런데 문제는 그 은사운동 역시 자기중심성의 개인주의적이지, 공동체와의 관계를 잊은 채로 일어나고 있다는 사실이다. 방언을 하는 이유도 나의 개인적 기도생활의 유익을 위함일 뿐이며, 예언도 나의 앞길과 미래를 위한 것이고, 신유의 은사도 그것을 통해 '내가' 누군가를 고쳐주는 일일 뿐이지 공동체를 위해 주신 영적은사에 대한 성경의 가르침 입장에서 사용하는 일이 점차 드물어지고 있다. 수많은 은사집회도 결국 그것을 통해 내 문제가 해결되고 내가 잘 살고 나의 영혼이 잘되기 위한 것이기에 사람들이 몰려드는 것이지, 주께서 은사를 주신 것이 공동체와 이웃을 위한 것이며, 은사가 사용되어 예수님의 몸된 공동체가 세워지는 것이란 사실에는 별 관심이 없다. 이런 것과 맞물려 전통적 교회들은 특히 복음주의 흐름과 떨어져있는 보수적인 교단들은 현실도피적인 신앙행태로 교인들을 유도하고 있다. 죄 많은 이 세상은 내 집 아니고, 우리의 소망은 저 하늘에 있기에 정치와 사회는 우리가 관심을 기울일 곳이 아니고 그런 것은 세속적이고 자유주의라는 식으로 몰아부친다. 이런 현상은 특히 근본주의자(Fundamentalist)들에게서 아주 강하게 나타난다. 그래서 모든 영역에서 주인되신 예수님을 교회란 담 안에 가두고, 교인들도 교회 안에서만 살도록 하며 세상으로부터 끌어내는 것에만 관심을 갖고 있지, 그들을 훈련시켜 세상으로 보내 세상을 변화시키려는 예수님의 본질적 의도를 망각하고 있다.

현대의 전통적 한국교회의 두 번째 특징은, 신학의 약화와 피부적 필요에만 초점을 맞추고 있다는 점이다.

목회자들이 그렇게 중요하게 여기는 것이 설교지만, 한국 교회의 강단은 건강한가? 훈련된 말씀의 해석에 근거한 설교보다는 심리학적 강론과 감성적 설교가 우세하다. 사실 설교의 본문으로 채택한 성경을 제대로 석의하고 그 원 의도를 찾아내서 설교의 메인 아이디어로 삼아 전개할 수 있는 능력이 대부분의 설교자에게 부족하다. 안타까운 것은 신학교에서도 그런 훈련을 제대로 받지도 못하고, 신학의 학문성에 중독되거나 목회에 관심을 가져도 매스컴의 인기 강연자들처럼 설교 전달의 방법과 기술에만 관심을 기울인 채 어떻게 하면 교회를 잘 키울 수 있는가에 대한 방법만 관심을 갖고 나간다고 해도 과언이 아닐 것이다.

현대 복음주의의 위기는 절대적으로 목회 지도자들의 수준에 기인한 부분이 많다. 머리가 좋고 나쁘거나 얼마나 공부를 많이 했느냐가 아니라, 영적 지도자로서의 기본 역량 계발이 제대로 되었는가를 우리는 겸허하게 돌아봐야 할 것이다. 지도자는 시대를 읽는 사람들이다. 어느 지역 어느 시대의 목회자이든, 그 중에 소위 성공했다는 사람들의 공통적인 특징은 세상적인 학벌은 부족해도, 진리를 통합하고 규명하고 적용시킬 수 있는 능력을 본능적으로 소유하고 있는 사람들이었다. 그런데 대입 종합반 학원처럼 수많은 과목만 훑고 나왔지, 대학원 교육에 걸맞고 사고하고 분석하는 훈련을 통해 스스로 성경을 연구하고 거기서 나온 진리로 시대를 파악하고, 그것을 극복하기 위해 이 시대의 사람들을 영성깊게 가르치고 훈련시키고 또한 실행할 수 있도록 돕는 실제적 능력은 배양되지 않은 채 그저 열심히 일만 하고 있지는 않은가?

대부분의 목회자들은 신학과 원리보다는 방법론에만 관심을 갖고 교회성장 기술에 매달리고 있다. 교회 성장에 대한 부담은 기도원에 몰려들던 목회자들을 세미나와 컨퍼런스에 몰려드는 목회자들로 변화시켰다. 고액의 수강료에도 불구하고 성공한 목회자들의 세미나에 몰려드는 것은 그들의 갈급함과 갈증과 공허함 때문이다. 신학의 빈곤은 형식과 방법과 기술로 그 목마름을 대치하게 만든다.

우리는 자신에게 솔직히 물어볼 필요가 있다. 이 시대의 현상과 교회의 모습에 대해 우리는 신학적인 분석과 통찰이 가능한가? 교인들에게 부딪히는 복잡한 현실에 대해 스스로 성경을 펴서 그 문제를 진단하고, 성경적인 대답과 방안을 제시할 수 있는가? 목회자에게 필요한 이런 역량은 물론, 여러 기독교 서적과 목회자들의 관점에 대해 신학적 사고와 성경적 분석을 통한 판단력이 부족하다고 여겨지지는 않은가?

대다수의 목회자들에게는 교회를 성장시키는 것이 지상명령이기 때문에, 그들에게는 신학은 성가신 학문일 뿐이었고 소위 큰 교회의 목사들이 전수하는 부흥의 기술과 목회 프로그램이 더 와 닿는 것이었다. 그러다보니 급변하는 사회 속에서 교인들이 알고 싶은 성경적인 삶의 원리를 스스로 성경으로부터 도출해서 전하지 못하고, 큰 교회 유명목사들의 설교집을 누빌 뿐이다. 설교는 사람들이 요구하는, 축복의 비결과 성공적인 삶의 원리들이며 말씀을 전하는 것도 목회에도 신학적 깊이는 보이지 않는다. 심지어 대형교회를 비난하고 교회성장학을 비판하는 사람들 가운데에도, 방식만 다르지 청중들의 표피적 필요만 채우는 설교에 비윤리적으로 건축하고 갖은 성장비법과 편법을 동원해 프로그램을 돌리고 세속적인 방식으로 일을 처리하고 자기의 왕국을 세우는 것을 보면 이런 성공 신드롬은 아주 교묘하고도 뿌리 깊은 현상으로 보인다.

성경적 현대 교회의 사명을 감당하지 못하는 전통적인 교회들의 세 번째 특징은 피상적이고 감각적인 예배이다.

목회자마다 예배가 인생에서 가장 중요하다고 이구동성으로 외치지만, 그것은 주일성수 정신을 통해 예배 참석을 독려하는 것뿐이지 그 속에서 예배의 깊이는 점점 찾아보기 어렵다. 예수님께서 말씀하신 신령과 진정의 예배는 어떤 것인지에 대한 신학적 통찰에서 나온 깊이 있는 예배보다는, 종교적 예배의식의 유지와 반복은 아닌지 교회는 자문해 보아야 한다.

건강하게 자라가는 교회의 예배는 영감이 넘치며[6], 하나님의 권능이 흘러넘치는 임재하심이 있고 하나님을 영화롭게 하는 모습[7]이 나타난다. 그 예배는 단지 관념적인 신령과 진정이 아니라 진정한 성령과 진리의 표출이 그 예배 절차와 방식에 변화를 주고 그 예배는 즐거우며 성령의 감동이 넘친다. 그 결과 예배자는 하나님의 영광과 거룩에 사로잡혀 경외감에 빠져들고 삶의 변화가 일어나기 마련이다. 그러나 대다수의 전통적인 교회들의 예배는 소위 경건하고 거룩하다는 말은 스스로들 하지만, 무엇이 경건이고 무엇이 거룩인지 알 수 없고 다만 형식과 전통만 반복하고 있는 굳어진 종교행위이다.

그들은 3장에서 우리가 자세히 알아보겠지만, 소위 열린 예배에 대해 반대하며 바른 예배를 강조하고 예전적 예배를 강화하지만, 성례를 강조하고 복잡한 예전적 예배 역시 요4:24에서 주께서 말씀하시는 예배의 신령과 진정성이란 측면에서 볼 때 역시 피상적이고 감각적일 뿐이다. 포스트모던 시대에 들어서며 현대예배에 거부감과 고전적 예배에 대한 향수에 편승하여 예전적 예배가 다시 관심을 받고 있지만, 지나친 현대예배 못지않게 과도한 예전적 예배에도 성령의 권능과 하나님의 영광과 거룩한 하나님의 임재성은 별로 없고 형식만 남는 경우가 많은 사실도 주의해야 한다.

전통적인 교회들의 네 번째 특징은 지도력에 대한 두 가지 극단 속에서 갈피를 잡지 못하고 방황하고 있다는 것이다. 그들은 영적인 리더십과 관리적 혹은 경영학이 발전시켜 온 리더십을 철저하게 대치되는 개념으로 나누며, 영적리더십만 고집하고 경영학적 리더십을 단호하게 배척한다. 그런데 실제 현실은 세상적 리더십과 영적리더십이 뒤섞여 가르쳐지고 주장되고 있으며, 그런 보수적인 관점을 가진 목회자들의 대부분은 실제 목회에서 세속적 리더십 개념으로 일한다는 점이다. 성공했다는 대형교회 목회자들은 대부분 세속적이고 제왕적 리더십 개념으로 일하고 있으며, 그 결과 사람들은 성공을 위해서는 역시 카리스마적인 리더십이 필요하다는 확신을 갖게 되었고 그것은 성경적이고 영적인 리더십 개념을 대치해 버리고 말았다. 더 심각한 것은 목회자들은 성경적 리더십 개념이 부족하여, 관리자로서 혼돈된 교회 관리와 운영에만 빠져 있고 지도자로서 마땅히 해야 할 일을 못하고 있다는 것이다.

다섯 번째로, 이 시대는 물론 다가 올 세대들을 감당 못하는 교회들의 특징은 끊임없이 전통과 혁신 사이에서 갈등하고 있다는 점이다.

급변하는 세상 속에서 그들은 자신들이 안정을 누리던 전통적인 방식에서 나와야 산다는 것은 본능적으로 느끼지만, 이런 변화에의 두려움을 갖고 있다. 변화는 그들에게 가장 큰 스트레스요 부담이다. 예배의 형식 뿐 아니라, 전도와 선교 그리고 교육과 양육과 돌봄은 물론 대외사역에 일부 교회는 시대의 변화 속에서 용기 있게 변화를 시도하지만, 자신감이 없는 교회들은 변화에 대한 두려움으로 전통을 수호하는 쪽에 매달릴 수밖에 없다. 너무 많은 교회들이 전통과 혁신 사이에서 고민하며 갈등하고 있다.

변화의 불가피성을 느낀 교회들 역시, 점진적인 변화 대 급진적 변혁 사이에서 조금씩 서서히 변화를 주면 되지 않을까 하는 생각으로 근본적 변화를 거부[8]한다. 그러나 복음을 통하여 생명의 길이 무엇인지 알고 근본적 변화를 거부하고 조금씩 달라지겠다고 하는 것이 아무 소용없듯이, 성경적 교회의 모습이 무엇인가를 알았다면 근본적 변화를 추구해야한다. 반면 대부분의 교회는 혹시라도 근본적 변화를 추구하다가 교회가 아니 목회자로서의 내 생명이 위험해지는 것 아닌가 하는 두려움 속에서 현실에 안주하며 천천히 조금씩 바꿔가는 게 낫지 않을까 갈등하고 있는 형편이다.

교회 역사를 통해 본 목회 패러다임의 변화

실제로 교회 역사 속에 나타난 사역의 패러다임 변화 추이를 살펴보자. 그것을 통해 교회들이 어떻게 그 변화에 발 맞추어왔으며 그것을 거부한 교회들의 모습이 어떠한지 살펴보고, 앞으로 우리는 어떻게 해야 할지 판단할 수 있기 바란다.

사도시대를 지나며 초기 교회는 설교 중심의 목회를 해왔다. 그 말은 구제와 치유 그리고 가르침이 없었다는 얘기가 아니다. 다만 목회자는 말씀 전하고 설교하는 것이 주사역으로 알고 그렇게 목회해왔다는 말이다. 차츰 교회가 커지고 안정되가며 그 신앙을 예배를 통해 잘 표현하기 위해 노력했고, 그것은 설교와 예배중심의 목회로 자리를 잡게 되었다. 중세까지 차츰 그것은 계속되어 중세 로마 가톨릭교회와 동방정교회 모두 예배중심의 목회가 발전해왔다.

종교 개혁과 그 이후 잠시 예배에서 말씀과 설교의 중요성이 강조되었지만 그 후에도 수 세기 동안 예배 중심의 목회 형태라는 점에서는 큰 차이를 보이지 못했다. 사실 종교개혁은 전통적 예전 전통의 목회에서 말씀중심의 목회로 큰 패러다임 전환이 일어나는 기회였으나, 프로테스턴트 교회는 로마 가톨릭에 비해 차이는 있지만 부흥운동을 주도한 목회자들과 교회들을 제외하고는 대다수가 다시 전통적 예배중심의 목회에 안주하고 있었다.

점차 복음전파와 경건주의 운동이 간헐적이나마 반복되면서, 목회자들은 전통적인 예배와 설교 중심 목회만으로는 안된다는 것을 깨닫고 교육목회의 패러다임으로 움직임을 보였다. 그 전에는 교회에서 교육이 전혀 없었다는 것이 아니다. 로마 가톨릭 교회에 교리 교육이 없었다거나, 종교개혁자의 후예들이 요리문답 등 교육을 안했다는 것이 아니다. 다만 예배와 설교만이 목회의 중심이었던 목회에서 주일학교 시스템과 장년들 역시 교회에서 교리를 가르치고 성경공부를 시키는 목회가 중요한 부분을 차지하기 시작했다는 말이다.

예배만 드리고 가던 사람들, 일주일에 한 번 교회 나와 설교 듣는 것으로 신앙생활을 다 했다고 생각하는 사람들보다 교육을 받는 사람들의 신앙이 성장하고 달라지는 것을 발견하며 목회에서 교육이 차지하는 비중이 커졌다. 그래서 교육목회를 제대로 하지 않으면 안된다는 점을 그 이후의 성장한 교회들은 공감했고 그렇게 해 온 것이다. 교육목회를 무시하고 예배와 설교에만 매달리던 교회들이 어떻게 되었는지는 현재 목회자들이라면 다 잘 알 것이다.

그런데 교육목회에도 한계가 있음을 점차로 발견하게 되었다. 교회마다 주일학교 시스템을 갖추고, 장년들도 교리 교육과 성경공부 프로그램을 이것저것 맛보기 시작했다. 교회들은 경쟁적으로 새로운 교육 프로그램들을 개발하여 여기 저기 우후죽순처럼 신앙세미나들이 열리기 시작했고 대 성황을 이루는 듯 했다. 그런데 배움에 목말라하던 사람들이 이런 저런 교리교육과 성경공부프로그램을 이수했지만 그들의 삶의 변화에 한계가 있음을 발견하게 되었다. 성경공부를 그렇게 많이 한 사람이 왜 저럴까? 왜 복음도 전하지 못하고, 왜 삶이 저 모양인가 목회자들은 회의를 갖기 시작하고 교육목회의 한계를 돌파할 수 있는 길이 무엇인지 고민하기 시작했다. 그 때 목회의 새로운 패러다임으로 등장한 것이 훈련목회이다. 여러 가지 훈련이 있지만, 특별히 선교회들의 전유물처럼 여겨지던 제자훈련이 교회 안에 자리를 잡게 되었다. 초기에는 제자훈련을 하면 큰 일 나는 것처럼 여기는 목회자도 있었으나, 이제는 제자훈련을 안하는 목회자가 시대에 뒤떨어졌거나 무엇인가 부족한 목회처럼 여겨지는 경우도 보았다. 전통적인 교육목회만이 아니라 제자훈련을 통해 사람들이 든든히 서가고 교회가 강해지는 것을 경험하며 이제 예배만 드리는 교회에서, 교육을 잘하는 목회에서, 훈련목회로 사역의 패러다임이 움직여 간 것이다.

그런데 1년간 혹은 일정 시간 제자훈련을 시킬 때는 암송도 잘하고 QT도 잘하고 뭔가 다른 듯하더니, 훈련을 마친 후 몇 년 뒤에 보니까 이전과 똑 같은 모습으로 돌아간 것을 보며 목회자들은 사람들의 삶이 과연 교육이나 훈련으로 변하는 것일까 의문을 갖기 시작했다. 그러면서 삶의 변화를 일으키는 사역은 어떤 때에 가장 효과적인가를 연구했는데 그 것은 소그룹 경험이라는 것을 발견했다. 물론 제자훈련이나 성경공부도 소그룹으로 행하는 경우가 있다. 그러나 성경공부는 소그룹의 다이나믹보다는 지적 연구와 지식 전달이 초점이었고, 제자훈련은 일대일 상황에서 가장 효과적이기에 그런 상황이 주종을 이루고 있다. 개인의 삶의 변화에도 가장 효과적일 뿐 아니라, 예배 중심

교회의 약점을 보완하는 측면에서도 소그룹사역의 중요성은 이제 건강한 교회의 중요한 요소로 이해되기 시작했다. 이런 소그룹사역을 교회 차원에서 가장 잘 실현할 수 있는 대안이요 초대교회의 이상을 회복하기 위한 노력으로 셀교회가 중요한 목회의 패러다임으로 대두된 것은 필연적인 움직임일 수 밖에 없었다. 그런데 셀목회든 다양한 형태의 소그룹 사역이든지 그 가운데서 강조되는 것은 공동체성이다. 전통교회는 교단 중심이거나 혹은 개교회 중심 목회를 하든간에 그것은 목회자나 평신도 지도자가 조직 교회로서의 측면에서 접근하는 것이었지만 이제는 공동체로서의 교회에 대한 패러다임으로 접근하는 것이 중요함을 깨닫게 된 것이다.

그것은 또한 프로그램 중심 목회 패러다임에서 공동체성의 강조로서 패러다임 전환을 이루는 것이기도 하다.

뿐 만 아니라, 사제중심 혹은 목사 중심의 목회에서 만인제사장인 성도들이 사역하는 구조로 목회 패러다임이 전환되어야 하며, 교인들을 향한 지도자 훈련을 통해 전통적인 중앙집권적 리더십에서 지도력 분산을 통한 사역의 확산을 이루는 패러다임 전환이 속히 확립되어야 한다. 이런 목회 패러다임의 전환에 따라 건강한 교회를 만들기 위해 목회자는 필연적으로 소그룹을 통한 목양과 훈련을 중시하게 된 것이다.

다음은 교회의 특성 변화를 보여주기 위해 매우 간략화된 표이다. 중세 이후 지금까지 주종을 이루고 있는 전통적인 교회와 성경이 말하는 교회의 이상 회복을 위해 초기교회와의 차이를 통해 우리가 가야할 길을 보이기 위해 대조되는 점을 강조하기 위해 사용하는 표이지만 이런 목회 패러다임 전환 이해에 도움이 될 것이다.

	사도적목회 패러다임 (1-3세기)	조직교회시대 패러다임 (4-20세기)	새로운 사도적목회 패러다임 (20세기 후반 이후)
구동력	선교/사명, 비전/가치	전통, 충성, 복종	선교/사명, 핵심적 신념과 가치관
선교, 사명	외부지향적 초점, 세상을 전도	내부 지향적 초점-선교는 특별한 사람들의 일. 멀리 있게 여겨진다.	외부 지향적. 교회 밖의 사람, 구도자-모두의 일
교회의 기본구조	단순, 기능적 지역 교회 중심	복잡, 계층구조, 조직화, 관료주의적	유연성 있고, 사역 별 공동체, 지역 교회 중심
하나님과의 관계	개인적, 그러나 공동체 가운데서 이루어졌다.	사회적, 기관중심의, 기업 형태	공동체 속에서 개인적 경험
사역자의 역할	사도, 교사, 양육자	성직자, 전문직, 관리자	돌보는 목자, 양육자, 일꾼을 세우는 코치, 리더
성도의 역할	능동적, 사역에 개입	수동적, 복종하는 평신도	능동적, 만인제사장으로서 사역/선교 위해 배치됨
커뮤니케이션의 주 도구	대화방식, 강화체, 경험적	기록하고 선포하기, 이성적 논증	이야기 요소와 플롯구조, 멀티미디어적 요소
협동의 수준	높음, 비정형적	높지만 정형화, 교단중심	높음, 특정 목적을 위해 단기적, 하나님 나라 차원의 지속적 네트워크 방식

표에서 '조직교회시대'를 흔히 '크리스텐덤시대'라고 부른다. 그리고 그 이후를 '포스트크리스텐덤시대'라고 부르기도 하는데, 그것보다는 사도적 목회패러다임을 이 시대에 맞게 새롭게 적용하는 것이므로 '새로운 사도적목회 패러다임'이라 부르는 것이 나을 것이다. 사실 우리 한국교회는 유럽이나 미국교회처럼 총체적크리스텐덤시대를 가져본 적이 없다. 그러나 그런 목회구조는 그대로 답습했기 때문에 조직교회시대 패러다임이라고 불렀다.

지금까지 살펴 본 것은 드러커가 제기한 두 번째 질문인 지도자가 대답해야 할 세가지 중 첫 째인 우리 지도자들이 해야할 일이 무엇인가를 알기 위한 것이었다면, 이제 그의 두 번째 질문인 우리의 고객이 누구인가에 대해 우리는 목회적 혹은 기독교 신앙적 측면으로 생각해 보도록 하자.

여기서 우리 목회자들은 적어도 우리의 '고객'이 누구냐는 것에는 관심이 없다. 일부 보수교회의 교회성장 지상주의자들은 고객이란 말을 세속적이라고 비난하면서도 실제로는 고객만족 서비스를 통한 교회 키우기에 급급한 것이 현실이다. 그러나 우리 건강한 교회를 추구하는 사역자들은 용어만이 아니라 그런 내면적 실제도 거부하지만, 근본주의자들과 달리 우리의 목회 대상이 누구이며 그들에 대한 깊은 이해를 통해 복음을 효과적으로 전하고 주님께서 원하셨던 교회의 모습을 회복하고자 한다.

우리의 목회 대상은 누구인가?

미국의 대부분의 교회가 기존 신자 중심의 목회를 통해 오랜 신자들끼리 모여 교제하는 게토를 이루어가며, 불신자 전도에 실패하여 교회는 정체 단계를 지나 쇠퇴하고 있을 때 새로운 바람을 일으키며 엄청난 속도로 부흥하여 미국 뿐 아니라 세계 교회의 주목을 받은 교회들이 있었다. 그 중 하나가 우리가 잘 아는 윌로우크릭 교회이다. 그 교회 개척자인 빌 하이벨스는 기독대학 재학 시절, 한 교수가 다른 교회 다니는 기존 신자들을 모으는 교회가 아니라 교회에 나가기를 거부하는 불신자들을 전도하여 신약에 나왔던 진짜 교회다운 교회를 만들어 갈 사람이 누구냐는 도전 앞에 그것을 하나님께서 자신에게 주시는 소명으로 응답했다. 그리고 그는 불신자들이 왜 기존 교회 다니기를 싫어하는지 설문조사와 여러 가지 방법을 통해 연구하여, 그들은 예수님을 거부하는 것이 아니라 잘못된 교회행태를 싫어하는 것임을 알고는 그런 구도자들에게 민감한(seeker sensitive) 목회를 시작했다. 시간이 흐른 후 기존신자들이 아닌 불신자들이 몰려와서 커졌을 뿐 아니라, 대다수가 일군으로 일하는 건강한 교회를 만들며 그들은 자신들의 타겟 그룹(목회 대상)을 분석한 결과를 잘 정리하여 다음과 같이 내 놓았다.

현대사회의 불신자들(해리와 매리 Harry &Mary)의 마음:
그들은
1. 교회를 거부하지만, 그것은 하나님을 거부하는 것을 의미하지는 않는다.
2. 도덕적으로 흔들리지만, 마음 속 깊은 곳에서는 닻을 내리기 원한다.
3. 규칙을 거부하지만 합리성이 있다고 보이면 응답한다.
4. 기독교를 이해하지는 못하지만, 자기가 믿는다고 주장하는 것에도 역시 무지하다.
5. 영적인 일에 대해 정당한 질문들이 있으나, 그리스도인들의 답을 기대하는 건 아니다.
6. "기독교는 진리냐?"고 묻지는 않는다. 그러나 종종 "기독교는 과연 그렇게 역사하느냐(work 하느냐)?"고 묻는다.
7. 어떤 것을 알기만을 원하는 게 아니다, 그것을 경험하기 원한다
8. 다른 누가 기대하는 것을 의식하고 살지 않는다. 그러나 다른 사람들의 친구가 되고자 한다.
9. 권위를 신뢰하지 않는다. 그러나 진정한 성경적 지도력에는 수용

적이다.
10. 더 이상 교단에 충성하지 않는다. 그러나 자신의 필요를 채워주는 곳에는 흥미를 갖는다.
11. 별로 참여하는 것을 좋아하는 사람들이 아니나, 연결성을 가질 수 있는 원인을 갖기에 굶주려있다.
12. 영적으로 예민하지는 않지만, 자기의 자녀들이 수준높은 도덕적 훈련을 받기를 바란다.
13. 다른 신앙에 너그러운 것에 대해 자부심을 갖고 있다. 그리고 기독교는 매우 옹졸한 자세라고 생각한다.
14. 친구가 추천하기만 하면 그 교회가 어떤 곳인지 시도해 볼 마음은 있다. 그러나 이것은 도움이 되기보다는 실제로는 해가 될 때가 많다.

이것은 그 교회가 자리 잡고 있었던 20세기 말 미국 시카고 교외 지역 백인 중산층 이해에 있어서 매우 중요한 통찰력이다. 이것은 빌 하이벨스 목사는 물론 그의 전도로 주님 앞으로 돌아와 나중에 그 교회의 목회자가 된 무신론적 언론인 리 스트로벨의 날카로운 분석에 기인한 것이다. 이 교회보다는 조금 후이지만, 미국 서해안 남부 캘리포니아 LA 부근에서는 릭 워렌이 동일한 조사를 통해 구도자들을 주님 앞으로 이끌고 건강한 교회의 모본을 보이며 짧은 기간에 초대형교회를 키워냈다. 릭 워렌은 전도 대상을 분석하여 모델로 선정하는 것이 왜 성경적인가[9]를 주장하며, 그들을 새들백 샘(Saddleback Sam)이라고 명명했다. 그들은 교육 수준이 높고 어떤 형태의 음악 스타일을 좋아하는가 뿐 아니라, 자신들의 직업을 좋아하고 가족과 자신의 건강관리에 우선순위를 두고 있으며, 정장보다는 편안하고 격식 없는 복장을 선호하며 현재 자신들의 삶의 환경에 대해 자기만족에 빠져 있고 잘 난체 하는 사람들임을 분석해 냈다. 게다가 그들은 작은 모임보다는 큰 모임을 선호하지만 삶의 의미와 목적을 찾을 수 있는 소그룹을 좋아하고 동시에 남부 캘리포니아 사람들답게 조직화된 종교를 싫어한다는 것에 주목하여[10] 그들을 주님 앞으로 이끌 수 있는 교회를 만들 수 있었던 것이다.

일부 편협한 목회자들은 'Reveal'(국제제자훈련원에서 '발견'이란 제목으로 번역됨, 후속으로 'Follow Me'와 'Focus' 등이 연작으로 출간되었다) 같은 책이 나오자, 윌로우크릭교회가 근본적으로 어떤 대단한 실패를 했음을 이제 자인한 것처럼 말하는 데 이 역시 참으로 한심한 일이라 아니할 수 없다. 우리나라의 그 어떤 성공했다는 목회자가 자신의 사역을 이처럼 깊이 점검하고 반성하며 다음 세대를 위해 자신들이 부족했던 점을 그렇게 드러내며 더욱 바른 길로 가도록 도왔던가? 빌 하이벨스 목사는 이 시대 가장 성공한 목회자 중 하나로 꼽히지만, 겸허히 자신들이 추구했던 길에서 벗어난 지점을 고백하며 처음 교회를 개척할 때부터 강조해왔던 공동체성과 더 선명한 복음적 사역을 위한 길을 다시 붙잡고자 몸부림치며 바른 길을 제시했다는 점에서 매우 용기 있고 겸손하며 고귀한 일을 한 것이지, 그 연구결과를 제대로 파악하고 이해하지도 못한 상태에서 못 마땅한 교회에 대한 비난 일색으로 대응하는 얄팍함은 참으로 안타까운 일이라 하지 않을 수 없다.

세 번째 질문에 대한 답: 무엇이 가장 가치 있는 일인가?

이처럼 어떤 사람들은 윌로우크릭교회의 빌 하이벨스 목사나 새들백교회의 릭 워렌 목사를 무슨 장사꾼처럼 쉽게 비난을 하지만, 그것은 우리 스타일과 다른 그 교회들의 음악과 예배 스타일 때문이지 실제로 그 교회의 내면을 알면 그런 말을 하지 못할 것이다. 물론 어떤 교회와 어떤 목사도 완벽하지 않다. 누구도 파헤치면 과실도 있고 허물도 있다. 그 교회와 목사들을 비난하는 분들의 설교와 목회도 누군가가 마음먹고 파헤치면 과연 과오와 문제가 없을까? 그 두 교회로부터 무엇인가를 배우고자 했던 고 하용조목사나 옥한흠목사는 한평생 얼마나 나름대로 바른 목회를 하고 이 시대에 필요한 교회와 사역을 위해 몸부림치고 기도해 왔던가도 인정해야 할 것이다. 그 두 분은 적어도 윌로우크릭과 새들백 두 교회가 추구했던 공동체성과 소그룹 그리고 복음 안에서 이 시대에 효과적인 다양한 사역의 가치를 파악했기 때문에 협력사역을 한 것이지, 단지 외형과 프로그램만을 본 것이 아니었다.

새들백과 윌로우크릭교회가 20세기 말 한 시대를 풍미한 교회로 쓰임받았던 이유는, 자신들의 목회 대상이 누구인가를 알았을 뿐 아니라 지도자인 우리들은 목회에서 무엇이 가장 가치 있는 일인지를 알았고 교인들에게는 또한 무엇이 가치 있는 일인가의 세 가지를 잘 알고 그것을 실현해 내는 목회를 통해 교회를 건강하게 만들었기 때문이다. 이것은 앞에서 드러커가 언급한 지도자가 대답해야할 세 가지 사항의 마지막 질문, '무엇이 가장 가치 있는 일인가?'에 대한 것이라고 할 수 있다.

여기서 '가치(value)'라는 말에 주목하기 바란다. 우리는 목회에서 비전의 중요성을 흔히 강조하지만 실제로는 비전보다 더 중요한 것이 목회자의 성경적인 가치관(value system)이다. 그것은 성경이 말하고 가르치는 것이며 우리 목회의 근본적인 출발점이 되는 것이다.

필자의 리더십 저술에서도 밝히고 있지만, 비전(Vision)이란 것은 소위 '무엇(what)'-"우리는 무엇을 하고 있는가?"에 대한 대답이다. 예를 들어 교회는 지상명령을 수행해야 하는데 그 지상명령 성취에 대한 주님의 뜻에 대한 계시가 비전이다. 그리고 전략(strategy)이 있는데 그것은 비전을 성취하기 위해 우리는 어떻게 해야 하는가에 대한 즉 '어떻게(how)'에 대한 것이다. 여기서 우리가 알아야 할 것은 하나님께서 계시한 비전을 제대로 이해하고 그것을 성경적인 방법대로 수행해 가려면 근본적으로 우리에게 있어야 할 기본이 되는 것이 있는데 그것이 바로 '가치'란 것이다. 가치는 "우리가 하고 있는 일을 행하는 이유는 무엇인가?" 즉 '왜(why)'에 대한 답을 주는 것이다.

우리가 제자훈련 등을 하면서 자주 언급하는 원리(principle)라는 것은 깊고, 오래가고, 근본적인 진리들로서 가정, 일, 사역, 여가 등의 매일 삶의 영역에서 인간의 행위를 결정짓는 일반적 가이드라인인데, 가치(value)는 그 원리들이 기초하고 있는 근거들이다. 가치는 그 자체가 목적이요 끝이지만, 원리는 그 가치를 실현하기 위한 도구이다. 가치는 지속적이고 성경적이며 우리에게 열정을 갖게 하는, 중심적인(core) 신념이나 기본적 믿음들이다. 그 가치가 사역을 끌고 가는 것이다. 그런 가치가 지도자의 의사결정, 목표 설정, 문제 해결, 우선순위결정, 재정관리 등에 영향을 끼치고 있는 것이다.

예를 들어 성경적 공동체를 핵심 가치로 삼고 있다면, 그 교회는 소그룹사역을 강화하게 될 것이고, 죽은 영혼을 살리는 전도가 핵심 가치라면 어떤 형태든 전도사역이 교회의 중심을 이룰 것이다. 이처럼 가치는 사역으로의 구현되는 것이기에 매우 중요한 것이다.

핵심가치가 교회의 사역과 비전에 어떻게 영향을 주며, 여러 교회들은 핵심 가치를 어떻게 사용하는가 예를 보자. 자세한 사항은 필자의 『변혁적 기독교 리더십』책을 참고하기 바란다.

한 예로 먼저 윌로우크릭교회는 중요한 것들이 무엇인지 찾아보자. 그것은,

1. 성경의 적용, 2. 봉사를 가치 있게 여김, 3. 탁월성, 4. 피드백, 5. 진정성과 솔직성, 6. 비정형화, 7. 사람들의 은사, 8. 사람들의 차이, 9. 지속적인 배움, 10. 단순성, 11. 팀웍, 12. 혁신, 13. 자유와 유연성, 14. 유머, 15. 낙관주의, 16. 성숙, 17. 헌신이었다.

이것이 규명되자, 다음 10가지 핵심가치를 정리했다.

1. 기름부음 받은 가르침
2. 잃어버린 사람들
3. 문화적으로 연계성 있는 교회
4. 진정성과 성숙에의 의지
5. 은사에 따라 봉사하는 하나된 공동체로서의 교회
6. 모든 교회 생활 측면을 파고드는 사랑의 관계성
7. 소그룹에서 삶의 변화는 가장 잘 일어난다.
8. 탁월성이 하나님께 영광이 되고 사람들을 감동한다.
9. 교회는 지도력의 은사가 있는 자들에 의해 인도되어야한다.
10. 그리스도와 그의 명분에 대한 헌신은 모든 신자에게 정상적인 것이다.

교회를 세워가며 이런 잘 규명된 목회의 핵심 가치에 의해 그 교회가 위치한 시카고 외곽의 중산층 불신자를 주님 앞으로 돌리는 공동체 교회란 비전을 성취했다는 점을 우리는 인정하고 그런 방식에 대해서는 배울 필요가 있다.

이보다 조금 더 간결한 가치관 서술문도 있다. 미국 텍사스 주 리치몬드에 있는 그레이스 커뮤니티 바이블 교회를 보자.
1. 목적에의 헌신 -그것은 구원과 성숙에 대한 것이다.
2. 사람에의 헌신 - 하나님은 사람을 통해 일하시고, 각 사람은 독특하다.
3. 관계성에의 헌신 - 영적 재생산과 성숙에 관계성은 필수이다.
4. 혁신에의 헌신- 메시지는 시대불변이지만, 방법은 지금 섬기는 사람들에 맞춰야한다.
5. 질에의 헌신 -우리 하는 모든 것에 있어서 우리는 하나님께 우리의 최선을 드린다.

이 교회는 핵심 가치를 자신들이 헌신해야 할 5가지로 표현한 것이다.

역시 텍사스주 세다힐의 레이크뷰 커뮤니티교회를 보면
1, 관련성 있는 성서 강해, 2. 기도에의 헌신, 3. 평신도 사역에의 헌신, 4. 소그룹에의 헌신, 5. 창의성과 혁신에 감사하기, 6. 탁월성에의 헌신, 7, 성장에의 헌신으로 7가지를 규정하고 있다.

목적이 이끄는 교회로 알려진 새들백교회는 '우리는 목적에 의해 움직이고, 가치에 근거한 교회다.'라는 기본선을 분명히 했다. 그 핵심가치는 5M(영어 M으로 시작되는 단어 5개)으로 표현하여 교회의 5 가지 목적을 교인들이 기억하기 좋게 예배실 유리벽에 새겨 놓았고 새교우 교육은 물론 전교인 교육훈련 시스템 개발에도 적용되어 있다.

매년 초만 되면 한 해의 교회 표어를 새로 발표하고 시간이 지나면 잊어버리는 일에 익숙한 우리 한국교회도, 이처럼 목회를 하며 평생 변치 않을 가장 가치있는 일이 과연 무엇인지를 규명하고 그것을 어떻게 이룰지를 단계적으로 구체화시키면 좋겠다. 연중 표어와 허황한 비전보다는, 나의 한 평생 목회를 통해 이루고 싶은 가장 성경적인 가치관부터 규명해 보기를 권면한다.

건강한 목회를 위해 지도자들에게 요구되는 것 9가지

과거의 농경사회와 산업사회를 지나, 이제 21세기에 대응하면서도 2천년 전에 영원한 대안으로 제시된 성경이 말하는 교회의 이상을 회복하기 위해 우리가 받는 도전은 무엇인가?
우리 영적 지도자들은 다음 9가지를 제대로 하도록 요구받고 있는 것이다.

첫 째, 효과적인 지도력(effective leadership)이다.
은퇴를 앞 둔 오랜 목회 경험을 가진 목사님들에게 물어보면, 신학과 교리 부족으로 목회를 못하는 것이 아니라 리더십의 부족으로 힘들었다는 고백을 들을 수 있을 것이다. 사역에서 부딪히는 문제의 70%는 신학의 문제가 아니라 대개 지도력에 관계된 문제이다. 목회자는 설교와 심방만 하면 되는 것이 아니라, 한 공동체의 지도자로서 리더십을 가져야 한다. 그것은 농경 혹은 산업시대에 통했던 단독적이며 독단적으로 끌어가던 제왕적 혹은 카리스마적 리더십이 아니다. 복잡한 목회 현실에 여러 사역을 수행하기 위해 다양한 은사가 필요하므로, 팀목회가 가능해야 하고 지도력을 분산하되 팀 지도력에 근거해 변화를 일으키는 능력을 갖춰야 한다. 이 때 부족하기 쉬운 것으로 실행능력이 뒷받침된 행동적 지도력이 요구된다. 지도자는 조직만 관리하는 사람이 아니라, 핵심가치에 의해 교회가 가야할 곳을 향한 비전 세우기가 중요한 직무이며 그의 리더십은 안보다 밖을 향한 선교에의 집중으로 달라져야 할 것이다. 그런 면에서 효율적(efficient)이지만 않고 효과적(effective)인 리더십이라고 말하고 싶다. 이런 리더십을 갖추되 그것은 반드시 성경적이어야 하고, 동시에 세상을 통해 주께서 이미 계시해 주신 리더십 일반이론을 잘 분별하여 신앙 안에서 잘 활용할 수 있는 역량이 있어야 한다. 또한 성경이 말하는 영적 지도자의 특성인 종의 지도력(Servant Leadership)과 관리자의 기능은 물론, 최고 지도자로서 사령관 역할을 지혜롭게 잘 균형을 유지해야 할 것이다.

두 번째는 기독교적으로 진정성 있는 기독 공동체(authentic Christian community)를 형성하는 것이다. 교회를 크게 부흥시키는 것만이 다가 아니다. 큰 교회가 아니라 제대로 된 공동체를 세우는 것이 우리를 부르신 부르심이다. 성경은 가족같은 교회를 세우라고 한 것이 아니라, 교회는 하나님의 가족이라고 한다(엡2:19 개역개정의 권속은 새번역이 잘 번역했듯이 가족이다). 지도자가 성경적 리더십을 바르게 가졌다면, 절대로 보수적인 교리와 함께 세상적인 조직관리 이론으로 움직이는 교회를 운영해 갈 수 없다. 성경적 비전은 교회를 경영학적으로 운영하며 거대 조직으로 만들기 보다는, 성경이 말하는 영적 공동체로 만들어갈 수밖에 없다. 그리고 그것이 영적지도자의 사역 목표여야 한다. 교인들은 교회란 이름을 사용하지만 종교 조직의 구성원이 아니라, 돌봄을 받고 서로 돌봐야 할 공동체의 가족이다. 에베소서 2장 5절, 6절, 7절에 계속 반복되는 '함께'란 단어에 대해 우리는 주목해볼 필요가 있다. 그리고 그 뒤 엡2:19에 계속 다루어지는 개념들 즉 시민, 권속, 건물, 성전, 연결이란 말을 통해 교회에 관해 주께서 우리에게 전달하고 싶은 것이 무엇인지 분명히 알아야 한다. 공동체에 관한 성경의 이런 정신은 엡 3:6에 "예수 안에서 함께 후사가 되고 함께 지체가 되고 함께 약속에 참예하는 자가 됨이라"며 다시 세 번에 걸쳐 반복되는 '함께'를 통해 완성된다. 구약에서는 언약 백성으로 신약에서는 그리스도의 몸인 공동체를 이루고 하나님 나라의 원리에 따라 같이 살아가는 가족이 되는 것 그것이 바로 우리가 목회를 통해 이루어야 할 근본적 목표이다.

세 번째로, 우리는 하나님 나라 차원의 협동사역(Kingdom collaboration)을 감당해야 한다. 공동체의 지도자로서 우리는 교인들 앞에서 이런 모습을 가지 지도자로 보여야 한다. 그래야 그들도 이 땅에 살면서 그리스도인으로서 이웃의 형제자매 성도들과 함께 하나님 나라의 확장을 위해 살게 되지, 우리 교단 우리 교회 부흥만을 위해 발버둥치는 이기적인 삶을 살게 하면 안된다. 이를 위해서는 우리가 소속된 곳에 대한 자긍심은 갖되, 다른 전통의 지도자나 교회들과 협력사역에 대한 열린 자세를 보여줘야 한다. 배움과 사역과 섬김의 기회의 확장을 통해 하나님 나라 확산을 위한 네트워크를 형성해 함께 선교하는 모습을 보일 수 있는 예수님처럼 넓은 가슴을 가진 지도자로 일해야 한다.

　네 번째로, 복음과 성경적 진리를 삶으로 보여줄 수 있는 장으로서의 전도적 교회를 세워가야 한다. 하나님은 영이시라 볼 수 없고, 세상에 속한 육적인 사람들은 세상적 가치관에 절어서 살기에 성경이 말하는 영적 진리를 이해할 수 없다. 그들이 복음과 하나님을 알 수 있는 길은 예수님처럼 보고 듣고 만지고 경험하는 성육신적 목회를 해야 한다(요일1:1-3). 불신자들을 교회에 나와 예배에 참석하라고 할 때 힘들어 하지만, 소그룹 모임(셀모임 같은)으로 초대하는 것은 훨씬 쉽다. 거기서 사람들은 예수님을 믿는 사람들의 삶이 얼마나 세상과 다른가를 보고 감동을 받을 것이다. 성도들의 삶과 간증을 통해 하나님을 보고, 복음을 경험할 때 변하는 것이 교리공부에 의지하는 것보다 훨씬 효과적이고 강력하다는 것을 맛보기 바란다. 그럴 때에 전도가 되는 것이다.

　복잡한 세상을 살아야 하는 혼란스런 성도들에게 성경적으로 바른 판단과 사리에 맞는 진리 제시를 위한 청교도적 열정이 있는 삶과 함께 깊이 있는 신학을 갖춰야 한다. 본서의 부록에서 필자가 간략하게 소개하고 있는 조나단 에드워즈(Jonathan Edwards)의 삶은 목회자로서 학자로서 그리고 지역사회의 한 구성원인 사회인으로서의 균형 잡힌 삶의 모델을 우리에게 제시해준다. 신학이 깊다고 목회를 못하고, 목회만 잘하지 신학이 없거나, 사역만 하고 사회 속에서는 전혀 빛과 소금의 역할을 하지도 못하며 세상으로부터 존경 받지 못하는 모습을 넘어서야 한다. 더군다나 지금은 강단의 메시지는 얄팍해졌지만, 그 어느 시대보다 세상이 복잡해져서 교인들이 자신들이 처한 상황을 어떻게 판단해야 할지 어려워졌고 어떤 결정을 내려야 할지 힘들어졌다. 그저 기도 많이 하면 된다는 식으로 말하면 되던 시대가 지나갔다. 부흥하는 교회의 지도자들은 하나님의 마음과 하나님 나라의 법칙 대신 인스턴트식 성공기법과 생활의 지혜를 나열하여 인기를 끌지만, 시간이 지나면 사람들은 영적 굶주림과 목마름으로 방황하게 될 것이다. 이 문제를 풀어나갈 영적 지도자가 이 사회는 요구하고 있다. 당신은 그런 목회를 해야 한다.

다섯 번째로 깊이 있는 예배와, 예배의 신비와 영광 회복이 필요하다. 어떤 사람들은 기독교는 종교가 아님을 강조한다. 그렇다. 기독교는 기타 종교와 다르고, 그것은 종교라기 보다는 생명의 길이요 창조주 하나님과의 교류이다. 그러나 기독교가 다수의 성도들과 함께 그 신앙체계를 이루어갈 때 종교성을 갖게 됨을 부인할 수 없다. 그리고 대다수의 사람들은 신앙을 예배로 표현할 때 종교적 요소가 해가 되기 보다는 도움이 될 때가 있다. 그 사실을 무시해서도 두려워할 필요도 없다. 예배에는 성경공부나 토론과 달리 예배의 신비가 있고, 하나님 영광의 임재 순간이 있다. 현대적 예배 운동을 주장하는 자들에게는 이런 예배의 신비로운 부분을 무시하는 경향이 있다. 요즘 예배의 성공이 모든 것의 성공이라며 예배의 강조가 일어나는 것은 좋으나, 지나친 예배 지상주의 또한 위험하다. 특히 포스트 모던 사회에 돌입하며 새들백이나 윌로우크릭교회 예배같은 현대예배 운동의 한계를 깨닫고 고전성을 보완한 빈티지 예배를 시도한 이머징 교회(Emrergin church)들에 대해서도 연구하고 배울 점이 있다면 배워야 할 것이다. 이에 대해서는 3장을 참조하라. 다만 여기서 짚고 넘어가고 싶은 것은,

예배는 단지 예전(Liturgy) 준수보다는, 예배자들이 모두 참여하여 진정한 예배를 통해 예수님을 직접 경험하고 가도록 해야 한다는 점이다.

여섯 번째로, 지도자는 문화와의 연계성(cultural relevance)을 갖춘 목회를 해야 한다.

20세기 말의 도시화 흐름과 함께 21세기는 지구촌 시대, 혹은 글로벌 시대라고 할 수 있을 것이다. 그 말은 우리의 목회 대상인 사람들과 그들이 살고 있는 세상은 다문화 사회라는 점이다. 백의민족이라며 단일문화권을 주장해왔던 우리나라도 이제 국제결혼 가족이 빠른 속도로 늘어나고 있을 뿐 아니라, 주변에서 외국인 일군들이 얼마나 많이 섞여 살고 있는지 놀랄 정도이다. 그 뿐 아니라, 종족과 언어가 같아도 세대 차이는 예전의 그것과 달리, 이것은 다른 문화의 다른 사람들처럼 여겨질 정도로 커다란 차이를 만들고 있다. 같은 서울에서도 청담동 문화는 과거 난곡과 봉천동의 문화와 다르며, 홍대 앞 문화는 영등포의 문화와 또 다르다. 같은 강남 지역 사람들의 문화도 5년 전과 다르고 10년 전과는 완전히 다른 사람들처럼 행한다는 사실에 우리는 놀라게 된다. 변화의 속도가 너무도 빠르다. 이제 목회 지도자들은 문화에 대한 이해를 통해 구도자에게 민감하여 그들의 필요를 이해하여 복음을 전하게 사역을 해야 한다. 대상 그룹이 속해 있는 특정 문화와 구성원의 특성에 따라 예배, 가르침, 전도와 사역 이 정해져야한다. 30년 전에 내가 거기서 이렇게 해서 성공했다고 오늘 여기서도 이 사람들에게 똑 같이 하면 될거라는 생각을 버려야 한다. 그리고 그냥 다르게 하는 것이 아니라, 그들의 문화에 대한 이해 속에서 사역을 준비해야 한다.

일곱 번째로, 지도자는 동기부여를 통한 모든 성도들의 사역(lay mobili- zation)을 잘 해야 할 것이다. 전통적인 목회에서 카리스마적인 지도자는 권위적으로, 강압적으로 사람들을 부릴 수 있었을지 몰라도 이제는 그런 식으로 나오면 따르지 않을 뿐 아니라 반감을 보이는 사람들까지 생기고 있다. 좋은 지도자는 강요가 아니라 동기 부여를 통해 사람을 움직인다. 그리고 옛날 교회처럼 목사 혼자서 다 하던 시대는 지났다. 부교역자 몇 명을 쓴다고 해결될 일도 아니다. 복잡다단한 사회 속에서 다양한 사역을 감당하려면, 각 분야에 은사를 가진 수많은 일군들이 필요하다. 하나님은 그의 몸된 교회에 그런 은사를 가진 많은 지체들을 두셨다. 지도자는 이제 그들을 활용할 줄 알아야 한다. 오늘날의 교인들은 구경꾼이기도 하지만, 동시에 상당수는 교회 안에서 의미 있는 일을 하기 원하며 자신들이 교회에 필요한 사람이라는 것을 알 때에 존재 가치를 느끼고 보람을 가지고 사역에 달려든다. 평신도 일군들을 계발하고 활용할 줄 아는 지도자가 그래서 새 시대의 훌륭한 리더일 것이다.

오래 전에 에드가 게스트(Edgar Guest)는 "모든 일을 사역자에게 맡겨라. 그러면 교회가 죽을 것이다."고 역설적으로 일침을 가했다. 교회 안의 구경꾼들을 일꾼으로 세우고 그들이 교회를 세워가게 돕는 지도자가 훌륭한 리더이다(엡4:12). 모든 성도들을 사역자(엡4:12의 봉사는 사역이다)로 세우고, 사람들이 그저 예배참석 중심에서 사역 중심으로 움직여 가게 만들어야 한다.

여덟 번째는 소그룹사역을 통해 매스 사회 속에서도 돌봄과 양육을 제공해야 한다. 셀교회가 예배 중심 목회에서 사역 중심 목회로 전환하는 가장 중요한 이유가 바로 여기에 있다. 교회가 성장함에 따라 대형교회들이 뼈저리게 느끼는 필요는 예배 중심 목회 속에서 교인들을 제대로 돌볼 수 없다는 사실이다. 목회는 본질적으로 영혼을 돌보는 것이지, 프로그램을 운영하는 것(R. 네이버는 PBD 교회라 했다)이 아니다. 그래서 대다수의 건강한 교회들, 특히 대교회들은 소그룹 사역의 필요성을 느끼고 구역제도를 셀사역 혹은 가정교회나 목장 구조로 변화시키려고 노력하는 것이다. 일부 목회자들이 이와 같은 소그룹사역의 필요는 인식했기에 그런 시도는 하지만, 그에 따라 치러야 할 헌신과 희생은 두려워하여 셀교회로의 전환을 시도하다가 포기하는 경우가 많은 것은 참으로 안타깝다. 셀교회는 아니더라도 진정한 돌봄과 양육을 제공할 수 있는 소그룹사역 중심의 목양적 공동체 세우기는 목회에서 포기해서는 안될 마지노선이어야 한다.

마지막 아홉 번째로, 몸 중심적 은사 운동을 위한 은사사역 시스템을 만들어야 한다. 앞에서도 잠시 언급했지만, 윌로우크릭교회나 새들백교회가 건강한 교회가 된 것은 이런 요소들에 대한 이상적인 꿈만 꾼 것이 아니라 그것을 교회의 생활로 만들어낸 윌로우크릭의 경우는 네트워크 사역, 새들백에는 쉐이프(Shape)라는 사역이 있었기 때문이다. 그로 인해 필자가 방문했을 당시 윌로우크릭 교회의 컨퍼런스에 15,000명 교인 중 일주일 동안 칠천명 이상이 나와 봉사하여 엄청난 모임을 자원봉사자들에 의해 끌어갈 수 있었다. 새들백교회도 마찬가지였다. 성도들이 사역을 하고, 셀그룹들을 통해 성도들이 서로 돌보는 목양적 교회에서는 이러한 몸 중심적 은사 운동이 당연히 따라올 수밖에 없다.

교회는 커가는 것만 중요한 것이 아니라 헌신이 깊어져야한다. 그런데 우리나라의 초대형교회들을 보면 교인이 수만 명이라도 대부분 백 명 남짓한 사람들만이 각종 행사 때마다 봉사할 뿐 대다수는 주일 예배만 참석할 뿐이란 사실을 부인하기 어려울 것이다. 대부분의 교인들은 자신의 은사가 무엇인지도 모르고, 그저 하고 싶은 일이나 앞에 나서서 드러날 수 있는 일이나 하고 싶어 하고 교회의 연륜이 깊어지고 나이가 들면 서류에 결재하고 싸인이나 하려고 하지, 은사대로 모두 곳곳에서 섬기는 모습을 보여주는 교회는 드물다. 이제 우리도 그런 교회를 만들어야 한다. 국내에도 몇몇 교회가 그런 모본을 보여주고 있지만, 대다수의 교회는 그러하지 못하다. 그러나 건강한 교회를 만들 건강한 목회를 하기 원한다면 당신도 교회에서 교인들 하나하나가 자신의 은사를 발견하고, 각 분야에서 은사대로 섬길 수 있도록 돕는 시스템을 형성해야 할 것이다.

그렇다면, 지금까지 알아본 이런 사역을 제대로 감당하는 목회자가 되려면 우리는 무엇을 어떻게 준비해야 하겠는가? 구체적인 방안을 위해서는 필자의 '소그룹과 셀사역 그리고 셀교회로의 전환' 책 전반부를 참조해 보기 바란다.

분명한 것은 건강한 교회를 세우기 위한 건강한 목회 패러다임에 대해 이제 진지하게 고민을 시작할 때란 점이다.
고민하고 기도하라. 주께서 도와주실 것이다!

퇴락하는 한국교회를 바로 세우기 위한 교회 분립개척 배가[1]

사도행전시대 이래 초기 교회를 이끈 원동력은 교리보다는 예수님의 십자가의 부활 사건에 대한 목격과 경험이었다. 물론 복음에서 벗어난 이단적 가르침이 계속 일어나자 그것을 바로 잡기 위해 건전한 교리를 정립하는 것이 필요했지만, 이 땅에 하나님 나라를 확장해 가는 것은 그 어떤 것이 아니라 오직 교회를 통해 보고 듣고 만지도록 성육화된 복음의 능력 그 자체였다.

기독교 초기에는 비록 건물도 없었고 끊임없이 핍박과 위협에 노출되었지만, 가정교회를 중심으로 멈추지 않는 복음 전파의 열매로 교회가 곳곳에 세워지며, 예수생명이 막을 수 없는 강물의 흘러넘침과 같이 세상을 뒤 덮었다.

그런데 기독교신앙이 합법화되고 국가적 종교로서 거대한 예배당을 갖추기 시작하면서 기독교는 더 이상 생명력 있는 움직임이 아니라 조직화된 제도가 되었다. 로마제국의 위엄이 그렇게 멋져 보였는지, 예배는 당시 황제 숭배 의식처럼 점차 화려한 복장과 행렬, 그리고 성가대와 거창한 장식을 갖춘 예전과 의식이 결국 신령과 진정의 예배 본질에 스며들더니 결국 예전(liturgy)의 장엄함이 하나님의 거룩과 영광스런 임재를 대치하게 되었다. 교회의 예배는 격식으로 가득했고, 사역의 중심에는 황제권과 같은 수위권을 확립하고 조직적 위계질서의 명령체계와 질서가 중요하게 되었고, 그것을 정당화하기 위해 삼위일

---

[1] 백석신학 저널 2019년 가을호 107-134쪽에 실렸던 글이다.

체에 대한 위계적 해석이 강화되었다. 그 결과 교회의 본질인 회중은 한갓 구경꾼과 종교 소비자로 전락하더니, 세상을 향해 복음을 들고 나갔던 교회는 내부지향적이 되었고, 더 높고 거대한 성전을 짓고 나서는 땅 끝까지 가서 제자를 삼으라는 명령에 순종하는 대신 우리의 궁전처럼 자랑스러운 교회당으로 오라고 사람을 끌어 모으기 시작했다. 결국 종교개혁으로 새로워지는가 했지만, 3백년도 안되어 다시 퇴락하기 시작하더니 20세기에 들며 유럽과 미국교회는 물론 우리 한국교회 마저 그 길을 걷고, 부흥의 불길은 인정하기 싫겠지만 인도네시아와 아프리카와 남미로 넘어가 버렸다. 지금도 거대한 대형교회들을 자랑하며 이런 현실을 부정하고 싶겠지만, 이미 시작된 한국교회의 침체를 넘어선 퇴락의 길에서 벗어나고 다시 일어설 수 있는 길은 무엇일까?

교회 쇠락의 원인과 종교사회문화적 현상 분석

교회는 하나님의 영에 의해 세워지지만, 분명한 것은 사람들의 모임인 교회가 세워지고 쓰러지는 일들은 그 구성원인 사람들이 사는 사회 문화 속에서 벌어지는 일이기도 하다. 즉 목회에는 영적인 것과 함께 사회 문화적 요소가 있기에 그 이해가 필요하다.

그래서 어떤 사람들은 한국교회의 쇠퇴 원인을 "크리스텐덤 시대에서 포스트크리스텐덤 시대로의 전환"에 실패했기 때문이라고 분석한다. 이에 대해서는 수많은 신학자와 목회자들의 눈여겨 볼만한 분석이 있지만, 특히 Mike Regele의 'Death of the Church'[2]란 종교 사회

문화 통계적 기법을 기반으로 분석한 탁월한 저술은 이후 모든 연구의 기초가 된다. 이런 연구는 유럽교회와 미국교회 문제 분석에 있어서는 유효하다. 그런데 우리 한국교회에는 과연 크리스텐덤 시대가 있기는 했던가? 물론 그 부산물은 그대로 안고 있지만, 한번도 크리스텐덤 시대를 가진 적 없는 한국교회에게는 서구적 포스트크리스텐덤 시대로의 전환을 위한 대안은 답이 되지 못한다. 특히 전통적 목회와 교회론 안에서의 해법이라 근본적 해결책도 되지 못한다. 오히려 그 판에서 벗어나 성경적 공동체를 기반으로 한 새로운 교회의 본질을 향해 나아가는 패러다임 전환을 해야 한다. 이것을 위해 교회의 공동체성을 회복할 수 있는 방안3)은 필수적이다. 즉 더 이상 초대형 교회를 이루기 어려워서 슬퍼할 것이 아니라, 이제 덩치만 크지 무기력한 거인증을 탈피해 건강한 교회가 되기 위한 목회 패러다임의 전환4)과 함께, 교회 개척과 기존 중대형 교회가 쇠퇴에서 벗어나는 길을 찾아야 할 것이다. 본 논문은 먼저 교회 개척의 패러다임을 바꿀 것과, 두 번째로 기성 중대형교회가 쇠퇴에서 벗어나는 길을 제안한다.

I. 교회 개척의 방향을 바로 잡기

포스트크리스텐덤 시대 진입방안을 얘기하면서도 여전히 교회를 개척할 때부터 전통적 메가처치의 축소판을 만들려고 애쓰는 바보짓을

---

2) Mike Regele, *Death of the Church* (Grand Rapids:MI, Zondervan, 1995)
3) 김덕수, 『소그룹과 셀사역, 그리고 셀교회로의 전환』 (경기:킹덤북스, 2011)에서 그 면을 강조했다.
4) 그것이 바로 셀교회, 가정교회, 이머징교회와 미셔널 교회 운동 등의 다각적 노력이 공통적으로 목표로 하는 것이다. 각각의 차이와 공통적인 추구점에 대해서는 김덕수, "셀교회 운동과 가정교회 운동, 그리고 이머징교회와 미셔널 교회 운동의 추구점과 본질" 『백석신학저널』 제29호(2015(, 169-205쪽을 참조하라.

그만두고, 댄 킴볼이나 깁스와 볼저가 지적한 것처럼 "모던 사회에서 포스트모던 사회 전환"[5]에 대한 이해 속에서 대안을 찾는 것이 더 도움이 될 것이다. 왜냐하면 우리 한국교회가 비록 크리스텐덤 시대를 겪지는 않았지만, 사회 문화적으로는 포스트모던 사회로 진입했기 때문이다. 그리고 종교사회문화적 여건 속에서 변치 않는 복음을 표현하고, 목회로 구사하는 방안을 개척자들은 찾아야 한다.

예를 들어 전통교회의 주일 예배와 수요예배와 주일 저녁예배 등 집회 중심목회와 교구목회 방식은 농어촌이나 산업화시대에 적절한 방식이지, 현대 사회에는 적절하지 않기 때문이다. 비록 도시화가 강화되며 좁은 지역에 더 많은 사람이 모여 살지만, 전통적인 저녁예배와 수요예배과 교구활동이 이전보다 훨씬 힘든 이유가 무엇을 의미하는 것인지 모르기에 목회 방식이 달라지지 않은 것이다. 독일의 사회학자 Ulrich Beck는 같은 장소에 거주한다는 것이 함께 사는 것을 의미하지 않고, 함께 산다는 것이 같은 장소에 사는 것을 의미하지도 않는다[6]는 점을 잘 지적했는데 그런 이해가 현대 목회의 방향을 바꿔 놓는 것이다.

1. 사람들이 원하는 것과 교회가 줘야 하는 것

이것은 파편화되고(fragmented) 유동적(mobile)인 현대 유목민(nomad) 사회가 가속화되며 더욱 많은 것을 바꾸어 놓았는데, 그럼 우리의 목회와 교회 개척은 어떻게 달라져야 할까? 이런 사회에서 교회 개척과 성장을 위해 우리가 알아야 할 것은 무엇인가를 우리는 검토해야 할 것

---
5) 댄 킴볼, 『시대를 리드하는 교회』(서울:이레서원, 2007), 에디 깁스 & 라이언 볼저, 『이머징교회』(서울: 쿰란, 2008) 등을 참조하라.
6) 잉글랜드성공회 선교화사회문제위원회 저, 『선교형교회』 (서울:비아, 2016), 32.

이다.

산업화 이후 자본주의와 개인주의가 가속화되며 사람들은 자신만의 동굴에 재물을 숨겨두고 그 곳에 다른 사람들을 초대하기 싫어하게 되었다. 최근 들어 우리 한국 사회도 예전처럼 마당과 사랑방 개념이 없어지며, 담을 높이 쌓거나 철문으로 잠그고 이중 삼중 시건장치로 자신만의 세계를 구축하고 집과 함께 자신을 오픈하기를 불편해하며, 서로 의심하며 일정거리를 두며 결국 공동체적 삶에서 자신을 분리시키고 말았다.

그러나 창조 이후 모든 지역 모든 문화에서 사람은 본래 공동체 속에서 살아왔었다. 따라서 파편화된 사회에 살면서 아이러니하게 보이겠지만 사람들은 본능적으로 서로 연결된 접속하는 사회[7]를 원한다. 그 결과 사람들은 사이비공동체(Pseudo-community)를 만들었지만, 그 어느 것도 인간 본연의 공동체성에 대한 만족을 주지 못한다. 세상이 이에 대한 답을 주지 못하는 이 부분이야말로, 교회란 참된 공동체[8]가 답을 줄 수 있다. 그리스도를 중심으로 한 충성스럽고 신실함의 유대를 구축해 줘야 한다. 교회는 사람들끼리 연결하는 네트워크 관계를 구축해 주고, 서로 연결되도록 해줄 수 있어야 한다[9]. 그런데 대규모 주일예배 중심의 전통적 교회의 목회 모델에서는 이것은 불가능하다. 그것은 셀교회나 가정교회같은 소그룹과 공동체성을 중심으로 하는 교회만이(미서널교회와 건강한 교회들 포함) 답을 줄 수 있다. 그러나 대부분의

---

[7] 『선교형교회』, 32.
[8] 유사공동체와 성경적 공동체의 차이에 대해서는 M. Scott Peck, *The Different Drum: Community Making and Peace*, (NY, Touchstone Books, 1998)를 참조하라. 또한 김덕수, 『소그룹과 셀사역, 그리고 셀교회로의 전환』(경기:킹덤북스, 2011), 58-67. 특히 60쪽을 보라.
[9] 『선교형교회』, 33.

한국교회 목회 모델은 앞에서 지적했듯이 19,20세기 초의 농경사회나 산업사회 모델이며, 오래된 로마가톨릭의 전통적 교구 목회 방식에 매달리고 있다. 전통적인 영국 성공회조차, 앞으로 영국 성공회가 살 길은 네트워크 사고에 기반한 교회 개척을 염두에 두어야 함을 인식하고 있는데 말이다. 그들은 영토 중심의 교구 체계에 네트워크 중심의 교구개념을 첨가해야 한다는 것을 깨달았다. 네트워크를 통해 사람들을 연결해야지[10] 살고 있는 지역과 장소를 통해서만 사람들을 묶으려고 하면 안된다는 점을 그렇게 전통적인 성공회도 주목하고 있는데, 우리 한국교회는 여전히 깨닫지 못하고 있다. 앞으로 교회는 지리적공간과 영역 개념에서 벗어나, 사람들의 문화, 가치, 생활방식, 네트워크와 연결되는 것으로 관점을 넓혀야한다. 이 사실은 교회 개척자들에게 전통적 접근과 새로운 접근을 지혜롭게 구사할[11] 능력을 요구하고 있음을 보여주는 것이다.

그것은 이제 과거 영농시대처럼 동네 중앙에 교회를 세워 놓고, 이리 '오라'는 전략만 고집해서는 안된다는 것을 의미한다. 이전과는 전혀 다른 접근법[12]이 필요한데, 그것은 전도대상이 살고 있는 곳으로 '가라'는 것이다. 우리는 불신자들과 소통할 수 있어야 하며 그들이 예수 그리스도를 따르는 충실한 제자 공동체를 경험할 수 있는 형태의 교회를 만들어야 한다.[13] 이것은 다음 네 가지를 잘 감당해 내는 교회를 의미한다. 첫째로 개인주의 이기주의 사회에서 따뜻한 공동체에 대한 갈망 충족(가족인 교회), 둘째로 험한 세상에서 안전함을 주는 교회(

---

10) 『선교형교회』, 34.
11) 『선교형교회』, 43.
12) 김덕수, 『소그룹과 셀사역, 그리고 셀교회로의 전환』10장, 특히 261쪽을 보라.
13) 『선교형교회』, 45.

구원과 샬롬), 셋째로 각종 현대사회의 문제에서 치유와 변화(성령의 권능에 근거한 목회), 희망 없는 세상에서 삶의 의미와 목적을 제공(거룩과 성스러움 경험 통한 사명 발견)하는 교회가 되는 것이다.

사실 한국 교회가 쇠락은 사회문화적 요인과 함께 위의 네 가지 본질적 영적 직무를 감당하지 못해서 생긴 일이다. 즉 첫째로 교회가 영적 생명력을 잃어서인데, 종교성으로 인해 거룩하고 예전적 예배만 추구하면서 예배를 통한 하나님 임재의 감동 경험을 상실하고 영성을 상실했기 때문이다. 둘째로 교회가 교회다움을 상실한 것이다. 교회의 본질에서 멀어져가며 세상의 가치와 원리가 사역을 지배하고, 내부적이고 제도적 문제에 빠져 허우적거리고 있다. 게다가 교회 밖의 사람들이 바라고 얻고자 하는 그 모든 것을 교인들도 똑 같이 꿈꾸고 얻고자 하기에, 교회는 세상과 다르지 않고 구별되지 않게 되었다. 세상의 가치를 전복하도록 도전했던 예수님의 가르침이 종교개혁 이후에도 목회에 나타나지 않고, 여전히 개인의 내면적 신앙영역으로[14] 축소시키는 일만 계속하면서 교회는 세상을 변화시킬 힘을 잃게 되었다. 목회자는 자신의 종교사업 확장을 위해 성도들을 학대했고, 종교전쟁을 통해서라도 세력을 확장했으며, 세례와 성전건축 등 강압적 종교활동으로 복음을 왜곡했다. 그 결과 교회를 떠나간 기독교인들은 신앙을 상실했기 때문이 아니라, 오히려 자신들의 신앙을 지키기 위해서 라고 항변하기에까지 이르게 되었다.

이런 현상은 이제 단지 교회는 무엇이고, 어디에 있는 것이냐란 질문에만 빠져 있지 말고, 교회는 왜 존재해야 하고, 어떻게 사명을 성취해야 하는가란 질문으로 방향이 바뀌어야 함을 의미한다. 그것은 동

---

[14] 정원범, 『새로운 교회운동』(대전, 대장간, 2016), 25.

네 중앙에 있는 커다란 돌로 지은 집으로서의 교회가 아니라, 너그러운 환대와 화해의 집, 살아있는 하나님에게 관심을 두는 공동체가 필요하다는 말이다. 하나님의 부름에 응답하는 사람들이 회심하고 변화하며 확신하는 방식으로 공동체를 만드는 과제가 우리 목회자들에게 주어진[15] 것이다.

그러면 우리는 어떤 교회를 세워야 하는 것일까?

그것은 단지 기능적 요소만 고려할 수 없고, 성경신학적 원리에 기반한 것이어야 한다.

2. 획일화되고 정형화된 교회에서 다양한 모습을 가진 교회 되기

교회 개척의 방향 점검은 무엇보다 먼저 삼위일체 교리에 대한 묵상에서 시작하는 것이 좋을 것이다. 삼위일체는 전통적으로 교회의 일치와 공동체성의 근거로만 사용되었는데, 교회의 다양성의 모범이기도 하다. 왜냐면 창조는 다양성을 긍정하시는 하나님을 드러내는데, 다양한 세상에 대한 선교는 다양한 교회를 요구하고 있다. 아무리 교회의 보편성(catholicity)이 중요해도, 단색으로 색칠된 하나의 그림으로만 이해되면 안된다. 특히 성육신은 하나님이 다양한 상황에서도 그리스도교가 문화적인 구체성을 띄기를 원하심을 보여준다.[16] 고린도전서 15:38을 새번역으로 보면 우리가 복음의 씨앗을 뿌리며 교회를 세울 때, "그러나 하나님께서는, 원하시는 대로, 그 씨앗에 몸을 주시고, 그 하나 하나의 씨앗에 각기 고유한 몸을 주십니다"라고 했다. 그

---

15) Reggi McNeal The Present Future: Six Tough Questions for the Churches, (S.F.: Jossy-Bass, 2003), 4.
16) 『선교형교회』, 59.

런데도 목회자들은 메가처치가 부러워서 그런지 왜 그렇게 천편일률적으로 똑같은 형태의 교회를 세우려고 하는지 의아하다. 하나님께서 각 사람에게 은사와 기질과 형태가 다른 모습을 주시듯, 교회도 각기 부르심에 따라 각자 독특한 고유한 몸으로 세워져야 한다. 교회는 단 하나의 특정 구조로 만들어져야 하는 것이 아니라 다양한 모델을 가져야 한다.[17] 따라서 교회 분립 개척을 할 때도, 모교회와 똑같은 모습에 똑같은 사역을 하는 교회를 붕어빵처럼 찍어내 프랜차이즈를 세울 생각을 버려야 한다. 그 대신 각 지역에 시대별로 요구되는 다양한 형태의 사역을 가진 교회를 각기 다른 은사를 가진 목사를 중심으로 계발할 수 있도록 전략을 바꿔야 한다. 왜냐하면 교회란 특정한 지역 사회, 문화, 혹은 네트워크 출신 그리스도인들의 모임으로, 더 큰 교회의 인정을 받는 지도자가 안내하는 것[18]이기 때문이다. 즉 우리가 선호하는 방식을 택하는 것이 아니라, 사람들이 머물러 있는 곳에서 복음을 구현해야[19]한다는 말이다. 특정한 곳에 표현된 지역교회의 다양성이 보편 교회성을 파괴하는 것이 아니기 때문이다.[20]

영국 성공회처럼 보수적이고 전통적인 교단에서도 변화하는 세상을 극복하는 교회가 되기 위해 Peter B. Price 주교는 교회가 하나님 나라에서 새로운 모습으로 표현되기 위해, 성공회라는 커다란 조직 안에 있지만 변화를 끌어낼 수 있도록 SCC (Small Christian Communities)를 두어서 현상의 소리를 듣고, 작은 공동체의 공동생활에서 나오는 소리를 듣고, 성서에 비추어 이 두 가지를 성찰[21]하는 노력을 해야 한다고 역

---
17) 미로슬라프 볼프,『삼위일체와 교회』(서울: 새물결플러스, 2012), 52-55.
18) 『선교형교회』, 83.
19) 『선교형교회』, 98.
20) 볼프,『삼위일체와 교회』, 336.
21) 『선교형교회』, 110-115.

설했다. 그렇다면 우리는 더 그리해야 하지 않을까? 사실 이것은 주일 대규모 예배 공동체 속에 가정교회를 갖는 셀교회에서 효과적으로 수행되고 있다. 여러 개의 작은 주중 모임을 가진 네트워크 형태의 교회이다, 이런 셀교회의 변형으로 현재 주목받는 것이 미셔널 교회이다.

3. 미셔널 교회 등 새로운 교회 운동의 발흥

미셔널교회는 이머징교회와 함께 교회가 무엇을 할 것이냐(Doing)보다 어떤 존재가 될 것이냐(Being)에 관심을 갖고 교회의 본질을 회복하려고 했다는 점을 높이 평가해야 한다. 그것은 성경이 말하는 공동체성을 회복하는 것인데, 그 점에서 셀교회 혹은 가정교회와 공통분모를 갖는다. 즉 미셔널교회는 단지 세계선교의 도구로서의 교회를 말한 것이 아니라, 교회의 본질과 사명에 대한 성경신학적 탐구에서 시작된 것임을 잊지 말아야 할 것이다.

교회의 본질은 삼위일체 하나님과의 관계에서 교회의 정체성을 찾는 것이었는데, 그 결과 관계적 가족 공동체와 그리스도의 몸에 있음을 자각하게 되었다. 그것은 칼 바르트, 한스 큉같은 전통적이지만 혁신적 신학자나, 랄프 네이버나 헨리 블랙카비같은 목회자 쪽에서 동일한 결론에 도달한 것이고, 레슬리 뉴비긴이나 데이빗 보쉬 같은 선교사에 의해 성육신적 목회의 표현으로 표현된 것이다. 그들이 미셔널 교회라고 부른 이유는, 그 저술들을 번역한 국내 선교학자들의 소망처럼 해외선교를 하는 교회가 되자는 것 때문만이 아니라, 교회의 사명 즉 mission을 수행하는 교회가 되어야 한다는 강조점 때문이다. 그것은 세상 속에 하나님 나라를 먼저 맛보게 하는 곳이 교회라는 성경적 인식에서 나온 것이다. 그들은 교회의 사명을, 하나님 나라의 사명을 품은 공동체가 세상으로 들어가게 하고, 교회는 그런 사역에 성도들이 참여할 수 있도록 준비시켜 주는 것으로 보았다. 이것은 전통적 교회처럼 내부 지향성(inward)에서 사명 수행을 위해 외부지향성(outward)으로 방향성을 바꾸는 것을 의미한다.

미셔널 교회 운동가들이 보는 전통교회의 패러다임은 중앙집권화와 위계질서, 그리고 예전과 예배 중심의 종교성이었다. 그것은 성전중심 종교생활의 강요, 목회자 중심의 신앙생활, 그리고 교리와 일(혹은 봉사) 중심의 종교 활동으로 나타났었다. 그러나 성경의 패러다임은 오직 그리스도만 머리이고 우리는 서로 형제자매라서, 권력은 분산되고, 서로 섬기는 리더십이 중시되고, 하나님 백성 공동체 중심으로 교회가 움직이며, 모두가 사역을 하며 자신에게 부여된 사명을 수행하여 세상이 경험 가능한 성육화된 믿음의 삶을 보여주는 것이라 인식한 것이다, 이것이 미셔널교회의 본질적 특성이다.

그런 목회자들은 어떻게 하면 전통적 교회들을 고치거나 다시 성경적 교회의 모습을 가질 수 있게 만들까에 대한 고민을 쉬지 않았다. 그것은 우리 스스로 무엇을 시도하는 것만이 아니라, 하나님께서 우리 주변에서 우리보다 앞서 행하시는 일이 무엇인지 찾아서 하나님의 그 일에 참여[22]하는 것이어야 한다는 결론에 도달하게 되었다. 즉 기능적·합리주의적·교회중심적 해결이 아니라, 하나님 중심으로 시각을 바꾸고 하나님께서 하시는 일에 참여하자는 것이었으며, 그것이 록스버러의 답이었다.[23] 그런데 이것은 이미 Henry Blackaby가 오래 전 그의 명저 『하나님을 경험하는 삶의 7원리』에서 제시한 것과 동일(요5:17,19)한 것

---

22) 알란 락스버러, 『교회 너머의 교회』 (서울: IVP, 2018), 19.
23) 락스버러, 『교회 너머의 교회』, 67, 76, 87, 92-95.

이다. 이처럼 성경으로 돌아가면 셀교회, 가정교회의 랄프 네이버의 사역의 핵심원리와, 이머징교회나 미셔널 교회 운동가인 록스버러 모두 동일한 원리를 공유하게 된다는 점이 흥미롭지 않은가?

교회는 계속 강조해온 것처럼 하나님 나라의 백성 공동체인데, 그렇다면 본질적으로 교회 개혁을 위해서도 세상의 방식과 전혀 다른 새로운 삶의 방식을 따라야 한다. 그 결과는 언제나 혁명적일 수밖에 없고, 그럴 때에 진정한 개혁교회가 될 수 있을 것이다. 오늘날처럼 교회의 본질을 잃어가고 있는 시대에는 조그만 개선이 아니라, 더욱 근본적 개혁이 필요하다. 그래서 프로스트 같은 경우 성전중심 전통 교회관, 성장과 성공 중심의 교회성장운동과 다른[24], 성경이 말하는 교회와 사역의 모습을 재생산해내려는 움직임이 바로 미셔널-성육신적 교회 운동[25]이라고 강변하는 것이다. 그것은 단지 옛 방식의 개선이 아니라 혁신과 변혁[26]이 필요하다는 뜻이기도 하다. 그렇다면 앞으로 교회를 개척하려고 할 때, 100년 전 농어촌시대의 교회상과 전통적 목회관에 따라 건물을 얻어 집기를 들여놓고 간판을 달아놓고 사람들이 오기만 기다리는 방식은 더 이상 따르면 안된다.

교회를 세우는 사역에 있어서 프로스트와 허쉬(Michael Frost & Alan Hirsh)는 이러한 미셔널교회의 정신에 따라 3가지 원리를 강조하는데, 첫째로 교회개척의 방향성은 사람을 끌어 모으려 하지 않고 전도 현장으로 나가 성육신적으로 사는 것이라 한다. 그것은 거룩한 장소를 따로 만들어 놓고 이리 오라고 하는 방식보다는 사람들이 사는 세상 속

---

24) 프로스트, 『새로운 교회』, 125.
25) 프로스트, 『새로운 교회』, 123.
26) Robert E. Quinn은 그것을 *Deep Change –Discovering the Leader Within* (SF:CA, Jossey-Bass, 1996) 이란 그의 저서에서 죽음에 이르게 하는 incremental change가 아니라 Deep Change가 중요하다고 강변했다. 프로스트, 123쪽도 참조하라.

으로 성도들이 들어가 스며드는 방식을 강조하게 된다. 두 번째는 영성 측면인데, 이원론적이기보다는 메시아적이고 거룩한 것과 속된 것을 나누지 않는 통합적 관점을 가져야 한다는 것이다. 세 번째로 리더십 측면인데, 계급적이기보다는 사도적 형태를, 전통적 교회의 계층구조 대신 목양과 가르침과 전도와 사도직과 예언의 에베소서 6장이 말하는 5중 사역 구조를 인정하는 성경적이고 수평적 리더십으로 움직이는 공동체를 세워야 한다는 것이다. 이런 것이 쇠락해 가고 있는 한국교회의 상황에서 새로 교회를 개척할 때 우리가 염두에 두어야 할 새로운 패러다임이다.

지금까지는 쇠락해가는 한국 기독교의 문제를 극복하고 다음 세대에 효과적인 교회 개척을 위해, 전통적인 개척개념을 벗어나 성경적 공동체를 세우기 위한 사역 방식을 탐구해 보았다. 그런데 우리의 또 다른 고민인 기존의 전통적 대형교회는 어떻게 해야 좋을까?

II. 교회 분립을 통한 성경적 교회 재생산

이제 대형교회도 더 이상 고속 성장하지 않는데, 그 문제를 극복하기 위해 더 열심히 일해서 계속 덩치를 키우면 된다는 생각은 잘못된 생각이다. 성도를 돌보는 공동체성은 상실하고 커다란 조직이 되어버린 중대형교회는 점차 화석화되어 가기 마련이다. 이런 현실에서 어떻게 해야 전통적 중대형교회에서 사그라지고 있는 불씨를 새롭게 되살릴 수 있을까?

교회가 정말 조직이 아니라 생명체라면 모든 생명체가 갖는 라이프 사이클을 겪는다. 그것은 역방향의 U 형태 혹은 종모양의 그래프로 표현될 수 있는데[27], 출생과 성장 단계에서 상향 그래프를 그리지만, 정점의 고원지대를 지나면 하향곡선이 시작되어 노스탤지어 시기와 퇴락의 단계를 통해 죽음과 소멸의 길로 들어가게 된다. 교회는 음부의 권세가 이기지 못할 것이라는 마태복음 16:18의 말씀 때문에 우리 교회는 안 망하고 문 닫는 일이 없을 것처럼 착각을 하지만, 그것은 우리 주 예수그리스도의 교회를 말하지 우리가 개척하고 목회하는 지역교회가 그렇다는 말이 아니다. 교회도 생명체이기에 교회역사가 보여준 것처럼 어떤 위대했던 교회도 결국 소멸하는 일이 반복된다. 따라서 중요한 것은, 성경이 말하는 교회의 본질 즉 우리가 개척할 때 실현하려고 했던 신약교회의 이상을 계속 이어지게 하는 것이지 우리가 세운 지역교회를 계속 영속시키는 것이 목표일 수가 없다. 그것은 어떤 수단을 쓰더라도 불로장생약을 구해서 죽지 않고 영생불사하겠다는 인간의 욕심과 똑 같은 것이다. 하나님께서 주신 방식은, 나는 죽지만 자식을 낳아 나의 DNA[28]를 넘겨줌으로 이어가는 것이지 내가 안죽고 계속 자라는 것이 아니다. 마찬가지로 우리가 개척 때 가졌던 성경적 교회의 이상을, 새로운 교회들을 개척하여 넘겨주거나 우리 교회를 몇 개의 교회로 분립하여 교회가 필요한 곳에 새로운 표현의 교회로 재생산하는 것만이 답이다. 그럴 때에 성도들은 나태에서 벗어나 교회 개척 때의 뜨거운 복음의 정신을 회복하고, 성령의 역사하심을 경험하며 생명력이 다시 흘러넘치는 것을 교회 차원에서 경험하게 될 것이다.

그럼 언제 이런 분립 개척을 통한 교회 재생산 사역을 해야 할까? 많은 목회자들은 우리 교회가 더 크고 더 강해지고 더 많은 것을 가지면

---

27) 김덕수, 『소그룹과 셀사역, 그리고 셀교회로의 전환』, 217-220.
28) 생물학적 DNA가 아니라 성경이 말하는 교회가 가져야 할 예수 DNA에 대해서는 하워드 스나이더, 『교회 DNA』(서울, IVP, 2006)을 참조하라.

하겠다고 계속 미루고 싶은 유혹에 빠지지만, 결혼해서 2세를 낳는 것은 나이 들어 황혼기에 하는 것이 옳지 않듯이 교회도 젊고 생명력이 흘러넘치고 가장 활력이 있는 청춘기에 해야 한다. 즉 교회가 쇠락하여 소멸하기 전에 분립하고 재생산해야 하는데, 안타깝게도 대부분의 교회는 그 시기를 놓치고 만다. 필자는 교회 개척과 배가, 교회 분립과 재생산의 원리와 시기를, 더블 시그모이드 커브를 통해 이미 소개[29]한 바 있다.

지금까지 여러 신학자들과 목회자들이 정체되고 점차 늙어 죽어가는 교회의 활력을 찾을 길을 모색해왔지만, 단언컨대 이 외에 다른 길은 없다. 나와 내 교회가 죽지 않고 보약을 더 찾아 먹으며 늙지 않고 죽지 않으려고 몸부림치며, 사람을 더 끌어 모아 덩치를 키우면 안 죽을 것 같은 착각에 사로 잡혀 계속 몸부림쳐 봐도, 목사나 교회는 얼마 지나지 않아 결국 소멸하고 말 것이다. 그것이 생명체의 창조원리이며 무기체나 조직이 아닌 유기체요 생명체인 교회도 걷는 길이다. 따라서 욕심에 사로잡혀 하나님의 창조원리를 거스르지 말고, 생명체의 원리를 받아들여야 한다. 예수님께서 한 알의 밀이 땅에 떨어져 죽지 아니하면 한 알 그대로 있지만, 죽으면 많은 열매를 맺을 것이라고 하셨는데(요 12:24), 교회가 사는 길도 동일한 원리에 담겨 있다. 그것은 나와 내 교회가 죽고, 처음 개척 때의 그 순수한 복음의 정신과 DNA를 2세에게 넘기는 것이다. 따라서 전통적인 기성 교회를 개혁하는 길은 이런 성경적 정신을 가진 여러 교회로 분립 개척을 통해, 처음 개척 때의 교회 정신을 새롭게 하며 그 정신을 가진 여러 개의 공동체를 교회가 필요한 곳에 재생산하는 것뿐임을 명심해야 한다.

---

29) 김덕수, 『소그룹과 셀사역』, 221-225.

풀러신학대학원 박사과정에서 건강한 교회 계발을 가르쳤던 Robert Logan 교수는 "*Beyond Church Growth*"란 그의 저서에서 건강한 교회는 자교회(daughter church)들을 재생산하는 능력으로 평가되어야 한다고 강조했다. 그것을 위해 이런 비전에 대한 믿음과 기도, 영향력있는 목회 리더십, 문화적 상관성을 가진 사역개념, 축제성과 깊은 통찰력을 주는 예배, 전인적인 제자삼기, 셀그룹 네트워크의 확산, 지도자들을 세우고 준비시키기, 은사에 따라 성도들을 사역하게 하기, 적절하고 생산력 있는 프로그램들과 함께 재생산이 가능한 교회들을 개척하기란 10가지 측면[30]이 목회에서 가장 중요함을 갈파했다. 그러나 이런 제안이 일찍이 주어졌음에도 불구하고, 무시하며 전통적인 방식으로 개척해 지난 수세기가 해왔던 전통적 대형교회의 목회방식을 답습했고, 안전할 것으로 생각하던 중대형 교회들도 점차 쇠락의 길로 들어서 버렸다. 쇠퇴하는 교회들은 목회자들이 기도를 안해서 그렇다고 우기고 싶겠지만, 그것만이 이유는 아니다. 누구보다 열심히 기도한 신학생과 목회자를 나는 많이 알고 있다. 그러니 그 교회가 다 자라가지 못한 이유도 생각해보고 대안을 준비해야 한다.

그런 노력없이 더 덩치를 키워 교회를 자신의 힘의 기반으로 삼고 싶은 욕망 때문에 기성 중대형 교회 목사들은 계속 교세 확장을 위해서만 몸부림친다. 그들이 분립개척을 할 수 없는 것은, 내가 지금까지 어떻게 끌어모은 성도와 헌금인데, 그것을 떼어 나눠주다가 우리 교회 자체가 줄어들고 망할지 모른다는 두려움 때문이다. 그러나 성경이 말하는 이 원리가 생명의 원리요 교회가 살 길이며 진정한 교회 개혁

---

30) Robert E. Logan, *Beyond Church Growth*, (Grand Rapids,MI: Fleming H. Revell, 1998)를 참조하라. 이 열가지 요소는 19쪽에 소개되며 저서 전체를 통해 그 전략을 제시하고 있다.

의 길임을 깨달아야 한다. 뜨거운 사랑으로 결혼한 부부가 아이 없이 오랫동안 타성에 젖어 냉랭한 삶을 살다가, 어느날 아이가 태어나면 생동감이 돌고 2세를 위해 부부가 이전과 다른 헌신을 하며 새로운 차원의 가정생활을 하는 것처럼, 타성에 젖은 예배와 내부적 소모전만 일삼던 교회가 분립 개척과 교회 재생산을 시작하면 하나님께서 주시는 생명력 속에서 활기를 찾고 놀라운 축복을 경험하게 될 것이다.

앞에서 언급했던 Logan 교수는 "주라 그리하면 너희에게 줄 것이니 곧 후히 되어 누르고 흔들어 넘치도록 하여 너희에게 안겨 주리라 너희가 헤아리는 그 헤아림으로 너희도 헤아림을 도로 받을 것이니라"는 누가복음 6:38 말씀을 '하나님의 수학[31]'이라고 주장한다. 그래서 그가 캘리포니아에 개척했던 교회(CBC)에서 700명되는 성도 중 핵심 리더들과 중추적 역할을 하던 셀 리더들과 사역팀장들 150명을 많은 재정 지원과 함께 내보내고, 그 교회의 목사 3명 중 유능한 사람 한 사람과 묶어 분립개척을 시작했다. 놀랍게도 그 다음 주부터 교회가 급속히 자라서 하나님께서 더 채워주셨다고 한다. 이것을 과격한 혹은 잘못된 주장이라고 생각하는가? 그렇다면 로마가톨릭교회 방식과 달리 우리 개신교가 다양한 스타일의 작은 교회들을 계속 세워감으로 어떻게 지역 복음화에 기여했는가를 생각해 보기 바란다. 비록 로마가톨릭교회의 각 지역 본좌성당에 비해 작아도, 곳곳에 개척한 우리 개신교회들을 통해 얼마나 효과적으로 복음을 구석구석 전파해나갔는지 돌아보기 바란다.

---

31) Logan, 195-196.

1. 성경적인 교회 분립과 배가 운동

우리는 교회 개척이라고 할 때, 그저 내 교회를 하나 갖는 것을 말하는 것이 아니다. 그리스도의 몸인 교회를 배가시키는 것이기에 개척은 의미를 갖는다. 그렇다면 우리가 말하는 배가(multiplication)란 어떤 배가를 말하는 것일까?

그것은 단순히 교회를 개척하는 것만이 아니라, 유기적 생명의 공동체인 성경적 교회 공동체의 재생산(reproduction)이다. 이것은 이미 앞에서 언급했듯이 모든 생명체가 부여받은 창조의 원리요 삶의 원리이다. 모든 교회는 제대로 자라 건강하기만 하면, 결혼하고 분가하고 애를 낳아 새로운 가정을 이끌어가듯이 재생산의 특성을 가지고 있다.[32] 제자훈련의 핵심원리도 여기에 있다. 성공적인 제자훈련이란, 강한 성경공부를 통해 수준 높은 사람을 길러내는 것이 다가 아니다. 성경적인 제자훈련의 완성으로 4대 배가의 원리를 언급하곤 한다. 디모데후서 2:2에서 보듯이 사도바울을 통해 디모데가 세워지고, 그로 인해 충성스런 사람들이 세워지고, 그들로 인해 또 다른 사람들이 세워질 것을 꿈꾸는 이것이야 말로 제대로 된 제자훈련의 모습이 아닌가? 이 속에 담겨있는 것이 바로 생명체의 재생산 원리이다. 목회서신의 이러한 사역의 원칙 뿐 아니라, 예수님께서 그의 종을 보내는 것도 사실 재생산의 원리에 근거한 것이다. 요한복음 17:18에서 주님은 아버지께서 나를 세상에 보내신 것 같이 나도 그들을 세상에 보낸다고 하셨는데, 아버지께서 예수님을 세상 속에 성육신으로 보내신 것처럼 주님도 그 사역의 원리를 재생산하여 제자들을 세상으로 보내시는 것이다.

이 원리는 교회 배가로 확대되어야 한다. 목회 목표는 더 많은 사람을

---

32) 프로스트, 383. NCD

끌어모아 교회당을 채우는 것이 아니라 성육신적인 회중을 재생산[33]하는 것이어야 한다. 그것은 교회를 덩치만 키우는 성장(growth)이 아니라, 나이들어 성장이 멈추기 전에 교회를 작게 몇 개로 분립하여 개척의 전선에 자신을 내 놓은 분립을 통한 재생산(reproduction)을 하는 것이다. 전통적 교회와 성육신적 재생산하는 교회가 어떻게 다른지는 프로스트가 인용한 캐롤 데이비스의 표[34]를 참조하기 바란다.

이런 의식은 사실 선교현장을 위한 토착화 신학에서는 이미 인식되고 있었다. 토착화 신학에서는 하나님께서 성령을 통해 만물이 번식하고 불어나기를 원하는 창조의 원리에 기초해, 교회가 재생산이라는 거룩한 사명을 받은 하나님의 공동체임을 선교현장에서 강하게 의식[35]하고 있었다. 그 이유는 이것이야 말로 에베소서 1:23에서는 "교회는 그의 몸이니 만물 안에서 만물을 충만하게 하시는 이의 충만함이니라"는 말씀의 의미이기 때문이다.

그럼 참된 교회배가 운동이 아닌 것은 무엇일까?

분립 개척한 교회가 또 다른 교회를 개척하며 그 정신의 바통을 넘겨주지 못한 경우, 그것은 참된 교회 배가 증식이 일어났다고 볼 수 없다. 즉 말한 4세대 배가의 원칙이 교회 개척과 분립에서도 이어져야 한다. 그렇지 않은 것은 대개 그런 DNA가 없는 목회자와 성도들을 그저 쪼개서 나눠준 조직 분리일 뿐이지, 생명의 원리에 따른 재생산이 아니다. 그것은 기업 경영에서 단지 돈 많은 회장님이 무능력한 2세에게 회사를 쪼개서 나눠준 증여에 불과하다.

---

33) 프로스트, 새로운 교회가 온다, 128.
34) 프로스트, 139.
35) 영국성공회, 선교형 교회를 위한 신학, 191-192.

그리고 다른 교회에 잘 다니고 있는 기성 교인들을 끌어 모아, 시설 좋은 신축 건물로 이주시키는 방식의 개척도 성경적 재생산이 아니다. 특히 우리나라 유명교회들이 자기 교회의 이름을 유명 브랜드처럼 내세우고, 대형교회에서 후원하여 처음부터 멋진 시설의 교회당을 준비해 놓은 후 스포츠클럽처럼 회원모집을 하는 것도 진정한 교회개척 배가 운동이 아니다. 마지막으로 파송하고 개척한 모교회가 인사권과 재정권을 가지고 사역을 결정하며 주도해나가는 본사 중심의 프랜차이즈 방식의 중앙집권화된 조직도 사도행전에서 사도바울이 세웠던 수많은 교회 개척과 재생산 원리와 관계가 없는 기업운영일 뿐이다.

그럼 성경적인 예수님의 생명을 전파하는 재생산이 일어나는 참된 교회 배가 개척은 어떤 특성을 가지고 있는 것일까?

2. 참된 교회 배가 재생산 운동이 일어나기 위한 조건

참된 배가의 10가지 기본 원칙이 있다. 그것은 1. 방법이 아니라 성경에서 우선시 하는 생명체 원리에 초점을 맞추는 것이고, 2. 사람을 모아 관리하려 하지 말고 하나님 나라 백성 공동체를 세우는 것이며, 3. 교회 사역을 안수목회자만 하는 것이 아니라 만인제사장인 성도들이 모두 사역하게 하는 것이고, 4. 우리의 시선을 교회내부가 아니라 외부로 돌리게 해야 한다. 그리고 5. 교인들이 돈에 관심을 갖게 하지 말고 하나님께서 각자에게 주신 사명에 전념하게 만들어야 한다. 내 돈도 아니며 교회 자산이 불어나면 성도들은 복음을 위한 모험을 감행하지 않고, 재산을 재산 지키려들다가 싸우고 다투기 때문이다. 6. 특히 성경이 말하는 목회지도자는 종임을 잊지 말아야 하며, 7. 목회자와 성도 모두 수직적 위계체계가 아니라 자율적이고 평등한 수평 구조 속에 머물게 하고, 성도와 목회자가 의존적이 아니라 상호의존성을 갖게 성숙시키며, 8. 프로그램이 아니라 돌봄의 공동체와 우리 주님의 임재 경험에 초점을 맞추는 목회를 하고, 9. 교회는 영원히 세상의 주류가 아닌 비주류에 머물기로 결심해야 하며, 10번째로 성도수 더하기가 아닌 소그룹 공동체와 교회 배가를 목표로 살게 하는 것이다.

그런 원칙대로 목회를 할지라도 교회 차원에서 참된 배가운동이 효과적으로 지속 가능하게 하려면 항상 다음 10가지 조건이 충족되어야 한다.

1. 교회 최고지도자 혼자 중요한 결정을 내리지 않도록 권력 분산 구조를 갖추고, 2. 성도들이 스스로 배가 능력을 갖추고 그것을 사모하는 교회 문화, 3. 꼭 필요할 때까지 조직화하지 않고 성령의 인도에 민감한 유연하고 탄력적이기, 4. 어떤 사역을 할 때 외부에 의존하지 않고 스스로 해결하고 자립하려는 분위기 형성, 5. 사역은 목회자가 아니라 하나님에 의해 변화되고 사명감에 불타는 성도가 주체가 되고 목회자는 도와주는 존재와 감독자로 남는 문화, 6. 조직이 아니라 관계 중심으로 움직이기, 7. 모든 일을 의무가 아니라 자원하는 심령으로 하는 자발성, 8. 전략 보다는 헌신에 의해 움직이기, 9. 개인주의적 신앙에서 공동체적 신앙으로 바꾸도록 돕기, 10. 나만 죄사함 받고 죽어 천당 가면 되는 것이 아니라, 우리가 몸담고 사는 사회와 문화에 대한 책임감과 영향을 끼치는 삶의 중요성을 인식시키는 목회가 바로 그것이다. 이런 교회만이 재생산이 가능한 교회 분립 개척이 성공할 수 있지, 이런 인식이 전혀 없는 전통적인 교회에서는 교회 배가 개척이나 분립개척을 통한 재생산은 구호에 머물지 실제로는 일어나지 않을 것이다.

목회자가 교회를 개척할 때 가졌던 순수한 마음으로 목회를 해도, 시간이 지나면 복음의 생명력은 프로그램화되고, 성령의 가족 공동체는 조직으로 굳어가게 된다. 그 경우 교회는 지금까지 이룬 것을 즐기고 성도들은 안주하려고 든다. 따라서 자신을 포함해 교회의 일부를 떼어내서 교회개척 혹은 분립 재생산같은 사역을 시도하기를 거부하기 마련이다. 이런 일을 막기 위해서는 우리의 사역이 하나의 프로그램으로 전락하지 않기 위해 항상 스스로에게 다음과 같은 근본적 질문들을 끊임없이 던지며 목회를 점검해야 한다.

"우리는 다음 세대에 전수할 수 있는 교회 분립 개척 재생산의 사명과 비전을 여전히 품고 있는가? 하나님 나라 확장에 꼭 필요한 것이 아닌데도 여전히 우리가 사랑에 빠져있는 것은 없는가? 도대체 우리는 어디서 어떤 일에서 사역의 활력을 얻는가? 담임목사인 나 자신은 물론 현재의 교역자와 리더 그룹이 다 물러나고, 다른 사람들이 우리 교회를 맡아 사역하게 될 때 그들은 어떤 변화를 하려고 시도할까? 현재 우리는 무엇을 기준으로 사역을 평가하고 있는 것인가? 우리는 현재 사역에 즐거워하고 있는가, 그리고 무엇 때문에 즐거워하는가? 우리 교회가 여기서 갑자기 사라지게 된다면, 지역사회나 세상이 진심으로 아쉬워할 것인가?"

그리고 교회를 분립하고 개척하고 배가 혹은 재생산하려면 토탈 시스템 목회가 필요하다. 목표 달성을 위해 질문을 던지고 현상을 분석하는 선지자적 은사의 사람과, 사도적 은사의 개척자와, 복음을 전하고 사람을 이끌어오는 전도자와, 양들을 돌보고 목양할 목자와, 잘 가르칠 교사와 조직행정가의 은사를 가진 사람들이 모두 협력해야 한다. 특히 교회 개척 배가 운동을 위해서는 개척자적-선교적 유형의 리더[36]가 필요한데, 이것은 기존 교회를 유지하는데 필요한 것만 가르치는 기존 신학교 교육 시스템으로는 제대로 준비시켜 주지 못한다. 신학대학원의 커리큘럼도 앞으로 요구될 성경적 목회방식과 사역 방식의 갱신을 할 수 있도록 계속 조정되어야 할 것이다. 동시에 평신도 지도자들을 길러내기 위해, 교회도 성도 중 소그룹에서 배가 재생산을 잘 해낸 셀 리더들과 목회자들 가운데 이런 은사를 가진 사람을 찾아내서 따로 훈련시켜야 한다. 그리고 교회 개척과 분립 재생산 사역을 사명으로 여기고 그 비전에 완전히 헌신된 사람을 세우고, 그런 DNA를 가진 리더를 계속 키워내야 이 일이 지속가능할 것이다. 교회개척이나 분립 재생산 사역 비전에 헌신된 지도자는 마태복음 9:35-38 말씀처럼 가르치심과 전도 뿐 아니라 모든 약한 것을 고치는 전인적 통합사역(35절) 마인드가 있어야 하며, 목자 없이 고생하고 방황하는 사람들을 불쌍히 여기는 마음(36절)을 가져야 하고, 추수할 일꾼을 달라고 기도하는 것이 삶이 되어야 한다.[37] 뿐만 아니라 교회 분립 개척 배가 재생산 운동을 수행내 나가기 위해서는 재정도 투자해야 한다. 그래서 비전이나 기도만이 아니라, 토탈 시스템 목회가 필요하다고 한 것이다. 분립 개척으로 나가는 교회의 목회자는 자립할 때까지 자비량으로 사역을 해야 하는데 그것은 현실적으로 쉽지 않은 문제이므로, 파송 교회가 일정기간 후원을 해주는 것이 필요하다. 이것을 해외 선교사 파송과 같은 방식으로 봐야한다.

---

36) 프로스트, 322.
37) Logan, *Beyond Church Growth*, 201.

III. 참된 교회 분립 개척의 모범과 사례들

전통교회의 목회자들에게는 다소 극단적으로 보이겠지만, 본고에서 언급한 이런 사역 방식으로 교회를 개척하고 배가 증식한 해외 교회 사례부터 살펴보자.

닐 콜(Neil Cole) 목사는 LA근교에 교회를 개척하며 생명체인 교회의 본질에 집중한 결과 5년 만에 5세대 배가 번식을 해서 75개의 교회가 곳곳에 세워져 5개의 교회 네트워크로 연결되었다. 교회 안에 사용되는 언어가 70가지라고 한다. 그 교회는 Oikos 관계전도와 L.T.G. 소그룹 방식38)에 기초한 목회를 하기 때문에 빠른 시간에 성도들이 변화되고, 전도 중심으로 급속히 배가 증식을 할 수 있는 것이다. 닐 콜 목사는 회개하고 예수 믿은 변화된 사람들 속에서 탄생한 교회가 더 건강하고 더 빠르게 번식한다고 믿고, 세례 받자마자 순종의 길을 가게 하는 목회를 한다. 그리고 목회와 교회개척이 전적으로 목회자만의 일이라 생각하는 전통적 패러다임을 버리고 모든 성도가 사역을 하게 만든다.

두 번째로 미국 워싱턴주 타코마 시에 2004년에 교회를 개척한 이래 10년 만에 미국 10개 주에 100개 넘는 공동체로 배가 증식한 소마공동체(Soma Community)란 교회가 있다. 이 교회는 DNA라 부르는 남자성도 3명과 여자성도 3명으로 구성된 핵심 소그룹을 기반으로 하는데, 이런 미셔널 소그룹의 지역 연합을 Expression이라고 하고, 여러 Expression들의 연합이 소마 공동체란 교회가 되는 것이다.

---

38) 이에 대해서는 닐 콜, 『LTG 삶을 변화시키는 소그룹』(경기:도서출판NCD, 2004)를 참조하라. 심지어 한 소그룹이 1년 동안 1200개의 소그룹으로 번식한 적이 있다.

세 번째 사례는 시카고 근교에서 20대 젊은이 3명이 한 팀을 이루어 개척한 교회 개척운동 모델로 'Community Christian Church'가 있다. 그 교회를 개척했던 Dave Furgerson 목사는 세상의 교회가 1. 쇠퇴하는 교회, 2 정체기 교회, 3 성장하는 교회, 4 재생산하는 교회, 5 증식하는 교회 혹은 이 운동을 이끌어가는 교회가 있는데 우리는 어떤 교회가 될 것인가 도전을 한다. 그는 교회가 오래되면 목사와 성도들은 안주하려는 성향이 커지는데, 그 때 제자훈련과 도전을 통해 새로운 교회 개척과 사명을 갖고 파송되게 해야 한다고 주장한다. 그 교회도 처음에는 그냥 교회 덩치만 키우는 교회 중 하나였는데, 개척 8년만에 700명 정도가 모이는 교회가 되었을 때 한 교인이 "어떻게 하면 우리와 같은 진정한 공동체를 새로 개발되는 지역 주민들에게도 줄 수 있을까요?"란 질문을 하자, 잊었던 꿈이 자극되어 교회 개척과 재생산을 시작했다고 한다. 그래서 700명 교인 중 120-150명의 헌신된 성도와 리더들을 내보내는 분립 개척을 했는데, 분립 1년 후 두 교회 모두 성장하고 소그룹과 교회 사역에 참여하는 비율이 74%로 높아지는 질적 성숙까지 일어났다고 한다.[39] 그 결과 그들은 1, 세상에 충격을 주는 교회, 2. 재생산하는 교회, 3. 재생산 교회들을 위한 촉매가 되는 교회가 되는 것을 비전으로 하여 사역하고 있다.

이 번째는 잘 알려진 교회인 뉴욕의 '리디머교회(팀 켈러목사)'이다. 그 교회는 포화상태에 이른 공간문제 해결을 위해 무리한 건축을 감행한 사랑의 교회와 달리, 분립을 선택했다. 2019년까지 3개의 교회로 분립하는데, 3개의 커뮤니티센터를 구입하거나 건축하되, 예배당은 앞으로도 주일에만 임대해서 사용하는 원칙대로 7개의 예배처소로 분산하

---

39) 이상훈, 『ReNew Church』(서울:교회성장연구소, 2017), 224-231.

기로 했는데, 이 원칙은 10년 전 2009년 11월 교회 사역자 회의에서 결정한 것이다. 그 정신을 이루기 위해 팀 켈러 목사는 지난 10년간 사람 키우는 일에 우선순위를 두고 사역을 했다.[40] 그리고 그 정신에 따라 도시 내 교회개척운동을 세계 곳곳에서 파급하며 선도하고 있다.

우리나라에서 가장 대표적인 케이스라면 부천 복된교회를 담임했던 박창하 목사를 들 수 있다. 부목사를 1-3년 정도 훈련시킨 후에 원하는 만큼 마음껏 성도들을 데리고 나가서 분립개척을 하도록 했는데, 보통 50-80명 정도를 데리고 나가서 독립을 했다. 특히 멀리 가지 않아도 되고 우리 교회에서 가까운 곳에 개척해 함께 힘을 모아 지역 복음화에 앞장서자고도 한 훌륭한 목회자이다. 그는 은퇴하기 전에 34개의 교회를 분립 개척하도록 도왔다. 1976년 부천 포도밭에 복된 교회를 개척한 박목사님은 계속 분립개척을 하여 교회가 어려움에 빠진 것이 아니라, 오히려 더욱 성장하여 교인이 500-600명 정도 출석을 하게 되자 담임목사가 103명의 성도와 함께 차로 30분 거리에 부천 빛된 교회를 분립개척하였다. 그 후 복된교회도 계속 성장을 했고, 참된 교회도 계속 분립개척을 했는데도 계속 자랐었다(최근 후임 목회자 대에서 어려움을 겪었다). 박창하 목사는 은퇴 후에도 계속 그 사역을 도와 몇 년 전에 포항 원주 구미 정읍 뉴욕을 포함해 37개 교회를 개척했지만, 자랑할 일이 아니라고 책을 쓰지도 않고 매스컴을 타는 것도 거부하고, 주변교회에 부담을 줄까봐 당시에는 교회 홈페이지도 만들지 않았던 오직 하나님의 영광만을 위해 자신을 드렸던 참 목자이다.

조금 특수한 경우지만 개척 4년 만에 3번 분립한 방배동의 '동네작

---

40) http://www.newsm.com/news/articleView.html?idxno=1733

은교회'의 김종일 목사가 있다. 그는 성도 수가 40명이 되면 분립을 하려고 했는데 실제로는 10명 내외의 숫자로 분립 개척을 하게 되었다고 한다.

경기도 부천의 예인교회(정성규 목사)는 교회 정관에 성도수가 250명이 되면 교회분립을 위한 추진위원회를 구성하도록 교회정관에 규정을 해 놓았다는 점에서 독특하다. 실제로 250명이 되었을 때 1년간 토론회와 간담회를 거쳐 공동의회의 가결로 81명이 나가서 분립 개척을 했다.[41]

그리고 2013년에 55명의 교인과 목회자가 1년 반을 준비한 끝에 신림동에 첫 번째 분립개척을 한 이래, 2019년 5월19일에는 다섯 교회를 분립개척한 나들목교회(김형국 목사)[42]가 있다. 천명이 넘는 성도가 모이는 교회이기에 조금만 더 노력하면 수천 명이 모이는 대형교회가 될 수도 있는데 그런 전형적인 한국교회의 길에서 벗어나 좁은 길을 선택했다. 그 교회의 담임 김형국목사는 건강한 공동체 몇 개를 세우는데 그치지 않고, 건강한 교회를 세울 수 있는 생태계를 조성하고 싶다는 포부를 밝혔다. 이것은 갖은 수단을 다 써서 교회를 키워 중대형 교회를 이루는 것을 꿈으로 삼는 전통적 목회관을 가지고 있는 한국교회 목회자들 사이에서는 능력있는 목회자에게서 좀처럼 볼 수 없는 성경적 목회관인데, 주께서 이런 일들이 불일 듯 일어나도록 역사해주시기를 기도한다.

전형적인 분립개척은 아니지만, 산울교회의 이문식목사는 '한 그루의 큰 나무가 되지 말고 아름다운 숲을 이루자'는 부천 복된교회 박창

---

[41] http://cafe.daum.net/soongsari/BQ/216?q=%EB%82%98%EB%93%A4%EB%AA%A9%EA%B5%90%ED%9A%8C%20%EB%B6%84%EB%A6%BD

[42] http://www.newsnjoy.or.kr/news/articleView.html?idxno=223587

하목사와 같은 정신으로 3개의 교회를 분립개척을 했는데, 분립된 교회들은 심지어 교단도 합동, 고신, 합신 등 제각각 필요한 대로 하도록 허용해 주었다는 것이 국내 교계에서는 놀라운 점이다. 특히 안식년 기간에 깊은 숙고 끝에 4번째 분립개척에는 담임목사 자신이 나가서 개척[43]한 점이 우리 한국교회에서는 드문 케이스로, 많은 교회에 큰 울림을 준다.

  그 외에도 성남의 금광교회나 향상교회 등 많은 교회들이 분립개척을 했지만, 국내 대부분 교회들의 분립개척이란 대개 교인 10%도 되지 않는 성도를 내보내며 약간의 지원금을 곁들여서, 모교회의 규모와 사역에 별 영향을 주지 않는 범위에서 수행하는 일종의 참신함을 보여주기 위한 생색내기 수준이란 점이어서 아쉽다. 물론 성도를 전혀 못 데려가게 하고 지원금만 약간 주는 경우는 우리가 말하는 분립개척이 아니므로 사례에서 제외했다. 이런 행동들은 계속해서 분립개척을 하면서 그 센터가 되어야 할 모교회가 위태롭게 되는 것을 피하고 싶은 안전을 갈구하는 인간 모두의 우려임을 잘 알지만, 주님을 더욱 크게 의지하며 믿음으로 도전하지 못하는 점에서 아쉽다. 계속 중대형 교회의 위치를 유지하고 싶은 욕망을 버리고, 성도들을 잘 돌보는 성경적 공동체의 적정 수준으로 내려가고 그간 주신 자산을 교회 없는 곳에 성경적인 교회를 세우기 위해 기꺼이 자신을 내어주는 교회는 아직 국내에서는 쉽게 찾아보기 힘들다.

---

43) http://www.newsnjoy.or.kr/news/articleView.html?idxno=191891

나가는 말

사실 제대로 된 분립 개척과정은 지금까지 가지고 있던 중대형 교회의 특권과 명성을 버리고, 성경적 돌봄 공동체로 신분과 정체성을 바꾸는 것이다. 그리고 조직화되고 화석화되어가는 종교 기관으로 퇴락하는 과정에서 탈출하여, 복음의 생명력이 넘쳐흐르는 개척 때의 모습을 회복하기 위해 한 알의 씨앗처럼 땅에 뿌려져 죽는 것이어야 한다. 씨앗은 죽음으로써 본래 품고 있던 생명을 터뜨리는 것 아닌가? 열매를 맺으려면 씨앗의 죽음은 불가결하다. 예수님의 십자가는 그런 면에서 부활의 생명을 꽃 피우기 위한 근간이었던 것이다.

하나님의 참된 종이라면, 목회자는 사역의 완성을 많은 사람을 모아 큰 예배당을 짓고 교계 권력의 자리에 올라가고 방송에 나오는 것으로 삼으면 안된다. 우리 사역의 위대한 완성은 주님처럼, 사도 바울처럼 교회가 필요한 곳곳에 교회를 세워 사람들이 하나님을 만나고 하나님께 영광 돌리는 예배가 생기도록 하는 것이다. 그것을 위해 때로는 지금까지 힘들게 키워온 교회를 분립 개척하여 재생산을 위한 씨앗으로 뿌려야 한다.

이런 교회 분립 재생산 사역이 시행될 때에 대형교회 세습 문제 속에 거룩한 가면을 쓰고 웅크리고 있는 모든 탐욕 같은 죄악들이 벗겨져 나갈 것이다. 그것만이 종교사업적으로 비정상적으로 교회를 키워 가는 목회자들도 탐욕의 죄악에서 벗어나는 길이다.

본고에서 제시한 개념은 끊임없이 더 큰 교회로 키우고 싶어 하는 많은 목회자들에게는 다분히 불쾌하고 무시하고 싶은 소리일 것이다.

그런데 하나님 나라에 그렇게 큰 교회가 필요하다면 차라리 로마가톨릭처럼 잘 짜여진 관리 체계와 위계구조 속에 있는 것이 부패가 더 적을 것이란 생각은 해보지 않았나? 그러나 그것은 교리적으로 돌아갈 수 없는 길이므로, 개신교 내에서 감독제를 하거나 각 교단 유지재단에 교회 부동산을 등기시켜보기도 했지만 그 정도로는 대형교회 유명 목사의 절대권력[44]에서 벗어날 수 없음을 우리는 잘 안다. 그리고 일단 교회가 대형화 되어 조직으로 움직이면 자체 행사와 종교적 일에 집중하며 그 자체를 관리하는데에 심혈을 기울이게 되며, 복음의 생명력을 표출하고 교회 초기의 역동성을 보일 수 없게 된다. 그러므로 양들을 돌볼 수 있는 규모를 넘어서기 전에 분립 개척을 통한 성경적 교회의 DNA를 넘겨주며 개척에 따른 복음의 생명력을 회복해야한다. 그리고 앞에서 강조한 것처럼 교회와 목회자의 타락과 부패에서 벗어나기 위해서라도 분립개척을 통한 재생산은 필수적이다. 개교회가 대-형화되며 돈과 재산이 커지면, 반드시 세습과 탐욕의 대상이 되고 목양은 비효율적이 되는 것을 더 이상 그대로 방치해두면 안된다. 분립개척 재생산으로 그 고리를 끊고 복음의 생명력이 넘치고, 양들을 돌보는 목양능력을 중대하자.

교회는 새로운 죽어가는 세상에서 생명을 전하는 새로운 인류가 되도록 예정되었다. 다시 말하면, 그리스도로 채워진 오직 교회만이[45] 끊임없이 복음의 생명력을 흘러넘치게 하며 세상을 그리스도로의 생

---

44) "권력은 부해하기 쉽고, 절대권력은 절대적으로 부패한다'는 영국 정치인이교 역사가인 존 달버그 액턴 남작(Baron John Dalberg Acton, 1834. 1. 10-1902. 6. 19.)의 명언은 정치계의 통설인데, '절대권력은 절대부패한다'는 말로 국내에 알려졌으며, 그것은 교회 정치에서도 동일하게 적용된다.
45) Peter T. O'Brien, *The Letter to the Ephesians*, (Grand Rapids:MI, Apollos/Eerdmans, 1999), 152.

명으로 충만하게 채우도록 세상 가운데에 예정되었다는 말이다. 그것이 에베소서 1:23이 담고 있는 의미이다. 그것은 교회가 그리스도의 충만한 생명력을 품은 씨앗으로 세상에 자신을 던져 죽음으로, 끊임없이 다음 세대에 꽃을 피우고 그리스도의 충만한 생명력을 품은 열매를 또 다음 세대의 세상에 내놓는, 교회 배가 개척 재생산 사역을 통해 성취하게 될 것이다.

Chapter 02

건강한 목회의 기본 –
삶의 변화를 일으키는 성경적 설교

Healthy Ministry · Healthy Church

건강한 목회의 기본
– 삶의 변화를 일으키는 성경적 설교

말씀을 듣는 능력과 사역*

나는 목회자이다. 그러나 다른 사람들도 그렇겠지만 처음부터 목사는 아니었다. 목사이기 전에는 직장생활을 하며 평신도 사역자로 살았었고, 그 후 목사로서 지역 교회 사역도 했지만, 이제 나의 주 사역은 신학교에서 주의 종들을 길러내는 일이다.

신학 교수로서 목회후보생들에게 말씀 전하는 일을 훈련시키면서 발견한 것은, 신학을 잘 하여 많은 신학지식을 쌓고 다른 사람보다 신학교 학점이 좋다는 것만으로 그 사람이 꼭 말씀을 잘 전할 것이라고 볼 수 없다는 사실이다. 어떤 사람의 경우 신학적 지식은 남보다 그리 많지 않지만 말씀을 참 잘 전하는 경우가 있다. 그들의 공통점은 뛰어난 설교자가 있는 교회에서 오랫동안 신앙생활을 한 경우와 QT와 같은 개인적인 경건의 삶이 잘 형성되어 있다는 점이다.

사역을 한다는 것이 목사가 되어 설교를 한다는 것만을 뜻하지는 않

―――――――――
*「말씀을 듣는 능력과 사역」, 월간《생명의 삶》(두란노) 2006년 4월호 164~165쪽

는다. 목사는 목사대로, 평신도는 평신도대로 자신의 영역에서 사역을 한다. 특히 오늘날에는 많은 평신도들에게 교사와 소그룹 리더, 그리고 제자훈련가로서 여러 곳에서 여러 형태로 말씀을 전할 것을 요구받는다. 그럼 그중 어떤 사람이 말씀을 더 잘 전하는가? 앞에서 했던 얘기를 좀더 구체화 해보자.

설교자는 무엇보다도, 하나님으로부터 말씀을 듣는 사람이다. 누구나 성경을 읽으며, 묵상을 하며, 기도를 통해 말씀을 듣는다. 그리고 수많은 성경공부와 세미나와 설교를 듣는다. 그리고 배운 것을 또 다른 사람들에게 가르친다. 그러나 책임있는 인도자, 특히 한 무리의 양을 치는 목자는 그 양 떼를 향한 하늘 아버지의 음성을 듣고 그것을 말해야 한다. 성경을 통해 우리의 목자장 되신 그리스도로부터 듣지 못하는 사람이, 사령관의 명령을 듣지 못하는 사람이 어떻게 맡겨진 무리를 이끌 수 있단 말인가?

그러므로 특히 인도자의 자리에 서 있는 사람이라면 반드시 하나님으로부터 직접 말씀을 들을 수 있어야 한다. 하나님으로부터 듣는 것이 없는 사람이 말씀을 전한다고 생각해보라. 있을 수 없는 일인데, 그런 사람이 없지 않다. 즉 성경을 읽으며 하나님의 말씀을 듣지 못하는 사람이 설교를 하는 것이다.

그럼 그런 사람들은 무엇을 가르치고, 무엇을 전하겠는가? 양들에게 주시는 하나님의 말씀을 못 들으니 자신의 말을 할 수 밖에 없지 않겠는가? 하나님으로부터 듣는 말씀이 없으니, 다른 사람들이 주께로부터 들은 얘기를 할 수 밖에 없지 않겠는가? 그러니 다른 사람들의 설교집을 기웃거리게 되고, 하나님의 말씀을 들은 사람들이 써 놓은 책들과 설교집이 없으면 스스로는 가르칠 것도 없고 설교할 것도 없는 불쌍한 지경에까지 이르는 것이다.

  그럼 어떻게 해야 이 문제가 해결될 수 있을까? 신학교를 다시 들어가고 신학박사가 된다고 해도 해결되기 어려운 부분이다. 이럴 경우 한 가지 방법은 성경을 통해 자신이 하나님의 말씀을 듣는 훈련을 하는 것이다. 그중 가장 좋은 훈련은 QT다. 말씀과 기도를 통한 하나님과 자신과의 정기적인 만남을 통해, 주의 말씀을 듣는 것이 훈련된 사람의 말씀은 깊이와 넓이와 그 폭이 다르고, 그들의 가르침과 설교는 화려한 수사가 없더라도 사람을 변화시키는 능력이 있다.

  감사한 것은 내 경우는 예수님을 만난 다음 날부터 QT를 하도록 훈련을 받았고, 그 QT가 나의 그리스도인의 삶의 기초를 형성했다는 사실이다. 눈을 뜨면 하는 첫 행동이 무릎을 꿇고 기도하는 것이었고, 눈을 뜨고 바라보는 첫 번째 것이 성경이길 소원했다. 그리고 그 경건의 시간을 통해 나는 말씀을 듣는 훈련을 받았고, 그것이 제자훈련가로서, 평신도 사역자로서의 삶은 물론 나중에 목회자가 되어서도 내 사역의 효율성을 결정짓는 데 가장 큰 기여를 했다고 생각된다. 물론 이 시대 최고의 신학자들에게 훈련을 받는 축복도 누렸지만 아무리 생각해봐도 개인적인 경건의 시간을 통한 훈련은 그에 못지 않았다.

  거듭 난 다음 날부터 이어진 정말 꿀송이보다 단 QT 시간은 아침식사를 하라는 어머니의 성화에도 불구하고 멈출 수가 없었고, 그래서 늦으면 아침을 굶고 야단을 맞으며 나가도 그날 받은 말씀의 기쁨 때문에 신나는 발걸음으로 하루를 시작할 수 있었다.

  그런 QT 생활 중 하루는 디모데후서2장을 묵상하다가, 이전에도 읽었던 구절이었지만 한 구절의 말씀이 그날 따라 살아서 움직이며 내 시선과 붙잡고 내 마음을 흔들어 놓았다. "네가 진리의 말씀을 옳게 분변하며 부끄러울 것이 없는 일꾼으로 인정된 자로 자신을 하나님 앞에 드리기를 힘쓰라"(딤후 2:15).

그 말씀은 모든 사람을 위한 성경말씀이지만, 그날은 나를 위한 내 하나님의 음성이었다. 그분은 내게 첫째로, 진리의 말씀을 옳게 분변하는 사람이 되어야 한다고 분명히 말씀하셨다. 놀라운 것은 그 이후로인지, 매일의 묵상 훈련 때문인지는 몰라도 조금은 다른 사람에 비해 말씀을 옳게 분변하는 능력을 갖게 되었다는 점이다. 설교와 가르침을 들으면 그것이 성경에 기초한 것인지 아닌지, 그리고 그것이 그 말씀의 원래 의도인지 아닌지를 조금씩 느끼기 시작했다는 점이다. 둘째로 부끄러울 것이 없는 일꾼으로 나 자신을 하나님께 드리라는 음성을 들었다는 것이다. 그것은 내 평생의 소명이 되었다. 당시에는 평신도 사역자였고, 지금은 신학교수이지만 내 직책의 변화와 관계없이 항상 동일했고 항상 분명했던 것은 나는 하나님께 드려진 일꾼으로 살아야 한다는 사실이었다.

그럼 어떤 일꾼이 되어야 한다고 나는 생각했을까? 그날 QT 본문을 묵상하며 그 본문의 말씀처럼 부끄러울 것이 없는 일꾼이 되어야 하는데, 부끄러운 일꾼이란 진리의 말씀을 옳게 분변하지 못한 자이다. 그러므로 나는 어떤 일꾼으로 주께 자신을 드리라고 소명을 받은 것이냐 하면, 진리의 말씀을 옳게 분변하는 일꾼이 되라는 것이었다.

그날의 소명은 제자훈련가나 평신도 사역자로 살 때는 물론, 목사가 되고 이제 신학교수가 되었어도 흔들린 적이 없는, 내 인생의 자세를 근본적으로 뒤바꾼 경험이었다.

그 후 매일 QT는 하나님으로부터 직접 말씀을 듣는 기쁨의 시간이었고, 그것은 나 자신은 물론 다른 사람을 위한 말씀의 종으로서 사는데 기초가 되어주었다.

아침의 첫 시간을 성경을 묵상하며 하나님으로부터 직접 말씀을 듣지 못하는 자, 당신은 다른 사람에게 과연 말씀을 전할 것이 있고 설교할 것이 있다고 생각하는가? 당신이 목사이든 평신도 사역자이든, 복음의 증인은 모두 주님으로부터 무엇인가를 들을 수 있어야 한다.

QT 시간, 그 시간이 바로 그것을 가능케 하고, 그런 삶을 훈련시키는 출발점이요, 기초가 되는 가장 복된 시간이다.

개혁주의 설교— 삶의 변화를 일으키는 설교*

설교를 배우면서 사람들은 강해설교는 무엇이며, 다른 방식의 설교는 잘못된 것인가라는 질문을 종종 한다. 마찬가지로 개혁주의 노선에 서 있는 설교자라면 개혁주의 설교란 어떤 것인가라는 질문을 하며, 동시에 그 나머지 설교는 다 잘못된 것인가라고 물을 수 있을 것이다. 그런데 과연 개혁주의 설교란 유형이 따로 있는가? 개혁신학을 강의하는 것이 개혁주의 설교인가? 그렇지는 않다. 그러나 개혁주의 신학을 표방하는 목회자라면 설교사역에서도 그 신학의 선상에서 분명한 방향과 한계선을 가지고 설교할 수밖에 없을 것이다.

개혁주의 설교에 대해 논하기 전에 모든 목회자는 설교자의 본질적 사명이 무엇인가를 생각해봐야 한다. 그것은 하나님의 말씀을 통해

※ 「개혁주의 설교- 삶의 변화를 일으키는 설교」, 《기독신학저널》, 제6호 2004년5월 135~160쪽

삶에 변화를 일으키는 것이다. 19세기 미국 최고의 설교가였던 필립스 브룩스(Philips Brooks)는 예일대학교에서 행한 설교학 특강을 통해 설교의 목적은 사람들의 영혼을 설득하고 움직이는데 있음[11]을 분명히 했다. 삶의 변화, 그것이 목회 현장에서 사람들을 목양할 때 추구하는 진정한 개혁이다. 그러므로 개혁주의 설교의 특징을 "성경말씀에 입각해 삶의 목적과 실천 행위를 가르치는 설교로서, 하나님의 말씀을 개인 생활에 적용함으로써 가족과 교회와 세상과 의미있는 관계를 형성해 나가도록 하는 데 그 목적을 두는 것"[12]이라고 한 조엘 비키(Joel Beeke)의 관점은 적절하다. 이처럼 개혁주의 설교의 핵심이, 설교를 듣는 청중이 갖게 되는 지식적 인식의 즐거움이 아니라 삶의 변화를 추구하는 설교임을 특별히 강조하는 이유는 대다수 강단의 상황이 그렇지 않은 현실 때문이다. 이런 현상은 20세기 말과 21세기 초에 발생했던 포스트모던 시대의 산물이 아니라, 설교를 듣기 위해 나와 앉아 있지만 철저히 타락한 인간들이 갖고 있는 연약함 때문이다. 1600여 년 전에 강단을 지키던 어거스틴(Augustine)이 "가르치는 진리가 실천을 요구하는 것이며, 가르치는 목적도 실천하게 만들려는 경우에는, 배운 것을 실천에 옮기지 않는다면 담화 내용이 진리인 것을 믿게 되어도 무익하며, 말하는 방식을 기뻐해도 소용이 없다"[13]고 굳이 강조해야 했던 이유도 바로 이처럼 시대와 관계없이 항상 설교자와 청중 모두에게 공존하고 있는 인간의 죄성 때문이다.

1. 삶의 변화를 일으키는 설교를 위해 필요한 사전 이해

그런데, 누구나 인정하듯 단순한 설교학적 기교나 방법만 가지고는 사람들의 마음을 변화시킬 수 없다.14) 그렇다면 우리 한국교회 설교자들이 흔히 취하는 태도처럼, 단지 더 기도만 하면 되는 것인가?

그것 이상이 필요하다. 철저히 죄로 굳어진 인간과 공동체의 변화는 어떤 과정을 통해 일어나는가에 대한 설교자로서의 연구와 사전이해가 있을 때 삶의 변화를 일으키는 설교를 더욱 효과적으로 할 수 있다.

1.1 변화 단계 이해

설교를 통해 영적인 변화를 추구하는 것이 설교자의 주된 과제라면 우선 변화의 영적인 단계에 대한 이해가 필요하다. 베네딕트 그뢰셴의 연구15)에 의하면 진정한 영적 변화를 위해서는 첫째로 죄문제를 다루고 거기서 정결케함을 경험해야 하며, 두번째 단계로는 조명하심을 통해 하나님을 경험하는 단계를 거쳐, 세번째 단계로 하나님과의 일치와 연합으로 이끄는 것이 효과적이다. 이것은 우리 설교자가 설교를 준비할 때 전체적인 흐름을 구성하고 설교 전개를 계획할 때에 도움이 될 것이다. 설교자의 이런 구체적이며 단계별 전략은 각 과정 속에 성령께서 도우실 것과 설교에 하나님의 함께 하심에 대한 약속을 믿는 믿음이 뒷받침되어야 함은 말할 나위가 없다.

개인의 영적 변화 단계뿐 아니라 변화의 사회적 접근 단계를 알고 있는 것이 변화를 일으키는 설교를 위해서 또한 도움이 될 것이다. 왜냐면 러브리스(R. Lovelace)가 지적했듯이 개인적 차원의 변화와 공동체적 차원의 갱신(Renewal)16)에는 다른 역학이 있기 때문이다. 진정한 회심은 죄에 대한 깊은 자각이 없이 일어나지 않듯, 모든 공동체의 진정한 변화는 현재에 대한 거룩한 불만족에서 출발한다. 현재 자신의 모습과 현재의 삶에 대해 만족하는 사람은 굳이 힘든 변화의 필요성을 느끼지 못하기 때문이다. 따라서 개인의 삶은 물론 그가 속한 공동체나 사회 속에 변화가 일어나기 원한다면, 현재 모습에 대한 거룩한 불만을 야기해야 한다. 구약에서 선지자들이 회복과 축복의 삶을 대뜸 선언하지 않고, 먼저 말씀, 곧 모세오경에 비춰 현재 이스라엘의 삶이 왜 잘못된 것인가를 일깨워주며 언약의 축복과 저주에 따라 심판이 불가피함을 보여주는 것을 주목해 보라. 그 후에 하나님 앞으로 돌아가 언약에 순종하면 회복과 축복의 약속이 기다리고 있음을 언급하는 패턴[17]으로 일하는 것이 바로 그것이다. 그것은 신약에서 세례 요한의 메시지 패턴[18]이나 예수님의 사역 패턴[19]에서도 그대로 반복되며, 사도들의 메시지도 그 형태를 나타낸다. 하지만 사람의 귀를 즐겁게 해주려는 이 시대 설교자들의 메시지는 그렇지 않다. 청중들의 죄의 모습을 깊이 드러내주고 그 엄청난 결과와 심판을 분명히 보여주는 예언자적 설교는 점차 사라져가고 있기 때문에, 교인은 생산해낼지라도 진정으로 회심한 그리스도인과 변화된 성도의 삶으로 이어지는 것을 보기가 어렵게 된 것이다.

현재 상황에 대한 거룩한 불만을 갖게 되면, 그 다음 단계로, 문제 해결에 대한 욕구와 성취에 대한 도전을 해야 한다. 자신의 힘으로 나을 가망이 없음을 깊이 인식한 베데스다의 38년된 병자에게 주님께서 "네가 낫고자 하느냐?"(요5:6)고 물으신 것이 바로 그것이다.

삶의 변화를 추구하는 설교 사역을 하는 목회자들에게 가장 큰 어려움은 안정과 편함을 본능적으로 추구하는 인간의 속성이다. 그러나 변화를 일으키려는 설교자는 그것을 극복하고 적절한 긴장을 야기하는 것을 두려워해서는 안 된다. 늘어진 바이올린 줄은 아름다운 음악을 낳지 못하기에, 사도들은 사람들이 듣기에 편한 말이나 청중들을 즐겁게 하는 설교를 하지 않고, 오히려 사람들을 갈등과 불안 속으로 몰아넣었다.[20] 그래서 그 갈등 속에서 '우리가 어찌할꼬?'[21]라는 깊은 탄식이 쏟아져 나오게 했기에 삶의 근본적 변화가 일어날 수 있었던 것이다. 이런 변화의 단계 이해는 개인의 영적 변화에도 적용될 수 있지만 특히 공동체나 조직 변화에 유용하다.

다음으로, 변화의 이점과 변화된 상태 곧 아름다운 목적지를 보여줌으로 소망을 불러일으켜야 한다. 변화를 일으키기 위한 설교를 위해서는 설교자는 이와 같은 변화 과정을 이해할 필요가 있는데, 이때 중요한 것은 설교자가 그 과정 가운데 청중과 함께 해줄 것이며 목적지에 도달할 수 있도록 도와줄 수 있음을 보여주어야 한다. 따라서 삶을 변화시키는 설교는 그 특징상 이런 리더십 스킬(skill)이 뒷받침해주는 설교이기도 하다.

1.2 삶의 변화를 일으키는 설교를 위해 이해가 필요한 영역들

오래전 어거스틴은 사람의 변화를 위해서는 하나님 이해, 인간 이해, 그리고 문제 이해가 필요하다고 했으며, 현대에 이르러 와이코프(Wyckoff)같은 기독교교육학자는 성경적 지식과 사람에 대한 이해와 환경 이해가 필요하다고 보았다. 와이코프는 특히 환경에 있어서 개인의 환경을 신성과 인간성 및 자연성 셋으로 구성되어 있다고 보며[22] 인격의 변화를 위해 환경과 사회적 상호작용[23]을 고려해야 함을 지적했는데 이것은 설교자에게도 필요한 이해이다.

이와 같은 이해를 바탕으로 할 때, 청중의 삶에 진정한 변화 곧 변혁(transformation)을 일으키는 설교를 하기 위해서는 기도와 성령의 역사 외에도, 설교자는 다음의 세 가지 영역에 대한 특별한 이해가 필요함을 알 수 있다. 그것은 첫째로 하나님과 성경에 대한 깊은 이해, 둘째로 인간에 대한 이해, 셋째로 세상과 문제에 대한 이해이다.

   삶의 변화를 일으키기 위한 설교를 위해서 설교자가 하나님과 말씀에 대해 잘 알아야 한다는 것은 다시 언급할 필요가 없이 당연하다. 그러나 분명히 하고 싶은 것은, 하나님과 성경에 대한 이해를 위해 설교자는 철저한 석의(Exegesis) 능력을 갖춰야 한다는 점이다. 일부 보수신학계 설교자 가운데는 한때 자유주의적인 비평학 때문에 각종 비평 도구들과 석의에 대해 부정적으로 보는 사람도 있었다. 그러나 기독교 암흑시대 전 4~5세기의 옛 교회에서도 교회 밖에서 유행하는 어떤 지식 분야에는 경솔하게 뛰어들지 말고 냉정하고 조심스럽게 검토하며 식별하라고 경고했지만[24] 동시에 석의 기술, 언어 연구의 중요성을 강조[25]했음을 기억해야 할 것이다. 이처럼 하나님을 바로 알고 전하기 위해 성경을 잘 알아야 하는데, 그것은 어거스틴이 적절히 지적했듯이 바른 석의를 통해 원저자가 의도한 것과 다른 의미로 해석하는 일이 없게 하기 위해서이다.[26] 이처럼 석의 역량이 없어서 원저자가 의도하지 않은 뜻을 경솔하게 채택하는 사람은 조화되지 않는 발언들을 할 수 밖에 없고 자기 의견을 고집하게 되며 성경을 성가신 것으로 느끼기까지 하여, 결국 그 자신이 완전히 파멸될 수 있음[27]을 알고 역량계발을 위해 노력해야 한다. 물론 설교에 있어서 성경 석의를 강조한다고 해서, 그 결과 말씀이 하나의 학문적 이론의 제시로 끝나서는 안 된다. 중요한 것은 석의를 통해 말씀의 원의도가 드러나고, 그 말씀이 인지 단계를 넘어 청중에게 경험되는 것이다.

   설교자가 삶을 변화시키는 설교를 하기 위해서는 두 번째로 인간에 대한 깊은 이해가 필요하다. 이때 인간 이해란 개인에 대한 인간 이해와 타인(청중과 공동체) 이해 모두를 포함한다. 기독교 역사에서 일어났던 대각성 운동들과 부흥을 연구해온 복음주의 교회사학자 러브리스 역시 하나님에 대한 이해 뿐 아니라 자아에 대한 깊은 이해가 있었던 것이 부흥의 전제조건[28]이었다고 지적한다. 이때 인간 이해는 자아에 대한 깊은 이해, 곧 전적 타락으로 인한 우리 인간의 죄의 깊이에 대한 이해[29]를 말하며 그렇기 때문에 우리 스스로 변화하기에는 전적으로 무능함을 깨닫고 하나님의 은혜를 구하도록 돕는 것이다.

설교자는 전도자와 달리 하나님과의 깊은 각성적 만남[30] 곧 회심에 대한 이해뿐 아니라, 청중의 생태 전반에 대해 알아야 한다. 그 점에서 미국 교회 역사에서 두 번째 대각성운동을 일으킨 조나단 에드워즈(Edwards)가 인간의 마음에 대한 얼마나 심원한 통찰력을 갖고 있었는가를 연구해 보는 것은 설교자에게 큰 도움이 될 것이다. 특히 오늘날과 같이 복잡한 사회 속에 살고 있는 현대 청중들을 변화시키기 위해서 설교자는 사람들이 결정을 내리는 방식과 원리, 그들을 움직이게 하는 것, 사람들의 감정이 나오는 원천, 무의식적인 동기 등[31]에 대한 깊은 이해를 통해 구체적으로 사람들의 삶을 다룰 수 있는 능력이 있어야 된다. 그래서 사람들이 매일 생활 속에서 겪는 일이지만 지금까지 인식하지 못했던 생각과 행동의 동기들을 설교를 통해 하나님 앞에 노출[32]하도록 도와줘야 한다. 즉, 설교자는 사람들의 삶을 변화시키는 목자의 심정으로 입을 열어야 하며, 인간 심성 내부의 깊은 과정들을 다룰 수 있는 역량이 있어야[33] 한다.

그것은 곧 삶의 변화를 일으키는 설교를 위해 설교자가 이해해야 할 세 번째 영역인 세상과 문제로 이어지게 한다. 설교자는 말씀에 대한 이해뿐 아니라 문화에 대한 이해와 관계성으로 구성된 사회의 제 현상에 대한 이해가 있어야 한다. 앞에서 예로 든 고대 설교자 어거스틴 역시 성경 지식 못지않게 사물에 대한 지식이 풍부했고, 심지어 이교도들의 여러 가지 역사, 과학과 음악, 기술까지 알려고 노력했던 것도[34] 같은 맥락이다. 예수님께서 모세와 이사야를 통해 말씀을 전하며, 당시 사회에 깊이 퍼져 있었던 고르반 제도의 폐해를 지적하고 언급(막 7:6~13)하신 것도 삶의 제반 문제와 사회에 대한 이해를 통해 청중의 삶의 변화를 이끌어가는 방식을 보여주는 것이다.

2. 설교의 내용 : 가치관을 다룬다.

많은 설교자들의 주된 관심인 설교 전달 기술 곧 '어떻게' 설교를 잘 하느냐보다 중요한 것이 설교의 내용이다. 성경적 설교가 아니면 그것은 본질적으로 설교가 아니라 교훈이요, 웅변일 뿐이기 때문이다. 그런데 목회 현장에 서게 되면 사람들이 원하는 설교를 하고자 하는 유혹에서 벗어나기가 어려운 데, 이는 이웃 교회에 교인들을 잃고 싶지 않은 마음 때문일 것이다. 그러나 그럴 때마다 청중의 필요를 채워주려는 설교자의 태도는 쉽게 노예 근성에 빠지게 된다는 브룩스의 경고[35]를 잊지 말아야 할 것이다. 설교자는 사람들의 필요를 이해하고 활용하지만, 사람들이 요구하는 것만 채워주는 것이 아니라 그들에게 정말 가치 있고 중요한 것을 주도적으로 줄 수 있어야 한다.

그것은 설교의 내용에 있어서 성경적 가치관을 다루는 것이 중요하다는 말이다. 설교를 통해 자신의 인생에서 가장 가치 있는 것이 무엇인가를 발견하게 해야 한다. 그렇기 때문에 설교에 있어서 십자가의 삶과 예수 그리스도 중심성이 중요한 것이다. 그리스도 중심성이 없는 설교는 교훈적으로 흐르기 마련이며, 세상의 가르침과 기독교의 핵심을 상대적으로 비교하게 되며, 청중들에게 자기중심적 선택의 여지를 남겨주게 된다. 그러나 하나님의 길과 복음은 흔들릴 수 없는 가치관의 기초가 되며, 거기서부터 삶의 변화가 시작되는 것이다. 반면에 설교에 분명한 성경적 가치관이 자리 잡고 있지 못할 때, 그것은 자신의 감정, 행동, 욕망, 결정, 이웃과의 관계, 나아가서는 하나님과의 관계에 경계선(boundaries)[36]이 사라지게 만들며 결국 여러 가지 삶의 문제들[37]에 빠지게 만든다. 따라서 청중들의 삶의 변화를 추구하는 설교는 그 내용상 성경적 가치관이 분명하여 그것에 의해 삶의 경계선을 세워갈 수 있도록 하는 것이다.

심리학에서는 인간 의식과 생각의 흐름을 통제된 생각과 통제되지 않은 생각, 두 가지로 구성된다[38]고 본다. 그것은 겉으로 드러나지 않은 청중들의 무의식적이며 통제되지 않은 생각이다. 이에 대한 설교자의 깊은 이해와 통찰이 없이는 삶의 변화는 일어나기 어렵다. 따라서 설교를 들은 청중들이 건전한 삶을 낳는 건전한 생각을 하게 하려면 설교자는 통제되지 않는 생각이 주는 영향을 줄여줘야[39] 하며, 그런 숨겨진 부분들을 공개하고 의도적으로 의식하는 습관을 형성시켜 줘야 한다. 그런 작업을 통해 청중들이 인생에서 성경이 제시하는 하나의 목적을 향해 가게 된다. 이때 각 사람의 인격을 형성하는 자아, 성벽(性癖), 습관 및 결정적 반사작용[40]이 균형과 조화와 통일과 완성을 이룰 수 있는 변환 현상이 일어나도록 설교자는 설교할 때마다 의도적인 노력을 해야 한다. 그것이 바로 성경적 가치관을 형성하는 설교이다. 청중의 가치관을 건드리지 못하는 설교, 그것은 삶의 변화를 기대할 수 없는 무딘 칼날에 불과하다.

지금까지 살펴본 것처럼 삶의 변화를 일으키기 위한 설교에서는 석의 결과 드러난 분명한 성경적 진리를 다루되, 그 진리가 삶 속에서 경험되도록 해야 한다. 현대인의 삶의 변화에 효과적인 사역을 하고 있는 인물 중 하나로 알려진 존 오트버그(John Ortberg)[41]는 《리더십(Leadership)》 잡지와의 인터뷰에서 "내가 대학 다닐 때 가장 중요한 책은 『하나님을 아는 지식(Knowing God)』[42]이었지만, 30여년이 지난 지금 가장 중요한 책은 『하나님을 경험하는 삶(Experiencing God)』[43]이다. 사람들은 하나님을 경험하는 데 굶주려 있다.[44]"고 했다. 이는 현대 설교 사역이 어느 방향으로 가야할지를 잘 말해주고 있는 것이다. 즉 성경의 진리는 학문과 교리의 영역을 뛰어넘어 설교를 통해 삶의 현장으로 침입하지 않으면, 현대인의 삶의 변화는 요원한 문제로 남을게 될 것이란 말이다. 이 시대 영성운동의 중요한 한 흐름을 이끌었던 머튼(Merton)조차도 '신앙생활에서 비현실에 빠지는 것보다 더 큰 재앙은 없다'[45]고 지적했음에도 불구하고 너무도 많은 설교들이 청중의 삶의 현장과 유리되어 있다. 이처럼 설교가 지적인 측면에서 하나님을 경험하는 측면으로 전환해야 한다는 것은 설교가 실질적이고 경험적 영성을 가져야 한다는 것이다. 그것은 교회 생활은 물론 통상 세속문제라고 생각하는 매일의 삶 속에서 겪는 금전문제, 인간 관계, 사회문제 등에서 하나님의 말씀이 성경적 가치관을 통해 우리의 삶을 어떻게 바꿀 수 있는가 등이 구체적으로 다루어져야 함을 의미한다. 그것이 바로 다른 신학 체계와는 달리 삶을 이해할 수 있도록 만들어주는 개혁주의 신학의 본질[46]이기 때문이다. 따라서 삶의 변화를 일으키는 설교는 그 내용에 있어서 성경적 가치관 측면을 분명하게 담고 있는 것이다.

3. 효과적인 설교의 구조(Structure)와 구성(Plot)

어떤 설교는 귀에 들리는데, 어떤 설교는 무슨 말인지 알아듣기 어렵다. 그 이유는 설교의 내용이 어려워서가 아니라 설교의 구조가 무시된 설교작성 방식 때문인 경우가 많다. 물론 모든 설교는 '오늘 이 설교를 하는 목적이 무엇인가'가 분명하며 설교를 통해 성취하고자하는 목표가 명료해야 한다. 교리적 설교나 교회력에 따른 설교 혹은 창세기부터 요한계시록까지 책별 혹은 장별 설교를 하는 것은 분명히 청중들에게 성경을 편식하지 않고 골고루 섭취하게 하는 등 교육적 측면에서는 도움이 된다. 그러나 이것은 설교자 중심적 방식이다. 설교의 대상인 청중이해에 따른 설교는 여기서 한 걸음 더 나아갈 필요가 있다. 즉 좀더 효과적인 삶의 변화를 추구한다면, 설교자는 기도하면서 청중들이 현재 영적, 심리적, 사회적으로 변해야 할 부분이 무엇인가를 진단하여 우선순위에 따라 매 설교마다 구체적이고 실제적인 목표를 가지고 설교해야 한다.

이때 설교의 대지(outline, 개요)를 작성할 때도 "이는 수족을 베로 동인 채로 사는 사람입니다"(요 11:44 나사로를 살리신 사건)는 식의 본문 내용의 단순 묘사나 서술 형태보다는, "얽매인 것을 풀고 자유의 삶을 사십시오"와 같은 형태로 즉, 설교에서 청중들이 붙잡고 살 수 있는 도전, 격려, 변화 요구 형태로 만들어야 한다. 그래야 구체적인 삶의 변화가 좀더 쉽게 일어난다. 대지는 또한 한 설교 내에 서로 다른 다수의 사상들[47]로 청중에게 들리지 않고, 하나의 메인 아이디어(main idea: 설교학 용어로 일반적으로 사용됨)[48]를 지원하는 클라이맥스를 향한 움직임(movement)들로 여겨질 수 있도록 조심스럽게 구성되어야 한다. 복잡한 설교보다는 단순성이 있는 설교가 청중의 삶의 변화에 더 효과적이기 때문이다.

또한 사람들의 삶의 변화를 일으키는 설교를 하고자 한다면, 설교의 구성에 대해서도 특별히 신경을 써야 한다. 혹자는 성령께서 함께 하시면 되지, 설교의 구조(structure)와 구성(plot)까지 고려하는 것은 인간적인 작업이라고 생각할지도 모른다. 그러나 강한 성령의 역사로 대각성을 일으켰던 조나단 에드워즈는 어떤 토론에 대해서 쉽고 분명하게 그 방법과 순서를 제시하는 것은 목회자가 설교함에 있어 매우 유익한 것[49]이라고 했다. 한 편의 설교를 구성함에 있어서 전환과 반전의 기법은 삶의 변화를 일으키는 설교 기법으로 매우 유용하다.

리더십 학자들은 물론 기독교교육학자들도 공통적으로 인지하고 있듯이 인격의 성장은 마찰, 긴장, 난문제를 통해 일어난다. 동적 긴장감 야기는 기독교인화 과정에 있어서 교육학적으로 중요할 뿐 아니라[50] 인격과 삶의 변화를 추구하는 설교에서도 동일하게 중요한 요소이다. 설교를 통해 제시된 기독교적 진리는 청중의 과거 경험과 인격을 어느 정도 전복시켜야 하며(피터슨은 이것을 subversive spirituality[51]라고 한다), 새로운 인격을 조성하기 위해서는 긴장이 제기되고 그로 인해 마음에 갈등을 겪지만 결국 그 난제가 해결되어 완성[52]을 향해 가도록 설교를 구성[53]하는 것이 효과적이다. 그렇기 때문에 갈등 → 복잡화 → 급작스런 전환 → 실마리가 드러남과 같은 플롯 구조[54]를 이야기체 설교에서 강조하고 있는 것이다. 따라서 설교의 서론 부분은 본문 말씀에 관심을 집중하며 오늘의 주제를 수용할 수 있도록 준비하는 기능으로 끝나야지, 거기서 설교의 결론적 사항이 나오지 않도록 주의해서 구성해야 한다.

청중의 삶을 효과적으로 변화시키려는 설교자는 이런 점에 본능적으로 익숙할 뿐 아니라, 서론에서 청중들의 심적 안전지대를 흔드는 작업을 하기도 한다. 따라서 설교의 서론에서 왜 이 설교를 들어야하는지도 청중에게 충분히 납득시키지 못한 채 아무런 기대감도 없는 사람들에게 결론부터 들이대는 전통적인 연역적 설교 방식은 교인들의 삶을 변화시키기에는 비효과적이다. 교인들의 삶을 효과적으로 변화시키는 설교자들을 살펴보면 또한 설교의 클라이맥스를 잘 사용하는 특징을 보인다. 이런 사실들은 결국 삶의 변화를 야기하는 설교가 되기 위해서는 기본적으로 귀납적 구조를 가져야 함을 의미한다. 물론 현대의 국내외 일부 설교학자들이 주장하는 것처럼 이야기체 혹은 서사체 설교만이 옳고, 전통적인 연역적 설교 방식이나 대지를 사용하는 강해설교는 모두 폭력적[55]이요 잘못된 것은 아니다. 교리적 교육이 요구되거나, 위기 속에서 분명한 논지를 전달해야만 할 때는 연역적 설교가 보다 효과적일 수 있다. 그러나 일상적인 설교에서는 대부분의 경우 전환과 반전의 전달기술이 사용된 귀납적 설교가 매우 효과적이다. 따라서 이런 설교 구성과 전달기법을 습득하고 적용하는 변화가 필요하다.

그리고 삶을 변화시키기 위해서는 우선 청중들의 귀에 잘 들려야 하는데, 그러기 위해서는 설교 전체가 커다란 덩어리로 던져지지 않고 단락별 혹은 모듈화해서 전달하는 것이 좋다. 음식을 먹는 것과 마찬가지로, 사람들은 아무리 좋은 설교라도 논리적으로 완벽하게 짜여져서 처음부터 끝까지 온 신경을 집중해 들어야만 파악할 수 있는 커다란 덩어리 한 개보다는, 작게 잘라서 먹기 쉬운 설교를 더 쉽게 이해하고 반응한다. 그것이 타고난 이야기꾼이 전하는 서사체 설교가 아닌 경우, 현대 청중 대부분이 잘 만들어진 두 세개의 대지로 구성된 단락 설교를 선호하는 이유이다. 즉 전체 흐름은 귀납적이며 플롯 구조를 가지되, 한 주간 동안 하나라도 기억하고 살 수 있는 적용적 대지로 단락지어진 설교가 삶의 변화에 가장 효과적이다.

4. 설교에 있어서 표현과 전달 방식의 변화

효과적으로 삶을 변화시키는 설교를 위해서는, 설교 구성뿐 아니라, 청중들이 이해하기 쉽게 표현하는 능력과 전달 방식으로의 변화를 요구한다. 신학적 지식의 전달이 아닌 삶의 변화를 추구하는 설교자는 성경의 의미를 정확하게 파악하는 방법과 함께 잘 표현하는 방법[56]에 익숙해야 한다.

진지한 석의에서 출발한 설교자라면, 설교 중 청중들을 휘어잡기 위해 웃겼다가 울렸다가 하는 일에 매달리지 않는다. 물론 설교의 도입 부분이나 설교 도중 전환을 위해서도 유머는 매우 유용하다. 유머는 무장을 해제해 말씀이 변화를 일으킬 수 있도록 마음 문을 열어주기 때문이다. 그러나 설교에서 시종 일관 그런 분위기를 지속하는 것은 참을 수 없는 가벼움이며, 청중을 즐겁게 하기 위해 거룩한 설교 행위를 이용하는 것이다. 분명히 이 시대의 사람들은 유머를 좋아한다. 그러나 설교를 행하는 동안 피상적 가벼움을 극복하지 못하는 것은, 생과 사를 가늠하는 설교의 중대성을 망각하기에 가능한 일[57]이다. 청중의 삶을 깊이 있게 변화시키기 원하는 설교자에게는 가벼움을 뛰어넘는 진지함이 있다. 청중을 기쁘게 하는 것으로 만족하지 않기 때문[58]이다.

유머가 있되 설교에서 하나님의 영광의 무게를 잃지 않는 균형을 잡기가 쉽지 않듯, 인생의 가장 깊은 진리를 전하되 청중을 변화시키기 위해서 단순하고 쉽게 설교해야 한다는 것은 설교자에게 또 다른 도전이다. 그러나 설교가 신학도를 향한 신학적 강론이 아니고 보통 사람들의 삶을 변화시키는 작업이라고 생각하는 설교자는 기꺼이 그 짐을 질 것이다. 이사야서에서 여호와의 종이 고백한 것처럼 주 여호와[59]께서 우리 설교자들을 아침마다 깨우치고 알아듣게 하시는 이유는, 매일의 삶 속에 지치고 힘든 청중들의 귀를 어떻게 일깨우고 말(설교)로 도와줘야 할지를 알게 하기 위해서이다. 그것이 바로 학자의 혀의 기능이지(사 50:4), 곤핍한 자들이 알아듣지 못할 학문적 언어를 구사하라는 것이 아님을 설교자들은 잊지 말아야 한다. 그렇기 때문에 사람들은 예수님의 설교를 즐겁게 들을 수 있었던 것이다(막 12:37). 설교의 언어와 표현은 따라서 진정한 학자의 혀의 기능을 다해, 추상적이고 학술적이지 않고 쉽고 단순명료해야 한다. 전도를 하면서도 전도자들은 자신의 세계 속에 갇혀서 기독교인들만이 알 수 있는 용어를 쓰는 우를 범하듯, 설교자들은 일반 청중들을 향해 신학 용어(대속, 성화, 영화 등)로 말하는 어리석음을 자신도 모르는 사이에 종종 범한다. 그것은 설교자 혹은 그리스도인 중심의 설교이지, 정작 변해야 할 설교의 대상인 불신자, 구도자와 초신자들을 제대로 배려하지 않는 설교이다. 따라서 그런 설교를 듣고 보통 사람에게 변화가 일어나기를 기대하기는 쉽지 않을 것이다.

설교를 작성할 때는 또한 말하고자 하는 것을 구체적으로 표현해야 청중들이 어떻게 해야 할지를 이해하고 행동하게 된다. 미국 교회사에서 조나단 에드워즈는 매우 독특한 인물이었다. 그는 프린스턴대학의 총장까지 지냈던 지성이요, 최고의 신학자였을 뿐 아니라, 철학자요 형이상학적인 사람이었기에 그의 글은 현대인들이 읽기에 부담을 느낄 정도로 매우 논리적이고 깊이가 있다. 그럼에도 불구하고 그의 설교를 통해 대각성이 일어날 수 있었던 것은 무엇 때문일까? 성령의 역사 등 여러 가지 이유가 있지만 설교학적으로 간과할 수 없는 이유 한 가지는, 추상적인 것들이 거룩한 감정을 거의 자극하지 못한다는 것을 알았기에 그는 항상 설교에서 매우 구체적이고 적나라한 표현[60]을 했다는 점이다.

에드워즈의 설교의 또 다른 특징인, 삶을 변화시키는 설교는 또한 강렬한 표현과 함께 분명한 경고를 담고 있다. 조엘 비키는 오늘날 설교들이 청중을 변화시키지 못하는 것은 신자가 누릴 축복과 불신자가 당하게 될 심판을 강조하지 않고 사람들의 비위를 맞추기 위한 아첨 때문[61]이라고 단언한다. 그렇다고 무조건 청중을 공격하거나 감정을 자극하는 설교를 하라는 말이 아니다.[62] 다만 현대 설교에서 죄에 대한 경고성이 사라져가고 있는 경향만은 바뀌어야 한다는 말이다. 교회의 성장이란 부담 속에서 설교자들은 사람들이 격려를 원한다는 사실에 지나칠 정도로 민감해져 있고, 교인들을 책망이나 단호한 말을 싫어하는 설교의 소비자로 생각한다. 그런 입장에서는 "만일 네 오른 눈이 너로 실족케 하거든 빼어 내버리라(마 5:29)"는 예수님의 설교는 도저히 용납할 수 없을 것이다. 그렇지만 주님은 비교와 궁극적 가치 근거성을 제시(27~28절)한 후, 강렬한 표현을 통해 핵심을 분명히 전했다. 에드워즈 역시 거룩한 사랑과 희망이 마음을 부드럽게 하며 죄에 대한 두려움은 지옥의 무서움을 표현하는 것보다 사람의 마음에 더 효과적임을 잘 알고 있었지만[63], 목회자로서 교인들에 대한 진정한 사랑은 주님의 위협적인 말씀으로 불신자에게 경고하는 것임을 알고 그렇게 했기에 사람들이 변했고 부흥이 일어났던 것[64]이다. 현대 기독교 심리학의 연구도 이런 방식이 효과적임을 지지한다. '삶을 변화시키는 설교'라는 것을 다른 방식으로 표현한다면 말씀을 통해 그리스도인의 성장을 추구하는 것인데, 클라인벨(Clinebell)이 잘 지적했듯이 성장은 목회자들이 생각하는 것처럼 돌봄만 있으면 생기는 것이 아니라 적절한 대면[65]이 있을 때 일어나는 것이다. 즉 설교에서 위로와 격려 같은 돌봄의 측면과 함께 분명한 대면이 필요한데, 이는 선한 의도를 가진 설교자들에게는 부담스러운 일이다. 그러나 분명한 것은 교회를 출석하고 있지만 생활은 그대로인 사람들의 행동양식을 구성하는 가치관을 건드리는 대면적 행위 없이는 교인들의 삶은 쉽게 변하지 않는다는 사실이다. 크래독이 주장하는 것처럼 "점점 세속화되어가고 있는 다원화 사회에서 당신이 죄인이라고 의기양양하게 전하는 논리적 설교의 어리석음 때문에 사람들이 더 이상 관심을 기울이지 않아서 변화가 일어나지 않는 것이다"[66]라는 말은 사실이 아니다. 그것은 전통적인 설교가 본 고에서 지적하는 여러 가지 문제점들을 안고 있어서이지, 청중의 문제를 명확히 제시하기 때문에 문제가 생기는 것이 아니다. 오히려 권위가 사라진 시대에 사람들이 교회에 나와 청중석에 앉아 기다리는 것은 진정한 권위로서의 하나님의 말씀 선포일 수도 있다. 게다가 모든 설교가 다 불신자를 대상으로 하는 전도설교인 것은 아니라는 점을 그는 잊고 있다. 사람들이 설교에 귀를 닫는 것은 하나님의 말씀이 경험되지 못하는 내용, 효과적이지 못한 설교의 구조, 밋밋한 구성, 구태의연한 표현, 둔한 전달 등 여러가지 복합적인 이유들 때문이지, 명백한 진리로서의 복음 자체를 거부하는 것이 아니다.[67] 청중의 삶을 변화시키기 위해서는, 전술한 사항들에 주의를 기울이기만 하면 대면적(confrontational) 설교 방식이 매우 효과적이다. 특히 일반 청중은 하나님 말씀을 듣기 위해 자발적으로 나온 사람들이기에, 불신자 전도 상황과는 다르다는 점을 기억해야 할 것이다. 불신자에게 전도할 때는 지나치게 대면적이고, 설교를 들으러 나온 사람들에게는 타협적인 메시지를 전하는 사역자들이 이상하게 보인다. 그렇다고 해서 해결을 위한 깊은 성경적 원리와 미래의 소망도 제시하지 못하며 단순하게 시대를 비평하고 가볍게 칼로 내리치는 것은 주의해야[68] 할 일이다.

청중의 삶을 변화시키는 설교는 예화 사용에 있어서는 매우 효과적인 특징을 보인다. 사람들의 삶에 깊은 변화를 일으키기 위해서는 깊이 있는 성경에 대한 이해와 함께 사람과 세상에 대한 이해가 필요함을 앞에서 언급했다. 예화는 사람과 세상 이해의 측면에서 중요한 기능을 한다. 예화는 청중을 집중하게 하는 도구나 중심사상을 설명하는 것이 아니라, 그 자체가 설교의 핵심 포인트를 전달[69]하기도 한다. 따라서 성경적 설교는 예화를 사용하지 않는 것이란 잘못된 생각을 버리고, 오히려 삶의 변화를 위해서 적절한 예화 사용 역량을 계발해야 한다. 그렇다면 삶의 변화에 효과적 예화는 어떤 것일까? 기독교교육에서는 교육할 때 피교육자의 경험을 가지고 출발[70]하는 것이 효과적이라는 힌트를 우리에게 제공해준다. 그것은 설교자가 예화를 사용할 때도 청중이 경험하는 사건에 기반을 둔 것을 채택하는 것이 효과적임을 알게 해준다. 따라서 보통 교인들이 도저히 따라갈 수 없다고 여기고 거리를 느끼는 기독교 역사상 최고의 성인들 얘기나 고전 문학의 인용과 같이 오늘날의 청중과 설교자의 생활 영역에서 벗어난 예화보다는, 설교자의 삶의 일화나 모본이 더 효과적이다. 가능하면 설교자와 청중이 함께 경험했거나 겪을 수 있는 우리 주변의 평범한 생활 얘기를 구체적으로 예시하는 것이 더 좋다. 그것은 청중들이 그리스도의 인도하심 아래서 자신들도 이런 문제를 충분히 통제할 수 있다고 여길 수 있는 여지를 주고, 그들이 스스로 하나님의 통제 안으로 들어가게 하기 때문[71]이다. 이런 성격의 예화를 사용할 때 설교자와 청중의 본문에 대한 경험(혹은 경험 가능성)이 하나님과 설교자 그리고 청중을 하나로 묶어주며[72] 거기서 설교 공동체[73]에 진정한 성숙(요 15:5)이 일어난다. 이것이 바로 예화를 통해 (앞에서 언급했던 그뢰쎈이 말한) 영적 변화의 마지막 단계, 즉 하나님과의 일치와 연합(요 17:23)에 도달해 가는 것이다.

청중의 삶을 변화시키는 설교의 또 다른 특징은 그렇지 않은 설교보다 설교자가 전달(delivery)할 때 뜨거운 열정(zeal & passion)을 보인다는 점이다. 마틴 로이드존스가 지적한 것처럼 설교는 영혼의 불을 붙이는 논리이며, 중심에 불이 붙은 사람만이 참된 신학을 전할 수 있는[74] 것이다. 설교에서 보이는 열정은 그러나 사람들에게 감상적인 마음을 갖게 하거나 일시적인 감정의 자극이나 깊은 생각 없이 움직이는 선동성[75]을 뜻하는 것은 아니다. 설교자는 청중의 삶이 바뀌기 원하는 만큼 뜨겁게 전해야 한다. 설교자의 열정은 청중에게는 권능이며, 제3자의 눈에는 코튼 매더(Cotton Mather)가 묘사한대로 설교에 임한 효능(effect)[76]이다. 바울은 미쳤다는 말을 들어도(행 26:24) 아그립바 앞에서 "당신뿐 아니라 오늘 내 말을 듣는 모든 사람도 다 이렇게 결박한 것 외에는 나와 같이 되기를 하나님께 원하노이다(행 26:29)"라고 외치던 열정이 있었고, 밤낮 쉬지 않고 눈물로 훈계(행 20:31)하는 뜨거운 사랑[77]이 있었기에 그의 설교를 통해 사람들은 변한 것이다.

5. 변화를 위한 설교에서의 과정 : 설득

일부 신(新)설교학의 흐름에서는 설교에서 설복을 부정적으로 보지만, 전통적으로는 설복하는 것이 모든 웅변의 보편적 책임[78]이라고 보았다. 한 예로 로이드존스는 설교행위의 전체 목적은 청중들을 설득시키는 것[79]이라고까지 말한다. 서사체 설교 옹호론자들의 지적처럼 전통적 설교의 권위주의적인 면은 분명히 개선되어야 할 부분이지만, '설교에서 설득'은 설교자들이 잃지 말아야 할 중요한 부분이다. 만일 이 부분을 소홀히 한다면 청중의 삶의 변화는 비효과적이 될 것이다.

설득력 있는 설교에서 설득은 첫째로 하나님의 설복이 있고, 두 번째로 인간 측면의 설득이 있다. 일부 하이퍼캘빈주의자(Hyper-Calvinist)의 주장처럼 신앙에서는 하나님의 설복만 있으면 되는 것이 아니라 두 가지가 다 필요하다. 균형을 잡아야 한다. 이때 설교에서 인간 측면의 설득은 전통적으로 설교자가 일방적으로 청중을 설득하는 것으로 생각해왔다. 그러나 최근에 인식되기 시작한 것처럼 청중이 스스로 움직이도록 동기부여를 하는 자발적 설득 방식[80]이 훨씬 효과적일 때가 있다. 그렇다고 청중의 자기 설득에의 지나친 강조는 현대 기독교 상담학에서 주장하는 비지시적 상담 방식과도 같은 결과를 낳게 된다. 그러므로 하나님의 형상으로 창조되었을지라도 전적 타락으로 인해 죄성을 가지고 있는(비록 거듭났을지라도) 인간의 근본적 변화를 위해서는 하나님의 주권적 설복과 함께, 설교자를 통한 목자 리더(shepherd leader)로서의 설득의 균형 있는 조화가 있어야 할 것이다.

청중들이 경험해야 할 설교에서의 하나님의 설복은, 설교 시간 중 하나님께서 초자연적 역사로 나타나시고 사람들을 성령으로 변화를 일으키는 것이다. 그것을 위해 설교자는 청중과 자신을 위해 기도해야 하며, 그때 진리의 성령이 오셔서 청중을 진리 가운데로 인도하신다(요 16:13). 그러나 청중들의 삶의 변화를 야기하는 설교를 위한 두 번째 영역인 인간 측면의 설복은, 설교자의 인격과 모본이 되는 삶이 있을 때 가장 효과적[81]으로 일어난다. 따라서 청중의 삶을 변화시키는 설교를 하고 싶다면 설교자가 먼저 말씀과 주께 순종하는 진실한 삶(요 14:31)의 간증을 청중 앞에서 보여야 한다. 그렇지 않으면 그것은 주께서 경고한 것처럼 '서기관들과 바리새인들이 모세의 자리에 앉은 것'(마 23:2)에 불과하기 때문이다.

청중의 삶의 변화를 위해 설교자가 설득을 할 때는 또한 전통적인 논리적 설득 방식에만 안주하지 말고, 논리적 설득과 함께 정서적 설득을 병행해야 한다. 오늘날과 같은 권위 상실의 시대에서는 설교자의 권위와 논리적인 설득에만 의존하는 것은 잘난 체하고 건방진 것으로 여겨져서 청중의 감정적 반발을 불러일으킨다는 우려를 하는 사람들이 있다. 그러나 감성적 설득을 강조하는 것은 그 이상의 이유가 있기 때문이다. 논리적 설득은 주로 교리적 설득[82]과 규율적 설득[83] 두 가지로 나뉘는데, 가장 큰 문제점은 청중들이 하나님의 존재나 성경의 권위 인정과 같은 전제 조건적 가치관을 설교자와 동일하게 공유하고 있지 않을 때는 설득이 그리 효과적이지 않다는 것이다. 반면, 정서적 설득[84]은 논리의 약점을 감성의 힘으로 보완하는 것이다. 사랑을 고백하고 결혼에 이르는 데는 논리적 설득에만 의지하는 것보다는 정서적 설득이 더 효과적인 것과 같은 이치이다. 기독교의 사랑은 세상적 감성은 아니지만, 사랑의 속성상 감성적 요소가 있으므로[85] 설교에 있어서도 정서적 설득이 필요하다. 그러므로 설교자는 권위주의적 자세로 논리와 지성으로만 설득하는 방식을 넘어서야 한다. 어거스틴은 그의 설교사역을 돌아보며 청중의 박수는 그들이 무엇을 깨닫고 마음이 즐겁다는 표시였지만, 그들의 눈물은 설복되었다는 증거였다[86]고 증언했다. 따라서 우리도 에드워즈가 이해했던 것처럼, 사람들은 더 이상 머리에 축적되는 지식의 설교를 원치 아니하며 마음을 움직이는 설교를 필요로 함[87]을 인정하고, 정서를 움직이는 설교를 해야 할 것이다.

예수님의 설교 사례를 보자. 예수님께서 "너를 송사하여 속옷을 가지고자 하는 자에게 겉옷까지도 가지게 하라(마 5:40)"는 말씀을 하셨을 때 사람들이 과연 쉽게 설득될 수 있었을까? 이 말씀이 사람들의 마음을 움직일 수 있었던 것은, 그 뒤에 등장하는 '너희가 너희를 사랑하는 자를 사랑하면 무슨 상이 있으리요 세리도 이같이 아니하냐'는 사람들의 일반적 양심을 터치하는 감성적 부분이 있었기 때문이다. 사도 바울도 권면을 하며, '많은 눈물'과 '너희를 향한 넘치는 사랑이 있음(고후 2:4)'을 언급하는 것을 엿볼 수 있다. 또한 십자가의 원수로 행하는 사람들의 문제를 다루며 '여러 번 너희에게 말하였거니와 이제도 눈물을 흘리며 말한다(빌 3:18)'고 한 것을 통해 사도는 감성을 다루는 데 얼마나 정통했는가를 발견하게 된다. 설교에서 감성적 측면의 효과성은 우리들의 일반적 경험에서도 증명된다. 우리가 예수님을 믿은 것은 회심의 순간에 대속적 죽음에 대한 교리적 이해 때문이 아니라, 하나님께서 나 같은 죄인을 위해 십자가에서 붉은 피를 흘리며 죽어주셨다는 감격 때문이다. 이처럼 논리와 교리보다는 감성이 최후의 변화를 야기한다. 거룩한 감정(affection)이 없는 곳에서 행동은 지극히 미온적[88]일 수밖에 없기 때문에, 삶의 변화를 위해서는 지식과 논리뿐 아니라 감성을 움직여야 하는 것이다. 설교자의 사명은, 진리가 드러나 사람들의 삶 속에서 경험되게 돕는 것이다.

진정한 개혁주의 설교의 결과, 무엇으로 판단할 것인가?

개혁주의 설교는 하나의 교파적 혹은 하나의 신학적 사조에 따른 설교 방식이 아니다. 진정한 개혁주의 설교는 '그 설교를 들은 청중의 삶에 변화가 일어났는가 아닌가'라는 본질적 부분으로 판단되어야 할 것이다.

설교의 1차적 결과는 청중 개인의 삶에 헌신이 일어나는 것이다. 설교의 결과로 개인적 삶의 변화가 일어나기 위해서는, 먼저 설교가 하나님의 말씀이 경험되도록 해야 한다. 경험 자체가 구원을 주는 것은 아니지만, 기독교 신앙은 경험되는 것이고, 성령의 능력을 통해 실천되는 것이다.[89] 그러기 위해서는 설교를 통해 귀로 들은 기독교적 진리가 참생명이며 영생이신 예수로 경험되고, 그 사건이 하나님의 일로 청중의 삶에 일체화되도록 설교자는 노력해야 한다.

성경적 설교는 이전에 알지 못하여 받아들일 수 없었던(요 1:10~11) 하늘에 계신 주께서 성육신하여 이 땅에 내려와 우리의 삶의 현장 속에 거하심으로 청중들이 그 로고스를 삶 속에서 듣고 보고 만나고(요 1:1, 14, 41) 만지고 경험할 수 있도록 하는(요일 1:1~3) 거룩한 행위이기 때문이다. 이것을 실현하지 못하고, 설교자의 주장이나 본문의 신학적 지식 자체를 해설하는 것으로 끝나는 설교는, 우리가 추구하는 설교의 모습이 아니다. 신앙이라는 것은 참 생명이 그리스도 안에서 생활화될 때 형성되는 것이지, 설교자에 의해 전달된 성경 지식과 교리에 대한 분석과 인지적 동의 등으로 볼 수 없는 것[90]이기 때문이다. 따라서 한 사람의 삶에 변화를 일으키지 못한 설교는 설교의 본질과 목적을 성취하지 못한 언어의 유희일 뿐이다.

또한 개혁주의적 설교의 장기적 결과는 공동체가 형성되는 것이다. 그 설교가 진정 개혁적이라면 그 말씀을 들은 사람들 사이에 교회가 세워져가고, 그들이 거하는 사회가 변할 것이다. 즉 우리의 설교가 효과적이었는가 아닌가는 그 설교의 결과로 성경적 공동체가 형성되었느냐 아니냐로 판단되어야 한다. 아무리 청중이 우리의 설교를 좋아하여 설교자를 따를지라도, 듣는 이의 삶의 변화가 없을 뿐 아니라 그로 인해 건강한 공동체 곧 그리스도의 몸이 세워져가지 않는다면 이는 성경적인 설교라고 말할 수 없다. 복음주의 교회사 학자인 러브리스는 떼아르 드샤르뎅(P. Theilhard de Chardin)의 비유를 인용[91]하며 오늘날 설교사역에 따라 사람들이 몰려들어 형성된 대형교회를 자석에 달라붙은 철가루로 묘사한다. 자력이 없어지면 우수수 떨어져 쌓이는 그 철가루 퇴적물에는 참된 생명이 없으며, 서로 연결되어 있지 않은 철가루들은 공동체를 형성하지 못한다. 따라서 그 철가루가 아무리 많이 쌓여도 세상을 변화시키지 못한다. 우리가 설교를 통해 대형교회는 세웠는지는 몰라도 진정한 공동체를 세우지 못했다면, 그것은 설교자로서의 소명과 관계없는 일이며 나의 왕국을 건설한 것일 뿐이다. 개혁주의 설교라는 유형이 만일 세상에 존재한다면, 그것은 하나님의 말씀으로 개인과 교회를 변화시키고 세상을 변화시켜 하나님 나라를 세워가는 것으로 정의될 것이기 때문이다. 그것이 개혁주의 신앙이 가는 방향이기 때문이다.

이동원 목사의 설교 세계[*]

이동원 목사는 생존하고 있는 유명 설교자 가운데 가장 대표적인 강해설교가로 알려져 있다. 그의 등장은 성경 본문을 중심으로 한 설교에 목말라하던 시대에 청량제와 같았고, 젊은이들은 물론 기성세대 성도들까지 그의 설교에 열광하였다.

지금은 다양한 형태의 다양한 강해설교들로 인해 그의 설교가 특별해 보이지 않지만, 당시에는 이런 설교도 있구나 하는 신선한 충격을 주었던 것이 사실이었다.

물론 그 전에는 성경적 설교가 없었다는 말도 아니고, 첫째로 둘째로 셋째로 하는 대지 설교가 없었다는 말이 아니다. 진정한 의미의 강해설교로 그는 성경을 신학적 배경으로 삼거나 성경을 주석하는 방식이 아니라, 단순히 성경을 설교의 직접적 텍스트로 삼으며 동시에 청중들의 삶과의 연계성을 갖는다는 것이 어떤 것인지를 제대로 보여주었던 것이다.

나침반사에서 출판했던 그의 초기 설교집『이렇게…』시리즈를 필두로 하여, 여러 출판사에서 그의 설교 테이프를 녹취하고 다듬어서 만들어낸 수십 권의 설교집들은 지금도 일반 교인들은 물론 목회자들로부터 꾸준히 사랑받는 스테디셀러이다. 현재는 새로운 형태의 설교를 주창하는 사람들도 많아졌고, 여러 설교가들이 각자의 독자층과 청

「이동원목사의 설교 세계(한국 명설교가 연구)」, 그 말씀 2007년 1월호

중을 확보하고 있지만 그가 30년 넘도록 여전히 사랑받는 설교가로 남게 된 것은 무엇 때문일까? 그의 설교에 대해 쉽게 비판하는 사람들도 있지만 무엇인가 설교로서 가져야 할 중요한 점들을 보유하고 있기 때문이다.

그의 초기 설교들을 보면 성경적 설교로서의 첫 번째 요건인 성경본문에의 충실성을 분명히 보여주는 특징을 갖고 있다. 성경을 신학적 혹은 교의적 발판으로 삼아 자신의 주장을 설교하는 것이 아니라, 본문을 귀납적 성경공부를 하듯이 접근하여 명쾌하게 파헤치는 것이 당시의 청중들을 매료시켰다. 그렇게 시작한 그의 설교는 초기에 형성된 기초적 습관으로 인해 어떤 형태의 설교를 하더라도 본문에서 크게 떠나지 않을 뿐 아니라 성경을 왜곡하여 자신의 주장을 펴는 일이 드문, 성경적으로 다분히 안전한 테두리 속에서 설교하게 되었다. 물론 어떤 설교자도 평생 수많은 설교에서 약간의 해석학적 오류나 실수가 한 번도 없기는 어렵다. 그 역시 때로는 석의적 정확성을 따지는 학자들의 비판에서 자유로울 수는 없었을 것이다. 그러나 수많은 설교를 감당해내야 하는 대형교회 목회자들 가운데 그는 성경 본문을 다루는 데 있어서 상당히 안전한 영역에 머물고 있는 편인데, 이는 초기부터 이런 귀납법적 성경연구의 훈련과 경건생활 훈련, 그리고 신학적 성숙을 향한 끊임없는 추구가 있었기 때문에 가능한 것이다.

실제로 그의 설교에 나타나는 다양한 주제와 폭넓은 예화들은 설교 초기부터 잘 훈련된 지적인 추구와 끊임없는 탐구 자세, 그리고 폭넓은 독서 습관의 결과이다.

이동원 목사의 설교는 본문을 기초로 하되, 그런 경우에 발생하기 쉬운 삶의 현장과 동떨어진 관념적이고 종교적인 강론에 머무르지 않고 현실에 밀착된 설교이기에 청중들의 호감을 사는 것이다. 그는 설교에 있어서 중요한 본문과 청중과의 관련성을 가장 잘 표현하는 설교자 중 하나이고, 해든 로빈슨이 강조하는 강해설교의 한 요소인 적용적 측면을 놓치지 않는 설교자라 할 수 있다. 물론 이미 유명한 인기설교가로서 그의 모든 설교가 방송과 인터넷과 책자로 나간다는 부담으로 인해, 그 적용성의 날카로움이 무디어진 것이 사실이지만 그래도 현대 청중을 파악하고 이해하는 힘은 그 누구도 따라갈 수 없는 그의 강점이라 할 것이다. 그것은 그의 설교가 대중성을 갖게 하는 기초가 되었고, 그의 설교집이 보여주는 가독성의 근간이 된다.

그는 현대 청중을 제대로 이해하고, 현대 문화를 읽어내며, 끊임없이 변하는 청중을 뒤쫓아다니는 것이 아니라 호흡을 같이 하게 만든다.

필자와의 인터뷰(그 말씀, 2007년 1월호 특집)에서 스스로 밝힌 것처럼, 그의 설교는 초기의 본문 중심성에서 청중 중심적인 쪽으로 중심을 많이 이동하고 있다. 그것은 근래 들어 그의 설교가 강해적 주제설교 방향으로 가고 있는데서도 읽을 수 있다.

그의 설교 시리즈들은 책별, 장별보다는 더 많은 경우 주제별로 행해진다. 예를 들면 최근 전도집회 성격의 설교 시리즈인 '예수님의 VIP', 그리고 얼마 전 행한 요한계시록의 일곱교회에 대한 설교 시리즈인 '웰빙교회 비전' 등을 보면 쉽게 짐작할 수 있을 것이다. 물론 '웰빙교회'라는 것이 현대 시류에 편승한 것이 아니냐는 비판이 보수적 목회자들 사이에 있었지만, 그 정도로 그는 시대에 문외한적인 태도를 견지하거나 독불장군처럼 옛 전통에 머물려 하지 않고 성도들의 관심과 필요를 인식하고 파고드는 특징을 보인다.

성도들의 입장에서 그의 설교가 와 닿는다고 느끼게 하는 것은 또한 그의 설교에 나타나는 감성적 요소들이다. 어떤 설교자는 신학적 요지만 나열하는 지적 전달에 불과한 것을 설교라 생각하고, 또 어떤 목회자는 그저 웃기고 울리는 부흥사적 감정조정가로 분류되며, 일부 설교자들은 윤리적 교훈과 함께 이어지는 의지적 결단 촉구자로 끝나지만 그는 지정의 3요소를 균형 잡히게 다룰 줄 아는 몇 안 되는 전인적 설교가 중 하나이다. 그의 설교에는 이처럼 지적인 요소와 함께 시종 감성적 터치가 있고 강력한 결단에의 촉구로 마무리되는 3박자가 있기에 일단 그 설교에 맛을 들이면 한 가지 요소만 가지고 있는 다른 설교가들의 설교에 만족을 느끼기 어렵게 된다.

그는 또한 사람들의 마음을 파고드는 어법들이 몸에 배어 있다. 몰아치는 뜨거운 열정적 토로가 있는가 하면, 잠시 후에는 조용히 내리까는 목소리로 "우리도 한 날, 가야합니다……"라는 식으로 사람들의 감정 깊숙한 곳을 파고들어간다. 그리고는 "후회 없이 내 인생을 하나님을 위하여 드리는 그날까지……"라며 결단과 헌신을 요청할 줄 안다. 오늘날 많은 설교자들이 기껏 좋은 메시지를 전해 놓고는 마무리에 있어서 분명한 결단을 촉구하지 못해 결실을 맺지 못하는 경우가 많은데 그는 이 점에 있어서 어떻게 마침표를 찍어야 하는지 아는 설교자라 할 수 있다. 물론 신설교학파의 사람들은 설교자가 결론을 내리고 결단을 요청하는 것을 폭력적이라고 하지만, 그것은 예의바른 현대인일지는 몰라도 한 교회 공동체를 이끄는 목회자로서 리더십은 고려되지 않은 설교학자의 이상적인 이론일 뿐이기에 목회자로서 이런 그의 모습은 플러스가 된다고 말할 수 있을 것이다.

　설교가로서 그는 감성적이고 시적인 표현을 제대로 구사할 줄 알 뿐 아니라, 효과적으로 단문들을 사용할 수 있는 문장력을 가지고 있다. 지적인 요소를 전달한다고 복문을 사용해 청중들로 하여금 모호함 속에 빠지지 않게 하며, 짤막짤막한 단문들을 효과적으로 섞어서 골치 아픈 관념을 거부하는 현대 청중들로 하여금 많이 생각하지 않아도 쉽게 설교를 따라갈 수 있는 편안함을 제공하는 탁월한 커뮤니케이터이기도 하다.

　여러 목회자들은 그의 탁월한 언어구사력을 높이 평가하여 "이동원 목사는 자다 깨도 이쁜 소리를 한다"고까지 하지만, 실제로 그의 설교가 청중들에게 쉽게 와 닿는 이유는 문장력 때문만이 아니라, 그의 설교의 구조와 형태 때문이다.

　요즘 설교학에서는 설교의 형태론과 구조에 대한 강조가 약해지고 있는데, 설교의 파워는 표현력이 아니라 설교의 구조에서 나오는 것이다. 러콕(Halford Luccok)도 같은 주장을 한 바 있는데, 이에 대해서는 필자가 쓴 『삶의 변화를 일으키는 설교』(2005, 쿰란, 111쪽 참조)나, 해돈 로빈슨이 편집했고 필자가 번역한 『성경적인 설교와 설교자』(2006, 두란노)의 제5부 설교의 구조 부분을 참조하기 바란다.

　그의 설교는 잘 짜여진 안정적 조직을 가지고 있는데, 이는 목회자의 일상에서 예상치 못한 일이 발생하여 설교준비 시간을 충분히 확보하기 어려운 대형교회 목회자임에도 불구하고 설교가 항상 일정 수준 이하로 내려가지 않게 해준다. 그의 설교는 설교학적으로 볼 때 국내 설교가 중 교인들이 기억하기에 쉬운, 가장 잘 만들어진 대지 구성의 모본을 보여줄 뿐 아니라, 각 부분을 연결하는 적절한 전환문으로 설교 전체를 조직하고 전개하는 방식을 취하고 있다.

국내 대부분의 설교자들이 대지를 사용하는 설교를 하지만, 그와 같이 설교 요지를 제대로 전달하는 아웃라인을 구사하는 경우는 보기 어렵다. 요즘 전통적인 3대지 설교가 비난을 받는데, 이는 본문의 한 가지 메인아이디어를 충실하게 지원하며 전개하는 방식이 아니고, 도무지 연계성 없는 세 개의 사상을 개념적으로 나열하는 매우 비효과적인 특성을 보이기 때문일 것이다. 심지어 그 대지를 왜 만들었는지도 모르겠고, 설교에서 실제로 사용할 수도 없고 사용하지도 않는, 마치 책 목차 같은 것들이기 때문이다. 예를 들어 '1. 믿음의 조건, 2. 믿음의 능력, 3. 믿음의 결과'같은 것이 그런 것이다.

그러나 '모세의 믿음'(히 11:24~26)이란 설교에서 그는

1. 믿음은 거절할 것을 거절하는 것입니다.
2. 믿음은 선택할 것을 선택하는 것입니다.
3. 믿음은 바라볼 것을 바라보는 것입니다.

라고 전개하여 모세의 믿음이 무엇인지에 대한 개념 나열에 그치지 않고, 청중들이 붙잡고 살 수 있는 명제적이며 적용적인 것을 제시하였다. 그렇기 때문에 그의 설교를 대중들이 듣기에 편하고 기억하기 쉬운 설교로 느끼게 된다. 이런 형태의 대지를 보면 같은 내용을 말하더라도, 사람들이 마음에 담아둘 수 있을 정도로 짧고 명료할 뿐 아니라

"믿음은 ……을 ……하는 것입니다"란 패턴을 형성해 기억의 용이성을 확보하고 있다.

이런 아웃트라인 작성법은 그의 초기 설교집들이 보여주는 것처럼, 초창기 설교 시절에 많이 참조했던 워런 위어스비(Warren Wiersbe)목사의 설교를 통해 배우고 익힌 것이다. 게다가 각 대지 사이, 혹은 각 단락 사이에 전환문을 사용하여 보통 목회자들이 흔히 범하는 실수인 각 대지별로 따로 노는 듯한 단락들을 제대로 연결하는 형태를 취해 설교자의 사상을 청중들이 쉽게 따라갈 수 있도록 하여 교인들의 입장에서 편하게 들을 수 있게 만든다. 그는 또한 전환문보다 스누키안(Don Sunukijan)처럼 전환질문을 잘 사용하며, 때로는 하나의 열쇠 질문(Key Question)을 통해 여러 개의 대지를 적절하게 연결시킬 줄 아는 보기 드문 설교자이다.

이런 잘 짜여진 구조를 가진 설교를 하기에 교인들 뿐 아니라 처음 설교를 배우는 이에게 설교의 기본을 형성시켜주고 훈련시켜줄 수 있는 기본 틀을 가진 설교의 모델이 된다.

그의 설교의 또 다른 특징은 설교 전체 구성을 하여 청중을 클라이맥스에 올려놓을 줄 안다는 것이다. 좋은 내용을 산발적으로 나열하는 것이 아니라, 때로는 논리적으로 전개하고 때로는 감성적으로 펼쳐서 마지막 부분에 절정으로 올리고 휘감아치는 감각을 가진 설교자다. 청중은 아무리 중요한 내용이라도 교과서처럼 개념이 나열되면 지루함을 느끼지만, 조금 덜 중요한 것들이라도 제대로 구성되어 갈등과 반전과 절정의 과정을 느끼게 되면 감동을 경험하는 것이다. 그렇다면 귀중한 복음의 진리를 정말 귀중한 것으로 느끼고 경험하게 해주는 것은 커뮤니케이터로서 설교자가 해야 할 직무이다. 그의 설교가 끊임없이 대중성을 갖는 이유 중의 하나는 설교가 마무리되며 청중은 감정의 정점에서 카타르시스를 경험하게 된다는 것 때문이다. 설교자가 복음 없이 감정적으로만 사람들을 유도하는 것은 잘못된 것이지만, 성경적 진리를 가지고도 그것을 경험하지 못하게 하는 것 역시 설교자로서 부끄러운 일이다. 때로는 뜨거운 열정 속에 자신을 담그고, 때로는 부드러운 터치로 청중의 상처난 마음을 어루만져 주고, 청중이 자신의 입으로 헌신을 고백하게 만들고, 적절한 찬양으로 연결되는 설교의 마무리는 청중을 그의 설교 세계에 길들여지게 한다. 과거에는 설교에서 감성적 측면을 무시하고 지적인 요소와 의지적 요소만이 강조되었다면 이제 감성적 측면의 중요성이 강조되는 오늘날 그의 설교는 여전히 빛을 발하게 된다.

설교에서 언어적 전달 측면을 볼 때 그는 가히 이 시대 최고의 전달자 중 하나로 꼽힐 것이다. 때로는 빠르게 때로는 여유롭게, 때로는 높게 때로는 낮게, 그리고 때로는 강하고 때로는 조용한 그는 목소리의 고저 강약 완급 조절은 거의 스피치의 모본 수준이다. 그것이 청중에게 30분이란 그리 짧지 않은 시간 동안 지루함 없이 집중해 들을 수 있도록 해주는 것이다. 물론 현대인은 전달에 있어서 웅변적이고 설득적인 목소리보다는 다정다감한 속삭임과 이웃집 아저씨같이 편하고 구수한 목소리 쪽으로 선호도가 기울어가고 있지만, 설교가 진행되며 나타나는 그의 미려하면서도 선포적이고 웅변적인 톤과 설득력을 가지고 다가오는 그의 설교는 지금도 많은 지지층을 확보하고 있다. 초기 설교에 비해 강단에서 설교자의 움직임과 제스처는 적어졌지만 그는 여전히 청중을 의식하고 설교하며 좌우를 제대로 돌아볼 수 있는 여유를 가진 설교자이다. 이것은 목소리를 통한 청각적 흡입력뿐 아니라 시각적으로도 청중의 시선을 붙잡아 놓을 수 있어, 마치 연륜 있는 전문방송인을 보는 듯한 느낌마저 갖게 한다.

이런 감성적 측면뿐 아니라 그의 설교 마무리에는 분명한 적용을 위한 도전이 있다. 청중의 삶의 변화를 위해 조금 더 구체적인 지적과 적용점이 나타나면 좋겠다는 아쉬움이 없지 않지만, 대다수의 설교자들처럼 가르치는 것으로 끝나지 않고 삶으로 옮겨질 수 있도록 의지적 선택을 요구하기를 잊지 않는다.

앞에서 예로 든 설교의 마지막 부분은 "버려야 할 것은 무엇입니까? 선택할 것은 무엇입니까?"와 같은 적용적 질문을 던지는 것으로 마무리되는데, 이는 "믿음은 거절과 선택의 결단입니다"라는 중심 명제에서 나온 것이다. 그의 설교는 이처럼 분명한 중심 명제에 기초해 전개하려고 노력하기에 청중들에게 설교의 핵심을 파악하기 편하게 한다.

그 설교를 담고 있는 최근에 발간된 설교집에서는 위의 결론이 좀 더 다듬어져서 다음과 같은 모습으로 발전되어 나타난다.
"오늘 우리는 무엇을 바라보고 살아가고 있습니까?
마땅히 거절할 것을 거절하고 살아가고 있습니까?
마땅히 선택할 것을 선택하며 살아가고 있습니까?"

그렇다면 이것이 그가 추구하는 전형적인 마무리 방식이고 구사법임을 엿볼 수 있을 것이다.

앞에서도 언급한 것처럼 그의 설교의 강점 중 하나는 뛰어난 현대 청중 이해와 문화에의 호흡에 있다. 본문과 정황(Text and Context) 사이에서 그는 근래 청중 쪽으로 무게 중심을 옮긴 결과 대중성을 더욱 높였다. 그러나 우리 말로 행하는 설교가 중 가장 대표적인 성경적 설교가로 남기 위해서는 설교학자 데이빗 버트릭(David Buttrick)이 지적한 것처럼 메시지뿐 아니라 그 본문이 가지고 있는 의도(intention)에도 충실해야 할 것이다. 그래야 단지 뛰어난 커뮤니케이터로 기억되지 않고, 성경 본문이 오늘 청중에게 무엇을 행하기를 원하는가를 제대로 전하는 말씀의 증인으로 남을 수 있기 때문이다.

이동원 목사의 설교 세계, 그것은 설교를 배우려는 이들을 위한 모범적 설교의 모델을 볼 수 있는 나라요, 한국을 대표하는 강해 설교가로 기억될 이유를 만날 수 있는 곳이다. 당신의 설교를 업그레이드하고 싶다면 첫 번째로 연구해 보기를 추천하는 이 시대의 설교가라고 감히 단언할 수 있을 것이다.

강해설교에 대한 오해와 바른 강해설교의
본질 회복을 위하여[1]

 오늘날 우리 한국교회처럼 예배를 많이 드리고 기도를 많이 하고 설교를 많이 듣는 교회가 세계교회 가운데 드물지만, 우리 한국 기독교가 이토록 세상으로부터 모욕을 많이 받고 조롱거리가 된 이유는 무엇 때문일까?

 일부 목회자들은 세속적 가치관에 물들어 다른 교회들은 어떻게 되든 자기 교회만 키우고, 누구보다도 크고 멋진 건물을 짓는 것이 하나님께 영광 돌리는 일이라고 생각하여 그 일에 목숨을 거는 듯이 보인다. 그런 야망을 위해 성도들을 동원하고 건축헌금 등 각종 헌금을 걷는 일에 전념하며, 자신과 자신의 교회에 충성을 바치게 하기 위해 하나님 믿는 삶을 하나의 종교 활동으로 전락시켜가고 있다. 이는 예수님께서 거대한 성전 중심 종교, 잘못된 율법관, 종교성에 얽매인 신앙생활로 인도한 제사장과 서기관과 바리새인을 책망하며 소경이 소경을 인도하는 것과 같다고 책망하셨던 사실을 잊은 것이다. 이 상황은 루터와 칼뱅이 목청 높여 저항했던 중세 로마가톨릭 제국의 종교성과 본질적으로 크게 다르지 않다.

 그런 16세기 로마가톨릭 교회 상황을 개탄해 루터와 칼뱅이 일으켰던 종교개혁을 추모하며 5백주년 기념식을 하는 것이 중요한 것이 아

---

[1] 본고는 2017년 12월 백석대학교 기독교학부 2학기말 교수회의에서 '강해설교 중심 학교로의 전환을 위한 합의점 모색을 위하여'란 제목으로 발표했고 '백석신학저널'에 실렸던 것을, 목회자용으로 재구성하고 보완한 것이다.

니라, 이 시대에 이 땅에 필요한 또 하나의 '종교개혁'을, 아니 참된 '교회 개혁'을 요구하는 것이다.

 5백 년 전 종교개혁이 기독교가 성경이 말하는 참된 신앙으로 돌아가기 위해 단지 예전 중심의 미사가 아니라 하나님 말씀 중심으로 방향을 잡았던 것처럼, 지금도 강단에서 제대로 하나님 말씀의 선포가 이루어져야 하고, 목회자는 목사 중심적 종교생활을 교인들에게 요구하는 것을 회개하고 제대로 하나님 신앙하는 방향으로 물꼬를 틀어야 할 것이다.

 이런 또 한 번의 종교개혁이 필요할 정도로 타락한 우리 한국교회의 상황이 참으로 개탄스럽게 된 것은, 목사 안수를 교회에서 사람들 앞에서 말할 수 있는 자격증쯤으로 여기고 목사 자격을 대충 획득한 목회자들이 설교의 신학도 제대로 없는 상태로 설교를 예배 중 목사 자신의 주장과 종교 사업을 전개하는 수단으로 이용하는 것이다. 그들은 설교를 자기주장의 장으로, 혹은 사람들이 듣기 좋아하는 멋진 말 하는 시간으로 삼았다. 마치 에스겔 33:32을 통해 주께서 하신 경고, "그들은 네가 고운 음성으로 사랑의 노래를 하며 음악을 잘하는 자 같이 여겼나니"와 같다. 그런 교회에는 아무리 사람이 많이 모여도 하나님 보시기에는 참된 그리스도의 몸이 아닌데, 그 이유는 앞 절인 겔 33:31이 말하듯이 "백성이 모이는 것 같이 네게 나아오며 내 백성처럼 네 앞에 앉아서 네 말을 들으나 그대로 행하지 아니하니 이는 그 입으로는 사랑을 나타내어도 마음으로는 이익을 따름"이기 때문이다. 설교는 사람을 변화시키지 않고, 사람들은 자신들의 입맛에 맞춰주는 설교를 찾아 모이게 만들었기 때문이다.

그러므로 대형교회 목사라고 성공적인 목회를 했다고 말할 수 없고, 작은 교회 목사라고 실패자라고 할 수 없다. 또한 큰 교회 목사라고 설교를 다 잘한다고 볼 수 없고, 작은 교회 목사라고 설교를 다 못한다고 말할 수 없다.

그럼에도 불구하고 분명한 것은 우리 한국 교회가 욕먹는 모든 일들이 사실 이런 잘못된 강단 사역이 그 근원지라는 사실이다. 근본적인 문제는 앞에서도 지적했듯이, 설교를 성경에 나타난 하나님의 뜻을 성도들에게 전달하는 것이란 기본적 자세 대신 자신이 하고 싶은 말을 하는 수단으로 삼기 때문이다. 그들은 목청 높여 '오직 성경!', '오직 하나님께 영광!'이라고 구호를 외치지만, 오직 목회자 자신의 뜻을 설파하고 오직 목회자의 영광을 위해 교회를 몰아간다. 이 문제를 해결하는 출발점은 목회자들이 성경적 설교신학 위에서 제대로 된 강해설교를 하는 것이다.

그럼 성경적 설교를 위해 우리가 다시 한 번 짚고 넘어가야 할 것은 무엇일까? 무엇보다 설교가 무엇인지 그 정의부터 다시 확인해 봐야 한다.

I. 다시 되돌아보는 설교의 정의

가장 간결한 설교의 정의는 '한 사람이 다른 사람들에게 진리를 전달하는 것[2]'이다. 설교의 정의에는 항상 이 두 가지 요소가 담겨있기 마련인데, 그것은 성경적 진리와 인격성이다. 그러나 주석적 진술만

---
2) Phillips Brooks, 『설교론 특강(*On Preaching*)』 (경기:크리스챤다이제스트, 2001), 16.

담고 있고 사람 측면이 배제된 것은 신학강론이지 설교가 아니며, 반대로 성경 본문의 의도(석의에서 확인된)와 관계없이 사람들에게 필요한 이야기만 잔뜩 늘어놓은 것은 인생교훈이나 웅변이지 본질적으로 설교가 아니다. 그러므로 훌륭한 강해설교가를 꿈꾼다면, 석의 훈련이 되어 있어서 설교본문이 말하고자 하는 의도를 찾아내서 오늘을 사는 사람들의 현장 속에서 그들이 이해할 수 있는 삶의 방식으로 표현해내는, 진리와 인간의 두 요소가 균형 잡는 준비가 되어 있어야 한다.

또한 우리가 분명히 하고 넘어가야 할 것은 방금 지적한 것처럼, 설교의 본질에 대한 바른 이해인데 설교는 지식 전달과 가르침 이상이며, 일종의 로고스 경험이라는 점이다.

설교란 하나님 자신의 양떼인 교회 즉 성도를 향한 우리 주님의 음성을 설교자의 입술을 통해 만나고 경험하는 '사건'이다. 혹자는 그것을 'Word event'[3]라고 하는데 그것이 말씀에 대한 히브리어 dabar가 뜻하는 바로서, 그것은 단순한 발성으로서의 말이 아니라 thing, matter, act, event, cause[4]란 의미가 함축된 표현이다. 따라서 사람을 변화시키는 설교가 되려면 신학 강론이나 본문주해를 넘어서, 본문 말씀이 설교자의 입을 통해 오늘을 사는 우리에게도 그리스도의 사건으로 경험되고 복음이 지금도 살아 역사하는 사건이 되도록 해야 한다. 그런 의미에서 설교에는 가르침의 요소가 있지만, 단순한 teaching이 아니다. 따라서 비록 신학적 관심이 많은 목회자들은 설교를 기독교에 대한 어떤 가르침으로 보는 경향이 강하지만, 설교는 신학 지식이

---

3) Richard Lischer, 『설교의 신학』 (서울:소망사, 1992), 87, David J. Randolph, 『설교의 갱신』(서울:대한기독교출판사, 1976), 10에서 반복되며 굳이 칼 바르트를 인용하지 않아도 Thomas Long, 『증언으로서의 설교』(서울:쿰란, 1998), 29에서도 그 사실을 확인할 수 있다.
4) R. L. Harris, Gleason L. Archer and Bruce K. Waltke, *Theological Wordbook of the Old Testament* Vol. 1 (Chicago, Moody Press, 1980), 399.

나 교리 공부와 근본적으로 다른 장르라는 사실을 분명히 알아야 한다. 신학적 지식이 뛰어난 신학자가 많은 좋은 것들을 말해도, 많은 교인들이 그리 좋은 설교라 생각하지 않는 이유가 여기에 있다.

그리고 사역을 할 때 알아야 할 것은 목회는 신학 지식으로 하는 것이 아니라 영적 권위가 있어야 되는 것이란 사실이다. 이 영적 권위는 무엇보다도 그가 전하는 설교를 통해 드러나는 하나님 말씀에서 오는 것이다. 즉 성경의 권위에 기반을 둔 설교와 중요하기에, 그것을 위한 기반으로 강해설교가 대두된 것이다.

이처럼 설교의 권위는 설교자가 아니라 본문에서 나온다는 설교의 신학만 제대로 서 있다면 목회자는 본문에 대한 자세가 달라지고 참된 영적 권위를 얻기 위해 성경본문에 더 착념하게 될 것이다. 그러나 그것보다는 설교자 자신의 경력, 학벌, 교세 등 세상적 요인을 통해 힘을 얻으려고 하는 것은, 결국 성경적 설교가 무엇인가에 대한 신학이 없기 때문이다.

그럼 성경적 설교에 대한 바른 관점이 없는 사람들의 설교는 어떤 특징을 보이는가?

그들은 설교를 할 때 본문의 의도를 전하는 것이 아니라, 본문을 빙자하여 (근거한다고 하지만) 자신이 하고 싶은 이야기를 하는데, Douglas Stuart 교수는 그것을 설교가 아니라 일종의 '기독교식 토크[5]'에 불과하다고 단언한 바 있다. 그럼 왜 설교를 빙자한 기독교식 토크를 하면

---

[5] 이것에 대해서는 김덕수, 『삶의 변화를 일으키는 귀납적 강해설교』(서울:대서, 2012), 36-42를 참조하라. 이 책을 이하에서는 『귀납적 강해설교』라 약칭하겠다.

안되는가? 성경은 그 이유를 분명하게 밝히고 있다. 딤전4:7을 보면 "망령되고 허탄한 신화를 버리고"라고 했고 딤후2:16a도 "망령되고 헛된 말6)을 버리라"고 했는데 기독교식 토크는 이런 망령되고 공허한 말이기 때문이다. 그런 설교를 듣게 되면 어떤 일이 벌어지는지를 16절 후반부는 이렇게 밝힌다. "저희는 경건치 아니함에 점점 나아가나니"! 즉 하나님 말씀을 제대로 강해하지 않고 자신의 종교적 관점을 재미있게 혹은 감동적으로 전하는 기독교식 토크를 계속하면 사람들이 종교적이 될수는 있어도, 경건에 이르지 못하기 때문이다. 그래서 성경적 설교 즉 강해설교가 중요하다는 것이다. 문제는 도대체 '강해설교란 무엇인가?'인데, 너도 나도 자신들의 관점에서 강해설교를 이해하고 있기 때문이다.

II. 강해설교의 정의

설교자들마다 자기 나름대로의 설교에 대한 정의가 있듯이, 강해설교에 대한 입장도 각기 다른 것이 한국교회의 현실이다. 그런데 어떤 것을 논할 때는 그 사안의 기원과 세계 학계에서 표준적으로 통용되는 정의에서 시작하는 것이 옳다. 먼저 강해설교의 정의를 다루기 전에 우리가 말하고자 하는 설교는 어떤 것인지 설교의 유형부터 짚고 넘어가자.

---

6) '망령되고(bebelos)'를 NIV와 NLT성경은 godless로 NASB는 wordly, NRSV는 profane으로 번역했고, '헛된(kenofonias) 말'을 NASB는 empty chatter라고 잘 번역했다. 이처럼 교회 강단에서 하나님이 없는 공허한 잡담을 여기서 성경적 설교와 구분하여 기독교식토크라고 칭한 것이다. 김덕수, 39-40 참조.

설교의 세가지 유형

설교의 유형을 나누는 방식도 다양하고 설교학자마다 여러 견해가 있지만, 설교학계에서 가장 일반적으로 통용되는 분류[7]는 다음과 같다.

1. 주제설교(Topical Sermon)
2. 본문설교(Textual Sermon)
3. 성서-주제설교(Biblical-Topical Sermon)

주제설교와 본문설교 모두 각각의 장점이 있지만 그 문제점도 커서 그 대안으로 제시된 것이 세 번째 유형인 성서주제설교이고, 그 방식의 정점에 서 있는 것이 소위 우리가 말하는 '강해설교(Expository Preaching)'이다.

강해설교는 한 마디로 성경본문이 말하고자 하는 것이 무엇인지 드러내는(expose) 설교란 의미로, 현대강해설교의 아버지라 일컬어지는 Haddon W. Robinson에 의해 확산되었다. 그런데 '강해설교'란 제목으로 우리나라에 번역 출간된 그의 저서 원제목은 '*Biblical Preaching*[8](성경적 설교)'이고 The Development and Delivery of Expository Message가 부제이다. 여기서 보듯이 강해설교란 말은 성경적 설교를 추구하기 위한 일환이다. 이제 강해설교가 무엇인지 공통분모를 놓기 위해, 강해설교를 주창한 Haddon W. Robinson 교수의 정의에서 시작하는

---

7) 이런 분류는 John A. Broadus, *On the Preparation and Delivery of Sermons* (N.Y.: Harper & Brothers, 1944),134-154., 브라이언 채펠, 『그리스도 중심의 설교』(서울:은성, 1999), 164., 스티븐 매튜슨 "Ch.39 본문설교의 독특함은 무엇인가?" in 해돈 로빈슨 Ed.『성경적인 설교준비와 전달』(서울:두란노, 2006), 212. 등을 참조하라. 각각의 장단점은 필자의 '귀납적 강해설교' 책을 참고하라.
8) Haddon W. Robinson, *Biblical Preaching* (Grand Rapids, MI: Baker, 1980)

것이 좋겠다. 필자는 국내 번역서가 오역한 강해설교에 대한 정의9)를 바로 잡기 위해, 다음과 같이 다시 번역해 보았다.

강해설교란-
성경진리의 커뮤니케이션으로서,
 성경본문을 문맥 속에서
  역사적,
  문법적,
  문학적으로
   연구하여 찾아낸 성경 개념을
       성령께서 먼저 설교자의 인격과 경험에 적용하시고,
       그 후에 설교자를 통해 회중에게 적용하시는 것이다.

H. Robinson이 말한 강해설교의 정의에서 보듯이 강해설교란 사실 어떤 설교형태가 아니라, 설교의 기본적인 원리와 방식에 대한 것이다. 즉 '첫째.. 둘째.. 셋째..'하는 3대지 설교 방식을 말하는 것이 아님을 알 수 있다. 강해설교는 3대지 설교이고, 대지를 쓰지 않으면 이야기체 설교라는 단편적 주장은 적절치 않은 주장인 것이다.

강해설교란 설교 본문을 문맥 속에서 석의한 결과 찾아낸 본문의 의도를 메인아이디어로 삼아 커뮤니케이션에 효과적으로 전개하는 것인데, 설교자가 먼저 성령에 의해 자신이 발견한 본문 메시지에 의해 변화되고, 그 후에 자신이 경험한 본문 메시지를 청중에게 적용적으로

---

9) 1999년에 출간된 번역서의 23쪽에 나오는 강해설교 정의를 지칭한다. 역자의 명예를 위해 자세히 언급하지 않는다.

전달하는 것으로, 그것이 어떤 형태와 모습으로 표현되든 이런 특징을 가진 것은 모두 강해설교이다.

III. 강해설교 준비를 위한 훈련

그럼 어떻게 해야 강해설교를 제대로 작성할 수 있을까? 달라스 신학교를 강해설교의 본산으로 만들어 많은 목회후보생들이 몰려오게 만든 Haddon Robinson 설교학 교수가 소천하기 전 마지막으로 섬기던 고든콘웰신학교의 설교학 교수로 취임하기 전에 Denver 신학교의 총장으로 일한 적이 있었다. 그 때 달라스 신학교의 설교학 교수직을 이어 받았던 Ramesh Richard 교수는 강해설교 작성이란 본문의 핵심을 이렇게 청중의 마음에 저장하는 것이라고 가르치며, 강해설교 작성의 원리를 다음 5가지로 기억하기 쉽게 새겨줬다.

SAVE a Point![10]
1. 요지(대지)를 제시하라. (State)
2. 요지와 본문과의 연관성을 분명히 하라. (Anchor)
3. 요지를 증명하라. (Validate)
4. 요지를 설명하라. (Explain)
5. 요지를 적용하라. (apply)

이 5가지 지침은 강해설교를 작성할 때 염두에 두어야 할 중요한 사항이며, 해든 로빈슨이 말한 강해설교의 정신을 살리기 위한 기초적

---

[10] Ramesh Richard, 『7단계 강해설교 준비 (Preparing Expository Sermons: A Seven-Step Method for Biblical Preaching)』 (서울:디모데, 1996), 151-153. 참조

방법론이요 모든 설교자들이 명심해야 할 사항이다.

이런 강해설교, 혹은 바른 성경적 설교의 길은 오로지 설교자가 하나님 말씀의 권위 아래 서고, 성경적 접근 방식을 따르겠다는 결단에서 시작된다. 그것이 바로 종교개혁의 기치인 '오직 성경'의 원칙을 따르는 실제적 삶이다.

문제는 일반교인이 아니라 신학을 했다는 설교자들도 많은 경우 이 설교가 과연 성경적인 강해설교인지 아닌지 제대로 분별하지 못한다는 것이다. 그렇기 때문에 제대로된 강해설교를 하지 못하는 것이다.

필자는 설교학 강의 중에 눅15:11ff에 나오는 소위 탕자의 비유를 본문으로 한 다음과 같은 설교 사례를 보여준 적이 있었다.

I. 그의 광증
   1. 그는 깡통(tin)을 원했다.
   2. 그는 죄(sin)에 굴복했다.
   3. 그는 친족(kin)을 버렸다.

II. 그의 악함
   1. 그는 개들에게로 갔다.
   2. 그는 돼지와 함께 먹었다.
   3. 그는 모든 옷을 저당 잡혔다.

III. 그의 기쁨
   1. 그는 보증의 표를 받았다.
   2. 그는 송아지 고기를 먹었다.

3. 그는 즐거운 춤을 추었다.

　교수가 예시한 것이기에 좋은 설교라고 생각했는지, 어떤 말을 꺼내기도 전에 학생들은 설교 아웃라인을 보더니 펜을 꺼내들고 베끼기 시작했고 많은 신학생들은 휴대폰을 꺼내 스크린에 비춰진 위 설교개요를 사진 찍기에 바빴다. 나는 서둘러 학생들에게 "이 설교는 좋은 설교가 아니니, 힘들게 베끼지 마세요"라고 말하고, 학생들은 깜짝 놀라 베끼던 손을 멈추는 것을 매학기 경험한다. 위의 설교는 대지와 소지라는 복잡한 구조를 가진, 설교학적으로도 추천하기 곤란한 방식이지만 신학적으로도 문제가 있는 설교이다. 하나님 아버지가 어떤 분인가를 보여주려는 본문의 초점에서 벗어나 소위 탕자라 불리는 둘 째 아들에 포커스를 한 설교자 개인의 렌즈를 통해 교훈화한 것이다. 그런데 신학을 몇 년씩 한 사람들조차도 이 설교의 문제점이 무엇인지 제대로 대답하는 경우가 드문 것이 우리 한국교회의 현실이다.

　반면에 제대로 된 강해설교를 들어보면, 1. 해석학적 성실성 (역사적 문법적 연구 등 석의를 거쳐 본문의 의도를 찾아내는)을 보이며, 2. 설교 전체에 논리적 통일성을 보이는데 이는 설교 전체가 본문의 메인아이디어를 중심으로 한 결집성(cohesion)을 갖기 때문에 생기는 것이고, 3. 커뮤니케이션 측면으로 볼 때 흥미를 잃지 않고 설교를 따라갈 수 있는 전개 즉 움직임(movement)이 있으며, 강해설교의 정의에서 강조된 것처럼 4. 삶에 대한 적용성이 잘 나타나는 특징[11]을 갖고 있다. 즉 강해설교는 3 대지를 사용하느냐 않는가처럼 어떤 형태와 관련이 없고, 위에서 언급

---

11) 김덕수, 『귀납적 강해설교』, 80-81.

한 특성을 내포하는 설교 작성의 기본자세에 관한 것이다.

그러면 성경적 설교를 할 수 있도록, 즉 바른 강해설교를 하기 위한 길은 무엇일까? 무엇보다도 본문이 말하고자 하는 바를 파악할 수 있는 훈련이 선행되어야 한다. 그것은 다음 세 가지 훈련이 요구된다.

IV. 강해 설교를 향한 준비 과정

1. 석의(exegesis)

성경은 하나님의 인간을 향한 커뮤니케이션이다. 일부 목회자들은 '같은 본문, 다른 설교'를 주장하는데, 그것은 커뮤니케이션의 실패에 다름 아닌 것이다. 하나님께서 어떤 것을 우리에게 전달하고자 성경 본문을 통해 말씀하셨다면 우리는 그 메시지를 다른 것으로 해석할 자유를 주장할 것이 아니라, 하나님의 메시지를 정확히 이해하고 받아들이고 전해야 하는 것이다. 한 본문에서 여러 가지 의도나 뜻을 주장한다면, 하나님의 커뮤니케이션을 왜곡시키는 죄인들의 욕망의 정당화일 뿐이다. 다만 한 본문의 의도는 분명하지만, 그것을 시대와 대상과 문화와 장소에 따라 다르게 적용할 수는 있다. 왜냐하면 설교는 석의 후 본문의 어떤 개념에 매이는 것이 아니라 그것에 청중들의 삶의 정황에 맞는 옷을 입혀 전하는 성육화 과정이기 때문이다. 그런 점을 청중이 다른 설교로 느낄 수는 있어도, 그것은 표현과 적용의 차이일 뿐이지 본문의 의도가 달라질 수는 없는 것이다. 그리고 그 적용성도 본문의 의도에서 벗어나면 안된다.

이처럼 하나님께서 본문 말씀을 통해 우리에게 전달하고자 하셨던 그 메시지를 제대로 찾아내 이 시대의 청중에게 커뮤니케이션 하려면, 우리는 본문이 가지고 있는 시대적 역사적 지리적 언어적 문화적 간극들을 극복해야 한다. 그것을 위해 우리는 신대원에서 석의훈련을 받는 것이다. 석의는 본문의 원 저자가 첫 청중에게 전달하고자 했던 원 의도를 찾는 것이다.

필자는 전세계 복음주의 신학교에서 표준적인 석의 교과서로 가장 많이 사용되는 Gordon Fee[12]와 Douglas Stuart교수의 표준 교과서를 기본으로 하여 여러 방식으로 신학생들을 훈련시켜보았지만, 우리나라 신학교육의 특성상 현실적으로 어려운 점이 많음을 뼈저리게 경험했다. 그래서 12단계로 줄여보고 그 후에는 10단계로 계속 축소 시행해 보다가, 현재는 히브리어나 헬라어 텍스트 사용을 최소화하고 대신 훨씬 쉬운 한글이나 영어성경 번역본들을 중심으로 하는 간소화된 석의 방식을 제시하게 되었다. 원어는 꼭 필요한 부분만 최소한으로 사용하되, 그것도 좋은 Lexicon 이나 잘 만들어진 성경 소프트웨어를 활용하는 법을 가르치며 현장 목회자들에게 적합한 방식으로 간소화하여 7단계로 설교 준비를 위한 석의 훈련을 시킨다. 매주 여러 편의 설교를 준비해야 하는 현장 목회자들에게 가능한, 조금만 노력하면 할 수 있는 실제적 석의 단계가 현실적이기 때문에 필자는 다음과 같이, 설교자를 위한 최소한의 석의단계를 제안한다.

---

12) 먼저 쓰여진 Douglas Stuart교수의 *O.T. Exegesis* (국내에는 '구약 주석방법론'으로 번역출간되었다) 와 그 자매편으로 후속 출간된 Gordon D. Fee의 *N.T. Exegesis* (국내에는 '신약성경 해석 방법론'으로 번역출간됨) 두 책은 전세계 복음주의 신학교의 석의학 표준교과서가 되었다.

설교자를 위한 간단한 석의 7단계[13]
1. 설교를 위한 나의 본문 재구성
2. 핵심/열쇠 단어 찾기와 용례분석
3. 문장구조 파악하기와 문장구조 속에서 읽기
4. 문맥 속에서 읽기
5. 본문관련 역사적 문화적 배경 연구
6. 주석 등 참고 문헌 조사
7. 성경신학적 검토

석의의 7단계라고는 하지만 설교자가 직접 해야 할 것은 앞의 다섯 과정이고, 6과 7단계는 다른 자료를 참조하는 것이다. 1-5단계는 순서대로 해야 하는 것은 아니다. 순서는 바뀔 수도 있고 본문연구에서 필요한 부분에 더 집중하면 된다. 다만 이런 5가지는 본문의 원의도를 파악하기 위해 설교자가 스스로 할 수 있는 훈련과 연습이 필요하다는 것이다. 각 과정의 방법과 사례는 필자의 설교학 책을 참조하고, 제대로 배우려면 고든 피와 D. 스튜어트의 책등을 참조하라. 강해설교를 위한 석의 과정을 가르칠 때 겪는 또 한 가지 문제는 국내 신학계의 상황은 석의(Exegesis)와 주경 혹은 주해(comment 작업)와의 차이도 명확히 인식하지 못하고 그 용어를 혼용하고 있다[14]는 것이다.

---

13) 이 설교자를 위한 최소화된 7단계 석의 과정은 김덕수, 『귀납적 강해설교』 4장을 참조하라.
14) D. Stuart와 G. Fee의 석의학 표준 교과서 두 책 제목에 공통적으로 사용되는 'exegesis'란 단어를 Stuart의 구약 석의교과서 번역본은 주석이라고 번역했고, Fee의 신약 석의교과서는 해석이라고 번역할 정도로 석의에 대해 아직도 우리나라 신학계에는 표준조차 마련되어 있지 않다. 이것이 우리나라의 현실이다.

성경학자들은 첫 번째인 이 석의단계에 만족하겠지만, 설교자는 한 걸음 더 나가야 한다.

2. 해석(Interpretation)

석의와 해석은 어떻게 다른가? 해석은 본문이 갖고 있는 주된 의미 즉 Primary meaning 혹은 함축된 의미(Implication)를 찾는 것이다. 석의는 그 때 의도했던 사실을 규명해 내는 작업이라면, 해석은 그것이 담고 있는 의미 즉 영속적 원리를 밝히는 작업이다.

우리는 설교를 준비할 때 석의가 제대로 되어야 본문이 말하고자 하는 의도에서 벗어나지 않을 수 있고, 그 다음 과정으로 해석이 제대로 되어야 변두리, 부수적인 것에 매달리지 않고, 본문이 주는 주된 의미에 집중할 수 있게 된다. 그래야 바른 강해설교로 들어설 수 있는 문이 열리는 것이다.

성경적 설교를 가르칠 때 가장 큰 장애물은 대부분의 설교자들은, 성경이 자명하게 말하는 것을 말하지 않고, 부수적인 단어에 관심을 기울이고 집착하는 경향을 보이는 것이다. 때로는 석의와 해석 훈련이 제대로 되지 않았기에, 성경이 말하지 않는 것을 설교자 자신이 추정해서 말하는 습관을 보인다는 것이다.

필자는 설교자들에게 다음 본문에서 무엇을 설교하면 좋겠는지 말해 보라고 한다. 그러면 다들 각기 다양한 의견들이 나온다.

행 19:8 바울이 회당에 들어가 석 달 동안 담대히 하나님 나라에 관하여 강론하며 권면하되 9 어떤 사람들은 마음이 굳어 순종하지 않고 무리 앞에서 이 도를 비방하거늘 바울이 그들을 떠나 제자들을 따로 세우고 두란노 서원에서 날마다 강론하니라 10 두 해 동안 이같이 하니 아시아에 사는 자는 유대인이나 헬라인이나 다 주의 말씀을 듣더라

대부분의 설교자들은 사람의 진정한 변화는 말씀에서 온다는 사실을 말하기 보다는, 바울의 일생, 회당이란 무엇인가? 회당의 구조와 조직, 하나님 나라의 신학, 강론과 권면의 차이, 마음이란 무엇인가?, 비방의 해악, 두란노 서원의 역사적 자료, 유대인과 헬라인의 차이, 능력 있는 목회와 무능력한 목회의 차이 등에 관한 설교를 한다. 이는 본문에 나오는 부수적인 단어들 가운데 자신의 관심을 끄는 단어에 소위 '꽂혀서' 하거나, 목회자로서 본문의 신학적 관점을 해설하는 것인데, 본문에 나오는 단어에서 출발했기 때문에 자신이 성경적 설교 혹은 강해설교를 하고 있다고 착각하게 만드는 것뿐이다.

본문의 원의도를 통해 주된 의미를 찾는다는 것은, 성경본문을 설교할 때 우리는 어디에 카메라의 포커스를 맞춰야 하는 것과 유사한 일을 하는 것이다. 인물사진의 경우 중심인물을 부각하기 위해, 우리는 종종 망원렌즈를 쓰거나 조리개를 최대로 열어서 인물 주변의 것들을 흐릿하게 만드는 경우가 있다. 성경말씀을 설교할 때는 오직 예수님과 본문의 의도에 초점을 맞추면 나머지에는 그런 현상이 일어나게 된다. 반면 본문의 중심 메시지 혹은 주된 의미를 찾지 못하면, 설교를 준비하는 사람은 물론 설교를 듣는 청중들도 주변의 자질구레한 것들에 계속 주의를 빼앗기게 되고 결국은 본문의 핵심을 놓치게 될 것이다. 그 때는 감동적이거나 재미있었던 예화만 부각되고 말 것이다. 그

러나 성실한 성경의 종인 성도들은 본문이 말하고자 하는 것을 마음판에 새겨지도록 간결하게 제시해 주길 원한다. 그래서 석의에 머물지 말고, 해석과정과 설교화 과정도 거쳐야 하는 것이다. 즉 성경학자들이 석의에, 조직신학자나 윤리학자라면 해석까지에 만족하겠지만, 설교자는 한 단계 더 나아가 다음 세 번째 과정까지 할 수 있어야 한다.

3. Hermeneu3tic

안타깝게도 국내 신학계에는 Exegesis도 해석, Interpretation도 해석, Hermeneutics도 해석이라고 번역[15]하는 일이 많다. 이런 상황을 고려해서 필자는 석의와 해석과 구별하기 위해 그냥 허메뉴틱이라 부르겠다. 허메뉴틱을 한다는 것은 이 본문이 '오늘날 우리에게' 의미하는 바가 무엇이며, 우리에게 어떤 무게로 다가오는가를 찾는 과정이다. 다른 말로 본문이 지금 우리 교인과 무슨 관련성을 갖는지를 보여주는, 동시대적 관련성(적실성이란 일반적으로 쓰지 않는 학문적 용어로 번역하는 사람들도 있다)을 찾는 것이다.[16] 석의는 그 때의 의도를, 해석은 함축된 의미 혹은 영속적 원리를 찾는 것이라면, 허메뉴틱은 '지금 여기에서의 관련성'을 찾는 것이다.

강해설교는 정의에서도 보았듯이 본질적으로 본문의 의미만 드러내는 것이 아니라 적용성을 강조하는데, 본문에 기반을 둔 제대로 된 적용성을 확보하기 위해서는 즉 이 말씀을 오늘 우리가 어떻게 살아내야 하는지를 설교자가 제대로 제시해야 한다. 그러기 위해서는 허메뉴틱

---

15) 예를 들어 Walter C. Kaiser Moses Silva의 *An Introduction to Biblical Hermeneutics*는 '성경해석학 개론'으로, William Larkin Jr.의 *Culture and Biblical Hemeneutics*란 책은 '문화와 성경해석학'으로 각기 번역 출간되었다.
16) 이상의 설교자를 위한 석의, 해석, 허메뉴틱에 대한 간단한 설명 역시 김덕수, 『귀납적 강해설교』, 4장을 참조하라.

까지 할 수 있어야 한다. 이것을 해내려면 성경과 신학 뿐 아니라 설교자에게는 문화와 인간이해가 동반되어야 한다. 이것이 바로 관념적 신학을 살아있는 현장을 위한 신학화를 하는 과정이며, 개혁주의 생명신학이 주장하는 실천운동화 하는 것이다. 그래서 좋은 설교자가 되고 목회를 한다는 것은 아무나 되는 대로 할 수 없는 진중하고 무게 있는 일인 것이다.

그런데 석의와 해석 훈련이 되어 있어도 강해설교에 자주 실패하는 이유는 무엇일까? 여러 가지가 있지만 그 중에 하나, 성실한 성경학도들이 종종 실패하는 부분이 있다. 그것은 강해와 강해설교를 구분하지 못하는 문제에서 오는 것이다.

V. 강해와 강해설교의 차이, 그리고 강해설교가 아닌 것들

주해는 성서의 구절을 절과 절에 따라 주석하는 것이나(즉 성경 본문에 한 절 한 절 순서대로 comment를 다는 commentary 작업이다), 설교는 어떤 사건/사상/의미 단락(pericope)에 따라 선정된 본문에 근거를 두고 그 텍스트의 메인아이디어를 효과적으로 전달하기 위해 어떤 구성(scheme)을 하여 전개하는 것이란 점에서 다르다. 그렇기 때문에 설교를 작성하는 것은 한 편의 드라마 작성에 가깝지, 절대로 신학논문이나 주석 요약과 강의 준비가 아니다.

설교자가 석의를 끝내고, 이 설교의 구조는 어떻게 되어야 하는가 하는 질문을 제기하는 바로 그 순간이 해석자가 설교자가 되는 결정적인 순간이다.

설교는 듣는 청중이 기억할 수 있고 명료하게 알아듣도록 전할 기획이 있어야 한다. 그래서 한 편의 이야기로 구성하기 위한 플롯이 필요하고, 그렇지만 청중이 이야기에만 매몰되지 않고 본문이 말하고자 하는 바를 기억하고 하나님의 말씀이 요구하는 바를 살아낼 수 있도록 설교자는 쉽게 명료하며 간결한 설교 요지를 제시해야 하는 것이 목회적으로 중요하다. 이것이 설교자의 과제인 것이다.

그렇기 때문에 설교자들은 강해설교(expository preaching)와 강해(exposition)는 서로 다른 것임을 분명히 알아야 할 것이다.

시드니 그레이다누스교수가 바빙크를 인용해 잘 지적했듯이 우리는 이것을 기억해야 한다.

> "우리 시대의 많은 설교들이 어떤 구속사적인 사상에 관한 빛나는 강화요 심오한 강의들이지만 그것들은 진정한 의미에 있어서 설교가 아니다… 아무리 빛나고 또 심오한 것이라 해도, 그것들은 우리를 진정으로 움직이지는 못하는 강화들이다… 이런 설교자들은 청중석에 있는 사람을 잊어버렸다"[17]

마지막으로 강해설교가 무엇인지 더 잘 이해하기 위해, 강해설교가 아닌 것은 무엇인가[18]에 대해 살펴보자. 설교자 본인은 강해설교를 하고 있다고 생각하지만, 적어도 다음 일곱 가지 설교방식은 강해설교가 아니다.

---

17) J. H. Bavinck, *De Toekomst van onze Kerken*, (Bruinisse: van der Wal: 1943), 20. Quoted in S. Greidanus, *Sola Scriptura*, (Eugene, OR., Wipf and Stock Pub. : 2001), 153.
18) 이에 대해서는 김덕수, 『귀납적 강해설교』 3장 82-83쪽 등을 참조하라.

1. 주석들의 사실 수집이나, 학적인 석의 결과를 나열하는 것이다.
2. 논리적 배열이 없거나, 즉석에서 떠오르는 생각, 주장, 제안을 모아 놓은 것이다.
3. 단순히 본문을 한 절 한 절 해설해 나가는 것이다.
4. 본문 중 특정 부분만 사용하고 나머지 부분은 왜 읽었는지 모르게 만드는 것이다.
5. 주일학교 공과 타입, 대학 강의실의 강론.
6. 매 절 마다 관련되었다고 생각되는 다른 성경구절들을 나열하고 이어나가는 체인 연결 방식이 강해설교라는 오해.
7. 개인적 Q.T. 내용을 확대하여 교회 앞에 말하는 것 등은 강해설교가 아니다.

요즘 설교들을 보면 성경적 설교에서 벗어나게 만드는 가장 큰 문제점으로 다음 세 가지로 두드러지게 나타난다. 첫 째 자기가 하고 싶은 주장을 펼치기 위해, 자신이 생각하는 것과 관련된 단어가 나오는 성경구절을 찾아 본문으로 삼고, 성경을 이용하여 자신의 주장을 펼치는 것이다. 둘째로 본문을 중심으로 설교를 준비하려는 자세는 있지만, 본문의 원의도나 중심사상에 해당되지 않는, 본문에 나오는 부차적인 단어 몇 개에 집착하여 설교를 전개하는 것이다. 셋째로 어떤 본문을 놓고도, 결국 "하나님 말씀을 읽어라", "기도하라", "주일성수하자", "헌금하라"로 끝나는 환원주의이다. 이런 방식의 설교는 교인들에게 종교성만 기르지, 하나님 말씀을 제대로 전하지 못하는 설교이다. 심지어 4개의 복음서에 모두 나오는 내용이라도, 각 본문은 각각의 독특성이 있기에 성경에 들어있는 것인데 본문의 독특성을 드러내지 못하는 몇가지 종교적 구호로 추락하는 설교들이 그것이다.

한 예로, 요한계시록 6장에 나오는 일곱 봉인을 뗄 때 벌어지는 심판에 관해 강해를 해주고 설교를 만들어 오라고 했다. 그 날 가장 많이 나온 설교의 요지 중 하나는 '오직 믿음입니다.'였다. 우선 주어가 없이 설교자만 아는 불완전 문장도 문제지만, 가장 큰 문제는 요한계시록 6장만이 가지고 있는 중심적인 주제가 있음에도 불구하고 결국은 설교자의 가장 쉬운 길인 '오직 믿음'이란 구호로 귀착되고 만 것이다. 그들은 창세기 1장을 주든지, 마태복음 28장을 주든지, 로마서 3장을 펴든지 히브리서 11장을 펼치든지 그날 본문처럼 요한계시록 6장을 펴 놓고도 항상 '믿음을 가져야 합니다', '믿음으로 승리하자'는 말 밖에 못한다.

그 다음 주에는 일곱 인 심판과 일곱 나팔 심판 사이에 있는 요한계시록 7장이 갖는 의미를 설명해주고 설교를 만들어 보라고 했더니, "끊임없이 하나님을 섬겨야 합니다." 같은 류의 설교가 쏟아져 나왔다. 이런 현상은 신학을 하기 전에 다니던 교회에서 목사님들에게서 항상 듣던 "열심히 하나님을 섬기자", "교회중심으로 살고 교회에 봉사하자" 같은 종교적 구호에 갇혀서 본문이 무엇을 말하는지 설명해줘도 강단에 올라가서는 역시 전통적인 종교적 구호에 파묻혀 같은 주장을 반복하고 마는 것이다.

그 다음 주에는 일곱째 인과 일곱 나팔 심판 사이에 놓여 있는 요한계시록 8장 중 특히 전반부에 하늘이 왜 반 시간 쯤 고요한지, 그리고 일곱나팔 심판이 시작되기 전에 금 향로에 성도의 기도를 합한 많은 향을 금 제단 앞에 쏟자, 한 천사가 그 향로에 제단의 불을 담아 땅에 쏟아 놓자 우레와 음성과 번개와 지진이 나는 환상 부분을 다뤄주었다. 그 다음에 그 본문을 가지고 여러 사람들이 준비해 온 설교를 보면 등장한 개요(oultine)들은 다음과 같았다.

-하나님은 성도의 기도를 들으시고 응답하신다.
-기도하자
-하나님은 참된 백성의 기도를 원하신다.
-고요할 때 전심으로 기도하자.
-기도응답을 믿고 영적으로 깨어있자.
-기도가 우리의 최선이다.
-하나님이 듣고 있으니 기도합시다.
-하나님의 때에 응답하시니 기도합시다.
-응답해주시는 하나님 때문에 쉬지 말고 기도해야 한다.
-함께 해주시는 하나님 때문에 범사에 감사해야 한다.

가장 흥미로운 설교문은 계8:1-6에서
   I. 기회를 주시는 하나님 때문에 항상 기뻐해야 합니다(1-2)
   II. 응답해 주시는 하나님 때문에 쉬지 말고 기도해야 합니다(3-4)
   III. 함께해 주시는 하나님 때문에 범사에 감사해야합니다(5-6)

이란 설교를 만들어 온 것인데,
함께 논평하던 동료들도 본문이 데살로니가전서 5:16-18인지 계8:1-6인지 모르겠다고 한 것이다. 본문을 설교해야함에도 불구하고, 자신이 평상시에 중시하는 내용을 본문에 대입해 설교하는 것도 많은 설교가들이 범하는 잘못 중 하나이다.

같은 주에 다른 교실에서 필자는 사도행전 10장에 나오는 고넬료 사건을 통해 할례를 받고 음식 규례를 지키는 등 여러 가지 율법적 요구 속에 살던 유대인들과 달리 이방인들에게 구원이 임하는 새 시대가 어떻게 열렸는지를 다루며 복음의 본질에 대한 이해가 어떻게 깊어지고 어떻게 신학적 혁신이 일어나게 되었는지를 설명한 후 설교를 만들어 보게 했다. 그런데 만들어 온 설교의 개요는 다음과 같은 것들이었다.

-하나님을 경외하며 항상 기도로 교제하는 삶입니다.
-항상 기도하는 사람으로 살아가야 합니다.
-말씀에 순종하는 삶을 살아가야 합니다.
-하나님의 말씀을 듣는 삶을 사는 것입니다.
-하나님의 말씀을 실천하는 삶을 사는 것입니다.

이 사례에서 보듯이 요한계시록 8장이든 사도행전 10장이든 어떤 본문이 주어져도 대부분의 설교가 결국 '기도하라'로 귀착되어 버리고 만 것이다. 이는 요즘에 주변에서 계속 강조해 오던 바이고 가장 많이 듣던 소리였기 때문일 것이다.

이처럼 요즘 설교자들은 어떤 본문을 놓고도 결국 "기도하자, 말씀 보자, 열심히 봉사하자, 헌금하자" 같은 몇 가지 종교적 구호로 축소 환원시키는 모습을 보인다. 그 주장들은 지극히 당연한 좋은 말이다. 그러나 성경 어디를 펴 놓고도 결국 다 그 몇 가지 소리만 할 것이라면

, 한글성경으로 1750페이지가 넘는 그 두꺼운 성경이 왜 필요할까? 그냥 몇 페이지만 있으면 충분할 것 아닌가? 하나님께서 주신 3만 절이 넘는 성경말씀에 나타나 있는 그 다양한 메시지, 그 심오한 진리의 말씀을 어떻게 결국 기도하고 성경 읽고 헌금하고 예배 잘 나오라는 훈계 몇 개로 축소해 버리고는, 자신이 하나님 말씀의 좋은 증인이라고 말할 수 있겠는가? 이런 설교자들 때문에 기독교는 한갓 종교로 전락해 버리고, 평생 설교를 듣지만 대부분의 교인들은 그 오묘한 생명의 진리에 문외한이 되고 마는 것이다. 그 책임은 설교자에게 있음을 분명히 지적하고자 한다. 그 함정에 빠지지 않으려면, 정확한 본문 이해를 통한 강해설교의 길로 들어서야 할 것이다.

나가는 말

서두에서 언급했듯이 비록 우리는 5백 년 전 유럽의 종교개혁을 성대히 기념했지만, 정작 우리에게 필요한 것은 21세기 대한민국 교계를 위한 또 하나의 종교개혁이다. 5백 년 전 유럽 교인들이 이해할 수 없었던 라틴어가 아니라 독일어와 영어 같은 시장바닥 언어로 번역된 성경 때문에 교인들이 하나님의 뜻을 알게 되자 비로소 종교개혁이 풀뿌리부터 일어난 것처럼, 이 시대에는 목회자들이 제대로 된 강해설교를 통해 하나님 말씀을 성도들에게 제대로 알리고 전해야 종교개혁이 아니라 참된 기독교개혁이 일어날 것이다. 그렇다고 성경을 펴서 교리와 신학만 더 잘, 더 깊이 가르치면 된다는 일부 신학자들의 주장에만 빠져서도 안된다. 본문에 나타난 성경적 진리를 오늘을 살아내야 하는 교인들의 삶에 적용시키고 하나님 말씀이 여전히 우리가 붙잡고 살아가야 할 진리임을 인식시키고 그 말씀을 가슴에 새기고 살아 나갈 수 있도록 이해하기 쉽고 기억하기 쉽게 삶의 현장 언어로 조리 있고 효과적으로 커뮤니케이션 하는 것, 그것이 강해설교가의 과제이다. 또한 그것만이 오늘날 우리에게 필요한 진정한 제2의 종교개혁의 길일 것이다. 강해설교를 통한 성경적 설교로의 접근, 그것만이 이 시대 혼탁해진 기독교를 살리고 교회를 새롭게 하는 진정한 생명의 길이기 때문이다.

참고 문헌

김덕수,『삶의 변화를 일으키는 귀납적 강해설교』서울:대서, 2012.
Ferris, Theodore P.『필립스 브룩스의 설교론 특강』서문강역. 경기:크리스찬다이제스트, 2001.
Chapell, Bryan.『그리스도 중심의 설교』김기제 역. 서울: 은성, 1999.
Fee, Gordon D.『신약 성경 해석 방법론(N.T. Exegesis)』장동수 역. 경기:크리스챤출판사, 2003.
Lischer, Richard.『설교의 신학』홍성훈역. 서울:소망사, 1992.
Richard, Ramesh.『7단계 강해설교 준비』정현 역. 서울:디모데, 1996.
Robinson, Haddon W. ed.『성경적인 설교준비와 전달』김덕수, 김병하, 류웅렬, 박삼열, 박성민, 전의우 공역. 서울:두란노, 2006.
Stuart, Douglas.『구약 주석방법론(O.T. Exgesis)』박문재 역. 경기도:크리스찬다이제스트. 2004.
Broadus, John A. *On the Preparation and Delivery of Sermons*. N.Y.: Harper & Brothers, 1944.
Robinson, Haddon W. *Biblical Preaching*, Grand Rapids: Baker, 1980.

Chapter 03

건강한 교회의 얼굴 –
하나님의 영광과 임재가 나타나는 예배

Healthy Ministry □ Healthy Church

건강한 교회의 얼굴
– 하나님의 영광과 임재가 나타나는 예배

예배 변혁을 위한 일곱 가지 제안[※]

예배는 창조주요 구속주인 하나님과 그 백성인 사람들과의 역동적 관계성의 표현이다.

오랜 세월을 거쳐 전통적 예전 중심의 예배에서 교육적 설교 중심의 인지적 예배로, 성령의 역동성을 강조하는 예배와, 경배와 찬양 운동 등 회중의 경험을 강조하는 예배와 구도자에 민감한 예배로, 교회는 신학적 필요와 시대적·문화적인 필요에 발맞추어 예배를 발전시켜왔다.

그러한 변화와 발전에 대해 일각에서 제기하는 우려의 목소리와 함께, 여전히 전통과 관습 속에 빠져 있는 우리 한국교회의 예배에 대한 염려의 목소리가 공존하고 있는 것이 교회의 현실이다.

※ 이것은 할렐루야교회(김상복 목사)에서 월드 트랜스포메이션 총재 루이스 부시 박사와 함께한 트랜스포메이션 코리아 2007 예비모임인 한국교회 100인 모임에서 예배변혁 분과에서 필자가 발표했던 글인데, 읽기 쉽게 살을 붙이고 다듬었다.

그리스도인의 사회변혁과 신앙생활의 변혁은 그가 어떤 예배자이며 그의 예배 생활 방식이 어떠하냐에 의해 크게 좌우됨을 우리는 인식할 필요가 있다. 따라서 우리는 사회, 경제, 정치, 예술, 과학, 문화의 변혁은, 예배 변혁이 그 출발점임을 인식하고 우리의 예배 변혁을 위해 다음 7가지 측면을 고려할 것을 제안한다.

I. 어떤 다른 목적을 위한 예배가 아니라, 하나님을 경배하는 것이 목적이어야 한다.

1. 축복받기 위한 수단으로서의 예배에서 하나님 그분이 목적인 예배가 되어야 한다.

예배가 준궁극적인 것(pen-ultimate) 아닌 궁극적인 것(ultimate) 이어야 한다. 그것이 예배의 본질 회복이다.

2. 교회 성장의 수단으로 예배 발전을 고려할 것이 아니라, 교회의 본질로서 예배가 되어야 한다.

모든 목회자들이 말로는 그렇게 하지만 실제로 되지 않는 것이 이 부분이다. 그러나 분명한 것은 교회를 사람들로 가득 채우는 것이 예배의 목적이 아니라, 사람들 속에 하나님으로 가득 채워지는 예배가 되게 해야 한다는 것이다.

3. 사제 중심적 예배에서 만인 제사장적 예배가 되어야 한다.

현재 교회들의 모습처럼 누가 대신 드려주는 예배에서 교인 각자가 예배자가 되게 해줘야 한다.

요즘 일부 개신교에서는 목회자만이 예배를 집례할 수 있는 권한을 가진 사람처럼 행동하는데, 개신교에서 목사는 샤만 혹은 제사장이 아니다. 종교개혁의 중요한 성과 중 하나가 만인 제사장 교리이다. 예수님께서 마지막 제사장으로서 온 세상을 위한 단번의 영원한 제사(히 7:27)를 드려 완성시켜 우리는 더 이상 제사를 드리지도 않고, 제사장을 필요로 하지도 않는다. 모든 거듭난 그리스도인이 제사장적 삶을 살 수 있다. 공예배에서는 질서에 의해 공동체의 지도자가 예배를 인도하지만, 예배자 각 개인이 모두 제사장적 자세로 예배를 드리는 것이다. 그런 의미에서 수동적 예배에서 능동적 예배로, 구경꾼 예배에서 참여적 예배로 변해야 하는 것이다. 예배 인도자로서 목사는 모두가 예배자가 될 수 있도록 이끌어주는 리더이지, 자신만이 교인들을 대신해서 신 앞에 나갈 수 있는 대행자나 제사장처럼 굴면 안 된다.

4. 예배를 worship 'service'란 종교의식 개념에서 worship 'gathering'이란 예배공동체 개념의 강조로(본 서의 이머징교회 /Emerging church 예배 관련 글 참조) 발전해가야 한다.

'예배의 의식'을 중시하던 데에서 예배를 위해 모인 '예배공동체'가 관심의 초점이 되어야 한다. 아직도 중세교회나 로마 가톨릭과 같이 제사장 중심으로 예전(Liturgy)을 집례하는 방식을 고집하는 목회자는 예배 개념이 제사장 중심, 예전 중심, 예식 중심이지만 앞으로는 예배 드리고자 모인 공동체에 포커스를 두어야 할 것이다.

II. 삶의 변화를 일으키는 예배가 되어야 한다.

1. 참된 예배는 종교적 행위로 끝나지 아니하고 삶의 변화를 일으켜야 한다.

성도들은 '예배드리러 교회에 간다'는 개념에서, '내가 곧 교회요 나의 삶이 예배이다'라는 의식을 갖도록 발전시켜야 우리 한국 기독교의 진정한 성숙이 일어날 수 있다.

2. 인지적 예배에서 하나님을 경험하는 예배가 되도록 해야 한다.

기독교는 경험에만 근거한 예배가 아니라 진리(말씀, 성경)에 기초한 예배라는 면에서 지적인 요소가 중시된다고 말할 수 있다. 그렇지만 지성에 기초한 예배에만 머물지 않고 이제는 지성과 의지와 정서를 터치하는 전인적 예배로 발전되어야 한다. 기독교의 힘은 교인들이 하나님을 만난 경험이 있을 때 발산될 수 있는 것이다.

예배를 예전에만 머물지 않게 하고, 설교를 통한 지적인 요소에만 머물지 않고 예배를 통해 진정으로 하나님을 경험할 수 있도록 디자인해야 한다. 그래서 주일 아침마다 예배 시간에 하나님의 영광이 경험되고, 성도들의 하나님을 향한 경외심이 반응으로 표현되는 예배가 되도록 만들어야 한다.

3. 예배를 통해 변혁의 힘을 경험해야 한다.

불신자들이 볼 때 개신교는 그렇게 뜨겁게 예배드리고, 일주일에 몇 번씩 심지어 매일 새벽마다 예배를 드리는데 왜 우리랑 다를 바가 없을까 하는 의구심을 갖고 있다. 그들은 우리의 교리에 관심을 갖고 있는 것도 아니고, 영적인 하나님의 세계에 대해 이해하지도 못한다. 그들은 단지 예배자들의 삶을 통해 우리가 주장하는 것을 이해할 뿐이다. 그러므로 죽은 신이나 나무와 돌을 예배하는 자와 달리, 살아 계신 하나님을 예배하는 자들은 그 삶이 다를 것이 요구되는 것이다.

계몽주의적인 지적인 예배에서 하나님의 행동을 경험하는 예배[92]로 변화가 일어나야 사람들의 삶이 달라진다.

예배가 하나님 제사에만 머물지 말고(이것은 구약 제사 개념일 수 있다), 그리스도의 영을 통해 회중이 예배공동체로서 공통 경험을 하는 순간이 되게 해야 한다. 예배는 움직이는 믿음, 예배 공동체로서 믿음을 경험하게 하는 순간이어야 한다.

경축성, 하나님 경험성, 회중의 응답 이 세 가지가 복음에 뿌리를 둔 예배의 원리[93]이다. 이런 것이 있을 때 변혁의 근원으로서의 예배가 되지, 전통적인 수동적 예배 구경꾼으로 계속 살게 되면 삶이 변하지 않는다. 예배를 드리면 내가 달라지고, 그 예배자들로 가득한 교회가 달라지고, 기독교인이 있는 사회가 달라져야 한다.

4. 예배의 중요한 요소인 설교에서 가치관 형성이 일어나야 한다.

예배는 설교만으로 구성된 것이 아니다. 예배는 소리, 빛, 공간과 여러 가지 상징 등을 통한 종합적인 것이지만 종교개혁을 통해 프로테스탄트 교회 예배에서 설교의 중요성은 따로 강조할 필요가 없을 것이다. 이 때 설교에 대한 목회자들의 접근 방식이 전통적인 교리적 정보 전달과 세상살이에서 성공하는 비결과 같은 교훈 제시에 그치지 않고, 성경을 통한 하나님 나라 가치관을 형성해 주는 설교가 되어야 한다.

설교가 인간의 문제로 시작하여 인간의 해결책 밖에 제시하지 못하는 우를 범치 말아야 한다. 그리고 설교학의 주관심사 중 하나인 청중을 이해하되, 성경적 설교는 청중의 요구에 끌려다니지 않고 말씀의 요구로 청중을 이끄는 것임을 잊어서는 안 된다. 설교를 통해 이 세상에 발을 딛고 살지만, 하나님 나라의 가치관으로 살게 하기 위해서 세상을 바라보는 법과 하나님의 심정으로 생각하고 예수님의 행하심처럼 행동하게 하기 위해서는 설교시간에 청중에게 성경적으로 가치관이 바뀌는 일이 일어나야 한다.

5. 피상적 교제를 넘어선 진정한 교제가 일어나도록 해야 한다.

기독교는 하나님과의 관계와 이웃과의 관계로 특징지어지는 관계성에 기초한다. 즉, 관계형성이 가능한 예배로의 모색이 필요하다. 수많은 사람이 한 자리에 모여서 예배를 드린다고 해서 서로 간에 교제가 발생한 것이 아니다. 그것은 서로 관련 없고 관심 없고 교제라고는 전혀 없는 개인들의 집합일 수도 있는 것이다. 문제는 수많은 사람이 한 자리에 모여 드리는 현재 방식의 예배로는 진정한 교제가 불가능하다는 것이다. 좌우 사람과 악수를 하라고 하든, 미국식으로 안아주기를 하라고 하든, 옆 사람을 바라보며 서로 사랑한다고 말하라고 한다고 코이노니아가 되는 것은 아니다. 그런 피상적, 일회적 행동 유도가 참된 공동체의 특성인 성도의 교제를 이루는 것이 아니다.

그래서 그 문제를 보완할 길을 찾아야 한다. 그러기 위해서는 전통적인 주일 아침의 대그룹 예배와 함께 별도의 소그룹 예배와 소그룹 활동을 통한 보완책이 가장 바람직하다. 셀사역 등 소그룹 활동을 통해 깊이 있는 관계성을 형성하고, 그것을 대그룹 예배로 넘어오게 해야 한다. 따라서 신앙생활에는 개인 예배, 소그룹 예배, 대그룹 예배의 세 측면의 조화를 이루어야 하고 주일 아침 외에도 개인 예배와 소그룹 예배를 위한 훈련을 병행해야 한다.

6. 생활로서의 예배와 인격적인 예배가 가능해 질 수 있다.

예배를 성전 안에서의 종교적 행위로만 이해하고 있는 현상을 넘어, 교인들이 일상 생활로서의 예배적 삶을 사는 것이 무엇인지 가르쳐야 한다. 또한 비인격적이고 폭력적이고 억압적이고 권위주의적인 예배가 아니라 인격적인 예배가 되어야 한다. 그리고 인격적인 예배의 모습을 가르칠 때 그리스도인들은 성숙하고, 사회에서 물의를 일으키는 극단적 모습이 사라지고, 존경받는 예배자의 모습을 가질 수 있을 것이다.

현재 생활 영성으로서 삶의 현장에 나타나는 예배에 대한 관심이 서서히 일어나고 있는 것은 다행이다. 교회 건물이란 틀을 벗어나 일상이 예배가 되는 삶이 우리가 추구하는 가장 성숙한 모습임을 교인들이 인식할 수 있도록 해야 한다.

III. 샤머니즘적 요소 제거를 통한 성경적 예배로의 변혁을 위한 의식적 노력이 있어야 한다.

1. 예배 횟수의 누적이 곧 천국의 축복을 쌓는다는 새로운 행위 공로 축적 개념의 예배를 극복해야 한다.

예배를 드리면 거룩해지고 하나님 영광의 담지자가 되는 것이지, 예배를 많이 드려야 축복받는다는 것은 중세 기독교의 관념을 이 시대에 새로 주장하는 것과 다를 바 없다. 그 결과 이상한 축복주의 일천번제

운동이 일부 한국 교회에 자리 잡고 있는데 그 수준은 넘어서야 한다.

2. 축복받기 위한 조건으로서의 예배 개념을 극복해야 한다.

또한 어떤 일을 하기 전에 고수레 수준을 넘어서는 예배가 되어야 한다. 어떤 중요한 일, 새로운 사업을 앞두고 주님께 맡기는 것은 아름다운 일이지만 세상이 하는 성대한 개업식과 같은 개업 예배, 어떤 행사에 앞서 사고 방지를 위한 고사 개념의 예배는 극복되어야 한다. 어떤 것을 위한 조건으로서의 예배가 아닌, 예배 그 자체를 위한 예배가, 하나님에 대한 경외 그 자체가 기독교의 예배이다.

3. 목회자들이 조건을 걸고 드려주는 예배 역시 극복되어야 한다.

유사한 것으로 목회자들이 예배를 '드려주는' 것도 문제이다. 심방을 가서 상에 봉투를 올려놓아야 심방예배를 드려준다는 식으로 행동하는 것도 보았고 들은 것만 해도 많다. 이런 무당 수준의 예배는 기독교 내에서는 사라져야 한다. 이것은 예배가 복 빌어주는 수단으로 전락한 것이다. 그때 헌금은 축복을 위한 투자일 뿐이고, 축복을 위한 복채 수준으로 여겨진다.

IV. 전통과 형식에 기초한 예배에서 성령에 이끌리는 예배로 변화가 일어나야 한다.

1. 신성과 인성의 균형 있는 예배가 되어야 한다.

하나님의 초월성과 타자성만 강조된 예전적 예배와 하나님과의 친밀성과 인간 측면을 부각시키려는 현대 예배 가운데 어느 것이 더 중요한가가 아니라, 그 두 측면이 잘 균형 잡히고 두 특성의 조화를 이루는 예배로 발전되어야 한다.

   2. 전통과 형식, 예전에 묶인 예배가 아닌 자유케 하시는 성령을 좇는 예배가 되어야 한다.

   한동안 순복음 스타일의 예배 혹은 뜨거운 예배가 관심을 끌더니, 그에 대한 반발로 최근에는 예전적 예배에 대한 강조가 일어나기 시작했다. 예배에서 예전적 요소는 중요하지만 예전적 예배(Liturgical worship service)가 마치 진정한 예배의 본질로의 복귀인 것처럼 생각하는 것은 옳지 않다. 과거의 형식적이고 전통적 예전에 근거한 예배의 약점으로 성령의 역사를 제한하고 역동성이 부족한 점을 근래들어 오순절 교회들이 보완해주었다. 그 새로운 인식을 다시 말살하지 말고 잘 살려야 한다. 지나친 성령운동 방식의 예배로 치달아서는 안 되지만, 살아 있고 역동성 있는 예배로의 발전은 계속되어야 한다. 각 지역교회의 정황을 알지 못하고 누군가가 중앙에서 만들어 놓은 성서일과(lectionary)와 예전에 묶여 꼼짝 못하는 것은 건강하게 자라가는 교회들 가운데서는 보기 어려운 일이다. 예전에 묶여 형식은 거룩해 보이고, 입술로는 가까이 나아오지만 마음은 주님으로부터 먼 예배[94]가 되어서는 안 된다.

   3. 형식과 표현에서 자유로움이 있는 예배가 되어야 한다.
   예배가 성서일과를 따라야 한다고 주장하거나, 예전 운동을 강조하는 측의 사람들 가운데서는 예배를 아주 복잡하게 만들어가는 경향도 볼 수 있다.

우리는 하나님께 나아가는 길이 복잡한 종교의식을 통해서인지 아닌지 단순한 접근을 통해서인지에 대해 물어볼 필요가 있다. 복잡한 구조의 성소 안에만 거하지 않으시고, 휘장을 찢고 이제 누구나 하나님께로의 단순한 접근이 예수님 안에서 가능함을 교인들에게 보여주어야 한다.

건강한 교회들의 특징 중 하나는 역동적이고 열정적인 영성이 있고, 그에 따라 영감 넘치는 예배가 있다는 점이다. 예전적이고 고전적인 예배가 아니다. 사실 개신교 중 상당히 예전적 예배에 가까운 교단이 감리교단인데, 그 가운데서도 가장 빠르게 성장한 교회들의 특징은 예전적인 곳은 찾기 어렵고 오히려 순복음적 분위기의 열정적인 예배가 많다는 점을 생각해 볼 필요가 있다.

예배에 대한 굳은 생각 가운데는 주일예배 음악으로는 현대적 음악과 악기를 쓰면 거룩한 예배가 안 된다고 여기는 것이 있다. 그러나 파이프 오르간 반주를 하고 바하의 음악을 사용할지라도, 진리가 제대로 드러나지 않고 성령의 역사가 없으며, 하나님의 영광의 임재와 거리가 멀다면 그것은 신령과 진정의 예배가 아니라는 사실을 알아야 한다. 그 문화권에서 일반적으로 받아들이기 어려운 경우가 아니라면, 성경적인 예배는 어떤 종류의 악기와 어떤 형태의 음악을 쓰느냐 하는 스타일의 문제가 아니라 예배의 본질이 제대로 살아나느냐에 관한 것이다. 한 때는 파이프 오르간도 오늘날의 전자 기타가 그런 것처럼 예배용 악기로 받아들여지지 않았던 때가 있었던 사실을 기억할 필요가 있다.

4. 창조성과 예술성을 통해 발전되는 예배

전례 규정과 예전의 형식에 묶이지 않고 창조성이 표현되는 예배가 되어야 한다. 이는 예배의 대상인 하나님은 창조의 하나님이시며 우리는 창조주를 예배하는 것이기 때문에 더욱 그러하다. 창조의 하나님은 그의 형상대로 지음받은 우리가 창조적인 예배를 드릴 때에 더욱 영광을 받으신다. 그러기 위해서는 예배와 관련된 예술에 대한 이해가 필요하다.

물론 이때 중요한 것은 예술이 예배의 목적이 아니라, 예배를 강화시키는 도구라는 점이다. 한국교회는 예배의 순서와 신학에만 매이지 말고, 예배에서 공간 사용과 빛과 조명의 사용, 소리와 음악의 사용 등 여러 면에서 발전을 꾀해야 한다. 예를 들어 예배 공간에 사용되는 배너, 조각, 예복에 대한 새로운 이해와 촛대, 강단과 배경의 색깔, 악기와 예배 기구들, 조명, 음악, 연극적 요소 등 모두가 계발되어야 한다. 풀러신학교는 브렘(Brehm) 센터를 통해 예술과 예배에 대해 연구하며 예배 발전을 위해 노력한다. 이 외에도 여러 신학교와 해외 교회들이 노력하고 있는데 우리 한국교회도 이제 더 이상 무관심해서는 안 된다.

5. 성례전도 예전적 측면의 중요성에서 공동체적 경험과 축제성 측면까지 고려되어야 한다.

아쉽게도 한국교회의 예배갱신은 성례전 강화 수준에 머물고 있다. 성례전에 대한 강조도 예전적인 관점에서 접근하는 수준에 머물고 있는 것은 참으로 아쉬운 일이다. 성찬식은 과거적 측면만이 아니라 현재적 측면과 미래적 측면 모두가 제대로 회복되어야 한다. 과거로의 복귀만이 아니라 미래 지향적인 예배와 성례가 되어야 한다. 즉, 주의 만찬(Lord's Supper)도 구속자에 대한 기억과 수찬자의 자기반성에만 머물지 않고, 다시 오실 주님을 기억하면서 선교적 헌신을 새롭게 하는 기회가 되어야 한다. 또한 그리스도의 임재 경험을 통해 회개와 치유의 기회가 되게 하며, 깨어진 공동체가 회복되고 하나됨을 새롭게 하는 공동체적 순간이 될 수 있도록 해야 한다.

세례식도 단순히 통과의례로만 보는 수준에 머물지 말고, 은혜 입은 개인에게는 복음에 대한 공적 증언의 기회가 되고, 공동체에게는 감격과 축제의 순간으로 발전되어야 한다.

V. 성전으로 제한되는 예배에서 삶의 현장으로 확산되는 예배가 되어야 한다.

우리 한국교회에는 주일 대예배는 주일 오전 11시 대성전에서 드리는 것이고, 주일 오후 2시 예배나 수요일 오전에 드리는 예배는 그것과 질적으로 다르며, 게다가 주일 아침이라도 소위 소성전에서 드리는 것은 완전한 예배로 여기지 않는 경향이 있다. 그것은 성경 어느 곳에서 가르치는 예배의 신학이란 말인가?

예배는 성전이란 공간 내에서만, 그리고 주일 아침이라는 시간적 틀에 갇힌 행동이 아니라, 어디에서든 일주일에 7일 모든 시간의 것이어야 한다. 특별한 시간과 장소를 정해 놓은 공예배의 가치를 폄하하려는 것이 아니다. 다만 전능하시며 편재하시는 영원한 하나님을 예배하는 것이기에, 장소적 제한성을 뛰어 넘고 시간적 제한성을 뛰어 넘는 예배가 되어야 한다는 것이다.

이미 주님은 요한복음 4장에서 예배를 성전이란 장소 안으로만 가두지 말아야 함을 가르치셨는데도 아직도 이 개념이 제대로 실천되지 않는 것은 놀라운 일이다.

예배의 변혁이란 성례와 예전을 강화하는 것이 아니라, 성전의 예배가 성도의 삶의 현장인 직장과 가정과 사회 속으로 확산되고, 안식일의 축복이 나머지 6일로 확산되게 하여 매일이 거룩한 날이 되게 하는 것이다. 거기서 바로 우리 개신교가 추구하는 생활로서의 예배, 일상 속의 예배, 주 7일 매일의 예배 삶이 나오는 것이고 그것이 진정한 개신교 영성이다.

VI. 문화에 종속되는 예배에서 문화를 변혁하는 예배로 발전되어야 한다.

현대예배가 보수적인 교회에서 비난을 받는 것은 그들이 보기에 예배가 현대 문화에 종속적이 되는 것으로 여겨지기 때문이다. 사실 그런 면에서는 비난을 받을 부분이 있다. 그러나 동시에 전통적이고 보수적인 교회의 예배에 현대 문화를 바꿀 힘이 없다면 그것 역시 바람직하다고 말할 수 없다. 진정한 예배는 문화를 변혁하는 힘이 있기 때문이다.

1. 문화 속에서 문화를 딛고 문화를 넘어서는 예배가 되어야 한다.

현대 교회의 예배는 현대 문화를 무시하고 중세나 고대 교회의 예전을 찾아내는 것으로 만족해서는 안 된다. 어느 시대의 교회도 그 예배는 그 문화 속에서 하나님의 영광을 표현하고, 하나님과의 만남의 경험을 표출하며, 하나님을 만나도록 인도하는 길이 되어야 한다. 그러므로 예배는 그 교회가 발을 딛고 있는 문화 속에서 이루어지는 것인데, 다만 그 문화에 끌려다니고 그 문화의 세례를 받는 것이 아니라,

화를 넘어서서 성경의 가치관을 표현할 수 있어야 한다. 그 결과 당대의 문화에 잘못된 점이 있다면 성경적 가치관으로 개혁하여 문화를 이해하되 그 문화를 넘어서는 수준까지 가야 한다.

이런 일을 위해 예배의 내용뿐 아니라 그 방법도 중요하다.

우선 현대인을 이해해야 한다. 그것은 현대 문화 이해를 통해 가능하다. 교회는 문화를 무시하고 과거의 전통적 예배만을 고집할 것이 아니라, 현대인이 예배 드리기에 적절한 길을 찾아야 한다. 그리고 그 방식으로 새롭게 현대인에게 접근할 수 있는 예배가 되어야 한다. 이때 현대 문화는 수단으로 사용하는 것임을 분명히 하고, 현대 문화를 사용하되 거룩성을 잃지 않고 진리를 표현하는 것이어야 한다. 그때 예배가 현대 문화의 노예가 되지 않고, 세상을 하나님 나라의 문화로 이끌어 갈 수 있는 것이다.

예배에서 문화적 요소 중 하나가 예배 음악인데, 그 예를 실제적으로 생각해보자. 우리는 주일 오전 대예배는 찬송가만 불러야 한다는 생각을 하고 있다. 그러면서도 오후 예배라든가, 수요예배에는 복음성가를 부른다. 그럼 주일 오후 예배나 수요예배는 주일 오전 예배와 다른 신에게 드리는 다른 예배란 말인가? 주일 찬송가 속에는 임하시던 하나님이, 수요예배의 복음 성가 가운데는 임재하지 않는가? 만약 그렇다면 수요예배나 금요철야나 주일 오후 예배에도 주일 아침 예배처럼 복음성가를 쓰지 않아야 일관성이 있는 예배일 것이다. 그리고 찬송가만 부르게 하는 대다수의 보수적 교회에서도 설교 전 성가대 찬양곡의 대부분은 찬송가가 아닌 복음성가라는 사실은 모순적이지 않은가? 이런 부분은 예배에서 문화적인 부분이다. 그런데 그것을 예배신학의 본질적인 것으로 여기는 사람들이 많다. 이 차이를 제대로 이해하지 못하면, 어떻게 해야 현대인에게 적합한 예배를 계발하면서 동시에 예배음악의 개혁과 발전을 이룰 수 있을 것인가와 같은 중요한 문제의 해결책을 찾을 수 없을 것이다. 현대음악이란 문화적 스타일을 이해하며 그것을 기독교 예배적인 면으로 발전시키고 개혁하는 것이 예배학과 실천신학의 과제요 목회자의 부담이다.

2. 현대성과 고전성의 조화 속에서 새로운 변혁의 출발점을 이루어야 한다.

두 번째로 현대 예배의 중요한 과제는 현대적 실용성과 종교적 상징성의 조화를 이루는 것이다. 이런 현대성과 고전성의 조화는 이머징 교회의 예배에서 잘 나타나고 있다.

지금까지는 전통적 예배에서의 탈피로 현대예배 운동이 일어났고, 그것이 못마땅한 그룹에서는 더욱 예전적 예배로의 복귀를 주장해왔다. 그러나 차츰 로마 가톨릭이나 동방정교회, 그리고 개신교에서는 감독교회나 루터파교회처럼 예전적인 교단에서도 현대적 예배 요소를 받아들이고 있으며, 반면 오순절교회 같은 자유롭고 역동적인 예배를 드리던 교회들도 예배의 고대적 요소를 회복하기 시작했다. 그래서 이 책의 10장에서 필자가 지적한 수렴현상을 보이고 있는데, 그 한 물결이 이머징교회의 예배이다. 현대적 요소와 함께 빈티지(Vintage) 특성, 곧 고전적 요소를 결합하여 현대예배의 공허함과 고대예배의 역동성부재를 동시에 해결하는 것이다.

이 부분에 있어서는 예배학자보다는 목회란 현실 속에서 더 나은 예배를 추구한 목회자들의 공이 더 크다고 할 수 있다. 이는 역사신학자

저스토 곤잘레스가 잘 지적한 것처럼 신학은 하나님께서 받아들일 수 있는 멋있는 예배를 정립하는 것을 그 과업으로 삼지 않기[95] 때문이다. 그러므로 플랜틴가가 미국 캘빈대학교 기독교 예배연구소의 연구 결과를 인용하여 다음과 같이 말한 것을 우리는 유념해야 할 것이다.

> "우리 그리스도인들이 예배에 대해서, 특히 '현대적 예배'에 대해서 싸워왔지만, 한 팀으로서 우리는 그럴 필요가 없었다는 사실을 믿고 경험하기에 이르렀다. 그리고 그래서는 안 된다. 감상적인 생각이나 편협한 생각을 배제하고서 우리는 서로에게서 배워야 하며 …… 어떤 종류의 예배를 실천할 것인가뿐만 아니라 그 전과 후에 어떤 종류의 사람이 될 것인가도 생각할 필요가 있다".[96]

이것이야 말로 진정한 개혁신학자요 목회자의 자세이기 때문이다.

3. 소비자 중심 예배에서 선교적 예배로의 변화가 일어나야 한다.

나는 현대예배가 잘못되었다고 생각하지 않는다. 주목해 보고 배워야 할 점이 있다고 생각한다. 그러나 현대예배에서 잘못된 점이 없다는 것이 아니다. 고쳐야 할 점이 있다면 일부 교회의 구도자 예배, 혹은 문화예배에서 지나치게 소비자 중심으로 예배를 디자인하는 것이다. 예배가 변해야 하는 이유가 현대인들에게 하나님의 영광을 더 잘 드러내고, 현대인들이 그들의 문화 속에서 하나님을 더 잘 예배하기 위해서가 아니라, 단지 현대인들을 더 많이 끌어모으고 그들의 입맛에 맞게 하기 위해 복음과 예배의 거룩성을 잃는 것을 가볍게 생각한다면 그것은 잘못된 것이다. 이머징교회들은 현대예배 운동에서 그 부분을 인식하고, 소비자 중심적 예배운동을 선교적 예배로 변화시키기 위한 변화의 길을 걷고 있다. 그것에 대해 좀더 알고 싶으면 킴볼(D. Kimball)의 『시대를 리드하는 교회(The Emerging Church)』와 같은 책을 참조하기 바란다.

VII. 예배와 전도의 날카로운 이분법을 극복하는 예배가 되어야 한다.

예배변혁을 위한 일곱 번째 제안은 예배와 전도를 너무 배타적으로 분리하지 말아야 한다는 것이다. 일부 예배학자들이 현대예배 운동에 대한 비난으로 구도자 예배가 잘못된 것은 예배는 예배이지 전도가 아니라는 주장을 한다.

이런 생각의 본질에는 다음과 같은 질문에 대한 답이 있어야 할 것이다. "교회 사명의 본질은 무엇인가, 그것은 선교인가 아니면 예배인가?" 예배와 선교의 이분법적 날카로운 분리는 또 이런 질문을 내포하고 있다.

바른 예배는 "우리 그리스도인만의 예배인가, 그들(구도자들)과 함께 드려야 할 예배인가?"란 질문에 대한 대답에서 출발한다.

마르바 돈(Marva Dawn) 등의 주장과 달리, 예배와 전도는 다르지만 이 둘을 분리해서는 안 된다. 거듭난 자가 구원에 대한 감사로 드리는 구속자에 대한 경배로서의 예배뿐 아니라, 세상에 하나님의 살아 계심과 홀로 영광 받으시기에 합당한 분임을 증거하는 행위로서의 예배 측면도 있는 것이다.

예배가 세상과 구별된 성도들만의 종교적 행위로 머물지 말아야 한다. 성도들의 하나님을 향한 예배가 동시에 구도자와 불신자에게 하나님 영광의 증거가 될 수 있음을 무시하지 말아야 한다. 즉 기독교 예배는 종교적 게토 행위로 추락하지 않고, 신자와 구도자 모두 앞에 증거적 영광돌림이 될 수 있게 해야 한다.

세상은 그리스도를 통한 하나님과의 상호관계를 맺는 몸을 통해 증거되는 복음을 볼 때 하나님을 이해하고 예배를 드리게 된다. 그때 지상명령도 성취될 수 있는 것이다.

예배는 성도들과 하나님 사이에 오가는 사랑과 성장의 언어이고, 전도는 믿는 사람들과 믿지 않는 사람들 사이에 오가는 소개의 언어라고 생각하는 사람들이 있다. 그래서 이 둘을 혼돈하여 예배에 전도의 짐을 지우는 것은, 하나님의 백성에게서 이웃을 돌보는 의무를 박탈하고, 변화를 낳는 깊이 있는 예배를 성도들에게서 빼앗으며, 하나님에게서 그분이 받으시기에 합당한 심오한 찬양을 도둑질 하는 것[97]이라고 주장하기도 한다. 물론 예배는 성도와 하나님 사이에 오가는 사랑의 언어이지만, 그뿐 아니라 하나님의 영과 진리로 사람과 사람 사이에 하나님을 높이는 언어도 포함한다. 또한 전도는 믿는 사람과 믿지 않는 사람들 사이에 오가는 소개의 언어이지만, 엄밀히 말하면 전도자를 통한 하나님과 사람 사이의 언어이다. 그 점에서 앞의 예배의 본질적 속성과 다를 바 없다.

나는 묻고 싶다. 예배를 통해 불신자나 구도자에게 하나님의 영광을 드러내 그들로 돌아오게 하는 것이 진정 예배에 짐을 지우고 잘못된 것인가? 참된 예배를 지켜보고 참여하던 구도자들이 하나님께 나오도록 하는 것이 과연 예배자를 힘들게 하고 잘못된 것인가? 성경에는 과연 그런 사례들이 없는가? 구원의 확신을 갖기 전에 드린 예배는 예배가 아니고 전도라고 말하는 것도 적절치 않다. 성경에 구도자와 거듭 나기 전의 예배 사례는 신구약 모두에 여러 번 등장한다. 이에 대해서는 본 장의 다음 글에서 조금 더 설명할 것이다. 다음 글을 참조하기 바란다. 다만 여기서는 예배와 전도를 이분법적으로 너무 날카롭게 구분하지 말고, 선교적 예배에 대한 이해가 있어야 예배가 제대로 변혁될 수 있다는 사실만 지적하도록 하겠다.

포스트모던 시대 예배 갱신을 위한 제안*

성도들의 신앙생활에서 예배가 차지하는 비중은 마땅히 그래야 하는 것 이상으로 크다. 어떤 그리스도인들에게는 주일 예배가 신앙생활의 전부인 경우도 있다. 그러므로 예배 갱신은 교회의 본질적 기능을 바로 세운다는 측면에서는 물론, 대다수 그리스도인들의 신앙생활을 바로 세우기 위해서도 매우 중요한 부분이다. 특히 21세기에 들어서며 우리는 지난 세기 말과 너무도 달라진 사회 속에서 과연 교회는 이에 대해 어떻게 반응해야 할 것인가에 대한 조그만 두려움을 느낄 정도이다. 포스트모던 시대에 교회는 어떻게 예배를 드려야 할까? 물론 예배학적인 입장에서는 어떻게 예배를 드려야 할지보다 예배가 무엇이냐가 더 중요하다고 말하겠지만, 목회적 입장에서 보면 포스트모던 시대의 사람들에게 교회가 어떤 예배를 제공하느냐의 문제로 귀착될 뿐이다.

그런데 이런 현실 속에서 몇몇 대형교회를 제외한 대다수의 교회에

※「포스트모던 시대의 예배 갱신을 위한 제안」,《목회와 신학》 2006년 9월호에 실렸던 글이다.

서 사람들은 20~30년 전의 예배나 현재의 예배가 별로 달라진 것을 느끼지 못하고 있다. 현대 예배운동에 대한 저항감을 갖고 있으며 전통적인 예배를 선호하는 목회자와 일부 예배학자들은 각종 조사결과를 제시하며 불신자들이나 구도자들이 새로운 것보다 거룩한 것을 원한다고 말한다. 그들은 예배 스타일은 중요하게 여기지 않고 신조와 교리를 중시한다는 통계[98])에 고무되기도 한다. 그러나 과연 교회 나가기를 거부하는 사람들이 어떤 것이 거룩이고 무엇이 진리인지 정말 안다고 생각해 그런 조사결과에 힘입어 예전 개혁 운동을 하는가? 그리고 과연 교회 안나오는 사람들이 우리는 교리와 신조를 중시한다는 말에 정말 신뢰성을 가지는지 생각해볼 필요가 있다.

실제로 그런 말을 하는 사람들이 나중에 교회를 선택할 때 그 교회가 어떤 예배 스타일을 가진 교회인가를 보라. 대부분은 결국 현대적 감각이 있는 교회를 택한다. 이것이 현대 미국과 한국교회 현장에서 벌어지고 있는 일반적인 현상임을 현장 목회자들은 부인하기 힘들 것이다. 물론 여러 가지 문화적 배경으로 인해 고대 교회나 성당에 대한 동경과 향수가 있는 일부의 사람들은 매우 고전적인 예배가 있는 교회를 택할 것이다. 그러나 대부분의 사람들은 현대식 교회를 택할 것이다. 최근 커진 교회, 불신자 구도자 청년과 중년층이 몰려드는 교회들의 예배를 조사해보라. 공통점은 현대 문화에 대한 이해가 뛰어난 교회들이다. 미국에서는 새들백, 윌로우크릭, 모자이크, 노스포인트, 펠로우십, 깅햄스버그, 이스트사이드 커뮤니티 교회 등이 있고, 아시아권에서도 싱가폴의 FCBC, 그리고 국내의 온누리교회, 사랑의교회, 지구촌교회 등의 예배에 나타나는 공통적인 특징은 무엇인가? 이 교회들의 예배가 예배학적으로 다 잘못되었다고 말하는 사람들도 보았지만, 과연 그렇게 매도할 수 있는지 진지하게 생각해볼 필요가 있다. 동시에 독일 등 예전적 예배를 드리는 교회들의 저조한 예배 참석률의 원인은 무엇일까 냉정히 생각해 보며 21세기 한국교회 예배 갱신의 방향을 함께 고민해보자.

예배 흐름의 변화

중세의 전통적인 예전 중심적 예배, 특히 가톨릭의 미사 형태 예배에서 종교개혁 이후 예배는 말씀 중심성의 회복과 회중 찬양으로 새로운 전기를 맞게 되었다. 이것은 예배에 대한 시각뿐 아니라 성도들의 신앙생활의 근본 자세를 단순한 예배 중심에서 말씀 중심으로 바꿔 놓았다는 점에서 지각변동과 같은 것이다. 그러나 말씀 중심성이라는 것이 예배에서 설교 중심 예배생활이었고, 서구의 이성적·합리적 교육 일색으로 여겨지는 이런 예배 생활을 하며 사람들은 하나님 경험의 결핍으로 목말라하기 시작했다. 결국 교육적이고 설교중심적인 인지적 예배는 오순절 계열의 예배를 통해 성령의 역동성을, 경배와 찬양 운동을 통해 회중 중심의 생동감을, 그리고 현대 구도자 예배를 통해 시대적 연계성과 문화적 경험으로서의 예배까지 발전해왔다.

이런 움직임의 끝에서 20세기 말과 21세기 초의 포스트모던, 그리고 포스트 크리스천 시대의 그리스도인들은, 현대 예배의 현란함 속에서 다시금 옛 상징과 신비의 결핍에서 오는 부족감을 느끼며 고대 종교성과 중세 기독교 영성에 대한 향수를 강하게 느끼고 있다. 이제 예배는 현대성과 함께 옛 종교성 추구란 두 측면이 어떻게 조화를 이루느냐의 문제가 과제가 된 것이다.

구도자 예배에 대한 비판을 다시 생각해 봄

이런 예배 전통의 변화 속에서 최근 세계 대형 교회들이 선보였던 구도자 중심 예배는 전통 예배 흐름에 서 있던 목회자들에게 거센 비난을 받아왔다. 첫 번째 비난은 예배실 내에 있는 일체의 기독교적 상징을 제거하고, 기독교적인 용어를 사용하지 않고, 성례전을 제대로 실시하지 않는다는 것이다. 그러나 보수적인 예배 전통에 서 있는 국내 교단 중에도 예배실에서 십자가를 제거하려는 움직임이 있는 것을 보면 이것이 꼭 구도자 예배자들만의 문제는 아니라고 보이며 모든 구도자 예배를 드리는 교회가 그런 것도 아니다.

그리고 그들이 구도자 예배에서 성례전(아마도 성찬식을 지칭하는 듯하다, 세례식은 전통교회보다 더 많이 시행하는 편이다.)을 안한다고 하지만 실제로 그랬다면 더 비난을 받았을 것이다. 구도자 교회들이 하는 것처럼 성찬식은 거듭난 자들이 주축이 되는 공동체 예배에서 하는 것이 더 옳지 않은가? 두 번째 비난은 구도자들이 불편함을 느끼지 않게 일체의 예배 행위가 인도자들에 의해서만 진행되며, 행동할 필요가 없고 그냥 앉아 있기만 하면 되는 회중참여의 결여라는 점이다. 그러나 실제로는 구도자 예배 참여자들이 전통적 예배 참석자들보다 훨씬 더 적극적으로 경배와 찬양과 기도 등 예배 요소에 참여하고 있음을 몰라서 한 말로 보인다. 세 번째이며 가장 큰 문제점으로 지적되는 것은 구도자 예배는 전통적인 의미에서 말하는 '예배'라고 할 수 없다[99]는 것이다. 왜냐하면 예배란 그 대상과 목적, 지향하는 바가 그리스도의 구속 사건에서 절정에 이른 삼위일체 하나님의 구원행위인데 반해서, 구도자 예배는 모든 점에서 '구도자들'에게 최대의 초점이 맞추어져 있기 때문이다

. 그래서 구도자 예배는 인본주의적인 예배라는 것이다. 그러나 구도자 예배를 디자인하고 인도하는 그 어떤 누구도 구도자들을 높이거나 예배한다는 생각을 가진 사람은 없다는 점을 인정해야 한다. 그들도 동일하게 하나님께 초점을 맞추되 전통예배에서 배제되다시피 한 구도자를 배려하여 그들이 하나님을 만나서 예배드릴 수 있도록 초점을 맞춰 돕자는 것뿐이다. 이런 비판의 기저에는 예배는 신자만이 드릴 수 있다는 신학이 전제되어 있다. 그러므로 구도자 중심적 예배는 인본주의적이며 예배라고 말할 수 없다는 것이다. 그러나 정말 예배는 오직 신자만을 위한 것이며, 구도자는 예배를 못 드리는가? 그렇다면 성경에서 그런 주장의 근거를 찾아야 할 것이다. 그냥 자신이 가지고 있는 신앙의 개념이나 논리적으로 그럴 것 같다고 생각해서 말하면 안 된다.

만일 구도자나 불신자나 이방인이 예배 드리는 것이 성경에 한 번이라도 나오면 그런 주장은 신학적으로 설 수 없음에도 불구하고, 대부분의 반대자들은 성경 신학적 연구보다는 감정적으로 구도자 예배는 예배가 아니라는 식의 주장을 하는 경우가 많다.

구약 민수기 15장 14~15절을 보면 이스라엘 백성은 물론 그들 가운데서 이방인도 하나님께 예배를 드릴 수 있음과 그 제사의 율례가 같음을 분명히 하고 있다. 이런 배경 속에서 시편 96장 7절에서는 만방의 족속들도 여호와의 궁정에 들어가 영광을 돌릴 것을 요청하는 장면이 나온다.

신약을 보면 하나님의 백성인 이스라엘 사람 외에도 당시에 이방인들이 예루살렘에 예배하러 올라가는 일이 있었음을 보여주는 것이 요한복음 12장 20절과 사도행전 8장 27절 등에서 다뤄지고 있음을 주목해야 할 것이다. 고린도전서 14장 23~25절을 보면 교회에서 모두 방언으로 말할 때 믿지 아니하는 자들의 반응을 염려하는 것은 불신자가 함께 예배드림을 전제 한 것이고, 예언을 할 경우에는 믿지 아니하는 자들이 책망을 받고 그 마음의 숨은 일이 드러나게 되므로 불신자들이 엎드리어 하나님께 경배하게 될 것이라는 말씀도 구도자나 불신자가 신자와 함께 예배드리고 있음을 전제하는 것을 자명하게 보여주는 것이다.

성경의 이런 사례들은 구도자예배는 예배가 아니라는 주장과는 반대로 하나님은 구도자를 배려하는 예배에 관심을 갖고 계심을 깨닫고, 바른 예배갱신의 방향을 잡아야 할 것을 우리에게 보여주고 있는 것이다. 이것은 필자 외에도 "구도자가 신자들과 하나님과의 관계를 보면서 감동받을 수 없다고 말한 곳은 아무데도 없다"[100]고 확언하는 모갠 샐러 등을 참조해도 알 수 있을 것이다.

포스트모던 시대에 우리 한국교회 예배 발전을 고민할 때에, 필자는 우리 스타일의 예배, 혹은 우리 교단의 예배 방식과 다르면 잘못되었다고 생각하는 배타적이고 분리주의적이고 이중적인 예배의 잣대가 더 마음에 걸린다. 주일 아침의 소위 대예배에는 구도자 예배나 혹은 현대적 감각을 갖춘 예배는 안 된다는 교회도 주일 오후, 주일 저녁예배 그리고 수요예배 때는 훨씬 자유로운 거의 구도자 예배를 방불케 하는 예배를 드리는 것을 본다. 왜 주일 아침에만 안되는 것일까? 주일 저녁이나 수요예배 때 복음성가도 받으시는 하나님은 주일 아침의 하나님과 다른 분인가?

이머징교회들의 예배 방향

지금까지 몇 가지 구도자 예배에 대한 비난에 대해 재고해보았다. 그러나 필자 역시 현대 구도자 예배에 전적으로 긍정적이지는 않다. 분명히 문제점이 있고 그래서 이머징교회[101]의 예배 운동이 그에 대한 대안으로 제시될 때에 반갑게 받아들이게 된다. 우리 목회자들은 이런 포스트모던 시대 교회의 예배 발전과 예배갱신을 위한 도전 앞에 서 있는 것이다.

이머징교회 운동에 속해 있는 사람들은 예배학적으로 매우 중대한 질문을 제기했다. 예배를 영어로 보통 worship service라고 하는데, 예배란 과연 worship 'service'냐, 아니면 worship 'gathering'이냐가 그 첫 번째이다. 그들은 예배갱신의 한 방향으로 예배를 service(이것은 구도자예배나 예전 예배 둘 다 마찬가지이다)로 보는 개념에서 벗어나 예배공동체의 모임으로 봐야함을 인식[102]한 것이다. 중세 교회가 하듯이 제사장, 사제, 혹은 목회자가 예배(미사)를 수행하고 사람들은 그것을 보는 것인지, 아니면 초대교회가 그러했듯이 회중 곧 성도가 예배공동체로서 모이는 그 모임 자체에 초점을 두어야 하는지에 대한 분명한 인식은 예배 디자인 자체와 인도 방식을 바꿔놓기 때문이다. 또 한 가지 중요한 질문은 예배가 인식적인 것인가, 경험적 사건에 더 가까운 것인가에 대한 문제다. 전통적인 인지론적 신학교육 체계에서 자라오고 전통적인 예배 환경 속에서 자라온 우리는 인식하지 못하 가운데 설교와 설명을 통한 인지론적 예배에 길들여져 왔지만, 20세기 말부터 현대 그리스도인들은 많은 신학적 성숙에도 불구하고 하나님을 만나고 경험해보지 못한 인간 영혼의 가장 깊은 갈등에 부딪히고 만 것이다.

그래서 이제 성도들은 차츰 예배를 통해 하나님을 만나고 싶은 깊은 갈구 속에서 고통받고 있다. 그럼에도 불구하고 현대 예배갱신 운동은 이런 점에 대한 이해와 대책보다는 계속 인지론적이고 지적인 예전 회복과 예전 일치 운동에만 매달리고 있다는 비판을 면키 어려운 것이다.

사실 구도자에 민감한 현대예배에 대한 현상학적인 비판에도 불구하고 구도자 예배의 진정한 강점은 이런 면에서 기여한 것들이다. 그들은 사제와 목사, 성가대 중심으로 드리는 예배를 뛰어넘어, 신자와 함께 예배를 드리면서 하나님과의 관계성을 맺게 해준 것이다. 그것은 하나님에 관한 진리를 들을 뿐 아니라, 신자들이 그리스도를 통하여 하나님과 상호관계를 맺는 '몸으로 드려지는 복음[103]'을 관찰할 수 있는 효과적인 기회를 준 것으로 봐야 할 것이다.

필자는 이머징교회의 예배 운동에 100퍼센트 동의하는 것은 아니지만, 그럼에도 불구하고 이머징교회 운동에 속한 사람들이 우리에게 일깨워 준 것은, 전통예배나 현대예배 운동하는 사람 모두가 구도자 예배 흐름 속에서 느끼고 있었던 본질적 문제에 대한 것이었다. 그것은 다름 아니라, 현대 구도자 예배는 기독교인의 정체성 혼란을 가져왔다는 점이다. 전통예배나 구도자예배 모두 사람들은 '나는 교회에 간다'란 의식으로 움직인다는 점에서 다름없는데, 특히 구도자 예배 추종자들은 더욱 솔직하게 소비자 성향을 보인 것이고, 전통 예배 선호자도 그리 다르지 않았다. 이런 소비자 교회에서 이머징교회는 선교적 교회로의 변화[104]를 시도한 것이다. 진정한 예배 갱신은 예배자들 즉 성도들에게 목사나 전문 예배 인도자들의 인도를 보러가는 소비자 성향을 버리고 '내가 교회다'라는 사실을 인식하게 만들 때에 시작되는 것이다. 교회는 예배하고 격려하고 가르치고 돌보는 성도의 공동체이지 미사 예전이나 극장식 퍼포먼스가 제공되고 교인들은 가서 보는 곳이 아니다. 참고로 이머징교회의 예배가 구도자예배와 어떻게 다른지 다음 표[105]를 통해 간단히 둘러 보기 바란다.

현대 구도자예배	이머징교회 예배
worship 'service'; 설교 음악 프로그램들이 참석자에게 베풀어지는 것	예배 모임 worship 'gathering'; 설교와 음악 등이 포함된
사용자 편리성과 현대성을 위한 설계	경험적이고 영적·신비적
정형적인 교회의 틀을 깰 필요	정형적 기독교인의 틀 깰 필요
스테인드글라스 제거되고 스크린 설치	스테인드글라스가 스크린 상으로 돌아옴
종교적으로 보이는 십자가나 상징들을 제거	영적 존엄성을 위해 십자가와 상징을 복귀
개인이 편하게 볼 수 있는 극장식 예배실 배치	공동체에 초점을 맞출 수 있는 구조, 때로는 거실처럼 편한 형태
환하고 밝은 예배실을 선호	영성을 위해 어두운 부분도 가치 있게 여김
예배의 중심은 설교	예배의 중심은 통합적 경험
설교자와 예배 인도자가 예배를 끌어간다	설교자와 예배 인도자는 회중에 참여함으로 인도한다
현대적 커뮤니케이션을 위한 현대 기술 사용	고대의 것, 그리고 신비적이기까지 한 것을 경험하는 회중 (그것 위해 현대기술 사용)
교회의 대중에게 적응하기 위해 설계된 예배	대중 적응성과 함께 소그룹으로 모이는 모임을 위해 설계된 모임

포스트모던 시대를 위한 예배 갱신의 방향

전통적인 예전적 예배, 편한 현대예배 모두 문제점은 하나님과의 상호관계, 그리고 회개와 헌신이 부족하다는 점이다. 예배 속에 하나님과의 상호관계가 별로 존재하지도 않고, 있다고 하더라도 너무 미미하지는 않았는가? 전통적 예배자나 현대 예배 선호자는 서로를 비난해왔지만 혹시 우리 모두 종교행위에도 불구하고 겉치레 적인 예배를 드려오고 있지는 않았는지 자성해봐야 할 것이다. 설교를 들으며 감동받은 것을 은혜 받았다고 말하는 것처럼, 예배에서 감상적으로 감동받은 것을 신령과 진정의 예배로 착각해서는 안 된다. 의미 있는 예배는 잭 헤이포드가 자주 지적한 것처럼 늘 희생과 연관된다. 이때 희생이란 단지 구속(redemption)과 관련된 것만이 아니고 의미 있고 가치 있는 무엇을 드리는 행위[106]를 말한다. 예배 시에 봉헌 순서를 갖고 물질을 드리는 것뿐 아니라, 삶을 드려야 한다.

그러므로 포스트모던 시대 예배갱신의 첫째 방향은 삶의 변화를 낳는 예배, 즉 변혁적 예배가 되어야 한다. 진정한 예배를 드리는 자는 말한 대로 행한다. 단순히 예배를 계속 드리나 변화가 없는 예배의 반복은 우리가 추구해야 할 방향이 절대 아니다. 진정한 예배의 최종 리트머스 시험지 테스트는 삶의 변화(Transformation)이다. 잘 계획된 음악 순서에 따라 연주, 문화에 맞는 유머, 함축성 있는 예화, 잘 준비된 예배 진행에도 불구하고 하나님을 만나지 못하고, 변화된 마음과 변화된 삶이 나타나지 않는 예배를 극복하고자 하는 결단이 당신에게 있는가? 예배를 마치고 나설 때 하나님에 대한 자각이 일어나는 예배, 주님의 메시지 인식에 따른 결단과 변화와 영적 새로워짐이 일어나야 한다.

잘못된 것은 구도자예배 자체가 아니라, 현대적 공연주의자들의 행태이다. 현대적 예술 도구는 다 잘 사용했으나, 예배 내용이 없고 하나님 만남이 부족하여, 제자를 낳지 못하고 구경꾼으로 전락시킨다면 그것은 비난받아야 한다. 그러나 예전 중심의 전통 예배는 얼마나 다른가? 그래서 새들백교회와 윌로우크릭교회는 주말의 구도자예배를 통해 예수님을 만난 그리스도인들에게, 주중 예배를 강조한 것이다. 제자도 설교자를 따로 세우고 훈련과 셀그룹 사역 강조로 그것을 보완했기에 교인 대다수가 봉사하고 섬기는 건강한 교회를 만들어낸 것임을 알아야지, 구도자예배의 드라마와 음악만 흉내 내거나 구도자예배는 잘못된다는 말만 하며 무시하면 안 될 것이다.

그러므로 포스트모던 시대 예배갱신의 두 번째 방향은 우리가 사랑하고 경배하는 예수님을 닮은 제자의 모습까지 고려한 전체 사이클을 고려한 예배여야 한다는 것이다.

교회를 사람들로 가득 채우는 것보다 더 중요한 것은 사람들 속에 하나님을 꽉 채워지게 하는 것이다. 예배는 우리를 구속한 하나님의 구속행위를 즐거워하는 데서 시작되지만, 거기서만 머물 것이 아니라 우리가 진정으로 사랑하는 주님을 닮고자 하는 제자의 모습과 그 주님 앞에 우리를 다 드리는 헌신의 요소까지 나타나는 예배가 되도록 디자인해야 한다.

포스트모던 시대 예배갱신의 세 번째 방향은 잘 짜여진 예전적 질서 준수와 설교를 통한 논리적 설득에서 끝나지 않고, 하나님의 임재 경험과 주님과의 친밀성 함양이 있어야 한다는 것이다. 어떻게 이성적·논리적으로 설득하고 가르치고 알게 만들 것이냐보다, 하나님의 거룩한 임재에 떨며 주님을 만나고 그분과 친밀해지는 것이 일어날 수 있도록 하는 것이 중요하다.

네 번째 갱신방향은, 성직자나 예배 인도자가 이끌어가는 행사가 아니라, 예배공동체인 회중이 배려되고 참여하는 예배를 만드는 것이다.

전통적인 예배에서 볼 수 있는 구경꾼 방식의 예배는 바람직하지 않다. 그렇다고 회중의 참여란 아주 특별한 것이어야만 하는 것이 아니라, 문화 속에서 무난하게 하면 된다. 예를 들어 예배 준비, 반주, 찬송, 성경봉독, 봉헌, 광고 등 각 순서의 주체가 되어 이끌어갈 수 있는 기회를 주는 것이며, 공동체적으로는 설교 후 묵상과 응답기도, 봉헌 때 기도의 기회 제공하기, 통성기도 시간 참여 등을 통해 이룰 수 있다. 목회자가 매주 틀에 박힌 대로 혼자 끌어가는 것이 아니라, 달라진 인도자의 언어와, 회중의 반응 기회를 주는 조그만 변화와 배려들이 참여적 예배를 만들어가는 것이다. 이런 기회를 늘리는 반면 전통적으로 제직들이 해왔던 대표기도 대신 사역자가 목자로서 양들을 위한 목회기도 시간을 회복할 수 있어야 한다. 회중 참여적 예배 흐름은 포스트모던 시대 사람들의 표현문화에 대한 대안이 되기도 한다. 지금까지 교인들이 보였던 것과 달리 갈수록 사람들은 자신의 감정 표현에 익숙해져 갈 것이다. 그리고 나면 표현 기회가 없는 예배를 답답해할 것이다. 그것은 이미 경험했듯이 순복음교회 출신들이 장로교회 예배에서 답답함을 느끼는 감정과 매우 유사한 것이다.

다섯 번째로 포스트모던 시대 예배는 창조성과 예술에 대한 고려가 중요하게 될 것이다. 미국에서도 구도자 예배를 뛰어넘는 예술 측면이 강화된 예배가 모자이크교회 등을 통해 새물결을 이루고 있다. 그 교회뿐 아니라 노스포인트교회나 펠로우십교회 등 최근 부흥하는 교회들은 어떤 형태로든 예술적 측면이 이전과 비교할 수 없을 정도로 강화되고 있다. 물론 예술은 예배의 종이요 기능이요 돕는 역할이지 예술적 표현 자체가 목표가 되면 안 된다. 아무리 예술성과 창조성이 중요해도 기독교의 본질적인 메시지를 이해하지 못하고 하나님 자신이 드러나지 않는다면 일반 예술 활동과 다를 바 없기 때문이다. 아무리 아름다운 음악과 선율과 연주라도 무의미한 것과 같다. 그러나 앞으로 예술은 하나님의 창조성, 성육신 때문에 예배에 나타나야 할 요소이지, 선택 사항이 아님을 알게 될 것이다.

여섯 번째로 개신교 예배의 독특성을 살려야 한다. 참된 예배의 기초는 신령과 진정이다. 제사장의 제사 행위와 죽은 의식 중시함보다는 신령(Spirit), 즉 성령에 이끌림, 하나님의 영의 임재와 충만이 나타나는 방향으로의 예배갱신이 이루어져야 한다. 그리고 진정(Truth) 즉 하나님의 계시가 명료하게 나타나고 전달되는 예배를 이루기 위한 갱신이어야 한다. 그래서 종교개혁은 중세 가톨릭 예전예배의 말씀과 성찬식의 형식적 이중구조가 아니라 설교 중심성을 강조할 수밖에 없었던 것이다. 그러나 최근 성례 약화에 대한 자성보다는 예배에서 설교와 성찬식의 대등구조로 돌리려는 움직임이 에큐메니컬 예전갱신 운동가들에 의해 다시 일어나고 있다. 개신교의 성공회, 루터교, 그리고 감리교단이 로마 가톨릭과 동방정교회와 함께 미사의 기본골격 구조인 설교와 성찬의 두 축으로 구성된 예배 쪽으로 갱신 방향을 잡고 있는 것은, 종교개혁가들의 정신을 뒤로 돌리는 것과 다를 바 없다.

신령과 진정의 균형과 함께 개신교 예배는 또한 그리스도의 신성과 인성 측면의 균형이 있어야 한다. 하나님의 초월성과 타자성을 강조하고 싶은 사람들은 예전적 예배만이 바른 예배라고 하고 예배에서 그리스도의 신성 측면만을 부각시키려고 한다. 반면 하나님의 친밀성과 사랑을 강조하려는 열정을 가진 사람들은 좀더 역동적이고 자유로운 현대 예배가 진짜 예배라고 주장하는 것인데 이는 예배에서 그리스도의 인성 측면만 강조하는 것과 다를 바 없다. 바른 예배는 그리스도의 신성과 인성을, 하나님의 거룩과 자애를, 은혜와 진리를 균형 있게 이해하고 표현하는 것이어야 한다. 중세 예배처럼 초월성 거룩성 타자성이 적으면 인간적이고 예배가 세속화되었다고 비난하고, 역동성과 기쁨이 적으면 죽은 예배라고 비난해서는 안 된다. 그것은 또한 예배에서 하나님 지향성과 사람 지향성의 균형으로 표현되어야 한다. 성경적인 예배갱신은 하나님 중심성을 강화해야 하지만 예배를 신중심의 어떤 예식으로만 몰고 가려고 하면 안 된다. 오히려 우리 한국 개신교 예배에서 보여준 인격적인 따스함과 우리 가까이 임하시는 성령님을 느끼게 해준 오순절 형제들의 기여를 잘 살리는 것이 갱신의 방향이 되어야지, 다시 서구와 중세 기독교의 차가운 예전으로 돌아가는 것만이 예배갱신은 아닌 것이다.

포스트모던 시대 개신교 예배를 위한 예전 발전에 대한 제안

우리 개신교 예배가 분명히 해야 할 점은 설교는 예배의 중심일 뿐이라는 것이다. 최근 일부 예배학자들이 주장하듯 과연 성례가 예배의 중심인가? 아니다. 성례는 말씀과 하나님의 구속 행위를 상징하는 표시(징표 sign)이지 그 자체가 메시지를 대치할 수 없다. 그것이 칼빈을 비롯한 종교개혁자들의 확신이었다. 그래서 무시된 주의 만찬의 중요성 회복은 필요하지만, 설교와 대등한 두 축으로 올리려는 현대 예전 운동가들의 움직임에는 주의할 필요가 있다.

예전적 예배를 드리는 사람들은 그렇지 않은 교회의 예배가 무질서하고 신학이 없는 예배요 즉흥적 예배처럼 보이지만 그렇지 않음을 이해할 필요가 있다. 그들 나름대로 예배의 신학에서 그런 예배를 구성한 것이고, 나름대로 질서가 있는 것이다. 마찬가지로 조금 더 자유로운 스타일의 예배를 드리는 쪽에서 보면 예전적 예배는 융통성이 없는 꽉 막힌 예배처럼 보이겠지만 그들 나름대로 그 안에서 유연하게 움직이려고 함을 이해할 필요가 있다.

개신교에서 예전적 교단인 감리교 예배학자인 샐리어스가 잘 지적했던 것처럼 초대교회에서 과연 예배를 예전과 예식으로 이해했을까? 초대교회 성도들은 예배는 하나님 나라의 역동적 경험이요 그 나라에의 참여 방법으로 이해했다.107) 칼빈의 예배 개혁 모델도 교황제도 이전 교회에 관한 것이었음을 잊지 말아야 한다.108) 예배는 단순하고 모두가 이해할 수 있게 명료해야지,109) 중세 로마 교회의 복잡하고 장황한 예배와 예전이 우리 개신교 예전 계발의 모델이 돼서는 안 된다. 초대교회에서도 이룩하지 못했던 완전하게 통일된 예배 유형과 예식서를 가지려는 시도 역시 별로 권장할 만하지 않다.110) 고전적 전통으로의 무조건적인 회귀나 모방이 예배 개혁의 전형이 될 수는 없다111)는 예배학자의 지적에도 불구하고 예배 개혁이라면 성례와 예전 계발로 생각하는 경향은 안타까운 일이다.

예전에 기초한 예배를 생각할 때도 예전은 꼭 치러야 할 미리 짜 놓은 순서라고 생각하지 말아야 한다. 그리고 예배에 나타나야 할 성례전은 성찬과 세례만 잘 하면 된다고 생각하지 말라. 예배의 여러 순서 속에서 우리는 예수 그리스도의 십자가로 돌아가고 오늘날 부활한 예수의 영과 부딪히고 공동체의 하나됨을 경험하게 하는 여러 순서들을 통해 성례전적인 의미를 경험한다. 성찬식은 물론 분명하게 시행되어야 한다. 그러나 나머지 예배 순서들은 죽은 문자 예식서에 매여 있는 상태에다 성찬식만 하나 더하면 예배가 개혁되었고 성경적으로 회복되었다는 단순한 생각은 뛰어넘어야 한다는 말이다. 이머징교회들은 물론 포스트 모던 시대 교회에서는 주의 만찬에 대해서 과거보다 더욱 강조할 것임은 분명하다. 그러나 그것을 어떻게 잘 살릴 것인가에 대한 노력 없이 과거에 하던 것의 횟수만 늘리면 되는 것이 아니다. 성찬식을 논할 때도 수찬만을 생각하는 것에 그쳐서는 안 된다. 교인들이 수동적으로 성찬을 받는 것에서 벗어나 능동적 참여(고전 10:17-성찬에 참예함)로 자세가 바뀌도록 해야 한다. 필자가 교회에서 매달 주의 만찬을 행할 때면 당황스러운 것이 예배학자들이 그렇게 성찬식에 대한 강조를 해왔건만 성찬 전, 중간, 후에 부를 적절한 찬송가나 복음성가가 없다는 것이다. 이런 것을 계발하는 것이 복잡한 성찬예식 계발 못지 않게 중요하다. 그리고 과거에 해오던 대로 깍두기 같은 카스테라나 얇은 웨이퍼, 그리고 작은 플라스틱 잔을 극복해 주의 만찬의 원형과 그 상징의 의미를 살리려고 노력해야 한다.

필자가 사역하던 교회에서는 성찬식 시작과 마지막 부분에 집례자와 성찬위원들은 커다란 빵 한 개와 큰 포도주 잔 하나를 가지고 모델을 보였다. 이때는 목사니, 장로니 하는 호칭 대신 서로 형제라 부르며, "이 떡은 김덕수 형제를 위하여 찢긴 그리스도의 몸입니다. 받으십시오"라고 말하며 준다. 나도 장로님에게 "이 잔은 ㅇㅇㅇ 형제를 위하여 흘리신 그리스도의 언약의 피입니다. 받으십시오"라고 하며 내가 마신 큰 잔을 준다. 이 광경을 보며 교인들도 자신들이 참예한 빵과 잔의 의미를 이해할 수 있게 하고, 다 같이 손을 잡고 한 몸과 한 잔에 참여한 공동체성을 회복하는 기도의 시간을 갖는다.

주의 만찬 참여에 있어서도 로버트 웨버가 지적한 것처럼 칼빈 이래로 우리 개신교도들은 성찬을 받는 사람의 자기 반성을 지나치게 강조해왔으며[112] 허물 있는 사람의 참여를 못하게 막는 것에 집착한 적도 있다. 그러나 고백과 죄사함의 확신 갖게 하고, 깨지고 찢어지고 상처받은 사람들이 참여하게 해야 한다.[113] 주의 만찬은 그들에게 필요한 것이지 천사들을 위한 자리가 아니다. 사실 예수님의 마지막 만찬은 배신자와 주님을 팔아먹은 사람도 함께 한 자리였음을 기억한다면 형식적 성례전 회복 운동을 뛰어넘어 진정한 성례전의 회복 역시 필요한 것임을 알 수 있을 것이다. 성찬식뿐 아니라 기회가 닿는 대로 교회는 애찬도 시행할 수 있는 여건을 만들어야 할 것이다. 식사가 어려운 상황에서는 예배 후 둘러서서 커피를 마시는 시간, 그리고 새교우 환영 만찬과 여러 식사 모임을 활용하는 방안이라도 계발해야 한다. 이런 것 역시 성례전 강화와 함께 고려되어야 할 예전 운동의 한 부분으로 여겨져야 할 것이다. 전교인 수양회나 특별행사 자리에서도 공동체가 함께 주의 만찬을 행하는 것은 참으로 아름다운 기억이 될 것이다.

예배는 하나님과의 공동의 대화이며 친교이다. 예배를 통해 공동체는 공동의 기억을 나누고, 침묵으로 묵상하고, 의식을 행하고 찬양함으로 하나님의 임재와 그의 권능을 일깨우는 것. 성찬식뿐 아니라 세례식에 대한 창조적이고 발전적인 노력 역시 중요하지만 지면 관계상 다 언급할 수 없다.

포스트모던 시대의 사람들은 옛 것에 대한 동경, 향수가 강해지고 그 가치에 대한 자각이 일어나고 있다. 그렇다고 해서 그들은 현대적인 것을 포기하지도 못한다. 그 두 가지를 동시에 보유하기를 원한다.

그것이 이머징교회들이 계발하고 있는 예배의 모습으로 최근 등장하고 있는 것이다. 포스트모던 시대 현대인들은 종교적인 상징을 찾아 나설 것이다. 그들은 현대적이면서도 진지함을 원한다. 구도자 때는 가벼운 예배, 가벼운 설교를 선호하나 정말 방황하다가 돌아와 거듭나면 진지한 설교와 진지한 예배도 원하게 된다. 그러므로 이 두 가지의 조화가 중요하다. 사람들은 초자연적 체험과 함께 매일의 삶에 실제적인 관련성을 갖는 것을 동시에 경험하기 원한다. 그러므로 미래 예배는 전통적 예전 속에서 초자연적 체험이 녹아 있고, 설교 속에서 실제적 연관을 짓는 이 두 가지가 병행될 수 있는 방향으로 계발되어야 한다. 이런 동향과 최근 이머징교회의 예배는 예배 전통의 수렴현상 (convergence, 로버트 웨버 같은 예배학자는 이를 예전의 통합현상[114]이라고 부른다.)을 통해 엿볼 수 있을 것이다. 이런 사실을 종합해볼 때 예전 계발이란 성찬식을 예배의 중심으로 끌어들이는 성례전 중심으로만 생각해서는 안 되고, 설교와 성례, 고전성과 현대성을 아우르는 종합예술을 만들어내는 방향으로 가야한다.

예를 들어 필자가 15년 전에 시무하던 교회나 현재 교회에서도 말씀 봉독할 때는 앉아서 듣는 것이 아니라 느헤미야 8장 4~6절의 정신을 살려, 성도가 다 일어나 서서 경외함으로 받게 하고 봉독자는 본문 낭독 후 "이것은 기록된 하나님의 말씀입니다"라는 선언을 하게 한다. 또한 개신교 예배의 클라이맥스인 설교의 감동과 헌신, 그리고 이어지는 축도와 파송 부분 사이에 끼어 그 맥을 끊는 광고시간을 없애고, 예배 전반부에 코이노니아 부분에서 함께 나눌 사항으로만 제한하고 나머지는 주보를 활용한다. 축도 역시 왜 항상 똑같은 권위적인 목소리로 "--있을지어다~!"로 해야하는가? 심지어 필자가 현재 시무하는 교회에서 초기에 민수기 6장 24~27절로 축복하자 사람들은 공식과 다르기에 축도가 마쳐진 줄 모르고 있었고 성가대의 송영도 나오지 않은 적이 있을 정도로 우리 한국교회는 항상 똑같은 틀의 반복에 매여 있다. 그러나 필자가 다녔던 고든콘웰신학교 채플에서는 당시 재무부총장이 화란개혁교회 목사였는데 다함께 눈뜬 채로 축복기도하며 마지막 부분에 "then, the People of God says~"라고 말한다. 그러면 회중은 목사님을 바라보며 "Amen"하고 화답했다. 이처럼 축도 역시 대화체이며 목회자가 축복하면 회중이 화답하는 구조로 할 수 있음에도 불구하고 우리는 익숙한 짜여진 틀에서 벗어나지 못한다.

필자가 가르치는 학교에서는 교직원 예배 때에도 신앙고백 순서에 사도신경만이 아니라 니케아신조 등을 사용하기도 한다. 왜 안 되겠는가? 앞에서도 언급했듯이 미래 예배 발전 방향에 있어서 예술성이란 성례전 외에도 예배의 요소인 빛, 소리, 공간 모두에 대한 연구가 중요함을 의미한다. 구도자 예배가 그러했듯이 예배 장소가 극장 무대처럼 기능면만 고려하면 되는가? 그렇지 않다. 강단의 설계와 설교단, 각 상징물 배치와 예배실 전체 구성이 공간적으로 신비와 거룩성을 드러낼 수 있어야 한다. 공간은 예배에서 중요한 요소인 상징 중 가장 큰 것이다. 이제 창고형 교회라도 예배란 기능을 하는 데 지장이 없었기에 상관 없다는 움직임은 사라지고 예배실과 교회 건물 자체가 더욱 상징성과 신비성 표현의 기회로 여겨지게 될 것이다. 그리고 예배는 메시지, 행동, 빛과 소리를 통해 다가오는 살아 계신 하나님과의 만남과 경외의 경험이 되어야 한다. 좋은 설교만이 예배의 목표가 되는 것은 아니다. 생명력 있는 예배는 공간과 설교 외에도 여러 가지 소리와 빛과 색이 살아 있는 상징으로 와닿는 시간이다. 예배갱신은 성찬식과 세례식을 포함한 예전 순서 계발 만이 아니라 모든 색, 공간, 소리, 빛 사용 측면 모두의 발전으로 가야 한다. 찬양과 연주 외에도 예배 시작하기 전의 소리, 예배 중에 사용되는 다양한 소리들, 예배가 마쳐진 후의 소리와 음악들, 때로는 반대로 언제 침묵과 조용함을 사용할 것인지, 그리고 예배실 전체의 색조와 휘장들, 설교단에 드리운 천의 색과 디자인, 천장에서 늘어뜨린 상징적인 배너 사용법, 강단과 예배실 전체를 휘감는 조명 사용법, 강단으로의 행진, 설교대로 향해 움직이고 그곳에서 나가는 행위 모두가 계발되어야 한다. 그것이 예배갱신이지 예전통일만이 전부가 아니다. 그리고 예전 개혁이 예배를 새롭게 함과 같은 것으로 착각해서도 안된다. [115] '개혁'과 '새롭게 됨'은 서로 연관이 있지만 다른 개념이기 때문이다.

예배는 단지 신학적인 사고가 요구하는 객관적인 시스템이 아니다.[116] 예전적 규정과 틀로 제한해서도 안 되고, 논증적으로 배우고 이해하는 시간이 아니라 하나님의 임재를 경험하는 시간[117]이어야 한다. 목회자는 교인들이 하나님의 영광을 경험하고 그 임재하심에 떨고 그 음성에 응답하고 헌신의 즐거움이 나타나도록 오늘의 정황 속에서 현대 성도들을 신령과 진정으로 이끌수 있도록 돕는 것이 예전갱신의 방향이어야 한다.

교회의 가장 본질적 목적은 선교나 전도 자체가 아니고 선교와 전도를 통한 예배이다. 선교의 목적도 예배 공동체를 세우기 위함이기 때문이다. 그러나 교인들을 모아 놓는다고 진정한 예배가 일어나는 것은 아니다. 특히 현대화의 편리함 추구와 함께, 모든 것이 종교적인 것으로 포장되는 사이비 영성 사회 속에서 진정한 예배를 경험하는 것은 축복이다. 모든 피조물의 영혼 깊숙한 소망인 창조주를 만나고 만유의 주를 예배하고 싶은 열망이 성취되도록 형식에서 유연함으로, 자유로움 속에서 또한 질서로의 적절한 이동을 통한 신령과 진정의 예배가 세상 끝날까지 계속되기를 기원한다.

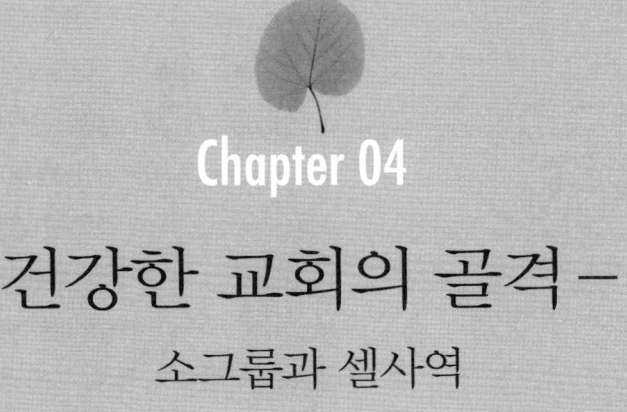

Chapter 04

건강한 교회의 골격 –
소그룹과 셀사역

건강한 교회의 골격 – 소그룹과 셀사역

셀목회와 교회 성장*

셀목회와 교회성장, 이 두 가지에 대해 호기심을 갖고 있는 사람도 있지만, 아직까지는 부정적인 감정을 갖고 있는 사람도 적지 않을 것이다. 필자 자신도 한동안 그랬지만, 많은 목회자들이 교회성장에 대한 잘못된 인식에서 벗어나지 못하고 있다. 특히 대형교회에 대한 피해의식을 가지고 있는 중소형 규모 교회 목회자들은 교회성장학에 대해서는 거의 알레르기적 반응을 보이고 있다. 셀사역에 대한 것도 마찬가지이다. 근래 4~5년 사이 불어닥친 셀사역에 대한 엄청난 파도 앞에서 셀사역에 대해 제대로 배우거나 연구해보지도 않은 목회자들이 거의 미신에 가까운 소문을 믿고 있다. 셀사역을 하게 되면 주일 예배를 망친다, 목사가 할 일이 없어진다 등…. 그런데 이런 의혹의 눈초리에도 불구하고, 담임목사들은 내면적으로는 자신이 목회하고 있는 교회의 성장에 관심이 없을 수 없고, 셀사역이 혹시 성장의 돌파구가

※《개혁신문》, 2003년 11월 17일자에 발표했던 글이다.

되지 않을까 하는 기대감도 갖고 있는 듯하다. 그러나 분명히 밝히건대, 교회성장의 한 수단으로 셀사역에 대한 관심을 갖는 것은 잘못된 접근방법이다. 물론 셀사역을 제대로 한 교회는 동서양을 막론하고 모두 폭발적인 성장, 아니 부흥을 맛보았다(이에 대해서는 조엘 코미스키의 '셀 그룹 폭발' 등을 참조하라). 따라서 건강한 목회를 통해 건강한 교회를 만들려는 몸부림이 먼저 선행되어야 한다. 셀사역은 신약성경의 건강한 목회, 건강한 교회로 돌아가기 위한 목회철학이요 방법론이지 교회성장의 수단이 아니다.

바른 교회 성장을 위한 안목을 갖자

진정한 교회 성장은 인간이 자신의 지혜와 능력을 다한다고 되는 것이 아니다. 물론 세상적 방법과 인간적 노력을 해도 교회는 어느 정도 양적 성장이 가능한 것이 사실이다. 그것은 현실이 증명한다. 그러나 진정한 교회의 성장이란 하나님이 일하시고 성령이 역사해서 만들어진, 하나님의 뜻에 합한 교회가 되는 것이다.

이처럼 바른 교회 성장은 릭 워런이 지적하듯이 하나님께서 일하시는 파도를 타는 것이 우선이고, 동시에 목회자도 자신이 해야 할 책임을 다할 때 일어나는 것이다. 양들의 형편과 필요에는 무감각하면서 강단에서 언성을 높이고, 충성과 순종만 요구하며 교회 중심생활을 외친다고 될 일이 아니다. 그렇다고, 세상은 갖은 지혜로 사람들을 유혹하는데, 교회 지도자들만 옛 영광에 도취되어 과거에 하던 대로 반복하며 순종만을 강요하는 것은 지혜로운 청지기라고 말할 수 없다. 교인들이 발전하는 것 이상으로 목회자도 발전해야 하고, 세상이 발전하는 것 이상으로 교회도 발전해야 한다. 사회적, 영적 모든 부분에서 발전해야 한다. 힘들지만 신학적으로도 끊임없이 발전해야 한다.

진정한 개혁교회가 되기 위하여

거의 모든 교회들이 정통과 보수를 자처하고, 개혁교회임을 주장한다. 그렇지만 과거 전통만 고집하지 않고, 끊임없는 자기 개혁을 시도할 때 진정한 개혁교회라 일컬어질 수 있을 것이다. 목회자들은 분명히 알아야 한다. 개혁교회는 말씀이 중심이지만, 참으로 건강한 교회는 편안한 주일예배와 명설교만으로 되지 않는다는 것을! 역동적이고 하나님의 영광이 경험되는 예배와, 일꾼을 세우는 지도력과, 교인들 하나 하나가 진정한 돌봄을 입을 수 있는 소그룹 공동체 형성 등 여러 요소가 함께 있어야 한다. 그래서 설교중심 목회에서 교육 목회로, 그리고 한 걸음 더 나아가 훈련 목회로 발전해가다가 이제 소그룹 공동체에 기반을 둔 셀사역까지 온 것이다.

건강한 교회를 위한 교회 갱신(Renewal)

사실 지금까지 세계교회 앞에 자랑해온 우리 한국교회의 놀라운 성장은 위대한 선배 목회자들 때문도 있지만, 또 다른 요인들이 있음을 솔직히 인정해야 할 것이다.

일제 억압과 공산치하와 전쟁의 고난과 고통 속에서 살던 우리 한민족에게 교회는 유일하게 위로를 얻을 수 있는 곳이었다. 그리고 유교적 억압 속에서 여자와 젊은 사람들이 자신의 존엄성과 가치를 인정받을 수 있던 유일한 곳이었다. 배움에 목말라 있던 우리 민족에게 누구나 배울 수 있었던 곳이 교회였다. 실로 상처 많은 우리 민족에게 소망을 주고, 위로와 치유를 누릴 수 있는 곳이었기에 한국교회는 폭발적인 성장을 거듭해왔다. 이는 구약의 이스라엘 못지않게 억압과 전쟁, 가난으로 고통받던 우리 민족을 위한 하나님의 전적인 은혜 때문임을 잊어서는 안 된다. 동시에 우리의 전통적이고 유교적인 가부장적 구조 속에서 목회자는 교인들의 순종의 자세를 덤으로 얻고 막강한 리더십을 인정받아 견고한 교회를 형성할 수 있었다. 게다가 오랜 불교와 유교적 생활 방식 가운데 몸에 익힌 종교적 열심과 수행 태도, 그리고 경전 중심적 열심은 20세기 한국교회의 부흥을 일으킨 기적의 비료 역할을 해주었다. 게다가 샤머니즘까지 세례를 줘서 교회 안에 자리잡게 할 정도로 마음이 넓었다. 그래도 아니 그렇기 때문에 한국 교회는 여기까지 자라올 수 있었다. 그러나 이제 민주화되고 노동자든 농민이든 어떤 그룹도 권한을 주장하고 나오는 모종의 자유를 누리며, 유교적 권위주의가 무너지고, 정보가 대중에게 오픈되고, 무한경쟁의 경제구조 속에서 자라는 세대를 향해 전통적인 방식으로 목회하려는 사역자들은 차츰 좌절감을 맛보게 될 것이다. 이제 과거에 선배 목회자들이 하던 대로 하면 교회성장의 둔화가 아니라, 이미 경험하고 있는 것처럼 교회의 쇠퇴를 면할 수 없을 것이다. 이 사태 앞에 계속 대형교회들만 비난하고, 악해져 가는 세상 사람들과 메가처치들에게 핑계만 대서는 아무런 해결이 되지 않음을 알아야 한다. 각 교회가 본질적으로 갱신해 교회 본연의 모습을 찾고 능력을 회복해야 한다.

전통교회의 문제점 인정과 개혁의 필요성 인식

교회의 성장, 즉 교세로 목회자 자신의 가치가 판단되는 이 세대 속에서, 목회자들은 이미 너무 쉽게 방문객과 구도자들을 등록제도를 통해 교인화했고 교회는 조직이 되었다. 교인들은 세상 사람들과 별로 다르지도 않고, 하나님의 일에 대한 헌신도 없고, 그리스도의 몸에 대한 진정한 충성심도 없으니, 더 좋은 시설 혹은 자신이나 아이들을 위한 더 나은 프로그램을 제공하는 교회만 있다면 언제든지 옮기는 데 문제를 못 느끼고 있다.

그러나 더 심각한, 아니 현대교회의 본질적인 문제는 랄프 네이버 등이 지적하는 것처럼 PBD(Program Based Design- 프로그램 중심, 부서별 목회 형태) 구조이다. 즉, 전통교회는 프로그램 중심으로 디자인되어 있다. 우리 자신의 목회를 솔직하게 돌아보자. 여기 저기서 좋다는 프로그램을 복사해온다. 그리고 그 프로그램을 돌릴 사람을 임명한다. 그 다음에는 그 프로그램을 교인들에게 광고한다. 일단 시작되면 교회는 그 프로그램을 유지하기 위해 노력한다. 이것이 지금도 진정 필요한 것인지를 묻지 않는다. 일단 시작한 것을 없앨 수 없기 때문이다. 프로그램이 문을 닫는 것은 목회자의 실패와 무능성으로 비쳐질 수 있는 위험을 안고 있기 때문이다. 그리고 목회는 목회자만 하는 것으로 여겨진다. 우리는 프로들이고, 교인들은 우리가 목회할 수 있도록 자원을 대주는 사람일 뿐이다. 그 결과 교회는 1퍼센트의 전문가 혼자서 죽도록 뛰다가 쓰러질 지경이지만, 99퍼센트의 교인들은 구경꾼으로 전락해버렸다. 일부 교회는 평신도 사역을 한다고 애쓰고 있지만 평신도를 깨워서 무엇을 하겠다는 것인가? 프로인 목회자를 위한 조수 일이나 하라는 것이다. 더 심각한 점은 이런 프로그램중심 목회는 필연적으로 교회 안에 부서별 경쟁 구조를 낳는다는 점이다. 이것은 조금 더 나은 개선책 제시로 해결될 문제가 아니다. 목회관에 대한 근본적인 갱신과 패러다임의 전환이 있어야 한다. 그래서 셀사역이 대두된 것이다.

또 한 가지, 과연 교회가 사역으로 성장하는 길은 무엇일까? 진정한 교회성장은 몸의 지체가 각기 제 기능을 제대로 할 때 가능하다. 하나님이 주신 은사대로 모든 사람이 사역에 동참할 때 교회는 자라갈 수 있다. 세계 복음화를 소리 높여 부르짖지만, 그것은 목사 혼자 발버둥 쳐서 되는 것이 아니다. 모든 교인이 각자가 있는 곳과 다니는 곳에서 선교사적 삶을 살고 사역을 할 때 가능해 지는 것이다. 모두가 사역자가 되어 일하는 교회. 이런 점에서 지도자는 목회의 output에 대한 분명한 그림이 있어야 하는데, 그것이 바로 셀교회이다.

건강한 교회, 바른 목회는 관계성에 대한 이해에서 시작된다

셀사역이 무엇인가를 여기서 한 번에 다 말할 수 없다. 그러나 셀사역은 모든 성도의 사역(만인제사장 교리), 성경적으로 기능하는 공동체 형성, 전도와 배가, 돌봄과 리더십 계발 등을 실천해가는 목회로 특징지어질 수 있다.

건강한 교회는 교인 수만 늘려놓고, 목회자는 양들을 돌보며 설교만 잘하면 되고 나머지는 관리자들(부교역자들)에게 맡겨놓으면 되는 곳이 아니다. 그렇다고 가정교회 운동가들이 생각하듯, 교회들이 30명 정도로 작아지면 되는 것도 아니다. 하나님의 나라는 자라가야 한다. 그러나 동시에 각 개인이 제대로 돌봐지는 가정교회 형태가 있어야 한다. 이런 형태를 칼 조지는 메타처치라고 부른다. 참된 돌봄이 가능한 셀그룹(가정교회)으로 구성된 대형 공동체 그것이 셀 교회다.

또한 목회의 본질은 관계성임을 사역자는 기억해야 한다. 믿음을 갖는다는 것은 하나님과의 관계성을 형성하는 것이며, 이웃과 새로운 관계성이 형성되는 것이다. 목회자와 교인들 간에 목자와 양의 관계가 형성되는 것이 사역이다. 이런 관계성은 주일 예배중심 목회에서는 제대로 계발될 수 없다. 관계성은 작은 공동체 즉 셀그룹 속에서 제대로 세워지고 심화되고 경험되고 발전될 수 있다.

이제는 교인들의 삶의 변화가 없는 예배와 교회 생활의 반복을 더 이상 허용해서는 안 된다. 사람들이 교회에 나오면 가치관이 바뀌고 삶의 방식이 바뀌어야 한다. 그것이 진정한 부흥과 성장이다. 그런데 삶의 변화는 주일 예배 현장의 무리나 일대일 훈련 혹은 어떤 성경공부 모임보다는 셀그룹 같은 작은 공동체 속에서 가장 효과적으로 일어나는 것으로 밝혀졌다. 그렇기 때문에 셀사역이 필요한 것이다. 열심히 목회를 하지만, 변혁의 능력이 나타나지 않는다면 그것은 무늬만 교회요, 종교 집단일 뿐이다. 그런 교회는 아무리 늘어나도 사람들은 감사하거나, 감동받거나, 도움이 된다고 하지 않는다. 세상 아무도 신경도 안 쓴다. 오히려 교통을 불편하게 하고 시끄럽다며 귀찮게만 여길 것이다. 따라서 목회자는 어떤 목회 방식에 대한 관심이 아니라, 사람들이 바뀌어가는 과정(precess)에 대한 이해가 필요하다.

필자가 섬기던 교회에서 자연적 교회 성장 세미나 후 한 목자가 소감을 얘기하며 이렇게 말했다. "NCD에서 말하는 자연적으로 자라가는 교회의 특징이 뭔가했더니, 그게 바로 우리 교회에서 하는 셀사역이네요. 셀그룹을 제대로 하면 그게 바로 자연적 교회 성장 아닙니까?" 그는 목사가 아니지만, 목회가 무엇인지 제대로 파악한 것이다. 셀사역이 무엇인지 제대로 알고 있었던 것이다.

셀목회의 결과로서의 성경적 교회 성장

초대교회는 성전에서의 집합적 다수의 예배활동과 각 가정에서의 가정교회, 즉 대규모 모임과 소규모 모임 양쪽을 통해 균형 있게 발전해가고 있었다. 그러나 차츰 조직화되어가며 중세 가톨릭교회에서는 한쪽 날개를 잃어버리고 오직 성직자주의에 기반을 둔 성전 중심 대규모 집회 형태로 자리를 잡아갔다.

셀사역은 초대 교화와 같이 두 날개로 온전히 비상하자는 것이며, 사도행전이 보여주었던 폭발적 능력의 교회로 돌아가자는 것이지 20세기 말에 새로 나온 서구적 목회방법론이 아니다. 셀목회는 한국교회가 생각하듯 서양교회의 것도 아니며, 구미 서방교회들이 생각하듯 한국이나 싱가폴 등 동양권에서나 될 수 있는 것도 아니다. 그것은 성경적인 목회방식으로의 회귀 움직임이다. 성경적인 셀사역을 통해 남미의 ICM 교회는 5만 명이 넘는 숫적으로만이 아니라 역동성으로도 대단한 교회가 되었으며, 미국의 베다니교회(BWPC) 역시 셀교회로의 전환 이후 기도의 능력과 선교의 능력에 모범적인 교회가 되었다. 잘 알려진 것처럼, 전국민이 300만 명도 안되는 싱가폴의 FCBC 교회는 1만 2천 명 이상이 출석하며 주일 출석보다 셀모임 참석인원이 더 많은 건강한 교회로 성장했고, 그 교회 모델을 본받아 개척한 CHC 교회 역시 청년 중심으로 또 하나의 1만 명이 넘는 교회로 발전했다. 게다가 세계에서 가장 선교하기 어려운 곳이 이슬람 국가인데, 인도네시아 같은 이슬람 국가에서도 셀사역을 통해 1만 명이 넘는 교회(GBI)들이 생기기 시작했다. 심지어 셀교회로 여겨지지는 않지만 윌로우크릭, 새들백 같은 이 시대에 가장 주목받는 교회들 역시 셀사역 형태의 소그룹 사역을 통해 교회의 기본 골격을 구성하고 있음을 주목해 봐야 한다. 국내에서도 비록 교인 수로는 최대교회가 아니지만, 여러 가지 목회적 요소로 볼 때 가장 건강한 교회로 꼽히는 교회들이 셀사역으로 무장되어 있다는 점은 목회자들에게 무엇을 시사해주고 있는가?

셀사역에 대한 관심과 대가 지불의 각오

지금까지 큰 문제 없이 목회해왔다고, 계속 그럭저럭 목회해서는 안 된다. 셀사역이 내 취향에 맞느냐 안맞느냐도 중요한 것이 아니다. 이 시대에 주께서 원하시는 것이 무엇인지를 기도하며 물어야 한다. 이 짧은 지면으로 셀사역이 무엇인지 다 설명할 수는 없다. 그것은 목회가 무엇인지 전혀 모르는 사람이, 즉시 목회가 무엇인지 나를 알게 해보라는 요구와 같은 일이다. 참으로 셀사역에 대해 알고 싶다면, 『셀교회지침서』(랄프 네이버 저)와 『셀교회 전환과 셀리더세우기』(김덕수 저) 등의 문헌을 진지하게 연구해보기 바란다. 셀사역의 세세한 기법은 몰라도 좋다. 다만 건강한 목회를 통해 전통적인 교회를 갱신하여 주님 앞에 건강한 교회를 만들어드리고 싶다는 불타는 열망만 있다면, 기도하고 연구하고 노력할 때마다 주께서 도우실 것이다.

필자는 셀사역의 유행을 위해 사탕발림을 할 생각이 없다. 분명히 말하지만 전통목회를 하다가 셀사역을 시도하는 것은 쉽지 않다. 익숙한 전통적인 목회방식(관리방식, 보스의식의 목회, 설교와 주일예배 중심, 프로그램 중심, 그리고 때에 따라 부흥회 열기)에서 패러다임을 바꿔야 하기 때문이다. 그럼에도 불구하고, 당신이 교회의 일꾼으로 소명받은 것이 분명하다면 바른 목회를 위해 한 번 목숨을 걸어보는 것이 옳지 않겠는가? 셀사역을 하는 것에서 가장 힘든 일은 교단의 헌법도, 교인들의 무능성도, 재정의 부족 때문도 아니다. 셀목회가 어려운 것은 이처럼 목회자 자신의 왕국을 깨고, 왕권을 포기해야 하기 때문이다. 계층구조 위계질서에서 목회기능 중심의 수평적 구조로 바뀌어야 하며, 중앙집권에서 모든 신자의 목회 중심으로(만인제사장) 사역의 권한이 분산되어야 하며, 통제 중심적 목회에서 임파워링 방식의 목회로 바뀌는 것은 그리 쉬운 일이 아니다.

  셀사역은 교회 성장에 도움이 된다니까, 프로그램을 만들어 부교역자 한 사람을 임명하여 맡겨서 될 수 있는 일이 아니다. 목회자가 자기를 부인하고, 교인들을 일꾼으로 길러야 한다. 이처럼 자신이 목자가 되어야 하고 돌보는 공동체를 만들어야 하기 때문에 힘들다. 여기저기 다니며 집회하고 대접받으며 살 수 있는 유혹을 뿌리치고, 양들을 위해 집안(나의 목회지, 교회)에 틀어박혀 시간을 들이고 인내와 사랑으로 일꾼을 양육하고 사람들을 만나고 섬기고 돌보지 않고는 셀사역을 제대로 할 수 없다. 그리고 나면 세워진 수많은 지도자들을 셀사역을 통한 성경적 공동체 형성이란 비전으로 한 방향으로 가도록 하는 강력한 리더십을 발휘해야 한다. 그래서 소문과 달리, 셀사역이 제대로 될수록 목회자가 할 일이 없어지는 것이 아니라, 참으로 지도자다운 역할을 하는 것이며 더 큰 리더십이 요구된다.

진정한 교회의 성장을 원하는가? 그렇다면 셀사역에 도전해 보라. 많은 열매를 맺기 원한다면, 우리 사역자들이 먼저 한 알의 밀알이 되어 땅에 떨어져 죽어야 한다. 목회자 자신이 자신의 왕국 목회에서 십자가에 못박혀 죽지 않고는 부활의 권능을 맛볼 수 없다. 그것이 성경의 원리이기 때문이다.

한국교회를 위한 소그룹 사역 방식을 찾아서…*

근래 들어 설교와 주일예배 사역 그리고 구역조직에 기반을 둔 전통적 목회의 한계에 부딪힌 국내교회들이 셀사역에 관심을 기울이게 되며, 다시금 소그룹 사역 전반에 대한 검토를 하기까지 이르렀다. 최근에는 국내외에서 개최된 각종 셀사역 세미나와 컨퍼런스에 참석한 목회자들이, 혼란과 고민 속에서 과연 싱가폴 FCBC 교회 타입의 셀사역이냐, 인도네시아냐 GBI나 콜롬비아 ICM 스타일의 G12 방식이냐, 아니면 전통적인 구역예배 활성화로 복귀하는 것이 좋으냐에 대한 자문을 구하는 것까지 보게 된다. 심지어는 셀사역을 하면 5×5 방식(사실 이것은 여의도순복음교회의 교구제도이다)이냐 미국의 베다니교회(BWPC) 형태 중 어느 것이 효과적이냐고 묻는 경우까지 있었다. 이것은 필자가 처음에 셀사역이나 소그룹 사역을 연구하러 서구 교회나 컨퍼런스에 가면 한국인인데 여의도순복음교회를 가보면 되지 왜 여기까지 왔냐고 의아하게 여겼던 웃지 못할 해프닝과도 유사한 일이다.

※「한국적인 소그룹 목회를 가늠해 본다」란 제목으로《목회와 신학》2003년 2월호 80~87쪽에 발표했던 글이다.

여기에서는 한국교회에 맞는 소그룹 사역 형태가 무엇이냐는 질문에 대답하는 것이 첫째 목표이다. 그런데 문제의 핵심은 싱가폴 FCBC 교회 스타일이냐, 여의도순복음교회를 비롯한 한국교회의 구역예배 방식이냐, 혹은 일반적 미국 교회처럼 소그룹 성경공부 형태냐에 있지 않으며 그런 방향에서의 선택이 문제해결의 실마리를 푸는 길이 아니다. 앞으로 살펴보겠지만 어떤 방식은 서구형이어서 우리나라 교회에는 맞지 않으므로 도입하면 안 되는 것이라고 말하기 곤란하다. 비록 한국형 소그룹사역 성공 모델이라고 해도, 특정 대교회 모델은 일반적 개척교회 형편에 맞지 않아 그대로 도입하기 곤란할 수도 있다. 또한 교회 규모의 문제가 아니라, 목회자 자신의 은사와 목회 스타일과 달라서 도입하면 안 되는 경우도 있다. 예를 들어, 만일 지구촌교회나 온누리교회가 소그룹 사역을 잘해 부흥했다고 해도, 탐방 후 그 방식을 그대로 따라하면 안 된다는 말이다. 필자가 지구촌교회에 봉직할 때, 참으로 많은 목회자들이 교회 교육 훈련 시스템과 구조, 그리고 사역 방식을 카피하기 위해 자료를 요구하는 경우가 많았다. 그럴 때마다 필자는 섬기는 교회의 특성과 목회자 자신의 은사와 목회 특성에 따라 자신의 교회에 적합한 것을 만들어야 한다고 충고했던 기억이 난다. 그것은 수도권 대형 교회 목회와 지방의 소형 교회와의 여러 가지 목회 여건의 차이 때문이지, 한국형과 서구형이란 지역에 근거한 문화의 문제가 아니다.

따라서 한국교회에 적합한 소그룹 모델을 찾기 전에, "셀사역, 혹은 어떤 소그룹 사역을 하려는 목적이 무엇인가?"란 더욱 본질적 질문에 답을 할 수 있어야 한다. 적절한 소그룹 사역을 찾는 목적은 교회 성장이 아니라, 건강한 교회 만들기여야 한다.[118] 그리고 그것을 달성하기 위한 구체적인 방안은 성경적으로 기능하는 공동체 형성에 달려 있다는 자각이 선행돼야 한다. 이 부분에 대한 확고한 신념이 있을 때 비로소 어떤 소그룹 사역을 할 것인가를 결정할 수 있을 것이다.

사실 세상은 죄로 어두워져 있기에 복음에 대해 인식하고 이해하는 것이 쉽지 않다. 이때 복음이 무엇인가를 보여주는 것이 공동체이다. 그런데 역사적으로 보면 소그룹 사역은 시대마다 각기 강조점이 다른 여러 형태로 발전해왔다. 한국교회가 구역제도를 중심으로 편성되어 있을 때, 20세기 미국 교회의 경우는 1950년대의 소그룹 성경공부, 1960년대 사회 봉사를 위한 소그룹들, 1970년대 개인적 돌봄과 성숙을 위한 그룹들, 1980년대에 들어 로베르타 헤스테네스, 리처드 피스 등을 통해 귀납적 성경공부와 봉사와 돌봄 등 제 요소가 균형잡힌 현대적 소그룹 사역이 활성화되기 시작했다.[119] 그러나 1989년 랄프 네이버의 셀교회 지침서 초판이 출판되고 1990년대에 들어서자 본격적인 셀사역이 서서히 세계교회의 목회 화두로 자리 잡기 시작했다. 셀 사역이 이전의 소그룹 사역들과 근본적으로 다른 점은, 소그룹 사역을 교회 사역의 하나로 보지 않고 교회의 본질이며 목회의 근간으로 보기 시작했다는 점이다.

그럼, 왜 소그룹 사역의 필요성이 갈수록 강조되고 있을까?

사람들은 깨어진 사회에서 진정한 공동체를 소망하게 되었다. 교회에 나오는 이유조차 기독교 교리에 대한 관심보다 가족에 대한 그리움과 공동체에 대한 기대 때문[120]임을 목회자들은 사회학자 이상으로 알아야 한다. 물론 이런 사회학적 이유 외에 신학적 이유가 있다. 기독교의 본질은 죄로 부패되고 창조자 하나님과 거리가 생긴 인간이(롬 3:23), 예수님의 십자가의 대속적 사역으로 인해 구원을 받는 것이다. 그런데 성경은 그것을 처음 창조 때의 모습으로 회복되어 새 피조물이 되는 것뿐 아니라, 하나님과의 관계가 회복되어 그의 아들과 딸로 여겨지는 것으로 묘사한다. 그것은 개별적인 면만 있는 것이 아니라, 하나님의 백성으로 표현되는 공동체가 되는 것인데, 신앙생활의 본질을 다음과 같은 세 가지로 설명할 수 있다.

첫째로 하나님과의 깨어진 관계가 회복되는 것이며, 둘째로 다른 사람들과의 깨어진 관계들이 회복되는 공동체[121]가 되는 것이다. 그리고 셋째로 이런 소그룹 공동체 속에서 자신과의 깨어진 관계 회복을 통해 진정한 치유가 일어나는 것이다. 따라서 신앙의 본질이 무엇인지, 목회의 본질이 무엇인지에 대한 진지한 성찰이 있다면 소그룹 사역은 선택해도 되고 안 해도 되는 것이 아니라, 사역의 핵심으로 자리 잡을 수밖에 없다.

이런 성찰은 결국 주일 오전 예배와 같은 대형 집회로 만족하지 못하고, 우리의 모든 목회를 소그룹 중심이 되게 만들 수밖에 없다. 예를 들어, 전도 사역도 과거의 대면적 일대일 전도방식에서 소그룹 속에서의 전도와 관계 중심 생활 전도로 발전하게 된다. 양육도 일대일 제자훈련 방식에서 서서히 소그룹 세팅 속에서의 양육으로 변해가게 된다. 상담 사역 역시 상담자가 내담자를 일대일로 만나는 것에서 그룹 상담 형태로 흘러가게 된다. 그 한 예로 수십 년간 상담심리 분야에서 일해 온 래리 크랩도 이제 자신의 평생의 상담 사역을 정리하며, 참된 변화와 돌봄을 위해서는 상담사역마저 소그룹 공동체의 세팅이 최선[122]임을 강조하기 시작하게 되었다. 심지어는 그 자리가 흔들릴 것 같지 않던 교육 훈련마저도 교실에서 대규모의 청중을 대상으로 진행되는 것과 개인적 멘토링 방식 사이에서 진자 운동을 하다가, 효과적인 소그룹 세팅 활용 쪽으로 가고 있음을 기독교 내부뿐 아니라 일반 교육계에서도 보고 있다.

따라서 우리 한국교회가 전통적으로 잘해오고 있었던 구역예배 시스템보다는 삶의 변화가 좀더 효과적으로 일어날 수 있는 소그룹 사역의 필요성 대두는 피할 수 없는 요구이다. 왜냐하면 전통적인 구역 시스템은 사역보다는 행정과 조직구조이며, 전도와 양육보다는 관리와 유지 구조이고, 무엇보다도 각 사람의 필요보다는 지역에 기반을 둔 제도이기 때문이다. 물론 신앙생활 초기에는 지역에 근거한 이웃과의 교제 관계가 더 쉽기 때문에 선호하게 된다. 그러나 더 중요한 관계는 전도시 형성되는 전도자와 피전도자의 관계이며 그에 이어지는 양육 관계인데, 그 부분의 필요를 지역적으로 나누어야 하는 구역제도는 해결해주지 못한다.

소그룹 사역에는 여러 가지 유형이 있다. 구역예배 방식이나, 그 발전형태나, 전도를 목적으로 하는 소그룹 형태도 있고, 제자훈련형도 있으며, 상담과 돌봄 그룹 그리고 성경공부 그룹도 있다. 물론 이런 형태를 개선하고 발전시켜, 로이드 오길비 목사 등이 시도한 것처럼 각 구성원에게 연락책과 교제, 훈련자, 목자 역할, 찬양 등 임무를 부과하는 방식도 있다. 그리고 셀사역과 유사한 범주에 해당하는 것으로 칼 조지가 제안한 메타교회,[123] 가정교회[124]와 매우 단순하지만 파워풀한 LTG[125] 방식 등이 있다. 이 중에 우리 한국교회에 가장 적합한 소그룹 사역은 과연 어떤 것일까? 만일 그런 것이 존재한다면, 외국교회와 다른 한국교회가 반드시 채택해야 할 한국적 설교, 전도, 목회도 있어야 한다. 물론 그렇게 여겨질 수 있는 것들도 있다. 그러나 그것은 우리 몸에 맞을 뿐 아니라 무엇보다도 가장 성경적인 것이냐는 질문에도 통과할 수 있어야 한다. 예를 들어 기업 경영도 한국적인 것을 찾아야 하지만, 바른 경영의 공통원리는 문화를 초월하며 범세계적이다. 한국적 목회가 있지만 복음은 범세계적이다. 따라서 한국적인 소그룹 사역 모델을 찾기 전에 분명한 성경적 소그룹의 이상, 원리와 핵심을 분명히 하는 것을 잊어서는 안 된다.

우리 한국교회 목회 여건의 특징 중 하나는 능동적 참여가 요구되는 소그룹 모임보다는, 참석해 수동적인 자세로 앉아 있다가 은혜를 받겠다는 대형 집회를 선호한다는 점이다. 그러다 보니 주일 성수 등의 전통을 통해 집회에는 잘 참석하나, 전도 집회를 열든 무엇을 하든 정착과 헌신의 열매가 적어 결국 새교우 사역의 필요가 또 다시 대두될 정도로 건강치 못한 목회가 반복되고 있다. 사실 건강한 소그룹 사역 혹은 셀사역이 정착되면 특별한 새교우 정착 사역이나 뒷문 막기 전략 세미나가 그리 많이 필요하지 않을 텐데도 말이다.

또 다른 관점에서 생각해 보자. 2002년 월드컵을 통해 우리에게 충격적으로 와 닿았던 히딩크 방식은 과연 한국형이어서 효과적이었는가? 아니다. 그러나 그것이 성공적 축구를 위한 최선의 길이었기에 효과를 발휘한 것 뿐이다. 물론 그는 리더십이 있기에 자신이 가지고 있는 최선의 것이 먹혀 들어갈 수 있는 문화를 만들어갔다. 목회도 마찬가지다. 성경적 핵심 목회의 진리와 그것을 실현해내는 리더십이 문화적 요소나 한국형보다 더 우선적이어야 한다.

따라서, 우리 한국교회에 적합한 소그룹 사역 모델을 찾기보다는, 목회자로서 당신의 은사와 목회 역량과 스타일, 그리고 장점을 살릴 수 있는가와 주께서 원하시는 것이 무엇인가에 대한 확신 그 두 가지 모두를 고려한 당신 나름의 모델을 계발하는 것이 중요하다.

어떤 형태의 소그룹이든 그것이 바람직한 소그룹이라면 공동체적 특성, 양육, 예배와 기도, 전도와 봉사 등 사역의 제 요소가 균형 있게 나타나야 한다.

그런데 이런 일이 지속적으로 일어나려면 소그룹 인도자의 역할이 중요하게 되고, 그것은 만인제사장 사역 개념이 기초가 든든하지 않고는 실행되기 어렵다. 즉, 어떤 소그룹 모델을 선택하든, 당신의 교회에 소그룹 사역이 제대로 자리를 잡으려면 소그룹 인도자 부분이 확실해야 한다. 지난 20여 년간 한국교회에는 평신도사역이란 면에서 크게 인식이 전환된 축복된 경험이 있었다. 그럼에도 불구하고 한국교회의 평신도사역은 목회자 조수 형태에서 벗어나지 못하고 있다. 이제는 평신도를 깨우는 것에서 한 걸음 더 나아가, "평신도를 깨워서 무엇을 하려고 하는가? 목회자의 조수로 남길 것이냐, 아니면 만인제사장 의미의 사역자로 일하게 할 것이냐?"란 질문에 답할 수 있어야 할 것이다. 한국교회에 적합한 소그룹 모델을 찾는 것보다 더 중요한 것은, 어떤 모델의 소그룹 사역을 하든 한국교회의 특성 중 하나인 지나치게 목회자 의존성이 높은 문제를 지도자로서 어떻게 해결해줄 것이냐 이다. 평신도 사역을 위해서는 담임목사의 의식 전환이 먼저 필요하며, 그 후 끊임없이 성도 의식 개혁을 위한 도전이 필요하다. 평신도 사역자화라고 해서, 극단적 셀사역 개념에서처럼 셀리더가 심방하고 목사는 할 일이 없어지는 형태는 한국교회에서는 힘들 뿐 아니라, 현실적이지도 않다. 목사는 사제는 아니지만, 성도들로부터 성직자 고유의 역할을 해주기를 기대받고 있으며 그 부분은 고유의 직무요 부르심이다. 그러나 어떻게 많은 단순 심방 부분을 평신도 지도자인 소그룹 지도자들과 평신도 사역의 일환으로 나눌 것인가를 잘 판단해야 한다. 그렇지 않고는 소그룹 리더 세우기 등 목회자 본연의 직무를 제대로 감당할 수 없을 것이다. 아이러니컬하게도, 한국교회에서는 평신도 일꾼들에게 행정적 보조가 아닌 진정으로 의미 있는 사역을 위임하지 않고 있음에도 불구하고, 유능한 소그룹 인도자들은 교회 내에서 성가대, 주일학교 교사, 위원회 직분 등 중복된 사역의 부담으로 거의 탈진 지경에 와 있다. 우리 한국교회의 고질적 문제 중의 하나인 행사 중심의 신앙생활, 사역보다 교제, 행정, 봉사에 바쁜 문제를 해결해주는 리더십 없이는 제대로 된 소그룹 사역이 어렵다는 점도 알아야 할 것이다. 따라서 온 교인들에게 그 직무가 교회에서 가장 중요한 직무임을 일깨워 주고, 실질적으로 어떤 위원장이나 다른 직분보다 소그룹 지도자를 귀한 직분으로 인정해주고, 그들을 중복된 사역에서 해방시켜 소그룹 사역에 전념할 수 있도록 해줘야 한다.

　다음으로 사역과 교육훈련의 균형 측면도 생각해보자. 어떤 교회는 가정교회라고 칭하든 셀그룹이라고 칭하든 관계없이, 전도와 양육과 배가만으로 계속 이어지는 소그룹 사역을 하면서도 성공적일 수 있다. 그렇지만 이 방식은 일반적인 한국교회에 도입하기에는 쉽지 않은 모델이다. 왜냐하면 우리나라 사람들은 교회 안과 밖을 막론하고 교육열이 유난히 높기 때문이다. 교육 프로그램을 많이 열면 배우기 위해 열심히 쫓아다니기만 하지 사역은 하지 않으려는 경향을 보이므로 그것을 극복하기는 해야 하지만, 성경공부와 교육훈련과정 없이 전도와 배가 등 사역 중심으로만 몰아가면, 국내에서는 조만간 배움의 욕망을 채워줄 수 있는 수많은 세미나를 찾아 주변 교회를 기웃거리게 될 것이기 때문이다. 따라서 셀사역을 하더라도 사역 중심의 소그룹사역 훈련과 동시에, 사람들의 욕구를 충족시키기 위한 것이 아니라 사역적 비전을 가진 소그룹 지도자들을 위해 적절한 교육훈련 방식이 공존하는 것이 우리나라에서는 더 적절하다. 다만 그 수위 조절은 전문적 관점을 가진 담임목회자의 책임이다.

또 다른 소그룹 사역의 측면 한 가지를 검토해보자. 어떤 교회는 소그룹 구성을 위해 게시판을 통해 모집을 한다. 예를 들어 소그룹 리더의 이름을 게시하고 자기 마음에 드는 사람을 찾아가게 하는 방식이다. 장점은 무능하고 열매 맺지 못할 명목상 리더들이 도태되고, 유능하고 효과적인 소그룹 인도자들이 세워지게 되며 자발적으로 선택했기에 참여도가 높아지는 것이다. 그러나 우리네 정서를 보면 얼마 지나지 않아 소그룹 인도자로서의 능력보다는 교우들의 개인적 선호도와 인간적 관계성에 의해 한쪽에만 몰리는 문제도 생기게 될 것이다. 그 반대로 소그룹 멤버 자신이 전도해서 새로운 셀그룹이나 소그룹을 출범시키고 배가하는 것만을 주장했을 때에는, 전통교회에서 소그룹 사역 교회로 전환 초기에 역시 사역의 침체를 겪고 소그룹 인도자들은 어려움을 호소하거나 직분을 포기할지도 모른다. 그렇다고 해서 전통적인 구역예배 방식으로 그냥 머물러 있으라는 말이 아니다. 구역예배 시스템은 사역을 통한 개척과 배가보다는 배당 방식이라고 말할 수 있다. 즉, 교회가 새로 등록한 새교우를 거주지에 근거해 할당해 주는 우편번호 방식이기 때문에, 사실 인도자나 구성원들이 적극적으로 전도를 하지 않아도 유지에 어려움이 없어서 주께서 원하시는 불신자 전도를 통한 성장과 거리가 멀어지게 되는 문제점을 가지고 있다. 게다가 구역제도는 지역별 구성의 특징상 아무리 발전시켜도 구성원마다 다른 필요와 영적 수준에 대한 적절한 대책이 될 수 없는 본질적 문제를 안고 있음을 주목해야 할 것이다. 이처럼 각 방식의 장단점을 알고 목표를 정하되, 교인들의 수준에 따라 점차 발전적으로 전환해 가야 할 것이다.

구미 각국 교회의 경우 언약 소그룹 방식이 좋은 대안으로 자리를 잡아가고 있다. 그것은 헤스테네스 등이 성 요한 루터 교회 등에서 성공적으로 뿌리를 내렸던 소그룹 사역으로서, 하나님과 그 백성과의 언약 관계에 근거한 매우 성경적 모델이라고 할 수 있다. 구역식구로 등록만 해놓고 툭하면 빠지기 잘하는 우리네 교회 형편에서, 이 언약 모델은 모임 시간과 참석에 대한 우선권 약조, 무조건적 사랑, 자신의 시간, 힘, 재산, 능력에 대한 유용성을 약조하고, 헌신에 대한 약속을 맺고, 뿐만 아니라 서로를 위한 기도 약속, 개방성, 정직, 민감성에 있어서 언약을 맺음으로 신뢰와 책임이 있는 제대로 된 소그룹 사역이 될 수 있다.126) 무엇보다도 이것은 성경적 언약 공동체 신학에 근거한 좋은 대안이다. 그러나 우리 정서에는 공식적으로 언약을 맺거나 그런 것을 말로 언급하는 것을 편해 하지 않는다.

그렇다고 이 방식은 우리 한국교회가 포기해야 할 모델인가? 그렇지 않다. 우리 정서에 별로 맞지 않아도 이런 개념은 살려나가야 한다. 또한 언약은 맺는 것뿐 아니라, 갱신이 중요하다. 일정 기간 모이고 나면 다음 단계를 위해 언약 갱신과 재 헌신이 필요한데 어떤 형태의 소그룹 사역을 택하든 우리 나라에서도 이런 점은 문화적 적합성을 넘어 배우고 발전시켜나가야 할 부분이다.

어떤 형태의 소그룹 모델을 선택하느냐 못지 않게 중요한 것이 있다. 특히 당신이 선택한 소그룹 사역에서 운영 면에 있어서도 고려해야 할 점들이 많다. 예를 들어 아이스 브레이킹(Ice Breaking) 시간은 셀사역에서만이 아니라, 일반 사회의 기업의 교육 훈련 시스템이나 IVF의 소그룹 사역, 세렌디피티 소그룹 등에서 강조하는 부분이다. 그런데 이것 역시 우리 한국교회에 도입이 쉽지 않다. 양반의식 때문인지 이런 일에 어색해하고 멋적어 한다. 특히 장년층은 일어나 특정 동작이나 행동을 해야 하는 아이스 브레이커를 불편해한다. 그러나 자리에 앉은 채로 말로 하는 것은 그리 힘들어하지 않는다. 소그룹에서 아이스 브레이킹이 교제 등의 특정 목적 성취를 위해 정말로 필요한 것이라면 포기할 것이 아니라 그 제도 자체는 도입하되 현재 구성원의 정서에 맞는 것을 하면 된다. 필자가 섬기던 교회에서도 처음에는 어색해했으나, 얼마 후 한 50대 후반 형제 선교회의 연말 모임에 가보니 자기들끼리 자발적으로 하며 즐거워하는 것을 본적이 있다. 자신을 열고 진정한 교제를 위한 아이스 브레이킹의 시행은 셀사역 모델에서만 하는 것이라고 여기거나 서양에서나 될까 한국에는 안 맞는다고 주장하는 사람들도 있지만, 우리와 유사한 싱가폴 등 동양권 교회에서도 하는 것을 확인할 수 있다. 그러므로 계속 강조해왔듯이 이런 것은 서구교회와 한국교회의 차이 문제가 아닌 극복해야 할 부분이다. 오히려 소그룹에서 교제를 구역예배 2부 순서(식사 등)에 대한 기대로 넘기거나, 말씀 부분을 위한 소위 '준비 찬양' 형태를 극복하며 서로를 이해하고 나누는 시간으로 발전시켜야 할 것이다.

소그룹 모임 시간에 말씀을 중심으로 서로 나누는 것도 한국교회에는 맞지 않는다고 생각하는 사람들이 예상외로 많다. 인도자가 설교하듯이 혹은 강의하듯이 가르쳐주는 것을 선호한다고 그런 방식의 소그룹 모델을 택하는 것이 옳은가? 외국 학교에서 한국 유학생들이 공통적으로 겪는 문제지만, 토론과 나눔 방식의 수업이 여간 불편하고 힘든 것이 아니다. 그러나 처음에는 힘들어도 그 방식을 따를 때 참으로 많은 것을 익히고 학문하는 기본 자세가 변하고 발전하는 것을 경험하게 된다. 우리 한국교회에서는 목사나 구역장 등 인도자는 말하고, 나머지는 주로 듣기를 원한다. 그러나 일단 마음이 열리면 사람들은 서로 더 많이 말하려고 하지, 일방적으로 듣다가 가기를 원치 않음을 발견하고 놀라게 될 것이다. 따라서 이런 나눔과 토론 방식을 채택하지 않고, 초기에 편한 한국식 구역예배 방식으로 계속 운영할 것이 아니라, 그것을 극복하는 것이 필요하다. 서로 나누는 방식에서는 배운 게 없다고 여기는 사람들에게 그것을 통해 배우고 변하는 것임을 초기부터 인식시키고, 목회자는 그 사실을 주기적으로 되새기고 일깨워줘야 할 것이다.

셀사역에서든 어떤 형태의 건강한 소그룹 사역도 본질적으로 배가의 특성을 보여야 한다. 그런데 이것 역시 따지고 보면 그리 한국적이지 않다. 정 때문에 한국 교인들은 나누고 배가하는 것을 별로 달가워하지 않는다. 끈끈하게 뭉치는 것을 깊은 교제의 척도와 성숙으로 여기는 것은 사실 잘못된 공동체관과 인식 때문에 생긴 것이다. 그렇기 때문에 배가를 강조하지 않는 소그룹 사역이 한국적인 형태가 아니라, 우리 정서에 안 맞아도 그것이 성경적 원리이며 주께서 참으로 원하는 것이라면, 해야 하는 부분이다.

세계적으로 어떤 형태의 소그룹 사역을 하더라도, 심지어는 셀사역 교회에서도 이제는 닫힌 모델이 아닌 열린 소그룹이 되어야 한다는 자각이 일고 있다. 그러나 한국적 정서에서는 일단 하나의 그룹이 형성되면 외인이 끼어들기 어렵고, 시간이 지나면서 교제가 깊어짐에 따라 구성원끼리만 뭉치는 폐쇄 공동체 형태를 선호할 것이다. 건강하지 못한 이런 극단적 소그룹 공동체 혹은 셀사역 개념으로 인해, 사람들은 외로움도 사라지고 모든 의견 차이도 극복되는 하나됨을 기대할 수도 있는데 그것은 오히려 값싼 감상의 반영[127]일 뿐이지 그것이 우리가 추구해야 할 성경적 공동체의 모델이 아님을 알아야 한다. 오히려 이런 셀그룹 모델은 스코트 펙이 잘 지적했듯이 참된 공동체에 이르기 전에 겪게 되는 유사 공동체의 한 형태이며, 본 회퍼가 경고한 것처럼 참된 기독 공동체가 파괴될 수 있음을 자각해야 한다. 또한 로버트 뱅크스의 충고처럼 성경적이면서도 현실적 공동체 형성을 위해 노력해야 할 것이다.[128] 주께서 원하시는 공동체는 초기 이스라엘처럼 거룩 유지의 핑계로 이방인에게는 폐쇄된 형태가 아니다. 항시 외인을 향해 열려있고 그들을 수용하고 포용하기 위해 존재하며 서로 다름에도 불구하고 십자가 때문에, 예수님 때문에 하나됨의 기적을 보여줄 수 있는 열린 공동체가 되어야 할 것이다.

예를 들어 한국적 상황에서 소그룹 사역을 활성화하려면, 한국 교인들의 장점인 일단 모이면 서로 어울리고 교제하는 것을 선호하는 성향을 활용하는 것이 좋다. 그러나 동시에 한국 교인들의 특성인 기독교적 모임에서는 무조건 예배 중심으로 가려는 경향을 어떻게 극복하느냐가 문제가 될 것이다. 또한 신앙생활을 교회 중심, 예배라는 의전 중심으로 보는 것이 한국적 신앙생활의 특징 중 하나이다. 다른 말로 해서, 예배순서가 없는 소그룹 활동은 예배가 아니므로 소그룹 모임을 하고도 또 다른 구역예배나 수요예배 같은 예배를 드리지 않으면 찝찝해하는 습성을 보이기까지 한다. 이처럼 우리의 예배 중심적 신앙생활의 성향은 장점이라고 볼 수도 있지만 제대로 된 소그룹 사역을 위해서는 극복해야 할 요소이다.

그리고 어떤 형태의 소그룹이든 본격적인 사역에 들어가게 되면 각 소그룹은 공동체 형성 과정 중 모임의 시작, 갈등, 안정, 마무리 등 라이프 사이클(life cycle)의 각 단계를 겪게 된다. 그러나 오로지 지역별 구성이란 관점에서만 보는 구역제도에서는 이런 현상을 이해하는 것이 쉽지 않다. 목회자는 지도자로서 어떤 형태의 소그룹 사역방식을 채택하든 라이프 사이클의 각 단계마다 리더(구역장 혹은 셀리더)는 리더 나름대로, 구성원들은 구성원 나름대로 보이는 여러 가지 반응들[129]에 대해 잘 이해해서 대비해야 하며 또한 이해할 수 있어야 한다. 그것이 어떤 소그룹 모델이 더 한국형이냐보다 중요한 문제이다. 어떤 소그룹 모델을 택하든 유기적 공동체 운동 중에는 서로 부딪히고 갈등이 생기는 것이 당연하며, 그 가운데 서로의 차이를 발견하여 오해를 극복하며 신뢰가 형성되고, 서로를 향한 그리고 나아가 하나님과 공동체를 위한 헌신이 자리 잡을 수 있음을 이해해야 한다.

21세기에 맞는 건강한 교회를 세우기 위한 목회의 핵심 요소인 소그룹 사역을 위해서는 지금까지 부분적으로 생각해 본 것들과 함께 다음 다섯 가지 사항을 동시에 염두에 두어야 할 것이다.

1) 소그룹 사역과 대그룹 교육의 균형, 2) 소그룹에서의 돌봄, 사역과 교회 차원의 훈련의 균형, 3) 소그룹과 대규모 교회 사역 균형, 4) 모든 사람의 사역·참여(만인제사장)와 강력한 리더십의 역할, 5) 지역, 관심, 필요 (성숙, 지원 등)에 따른 다양한 소그룹 형태의 구성.

필자는 셀사역이 가장 발전된 형태의 소그룹 사역이라는 확신을 가지고 있는 사람이지만, 위의 다섯 가지를 염두에 두고 있으면 독자의 판단에 따라 어떤 형태의 소그룹 사역 모델을 선택해도 된다. 그러나 중요한 것은 우리 목회의 기저를 이루는 것이 소그룹 사역이어야 한다는 점이다.

소그룹 사역에 뿌리를 내린 목회가 되기 위해서는 결국 교회 전체가 총체적으로 소그룹 사역을 위해 정렬되어야 한다. 지구촌 교회는 한국 교회에서 보기 드문 단기간의 성장을 경험한 교회이다. 소위 성공적인 목회 사례로 꼽히고 있지만, 담임 이동원 목사는 「개척교회 5년 이야기」[130]란 글에서 다음과 같이 말하고 있다:

> 지나간 소명 이후 필자의 목회경험에서 소그룹 사역의 필요성과 중요성은 아킬레스건처럼 나를 괴롭혀왔다. 그래서 개척초기부터 마을목장사역(구역사역)의 중요성을 선언했고 나름대로 소그룹 사역을 이루고자 노력해왔다. 그러나 회고해보면 교회전체 시스템이 소그룹 사역을 지원하는 체재로 출발하지 않는 한 소그룹 사역은 한계를 가질 수밖에 없었다는 것이 나름대로의 결론이었다.

이제 지구촌교회는 지금까지의 소위 성공적인 목회방식을 접고 '셀교회로의 전환'을 공식적으로 선포하고 변화해가고 있다.

본 고에서는 한정된 지면 관계로 한국교회의 전형적 특징인 제직과 위원장 등의 행정직과 실제 사역을 감당하는 자와 유리된 이중 구조의 극복, 전통적인 계층 구조에 기반을 둔 교회 조직과 목회 정책 결정 등이 위계 질서에 근거한 전통 목회에서 어떻게 해결해야 하는 가 등[131]의 제 문제를 모두 다룰 수가 없다. 다만 본 고를 마치며 마지막으로 강조하고 싶은 것은 소그룹 참석은 교회 생활에서 선택 사항이 아닌 기본적인 것으로 여겨져야 한다는 것이다. 세계 유수의 셀교회에서는 등록교인 수나 주일예배 참석자보다 실제 소그룹 참석자가 더 많은, 한국 전통교회 목회자로서는 상상도 못했던 현상을 보이고 있다. 그런 점까지 이해를 하고 소그룹 사역의 비전을 펼쳐봐야 할 것이다.

중요한 것은 특정 모델 한가지를 선택하고 나머지를 버리는 것이 아니라, 소그룹 사역이 잘 될 수 있는 환경을 조성하기 위해 교회를 총체적으로 정렬하고 전환하는 것이다. 그것이 바로 목회리더십[132]이기 때문이다. 모든 변화와 발전에는 저항이 있기 마련이다. 특히 의미 있는 변화일수록 더 그러하다. 지도자는 난관을 극복하라고 있는 사람이다. 아무리 소그룹 사역을 위한 한국적 모델을 찾아도 저항과 어려움 없는 한국형은 존재하지 않는다. 목회자 자신의 은사와 목회 스타일에 맞는 소그룹 사역 방식을 택하고, 교인들의 상황과 교회가 처한 위치에 맞는 모델로, 그러나 성경이 요구하는 건강한 공동체 형성을 위해 지도자로서 결단과 헌신이 더 중요한 것이다.

셀사역은 장로교회를 침례교회로 바꿔야만 가능한가?

필자는 1996년 우리나라에 셀사역이 본격적으로 소개되기 전에 이동원 목사에게 지구촌교회를 셀교회로 전환할 필요성을 강력히 제안한 바 있다.

그 첫째 이유는 당시 개척한 지 얼마 안 되어서부터 초고속성장을 하고 있는 지구촌교회가 혹시라도 또 다른 초대형교회들의 일부처럼 단지 대형 종교기관이 되버릴지 모른다는 우려 때문이었다. 이미 여러 곳에서 구경꾼만 가득한 교회를 많이 보았고, 그 특징이 그곳에서도 서서히 고개를 들기 시작한 것으로 보였기 때문이다. 두 번째 이유는 신약성경이 말하는 공동체의 모습을 회복하는 것이 목회의 사명이라고 보았기 때문이다. 곳곳에서 좋은 인적자원들이 몰려들지만, '우리 교회'라고 여기고 신앙공동체의 가족이 되어 돌봄을 입기보다는 단지 등록교인이 되어 교회의 행정관리 대상으로 남아 있을 뿐이고, 함께 예배드리는 사람들이 누구인지, 무엇 때문에 고통받는지 관심도 없이 주일 예배에 참석했다가 가버리는 사람들이 점점 늘어나고 있었기 때문이다.

세 번째는 앞으로 몇 년 내에 우리 한국교회에도 셀사역에 대한 열풍이 불기 시작할 텐데 그때에는 전례로 보건대 셀사역과 셀교회에 대한 분명한 관점도 없이 교회성장의 수단으로 여겨 이런 저런 일들이 벌어질 확률이 높고 그때 문제가 생기면 신약교회의 이상을 회복할 수 있는 이 귀한 사역이 도매금으로 비난을 받아 제대로 꽃 피우지 못할 수도 있으므로, 대형교회로서 따를 수 있는 셀교회의 모델이 되어줘야 한다는 주장이었다. 작은교회들이 아무리 셀교회로 전환을 많이 해도 한국 교계에 내로라는 대형교회가 셀교회가 되어주고, 그 가치가 무엇인지 어떤 모습인지 실제로 볼 수 있는 모델이 되어주지 않으면 한국 교계의 특성상 셀사역은 중구난방이 되어 엉망이 될 수 있다고 했다. 그런데 불행히도 그 우려는 현실이 되어버렸다.

얼마 전 한 장로교 총회에 셀사역에 대한 이단성에 대해 질의가 올라온 적이 있었다. 전 세계에 수많은 복음적인 교회들이 셀사역을 통해 건강하게 자라가고 있는데, 어떻게 이에 대해 이단성 시비가 있을 수 있는지 자못 궁금하여 관심을 가지고 그 내막을 들여다 보았다.

우선 그 문제를 제기한 것은 그 교단의 전국 여선교회, 남선교회 연합회 측이었다.

셀교회로 전환하는 과정에서 지금까지 전통적인 교회 행정 구조 속에서 힘을 가지고 있었던 남·녀선교회장단의 입장에서 위기를 느꼈기 때문이었다. 그들은 남녀선교회라는 조직을 장로교회의 정체성으로 여겨, 그 조직에 위협이 되기 때문에 그렇게 반응한 것으로 보인다.

짚고 넘어가야 할 것은 장로교회의 정체성은 남녀선교회 조직에서 오지 않는다는 사실이다. 그것은 사역을 위한 도구이지 그 자체가 장로교의 본질은 아니다. 장로교회뿐 아니라 대부분의 한국교회는 교파에 관계없이 그 조직을 다 갖고 있다.

남녀선교회가 회장, 부회장, 총무, 회계, 서기 등의 행정조직으로 움직여왔고, 회장에서 총무로의 수직적 위계질서 속에서 움직이는 기관이며 각 선교회장은 회장으로서 교회의 중심에 서 있다고 생각해왔는데, 셀사역이 시작되면서 자신들의 위치가 불안해졌기 때문에 문제가 시작된 것으로 보인다.

왜냐하면 셀교회에서는 셀리더 혹은 목자가 교회의 중추적인 인물이 되어 기존에 남녀선교회장들이 갖고 있던 신분과 권력 측면에서 위기를 느끼게 되기 때문이다. 셀그룹을 가진 교회와 셀교회의 차이가 여기서 벌어진다. 셀사역이 제대로 일어나는 진정한 셀교회는 행정조직이 아니라 사역조직을 중심으로 기능하기 때문이다. 그러므로 현장에서 실제로 복음을 전하고 성도들을 양육하고 돌보는 목자들이 교회의 중심에 서게 되고, 동년배들이 모여 교제하고 1년에 한두 번 야유회나 선교기금 마련 바자회를 하는 정도인 선교회는 이전과 같이 중심적인 역할을 하지 못하기 때문이다.

그럼 셀교회로의 전환에 따른 문제의식은 단지 남녀선교회장들만이 느끼는 문제인가?

　그렇지 않다. 이것은 대부분의 교회들이 가지고 있는 각 위원회의 위원장들도 동일하게 느끼는 문제일 것이다. 교단 혹은 교회마다 모두 위원회 시스템을 가지고 있지는 않지만, 아마 대부분의 교회들 특히 중대형교회라면 거의 다 위원회 조직 혹은 그에 준하는 시스템을 통해 교회를 운영하고 있을 것이다. 그런데 그 위원회의 위원장과 임원들의 현실은 처음 그 제도가 만들어질 때의 의도와 달리 사역자체보다는 그 위원회 업무의 행정적 수장으로 교회에 행정 및 관리 업무, 특히 행사 기획과 예산 품의·결재의 일을 담당하고 있다. 그래서 셀교회를 비롯하여 현대의 건강한 교회들은 이런 행정과 관리 방식에서 사역방식의 사역원 시스템으로 바꿔가고 있는 것이다. 따라서 셀사역이나 좀더 성경적으로 사역 중심 기능적 교회로 바꿔가는 과정에서는, 언제나 위원장과 임원들이 갈등을 겪고 항의하는 일이 빈번히 발생한다. 이런 문제들에 대해서는 이미 필자가『셀교회 전환과 셀리더 세우기』(도서출판 NCD, 2002)란 저서의 130쪽에 언급한 적이 있다. 그 책의 164~165쪽은 물론, 5장과 6장에서는 이것 외에도 여러 가지 유사한 문제들과 그에 대한 대안들을 제안한 바 있는데, 몇 년이 지나 국내에 셀사역이 확대되며 이런 일이 수면 위에 부상하자 갑자기 셀사역 자체에 마치 무슨 문제가 있는 것처럼 호들갑을 떠는 것을 보면 참으로 안타깝기 짝이 없다. 평양대부흥 100년 기념식을 대대적으로 하지만, 아직도 국내에는 여러 이단들이 횡행하며, 정통 교회를 자처하는 교단의 교회들 안에서도 비성경적이고 이단적인 가르침과 행동들이 곳곳에 나타나고 각종 이단들은 이제 조직적으로 기존 교회 안으로 교묘하게 침투해 움직이고 있는데 그런 것은 제대로 퇴치하지 못하면서, 조금이라도 더 성경적으로 바른 목회를 하고 좀더 나은 교회를 세워보겠다는 순수한 목회자들의 몸부림들을 교단 차원에서 조직적으로 금하려고 하는 것이 이 시점에서 과연 적절한 행동인지 우리는 깊이 생각해봐야 할 것이다. 사실 한국교회에서는 셀사역이 성령운동과, 전도소그룹운동인 알파사역과 뒤섞여 무엇이 셀사역인지조차 명확치 않은 현실이다. 주지하다시피, 알파사역은 성령운동과 직접 관련성이 없고 세계적으로 입증된 건전한 사역인데 국내에서는 아말감 이빨이 금니가 된다는 식의 성령부흥회 주장까지 결합하여 이단시비가 되고 국내사역 대표가 사과를 하는 등 혼란스러운 상태이다. 즉 알파사역은 전도 소그룹사역으로서 특징을 살리고, 셀사역은 성경적 공동체상을 회복하는 건강한 교회 사역으로 제대로 이해하면 좋으련만 모든 것이 뒤죽박죽이 되어 본질을 잃고 그 모습이 왜곡되고 있는 것이 가슴 아프다. 다시 논의의 중심으로 돌아가 보자.

작금에 문제가 되고 있는 것처럼, 남녀선교회장 그리고 각 위원장들이 저항을 할 때 지도자로서 혹은 담임목사로서 보여줘야 할 리더십은 무엇일까?

본래 그리 중요하지 않은 일과 그리 중요하지 않은 변화에는 별 저항이 없기 마련이지만, 의미심장하고 가치 있는 근본적 변화가 일어날 때는 언제나 갈등과 저항이 따르게 마련이다. 특히 사람들은 그 변화가 자신의 기득권 상실의 우려가 있음을 감지하게 되면 바로 저항을 한다. 그리스도인이라고, 제직이라고, 목회자라고 특별히 다르지 않다.

그때 리더십이 없는 목회자들은 타협 방식을 채택하여, 새로 일어나는 움직임을 막고 저항세력의 기득권을 계속 확보할 수 있도록 협조하여 저항을 무마할 것이다. 우리가 논하고 있는 경우와 같이 각 선교회장과 위원장들이 들고 일어나면, 새로 올라오는 것 즉 셀사역의 숨통을 눌러버리고 지금까지 지켜왔던 전통을 보장해주면 간단하다.

반면 리더십이 있는 목회자라면, 전통적인 것과 다를지라도 혹시 이것이 성경적인지 혹은 하나님의 성령께서 행하시는 면은 없는지 검토한 후 잘못된 것이 없다면 기도하며 저항세력을 설득하고 더 나은 방향으로 모두가 갈 수 있도록 이끄는 리더십을 발휘하게 될 것이다. 이에 대해서 필자는 『셀교회 전환과 셀리더 세우기』란 책의 7장 1절에서 '갱신을 위한 변혁적 리더십'을 다룬 바 있으므로 그 부분을 참조하기 바란다.

다시 앞의 논의로 돌아가서, 전통교회란 옛 부대에 셀사역이란 새 포도주가 부어지게 될 때 생기는 문제에 대해 더 살펴보자.

이런 것은 남녀선교회장단만의 문제가 아니고, 각 위원장들의 문제라고 했다. 그러나 사실 그것은 위원장들만의 문제도 아니다. 제직들은 이 문제에서 예외인가? 그렇지 않다. 차츰 시간이 흘러감에 따라 지금까지는 셀교회로 전환한다는 것이 별거 아니라고 생각하고 방조했었는데, 어느 순간 교회가 정말로 변하고 있다는 것을 감지하게 되면 안수집사, 장로, 권사들도 동일하게 일종의 위협을 느낀다.

그래서 제기하는 문제는, 좀더 신학적인 옷을 입고 나타나 보다 근본적으로 보이는 이의를 제기하게 될 것이다. 즉 "우리 장로교회는 당회 정치를 하는 곳이므로 셀사역을 할 수 없고, 침례교회와 같은 회중 정치를 하는 교회에서나 셀사역이 가능할 것이다"라는 등의 주장이다.

그래서 일부 장로교단에서는 가정교회는 장로교 정신에 어긋나며, 가정교회는 교회가 아니라고 단언하기까지 하는 것이다.

그런데 이런 반론을 제기하는 사람들을 보면 대부분 그 논의의 기초로 장로교 정치규정집이나 장로교단 헌법 혹은 칼빈의 『기독교 강요』를 들며, 그와 다르다는 식으로 말한다. 알아야 할 것은 각 장로교단은 개혁주의 정신에 기초하여 장로들로 구성된 당회란 대표 정치 체제로 움직이는 곳이며, 그 정치방식은 문화와 시대의 변화에 따라 조금씩 다름을 이해하고 말해야 한다는 것이다. 본서 9장에서도 장로교회의 본질적 모습에 대해 검토하며 밝혔듯이 네델란드와 영국, 남아프리카, 미국의 경우 장로교회들의 정치가 기본적으로는 같지만 실제로는 여러 가지로 다른 모습을 보이고 있다. 그런데 이것은 잘못된 일이 아니라, 그것이 바로 개혁주의의 탁월성을 보여주는 것이다. 모든 신학자와 목회자들은 장로교회든 감리교회든 자신의 정체성에 자부심을 가지되, 현재 자신이 속한 교회가 성경적으로 더욱 발전적인 모습을 갖도록 성경의 테두리 안에서 현대 사회와 문화, 시대와 구성원들에게 적절하게 정치규정을 발전시켜가야 할 책임을 가진 사람이지, 서기관과 바리새인들처럼 기존 신학과 전통과 규정에 근거해 그것과 조금이라도 다른 변화가 생기면 제동을 걸고 기존의 것을 수호하라고 부르심을 받은 것이 아니다.

따라서 셀사역의 옳고 그름에 대해 논하려면, 우선 성경학적으로 검토하고, 그 후에 성경적인 교회론 차원에서 논해야 하고 우리의 장로정치 체제의 근본정신이란 내적 논리 속에서 이 문제를 판단해야지, 단순히 우리가 가지고 있는 정치규정집과 헌법 규정 자체만 가지고 그 적부를 판단한다면 그 자체가 성경적인 토론과 신학적인 논의라 할 수 없고, 그저 단지 정치적인 행동이 될 뿐이다. 사실 이런 것은 앞에서 언급한 필자의 저서 127쪽에서 '신성한 소'에 대한 비유로 말한 목회의 성역과 관련된 부분이며 매우 민감하여 누구도 논의에 끼어들지 않고 싶은 부분일 것이다.

지금까지의 논의를 간단하게 정리하자면, 셀사역이 장로교회 체계에 위반된다고 할 때 정치적으로 말해서 장로교 정치규정집과 다르다는 것은 맞을 수 있는 얘기지만, 그래서 성경적 교회론과 다르다고 까지 하게 되면 신학적으로 부적절해진다는 것이다. 장로교회든 개혁교회든 그것은 모두 성경적 교회의 모습을 이루고자 하는 것이지, 교회 정치 체제가 성경의 교회론 위에 서서 판단할 수 있는 권위가 없기 때문이다. 또한 가정교회는 교회가 아니고 장로교회 체제와 맞지 않는다고 할 때, 그것은 휴스턴 서울침례교회의 가정교회 시스템에 한정하여 논하면 말이 되지만 성경이 말하는 가정교회 전체를 가지고 논하게 되면 역시 적절치 않다. 성경에 기초해서 논의하는 신학자나 목회자라면 신구교와 개신교 교파 어느 소속을 떠나서 그 어떤 누구도 후대에 체계화된 교회의 모습을 갖기 전에 성경이 보여주고 있는 가정교회의 모습을 부인할 수 없기 때문이다. 그것을 현대 교회 정치의 잣대로 판단하면 안 된다. 초기 기독교 시대에 있었던 가정교회와 복음이 전파되며 기독교 사회가 형성되어가며 발전된 후기 교회의 모습과 지난 2천 년간 발전해 오늘에 이른 교회의 발전적인 모습을 모두 성경적으로 그리고 교회사 입장에서 객관적으로 폭넓게 이해해야 할 것이다.

또한 이 모든 논의를 제대로 하려면 '장로교회를 무엇으로 정의해야 하는가'라는 근본 문제에 대한 공통분모도 가져야 할 것이다. 장로교회 정치규정집과 헌법도 다 좋은 것이지만, 장로교회는 개혁신학에 기초해 당회 즉 대표정치를 하는 공동체이지 정치규정과 헌법집의 하위조직으로 굴레에 매여 있는 기관도 아니며, 칼빈과 『기독교강요』 역시 매우 귀중하고 좋지만 오늘날의 장로교회가 칼빈과 『기독교강요』의 노예가 아니기 때문이다. 예를 들어 우리는 웨스트민스터 정치규정집과 칼빈의 제네바 교회 정치의 정신을 이해하되 그 저술과 규정, 교회 정치가 처한 역사적인 컨텍스트 속에서 숙지하여, 우리가 처한 시대에 더 나은 신학적 이해에 따라 그것을 발전시켜야 하는 것이지 과거의 역사를 가지고 현재와 하나님 나라의 종말론적인 일들을 판단하고 제한하는 것이 다는 아니기 때문이다. 교회사 역시 현재에 과거의 과오를 범하지 않고 하나님의 일을 이해하여 미래를 세워가기 위함이지 과거가 미래를 지배하고 만드는 것이 아니기 때문이다. 필자의 이런 논의에 대해서 독자들은 그 취지와 의도를 이해할 수 있기 바란다.

이런 논의를 통해 장로교회 혹은 독자 각자가 속한 교단과 교회들이 그 교단 속에서 더 나은 성경적 교회의 이상을 향해서 나아갈 수 있도록 사고의 방향과 폭을 넓혀야 함을 말하려는 것이지 특정 정치규정집과 헌법과 교단 자체가 잘못되었다거나 문제가 있다는 말이 아니기 때문이다. 이는 필자도 예장 합동정통 교단에 소속된 목사라는 정체성을 항상 잊지 않고 있기 때문에 하는 말이다.

그렇다면 이제 다음과 같은 선언에 대해 우리는 대답할 수 있을 것이다.

"가정교회 운동은 장로교회 정신에 위배되며, 셀사역은 침례교회만 할 수 있는 것인가?"

대답은, '절대로 그렇지 않다'이다.

사실 침례교회들 가운데서도 휴스턴 서울침례교회의 가정교회 시스템이란 특정체계의 문제점을 느끼고, 셀사역을 해도 그 교회와 다르게 하는 곳이 많을 것이라고 생각한다. 또한 셀사역은 장로정치를 하는 장로교회에게만 어렵고 침례교회는 쉬울 것이라고 생각하는 것도 성급하고 단순한 결론에 불과함을 깨닫기 바란다. 물론 침례교회의 지방회는 장로교단의 노회처럼 상회 개념이 아니고 통제가 적으며, 침례교회들 가운데 셀교회로 앞서서 전환한 유연한 교회들이 많아서 그렇게 보일 수는 있지만 그 교회들도 대부분 유사한 어려움을 겪었을 것이다.

셀교회로의 전환처럼 목회 패러다임 전환이란 엄청난 일을 겪게 되면 사실 어느 교단 소속 교회나 다 동일한 어려움을 겪게 된다. 감리교회는 장로교회가 아니라서 쉬울까? 절대로 그렇지 않다. 그곳은 장로교회와 다른 감독정치 체계를 가지고 있지만 동일하게 어렵고, 사실 더 복잡한 어려움을 가지고 있다. 그러나 감리교회는 물론 국내의 성결교회들도 무난하게 셀사역을 하는 곳이 적지 않다. 침례교회는 회중정치라서 쉽다고 생각하겠지만, 필자가 보기에는 국내의 교회들은 교단과 관계없이 사실상은 다 대표정치 시스템을 사용하고 있기 때문에 대부분의 침례교회도 동일한 어려움을 갖고 있을 것이다. 즉 침례교회에도 목회자문위원회, 교회운영위원회, 안수집사회 등이 있어서 장로교회의 장로격인 침례교회의 안수집사들로 구성된 대표그룹이 당회와 같은 역할을 하고 있으므로 같은 종류의 어려움이 있다는 말이다.

또한 하나님의 성회, 즉 순복음교단도 장로교회는 아니지만 당회가 있어서, 정치적으로는 어느 교회나 동일한 어려움을 갖고 있다. 따라서 우리가 알아야 할 것은 힘겨운 일이 생기면 사람들이 말하듯이, 이것은 나만 겪는 어려움은 아니라는 것이다. 기존 전통적인 목회에서 셀사역으로 목회의 패러다임 전환을 할 때, 쉽게 넘어갈 교회는 하나도 없음을 알아야 할 것이다.

실제로 세계적인 현상을 조사해 보면 셀사역을 하는 교회들에는 장로교, 감리교, 침례교, 성결교, 순복음은 물론 심지어 성공회와 로마 가톨릭교회도 있어서, 거의 모든 교단 교파들이 다 있으며 그들은 모두 공통적으로 힘든 장애물들을 극복해가며 이 사역을 하고 있음을 알아야 한다. 왜냐하면 이것은 교단 행정 조직의 문제가 아니라, 목회의 본질과 교회의 본질 회복에 관한 목회 패러다임 전환에 관한 것이기 때문이다. 개신교는 개신교대로, 로마 가톨릭교회에서는 또 그 범위 안에서 나름대로 더 나은 신약교회의 이상을 실현하기 위해 많은 대가를 치루며 기도하며 지혜를 짜내어가며 해나가고 있는 교회의 본질 회복운동임을 알아야 할 것이다.

이제 최종적으로 좀더 구체적이고 실제적으로 다가가 보자. 앞에서 언급한 이런 문제에 대한 해결책은 없는가? 있다면 그 해결책은 무엇일까?

예를 들어 셀사역을 당회 시스템과의 충돌로 보고 장로교회와 맞지 않다고 하는 부분을 보자. 어떻게 해야 이 문제를 극복할 수 있을까?

셀교회의 경우, 교회 사역을 결정하는 결정권이 실제로 사역을 하고 있는 셀리더들에게 있지 전도하고 양육하고 개척하는 일보다는 행정관리 기능에 전념하고 있는 장로들에게 있지 않아서 파생된 문제이다

. 그런데 이것은 본질적으로 셀사역을 하면서, 전통적 목회 구조인 당회조직을 그대로 방치해둬서 생긴 문제이다. 또는 셀교회로의 바른 전환을 시도해보기도 전에, 제대로 이해가 되지 않은 상태에서 셀리더 그룹을 당회와 지나치게 대립개념으로 보고 대치시켜서 그 문제가 풀리지 않는 것이다.

해결책을 한마디로 하자면, 셀리더들이 집사가 되고 장로가 되고 권사가 되면 된다. 즉 장로들이 셀리더로 섬기면 아무 문제가 없다. 물론 교회를 개척해서 시간이 흐르며 제직과 당회원들을 그런 식으로 세워가면 간단하다. 문제는 기존의 전통교회를 셀교회로 전환할 때 인데, 기존 선교회장과 위원장과 장로, 권사들이 셀사역에 참여하지 않고 자신들의 행정 권한을 그대로 유지하며 사역을 하는 셀리더 혹은 목자그룹과 대결구조를 가지기 때문에 문제가 발생하는 것이다.

그래서 필자도 저술과 세미나 등에서 이런 점과 그 대안에 대해 자주 강조했었고, 이미 많은 교회들은 셀사역을 시작할 때 담임목회자가 철저하게 준비하여 교회 전환 계획을 세워 놓고 그에 따라 전환을 시도한 것으로 알고 있다. 그래서 당회원들과 제직들에게 성경이 말하는 교회의 이상을 설교와 교육으로 가르치고, 그 다음 단계로는 그들이 작은 파일럿 셀그룹들을 인도해보며 그것을 경험하고 이해하게 하여 많은 제직들과 당회원들이 지금까지 해오던 행정관리 역할이 아니라 본질적인 목양사역에 헌신하여 셀리더와 목자로 섬기도록 해야 하는 것이다. 선교회장과 위원장들도 마찬가지로 그런 과정을 통해 당회원과 제직들 그리고 선교회장과 위원장들이 목자로 사역할 수 있게 세워가는 것이 목회자의 역할이요 리더십이다. 사실 또 다른 저항세력이 될 수 있는 부교역자들도 그런 방식으로 준비작업을 거쳐 모두가 동참하게 해야지 그렇지 않으면 부교역자들도 저항세력이 될 수 있는 것이 현실이다. 이에 대해서도 필자는 졸저에서 언급한 바 있으므로 그것을 참조하기 바란다. 물론 그것은 쉽지 않고 하루아침에 되는 일이 아니다. 장로들을 다짜고짜 목자로 세운다고 셀사역이 되는 것도 아니고, 오히려 그 일이 건전한 셀사역을 하는 데에 어려움을 가중시킬 수도 있다. 그러므로 목회자가 계획을 가지고 조금 시간이 걸려도 장로들을 잘 훈련시켜서 목자가 되게 하고, 그것이 도저히 불가능한 사람들에게는 적어도 셀사역을 이해하고 측면에서 돕는 지지자로서의 당회원 역할을 하도록 몇 단계로 수년에 걸친 전환 작업을 통해 이 문제를 극복해야 한다. 실제로 여러 교회에서 그것이 이루어진 것을 보았다. 불가능한 일이 아니다. 단지 목회리더십의 문제일 뿐이다.

그러나 일부 목회자들은 셀사역을 교회성장의 도구인 것처럼 착각하여 아무 계획이나 대책도 없이 하루 아침에 도입하여 조직부터 바꿔놓으니까 기존의 당회원과 선교회장 그리고 위원장들이 위협을 느껴 저항을 하게 되는 것이다. 그들은 제대로 이해할 수 있는 안목이 키워지지 않아서, 셀교회로 전환을 교회의 본질과 사역이 아니라 권력의 충돌로 볼 수 밖에 없기 때문에 그러는 것이다.

담임목사는 교회란 공동체의 지도자이며, 그 리더십의 본질중 하나는 Change Agent 즉 변화의 주도자로 섬기는 것이다. 변화의 지도자라면 변화의 과정(이에 대해서는 '셀교회전환과 셀리더 세우기' 제4장을 참조하라)을 알아야 한다. 불행히도 우리나라 목회자들 가운데 어떤 사람들은 그것을 모르고 좋아 보이면 대뜸 조직부터 바꿔놓았다가, 안 되거나 이런 저항에 부딪히면 즉시 이것은 몹쓸 것이라고 매도해버리는 경우가 종종 있는데 이는 리더십이 없는 소위 관리자들이 자주 보이는 모습이다.

이런 상황에 한 가지만 더 덧붙인다면, 목회지도자들이 변화의 리더십을 보여주며 기존 교회를 새롭게 갱신시키지 못한다면 뜻있는 개혁주의자들은 나가서 개척을 하게 될 것이고 젊은 목회자들은 계속해서 기성교단을 탈퇴하여 초교파적인 움직임이 가속화될지 모른다는 것이다. 이는 세계적인 현상이며 우리나라에도 이제 시작된 현상이다. 나는 더 나은 비전에 사로잡힌 유능한 일꾼들이 모두 뛰쳐나가서 새 교회와 새 교단을 세우는 것만이 능사는 아니라고 생각하며, 주님은 기존 교회와 기존 교단도 사랑하여 변하기를 기대하신다는 것을 모두가 잊지 않기를 바란다. 그러려면 우리 모두 눈을 크게 멀리 뜨고 마음을 좀더 넓게 하며, 이 시대에 주의 성령께서 일하시고 하나님께서 우리를 이끄시는 그 움직임에 좀더 민감하게 반응할 수 있어야 할 것이다. 그리고 모든 논의의 근거는 우리의 신앙과 판단의 최종 권위인 성경이 되어야 할 것이다.

전통교회의 셀교회로의 전환*

본질적 질문 : 왜 셀교회로 전환하려고 하는가?

'지금까지 우리교회는 그럭저럭 잘 해왔기에 계속 이렇게 하면 되지 않을까'라는 생각이 우리 마음 한 구석에 싹트기 시작할 때, 교회는 안

일의 늪에 빠지기 시작한다. 그때 교회는 계속 변하는 잃어버린 영혼들을 놓치게 된다. 그것이 유럽교회와 과거 미국교회가 걸었던 길이다.

사실 현대 한국교회들의 목회 형태는 상당 부분은 19~20세기 구미 농경지역의 전원 교회 모델 혹은 산업사회의 교회 모델을 답습하고 있다. 그때는 하루 농사가 끝나면 저녁식사를 마치고 사람들은 동네 교회에 모여 예배를 드리거나 각종 모임을 가졌다. 그래서 교회는 지역사회 생활의 중심이었다. 그러나 수많은 일과 관계로 그물처럼 연결되고 복잡해진 현대 사회, 특히 유동성이 높아진 사회에서 교인들의 생활 방식은 당시와는 너무도 달라졌다. 대부분의 교회는 이제 동네 주민들 외에도 멀리서 차를 타고 오는 사람들의 숫자가 상당 부분을 차지하게 되었고, 해가 졌다고 저녁식사 후에 교회에서 모임을 만들거나 예배를 드리려 해도 대부분의 사람들은 그 시간에 맞춰 참석하는 것조차 어려워졌다. 세상은 급격히 도시화되어가고 있다. 목회자가 소리 높여 교회중심 생활을 외쳐도 과거처럼 주중 저녁 시간에 교회에서 행사 중심으로 목회한다는 것은 갈수록 더 어려워 질 것이다. 동시에 가정과 기본 공동체가 깨어져가고 있는 이 시대에 적합한 교회는 어떠해야 할지 진지한 탐구가 필요한 때가 되었다. 이러한 새살에 대한 이해는, 진지한 목회자들에게 더 효과적인 목회를 위해 교회도 변화해야 한다는 결론을 내리게 만든다.

그러나 우리 한국교회는 지난 한 시대에 세계의 주목을 받을 만큼 극적인 성장을 경험했기에, 은연중에 계속 이렇게 가면 되지 무슨 변화가

※「전통교회의 셀교회로의 전환」『교회와 세계선교』(총신대학교부설 교회선교연구소) 2003. 제3호 봄호 통권42호.

필요하냐고 생각하는 사람들이 생각보다 많다. 지금까지의 방식으로 수만 명이 모이는 성공적인 교회도 이루지 않았느냐고 물을지도 모른다. 그러나 알아야 할 것은 비록 억만 개가 팔렸다고 해도 맥도날드의 '빅맥'이 이 시대 최고의 햄버거란 뜻은 아니란 점이다.133) 오히려 과거의 성공이 오늘의 변화를 막고 내일의 실패의 원인이 될 수도 있다.

변화에 무감각한 교회들과 달리, 상당수의 한국교회는 최근 셀사역에 큰 관심을 보이고 있다. 그것은 과거와 달리 교회들이 성장을 멈추었거나 정체에 빠졌기 때문이다. 다른 말로 해서, 전 세계에서 최근 급성장하는 교회들이 셀교회이기 때문에 셀사역이야말로 이 시대 목회의 돌파구라는 희망에서 갖게 된 관심이다.

이것은 셀교회로 전환하려는 목회자들이 갖는 잘못된 전환의 동기이다. 셀사역을 부흥을 위한 수단으로 봐서는 안 된다. 셀교회로 전환하려는 것은 건강한 교회, 성경적으로 기능하는 공동체를 만들려는 것이 목적이어야 한다. 물론 건강한 목회, 건강한 교회를 만들면 그 결과 교회가 부흥할 것이다. 그러나 셀사역을 통해 건강한 교회가 되어도, 당신이 꿈꾸던 메가처치가 되지는 않을 수도 있음을 알아야 한다.

셀교회 전환을 위한 신학과 방법

갱신의 신학

셀사역의 주창자들은 대부분 기존교회를 셀교회로 전환하는 것은 거의 불가능하다는 입장을 보여왔다. 그것은 전통적인 교회를 셀교회로 전환하는 것이 그만큼 어렵고, 그 과정 중에 전환을 시도하는 교회나 목회자가 큰 상처를 받고 포기하는 일들이 있었기 때문이다. 그러나 셀사역의 대부격인 랄프 네이버도 전통교회의 셀교회 전환이 무가치 혹은 불가능하다고 했던 기존 입장을 바꾸고 전환에 대해 논하기 시작했다. [134]

그럼에도 불구하고 실제로 셀사역을 시도해본 목회자라면, 차라리 나가서 처음부터 새로운 셀교회를 개척하는 것이 낫다고 할 것이다. 랄프 네이버가 입장을 바꾸기 전부터, 국내외의 셀사역 옹호자들이 입을 모아 "새 술은 새 부대에"라는 구절을 인용하며 새로 시작하는 것이 낫다고 할 때마다 전통교회에 대한 애착을 버릴 수 없었던 필자에게는 다음과 같은 질문이 떠나지 않았다.

'하나님은 과연 기존 교회를 포기하시는가? 그리고 새 교회 개척만이 대안인가?'

셀교회가 더 나은 건강한 교회를 만들기의 대안이며, 신약교회의 이상을 회복하는 길이라는 확신이 있다면 전통적인 교회는 정말 포기해야만 하는 것이냐는 질문에 필자는 그렇다고 대답할 수가 없었다. 그 이유는 보시기에 좋았던 세상과 인간이 비록 타락으로 모든 피조물이 함께 탄식하며 고통받고 있지만(롬 8:19~23) 하나님께서는 이 세상을 포기하지 않으신다는 점 때문이었다. 심지어 우리 인간이 타락하여 부패하고 왜곡되었지만, 우리를 구원하시는 주께서는 우리의 몸조차 포기하지 않으신다. 기독교의 독특성 곧 성경의 가르침은 영혼만이 구원받아 천국가는 것이 아니라, 우리의 몸도 구속함을 입는다는 것이다. 그 첫 열매로 보여주신 그리스도의 부활한 몸(고전 15:20, 23)은 하나님의 구원은 본질적으로 처음 창조한 것을 포기하지 않고 변화시켜 새 몸으로 만드는 갱신임을 보여준다. 하나님은 창조한 것이 타락하여 잘못되면 버리고 새로 만들기보다는 그것을 포기하지 않고 새롭게 하여 창조를 완성시키시는 분이다. 마지막 그날에 새 하늘과 새 땅조차도 하늘에서 내려오는데(계 21:2) 그것은 새롭게 변화된 이 곳을 전제한 것이다. 주께서 "보라 내가 만물을 새롭게 하노라"(계 21:5)[135]라고 하실 때 이것은 재창조가 아니라 갱신(renewal)[136]을 의미한다. 예수님은 하나님의 성령이 임해 귀신을 쫓아내 하나님의 나라가 임하는 복음 사역(마 12:28)의 핵심을 설명하며 마태복음 12장 33절에서 "나무도 좋고 실과도 좋다 하든지 나무도 좋지 않고 실과도 좋지 않다하든지 하라"고 한 이 구절의 의미는 NIV 번역처럼 "Make a tree good and its fruit will be good"이 더 적절하다. 나무를 좋게 만들면(poieo- make someone or something into something)[137] 좋은 열매를 맺게 될 것이란 이 가르침은 성령의 역사를 통한 예수님의 사역의 본질이 갱신임을 보여준다. 이것이 바로 우리가 알지 못하던 은밀한 일 곧 새 일(사48:6)이며 광야에 길을 또는 사막에 강을 내는(버리고 새로 만드는 것이 아니라 변화시켜) 형태의 '새 일을 행하리라'는(사 43:19) 구약으로부터 계속되어온 약속의 성취의 모습이 아니겠는가!

따라서 새 교회 개척만이 대안이 아니다. 주께서 포기하시지 않는다면 수많은 아니 대부분을 차지하고 있는 전통적인 교회를, 우리도 포기하지 않고 더 나은 교회의 모습 곧 셀교회로 갱신해야 할 것이다.

갱신 시도 전에 짚고 넘어가야 할 여덟 가지 체크리스트
셀교회 전환을 시도할 때 우리는 다음과 같은 여덟 가지 질문에 답할 수 있어야 한다.
(1) 우리는 왜 변화를 해야 하는가?

(2) 우리는 무엇을, 그리고 어떻게 변화시켜야 하는가?

(3) 변화를 이끄는 리더들이 도전하고자 하는 것은 어떤 것들인가?

(4) 변화의 지도자들이 노력을 기울이고 있는 것의 초점은 무엇인가?

(5) 변화를 이끄는 우리 지도자들의 행동은 변화, 사역, 결과, 능력의 개선을 성취하는 데 어떻게 도움이 되는가?

(6) 우리는 이런 노력 가운데 어떻게 지원을 얻어낼 수 있는가?

(7) 어떤 자원들이 사용 가능한가?

(8) 우리가 건너야만 하는 한계선은 무엇인가?[138]

이런 것에 대해 분명하게 대답할 수 없다면, 우리는 원점으로 돌아가 다시 한 번 점검을 하며 나름대로의 답을 안고 전환을 시작해야 할 것이다.

전환의 방법

위와 같은 질문에 대한 답을 분명히 갖고 있다면, 기존의 전통적인 목회형태를 따르고 있는 교회들을 어떤 과정을 통해 셀교회로 전환할 수 있을까?

(1) 무엇보다 먼저, 목회의 패러다임 전환이 선행되어야 한다.

전통적인 목회구조는 그대로 가지고 있으면서 "이제부터 우리는 셀 사역을 하는 것이다, 우리 교회는 셀교회가 된다"라고 하는 것은 조만간 교인들과 중간 목회 스탭들의 갈등만 야기할 것이다. 셀교회로 전환하는 것은 간판만 바꿔 다는 것이 아니며, 구호와 비전만 바꾼다고 되는 것이 아니다. 우선 목회자의 목회 패러다임이 바뀌고, 동시에 교인들도 교회관과 신앙생활의 패러다임이 바뀌어야지 가능한 일이다.

한 예로 전통교회의 특징인 PBD 교회와 신사도적 교회 간의 차이와 주요 특징을 알지 못하면, 아무리 셀교회로 전환해도 그 속을 들여다보면 전과 다를 바 없는 전통목회를 하게 된다. 그리고 시간이 지나고 나면 다시 옛 모습으로 돌아가게 된다. 이 시대 존경받는 영성 있는 목회 지도자인 유진 피터슨은 "교회의 가장 큰 적은 사람의 필요에 맞추는 프로그램의 계발과 그에 따른 성황이다"라고 진단한 후, 그 대안으로 "모두가 하나님에 대한 굶주림을 가지고 있으나, 우리의 입맛은 엉망이 되어버렸다. 우리는 쓰레기 같은 음식으로 길러져왔다. 여러분은 그런 사람들의 삶의 차원을 하나님께서 원하시는 방향으로 서서히 움직여 가야 한다.139)"고 제시한 것은 선지자적 통찰력이라 아니할 수 없다. 프로그램만 쫓아다니는 교인들을, 하나님께서 원하는 공동체적 삶으로 그리고 건강한 교회로 변화시키려는 본질적인 시도가 선행되어야 한다.

(2) 분명한 목표의 설정

아무리 셀사역에 관심을 가지고 교회 전환을 위해 노력을 해도, 목회자에게 분명한 그림이 없을 때 무엇을 만들겠는가? 분명한 목적지가 없이 그저 길을 떠나서는 뒤따르는 무리를 고생만 시킬 것이다. 마찬가지로, 어떤 교회를 만들겠다는 분명한 작품의 그림(output)이 없이 셀교회 전환만 시도한다면, 구역예배의 활성화 정도로 만족하게 될 것이다. 셀교회 전환을 시도하는 목회자라면, 성경적으로 기능하는 건강한 공동체로서 우리 셀교회의 모습은 어떤 것인가를 나름대로 그리고 있어야 한다.

(3) 점진적 개선이냐, 급진적 개혁이냐?

셀교회로 전환을 시도하는 리더마다 고민 중의 하나는 '전환을 점진적으로 하느냐, 아니면 급진적 개혁을 일으킬 것이냐'하는 문제일 것이다.

혁신없이는 살 수 없는 현대 사회에서 디지털 문화의 전도사라고도 불리는 MIT 미디어 랩의 네그로폰테(Nicholas Negroponte)는 점진주의는 혁신의 최대 적이라고까지 말하고 있다. 수많은 조직의 변화를 연구하고 리더들을 탐구한 미시간대학 경영대학원 교수 퀸(R. Quinn)도, "점진적 변화는 과거의 연장일 뿐이지 근본적인 변화를 일으킬 수 없다"라고 하며 점진적 변화는 서서히 죽음으로 이끌 뿐(slow death)이라고 결론을 내린다. 사실 종교개혁의 역사 등 모든 깊은 변화의 과정을 연구해보면 점진적 개선을 기대했지만 그것으로 참된 개선이 이루어진 적은 없고 혁신적 개혁만이 역사를 바꿀 수 있었다. 다만 그런 개혁을 꺼리고 점진적 변화를 선택하게 만드는 것은 본질적으로 지도자의 '두려움'이다. 퀸은 개혁적 변화에 대한 두려움을 이렇게 묘사하고 있다.

"변화의 과정은 고통스럽고, 종종 우리를 머뭇거리게 하기도 하며, 계속 진행해나갈 용기나 자신감의 결여로 인해 우리 자신을 두려움에 빠지게 하기도 한다. 우리는 진리가 가지고 있는 비밀스러운 위대한 패러독스를 드러내야 한다. 변화는 지옥과도 같다. 그러나 변화하지 않기 위해, 서서히 죽어가는 길에 머물러 있는 것 역시 지옥임을 알아야 한다. 차이는 근원적 변화의 지옥은 영웅의 여정이라는 것뿐이다. 그 여행은 우리를 흥분과 성장과 진보의 여정 위에 올려놓을 것이다. 영웅은 변화 속에서 강함과 힘과 생동감과 에너지를 발견할 것이다. 근원적 변화를 경험할 때, 우리의 이기심도 죽게 된다. 훈련과 민감성은 한 가지로 융합되어 우리의 기초가 된다. 이런 기초 위에서, 우리는 다른 사람들에게 영향을 끼칠 수 있는 새로운 능력과 조건에 관계없는 자신감을 갖게 되는 것이다."[140]

조직과 개인의 변화는 방법론적 차이는 있지만 근본 원리는 같다. 하나님은 우리를 구원하실 때 조금 더 나아지고 개선되기를 기대하는 방식보다는, 회심(conversion)으로 새 피조물로 만들어놓는다. 그러나 거듭났어도 하루아침에 완전히 다른 천사같은 존재가 되는 것이 아니며, 주께서 오시는 그날까지 평생에 걸친 변화의 과정(성화)이 진행되는 것이다.

전통교회를 참으로 변화시키고 싶다면, 시간을 가지고 충분히 준비한 후 전환(선포와 각종 주요 조치)은 신속히, 그리고 시행 과정은 천천히 해야 한다. 그러나 대부분의 경우 그 반대로 충분한 준비(점진적이어야 할)는 없이 급작스럽게 전환을 시도하고, 반면에 큰 선을 긋는 조치들(급진적이어야 할)을 서서히 하는 바람에 실패로 돌아가게 된다. 지도자라면 점진적 개선이란 천천히 죽음에 이르는 길이며 깊은 변화를 일으킬 수 없다는 단순한 진리를 알아야 할 것이다.

(4) 부분적 전환인가, 총체적 전환인가?

지도자로서 그 다음 고민은 부분적으로 전환할 것인가, 아니면 총체적 전환을 시도할 것인가에 대한 결정일 것이다.

역시, 대다수가 쉽게 선택하는 길은 셀사역 부서를 만들어 부분적으로 시도해보는 방식일 것이다. 그러나 수많은 지도자들과 교회들의 경험에 의하면 깊은 변화를 일으키려면 부분적 전환이 아니라 총체적 전환을 해야 한다는 것이다. 조직 변화 전문가인 챔피(James Champy)도 변화 시도 시 성공 가능성은 변화의 규모와 범위가 클수록 더 높다[141]고 결론지은 바 있다.

이동원 목사도 '개척교회 5년 이야기'란 글에서 지구촌교회 목회의 성공의 원인과 어려웠던 점을 분석하며 "소그룹사역을 처음부터 보다 철저하게 준비하지 못한 것이다. 지나간 소명 이후 필자의 목회경험에서 소그룹사역의 필요성과 중요성은 아킬레스건처럼 나를 괴롭혀 왔다. 그래서 개척 초기부터 마을목장사역(구역사역)의 중요성을 선언했고 나름대로 소그룹사역을 이루고자 노력해왔다. 그러나 회고해보면 교회전체 시스템이 소그룹사역을 지원하는 체재로 출발하지 않는 한 소그룹사역은 한계를 가질 수밖에 없었다는 것이 나름대로의 결론이었다."[142]고 술회하고 있다.

이런 경험들로 인해 필자나 셀사역 전문가들은, 셀사역을 전통교회의 한 부서 혹은 프로그램의 하나로 도입하면 어려움만 겪고 실패할 확률이 높으므로, 이왕 시도하려면 총체적 변화 곧 셀교회로의 전환을 추천하는 것이다.

총체적 전환 곧 셀교회로의 전환을 하라는 것은 지금까지 목회하던 것을 다 뒤집어 엎고, 과거를 전면 부인하자는 것이 아니다. 과거의 효과적인 프로그램들은 새로운 시각에서 쓰인다. 다만 셀교회에서는 무엇이 우선인가가 분명해진 상태에서 현재 목회의 장점들을 활용해야지, 총체적 전환과 목회 패러다임 전환의 분명한 선이 그어지지 않은 상태에서 과거 사역을 연속시키면 모든 전환이 다 흐지부지되고, 그것을 연명시키기 위한 노력들로 인해 어려움을 겪게 될 것임을 알아야 한다.

사실 셀교회가 된다는 것은 생각처럼 간단한 얘기가 아닙니다. 셀교회에서는 어떤 프로그램도 어떤 사역도 셀사역과 경쟁할 수 없다. 그리고 전통적인 위원회 방식, 부서별 목회 방식을 바꾸는 목회 패러다임의 전환이 따르게 된다. 그래서 어렵다. 그럼에도 불구하고 이런 갱신을 시도해야 하는 것은 아널드 토인비가 『역사의 연구』란 그의 저서에서 밝혔듯이 사회가 새로운 힘과 새로운 방향을 얻게 되는 것은 성장기의 낡은 질서가 무너지는 붕괴 과정을 겪은 후에만 가능한 것이듯, 이전 것이 사라지고 갱신이 일어나기 전에는 교회도 참으로 새로워지는 힘을 갖지 못하기 때문이다.

우리는 현상에 대한 바른 진단, 그리고 전환에 대한 분명한 필요성 인식이 있을 때 갱신을 하게 될 것이다. 그때 우리는 다음의 매우 간단한 그러나 자명한 진리를 기억하는 것이 도움이 될 것이다.
"어제의 혁신도 내일에는 하나의 전통일 뿐이다."[143]

변화를 성공적으로 이끌기 위한 방법들

변화가 성공적으로 일어나기 위해서는 다음의 것들이 전제되어야 한다.

(1) 현재에 대한 거룩한 불만을 일으켜야 한다.
이것을 부정적인 행동으로 봐서는 안 된다. 현재에 만족하고 있는 사람이 변화를 시도할 리가 없다. 동시에 미래의 모습을 매력적으로 제시해야 한다.[144] 우리 앞에 얼마나 아름다운 교회의 모습이 기다리고 있는지, 그런 셀교회가 되면 교인들은 어떤 점에서 좋아지는가를 제시할 수 있어야 한다. 그래야 변화를 시도할 마음이 일어나기 시작한다. 그것이 리더의 역할이다.

이런 일을 위해 동역자나 평신도 지도자들에게 명쾌한 셀사역 세미나를 제공하거나, 모범적인 셀교회 탐방을 통해 소망을 품게 해주는 것도 효과적이다.

(2) 지도자는 셀교회 전환에 따른 크고 작은 의사소통을 잘해야 한다.

특히 지도부에게 셀사역에 대한 확신을 심어줘야 한다. 첫째로 어떤 사람들이 이것에 대해 알아야 하는가를 살펴보고(교인들, 담임목사, 부목사, 위원장, 셀리더들…), 이해할 때까지 계속 설명해줘라. 둘째로 어떤 사실들에 대해 말해야 하나(어떤 것이 변화될 것이며, 왜 바뀌며, 어떻게 바뀌며, 시간과 가능성 등…) 살펴보고 알려줘라. 셋째로, 그들에게 언제 말하는 것이 좋을까를 결정하고 시행하라. 일반적으로, 결정이 내려진 다음 가능하면 빨리 알려줘야지 다른 사람을 통해 듣게 될 때 리더십에 의존하지 않게 될 것이다. 그리고 넷째로 어떻게 말하는 것이 좋을까 고민하며 커뮤니케이션 해야 한다. 의사소통은 지속적이고, 반복적으로, 그리고 장점뿐만 아니라 어려운 점도 솔직하게 말할 때 더 좋은 효과를 거두게 될 것이다.

(3) 전환에 따른 단기성과를 보여주는 것도 한 가지 지혜이다.

셀사역이 교회 안에 제대로 정착되려면, 담임목사부터 직접 셀그룹을 인도해야 한다. 그 효과는 어떤 부교역자에게 맡기거나 설교와 강의 몇 번 하는 것보다 훨씬 높을 것이다. 이런 담임목사의 G12[145]나 거기서 나온 사람들이 인도하게 되는 셀그룹들이 그 교회의 셀그룹의 모델(혹은 pilot or proto-type cell group이라고도 한다)이 된다. 좋은 셀그룹의 모델을 보고, 거기에 참석했던 사람들의 좋은 간증이, 무관심했던 사람들을 셀모임에 참여하게 하고 기대를 갖게 한다. 사람은 손바닥 만한 구름이라도 볼 때 더 잘 움직이는 법이다. 지혜로운 리더는 이런 점을 무시한 채 믿음이 없다고 소리치지만은 않을 것이다.

(4) 변화를 이끌 팀을 만들어라.

셀교회 전환은 물론, 어떤 변화를 이끌기 위해서는 일꾼들을 길러내 변화의 중심을 확고히 형성해야 한다. 무엇보다 먼저 셀리더들을 훈련시켜라. 그리고 그들과 변화를 이끌 핵심(core) 팀을 이루라.

(5) 변화 과정을 일일이 점검하라.

내가 말했으니 다 잘 될 것이라는 것은 단지 순진한 지도자의 착각일 뿐이다. 점검하라는 것은 못 믿어서 다 참견하라는 말이 아니다. 그들이 잘 하려고 해도 힘들 수 있으므로 체크해서 힘들어하는 부분을 도와주고, 제공하고, 장애를 제거해주라는 것이다. 그것이 바로 실제적 리더십이다. 비전만 말하는 것은 리더십이 아니다. 그것은 누구나 할 수 있는 일이다.

(6) 임파워먼트 (Empowerment)를 해줘라.

무능한 지도자는 아무 것도 안 주고 원하는 것을 만들어 오라고 강짜를 부린다. 반면, 좋은 지도자는 사람들에게 책임을 부과할 때, 권한을 주고 동시에 필요한 자원을 제공하며, 뿐만 아니라 그 일을 수행해 낼 수 있도록 필요한 훈련을 시켜주는 사람이다. 사람들로 하여금 셀 사역을 감당해내도록 필요한 사역 기술과 자원을 제공하라.

셀교회 전환을 위한 장애물 극복과 대가 지불

변화를 위한 대가 지불

리더십 학자 번스(Burns)의 충고처럼 그 시스템이나 그룹의 표준에서 이탈하는 리더는 부적절한 주목과 압력, 제재, 때로는 거부나 배척까지도 받을 것이다. 셀교회로의 갱신 시도에서 적지 않은 경우 실패로 끝나는 것도 사실이다. 변화는 많은 시간, 노력과 돈이 들며 게다가 위험하기까지 하다. 변화에 있어서는 특히 교회처럼 보수적인 조직도 많지 않은데, 이는 교회는 일종의 자원봉사자들로 구성된 곳이기 때문이다. 그들은 누구의 말도 들으려 하지 않는다. 자기가 와서 하고 싶은 대로 하기를 원한다. 그것이 교회의 갱신이 다른 어느 것보다 어려운 이유이다.

느헤미야가 갱신을 일으킬 때나 예수님께서 이스라엘을 새롭게 하려고 하는 삶에서 볼 수 있듯이, 변화에는 항상 저항과 고통이 수반된다. 분명한 것은 부활의 영광 전에 골고다의 십자가가 있다는 사실이다. 또 한 가지 분명한 것은 대가 지불을 두려워하는 자는 제자가 아니란 점이다. 마찬가지로, 변화의 아픔과 고통을 두려워하는 자는 지도자가 아니다.

모든 중대한 변화의 임무에서와 마찬가지로, 셀교회로의 전환을 이루기 위해서는 리더는 대가 지불이 필요하다면 기꺼이 감수하려는 분명한 자세가 있어야 한다. 인생에서 어떤 중대한 변화도, 가만히 앉아 있는다고 저절로 일어나거나 공짜로 주어지는 것은 없다. 심지어 우리 그리스도인의 처음이며 최대의 변화인 거듭남도 그렇지 않은가? 비록 구원이 은혜로 주어지는 것이지만, 그 선물을 위해 예수께서 대가를 지불한 것이고, 우리가 그 선물을 받기 위해서는 지금까지 내가 살아왔던 세상적 가치관과 자아를 십자가에 못박고 하늘을 향한 순례를 떠나야 하는 법이다. 그것이 바로 자기를 부인하고 날마다 십자가를 지고 예수를 따르는 것이다(눅 9:23). 이런 자기 부인이란 대가 지불이 있는 사람에게서 우리는 거듭남, 즉 참된 변화의 열매를 본다. 셀교회 전환은 특히 지도자에게 대가 지불을 요구한다.

하지만 변화에는 항상 성공만 있는 것이 아니다. 셀교회 전환에 성공한 어떤 교회도 전환과정 중간에 일시적이지만 침체의 어려움을 겪기도 했고, 그 교회 안에 성장하지 못하는 그룹이 생기는 것도 경험하게 된다.[146] 그때 지도자는 주위로부터 비난과 조롱과 압력 등 어려움을 겪겠지만 이런 힘든 기간에도 확신을 가지고 포기하지 말고 믿음으로 밀고 나가야 한다. 전환에는 시간이 걸리기 때문이다. 특히 오래되어 틀이 잡힌 교회, 성도 수가 많고 조직이 큰 교회일수록 더 오래 걸린다. 항공모함의 유턴과 모터보트의 유턴은 걸리는 시간도, 회전 반경도 다른 법이다.

전환시 장애물 극복

셀사역으로의 전환을 시도하게 되면 지도자는 적지 않은 장애물에 부딪히고, 예상치 못했던 적극적인 저항까지 맛볼 수 있다. 그때 순진하여 당황하지 않기를 바란다. 깨어서 미리 준비하는 것이 지도자의 태도이다.

예수님께서 유대종교의 부분적 개선이 아닌 새 이스라엘 즉 하나님 나라의 도래를 통한 교회 공동체를 제시했을 때 엄청난 저항에 부딪혔던 것을 기억해야 한다. 사도 바울도 빌립보에 참된 교회 공동체를 세우기 위해 복음을 전할 때 많은 싸움,147) 즉 강한 반대에도 불구하고 그 사역을 감당해냈다.

그렇다면, 셀교회 전환시 어떤 장애물이 우리를 기다리고 있을까?

전환에서 제일 어려운 점은 첫째로 자신의 왕국을 통치하고자 하는 목회자 자신의 문제가 있을 수 있으며, 두 번째로는 책임 있는 사역자가 되어야 함을 발견하고 머뭇거리는 교회 성도들이다.

목회자들의 저항 중 자주 등장하는 것은, "평신도들이 가정교회의 지도자로 일하는 형태라면, 그럼 우리 목사들은 할 일이 뭐냐?"라든가 "평신도 사역을 한다고? 그럼 셀리더에게 목사 가운이라도 해 입혀라"고 도비야가 느헤미야에게 그랬듯이(느 4:3) 빈정대는 말들이 있다. 그 외에도 "평신도는 어차피 평신도다, 두고 봐라 그들이 어떻게 책임있는 사역을 감당하냐?", "셀사역이 활성화되면 주일 예배가 죽을 것이다"와 같은 셀사역에 대한 무지로 인한 오해에서 야기되는 것들도 있다. 이것은 책임 있는 일꾼보다는 조수를 필요로 하는 성직자들이나, 두 날개(소그룹과 대그룹 둘 다를 가진) 셀교회가 아닌 극단적 가정교회 모델에서 발생하는 문제를 일반적 셀교회에 잘못 적용한 경우에나 해당되는 일이다.

사실 셀교회로 전환할 때 넘기 어려운 장애물 중의 하나는 자기와의 싸움이다. 편한 목회를 포기하지 못하고 셀사역에 본격적으로 자신을 던져넣지 못하는 것이다. 사실 설교나 하고 강의만 하면 목회는 편하다. 그러나 셀사역을 한다는 것은 사람들의 삶 속에 자신을 밀어넣고 관계를 형성하고, 돌보고, 사람을 세우는 것이다. 그것은 쉬운 일이 아니다.

또한 목회자들의 입장에서 사역을 좀 안다고 생각하는 것도 장애물이 된다. 중매 사업을 하는 소위 커플 매니저들도 1~2년 하고 나니까 뭔가 좀 안다고 생각이 들더니, 3년이 지나고 나니까 남녀의 만남이 뭔지 모르겠다[148]는 고백을 한다. 특히 우리 나라 목회자들은 대개 구역예배, 소그룹 성경공부나 제자훈련 그룹 사역의 경험이 조금씩이라도 있어서, 셀사역에 대해 대충 들여다보고는 다 안다고 생각하며 시도해 셀사역의 핵심을 놓치는 경우를 종종 본다. 그 경우 셀교회로의 전환은 주로 조직 개편과 제도 개편, 혹은 프로그램 도입 수준으로 끝난다.

셀교회로의 전환이 제대로 일어나려면, 너무나 당연한 말이지만 흔히 지켜지지 않는 원칙을 바로 잡는, 즉 셀사역의 핵심 가치에 대한 분명한 인식이 선행되어야 한다. 여기서는 그 부분에 대해 논하는 자리가 아니므로 필자의 『셀교회 전환과 셀리더 세우기』 94~97쪽을 참조하기 바란다. 그리고 또한 셀사역이 왜 구역예배의 활성화와 다른가, 셀사역과 성경공부 소그룹의 차이 혹은 셀그룹과 제자훈련 그룹과의 차이 등[149]에 대해 명확한 관점을 가지고 있어야 할 것이다. 전통목회를 하다가 셀사역을 시도하는 당신에게 어떤 사람이 이런 사항에 대해 물어보았을 때 분명하게 대답할 수 없다면 어떻게 여러 가지 어려움과 저항을 극복하며 이 일을 해내리라고 확신할 수 있겠는가?

이처럼 주변 목회자나 자신에게서 오는 이런 장애물에 비해, 교인들로부터 오는 저항 역시 그리 만만치 않다. "우리에게 사역을 하라구요? 아이구, 힘들다. 목사들은 월급 받고 뭐하는 것입니까? 우리에게 대신 일하라니…" 등의 말을 들을지 모른다. 그들을 가르치고 설득하는 것도 쉬운 일이 아니다.

셀교회로의 전환은 조직과 구조의 변화가 아닌 목회 철학의 변화란 점에서 그리 쉽지 않다. 셀사역이 교회의 중심이 되고 셀그룹이 핵심이 되는 상황이 되려면 시간이 걸리는데, 이는 목회자와 교인 모두의 근본적인 의식 전환이 있어야 하기 때문이다.

우선 셀사역의 기저에 자리 잡고 있는 정신으로 성경적 공동체 형성, 만인제사장 교리 실천으로 인한 평신도 사역 등이 있다. 이것에 반해 성장지상주의적 사고로 인해 동질화 그룹, 친교 그룹화(교제가 우선이다)하려는 유혹, 우리 그리스도인들끼리 깊이 교제하자는 선의에서 출발한 폐쇄 공동체로 끝나려는 유혹도 극복하기 쉽지 않은 것이다.

사실 이런 것 외에도 셀교회로 전환할 때 셀사역의 성공과 실패를 가늠하는 기준으로 두 가지가 있는데, 하나는 셀그룹의 배가(Multiplicatioin)이고 두 번 째는 셀리더 세우기(Raising cell leaders)이다.

셀사역이 정착되었는가 아닌가를 판별하는 간단한 방법은 한 셀그룹이 3대 정도 배가되어가는가를 보는 것이다. 우리끼리 잘 모이고 끈끈한 교제와 정을 아무리 자랑해도, 불신자가 들어와 거듭나고 새로운 멤버가 늘어나 배가가 일어나는 것을 볼 수 없다면 그것은 친교 그룹이요, 잘 되가는 구역예배요, 좋은 성경공부 모임인지는 몰라도 셀그룹이라고 말할 수는 없다. 세 번의 배가가 일어나려면 통상 2년 정도가 걸릴 것이다. 따라서 셀사역의 정착을 1~2년 내에 성공했다 아니다라고 말하기는 힘들다.

그리고 셀사역 성패를 좌우하는 셀리더 세우기를 위해서는 특별한 이해와 훈련방식의 전환이 필요하다. 기존의 강의실 중심 교육이나, 제자 삼는 자(Disciple Maker)를 기르기 위한 훈련방식으로는 가정 교회의 사역을 감당할 셀리더를 세울 수 없다. 그것은 대부분의 사역자들이 쉽게 생각하듯 목사처럼 높은 수준의 셀리더를 만들어내지 못해서가 아니다.[150] 오히려 엘리트 중심 교육 방식을 바꾸고, 실제로 현장에서 사역할 수 있는 사역자를 길러낼 수 있는 전략[151]으로 다시 무장해야 한다. 아무리 우리가 셀사역을 강조해도 전통적인 신학교식 강의와 교육방식으로 셀리더를 세우려 애쓰고, 전통적인 역할을 겨냥한 제자훈련방식으로 접근하는 한, 이론이 아니라 실제로 셀사역을 할 수 있는 셀리더는 세워지기 어렵기 때문이다.

이처럼 셀교회로의 전환시, 지도자는 셀사역에 대한 핵심가치를 분명히 하고, 그 점에 있어서 흔들리지 말아야 한다. 어려움이 생긴다고 머뭇거리고 목표를 모호하게 하며 이랬다 저랬다 하는 것으로 비춰지기 시작하면, 셀교회로의 선회는 커녕 결국 좌초되고 말 것이다.

셀교회 전환을 위한 변화의 리더십

쿠제스가 적절히 지적한 것처럼, 지도자는 현상을 급진적으로 변혁시키고 완전히 새로운 어떤 것을 창조할 방법, 새로운 혁명적 프로세스, 기존 시스템을 능가할 어떤 것을 만들어 낼 방법을 찾는 사람들이다.[152] 리더십이란 변화를 만드는 것이다. 변화를 기피하는 사람은 지도자라 불리기에 합당치 않다.

　주룽지(朱鎔基)가 중국 전인대(全人大) 총리로 취임하기 전, 1995년 거시 긴축정책에 대항하는 지방파벌에 대해 "호랑이를 먼저 때려잡은 뒤 늑대를 잡겠다. 1백 개의 관을 준비해라. 물론 그중에 내 것도 한 개 있다"는 비장한 각오로 개혁을 추진하여 현재 중국을 세계가 놀랄 만큼 변화시켰다. 전환을 시도할 때나 변화의 시기에는 갈등과 저항은 항상 생기게 마련이고, 그것은 고통스러운 일이다. 그때 저항에 직면하기를 두려워하는 지도자는 평화를 사랑하는 마음을 가진 것인지 몰라도, 실제로는 몸 전체를 고통스럽게 할 수도 있음을 알아야 한다. 거대한 셀교회 전환을 이루었던 로렌스 콩 목사는 목사가 도살자가 되어서는 안 되지만, 필요하다면 칼을 꺼내 재빨리 휘둘러야 한다고 충고한다. 153) 이 말이 목회자가 하기에는 너무 잔인하게 느껴질지 모르지만 오히려 무딘 연필 깎는 칼로 여기저기를 찔러대는 것이 아니라, 예리한 수술용 메스로 문제의 핵심 부분만 단시간 내에 치료해야 함을 강조하는 것이라면 그것은 사랑일지도 모른다. 이것이 오히려 고통을 줄이는 길이기 때문이다. 문제를 덮어두거나 피한다고 문제가 사라지는 것은 아니다. 갈등이 잠재하고 있는 곳은, 언젠가 시간이 지나면 곪아터질 것이기 때문이다.

　셀교회로 전환하고 싶어도 할 수 없다는 목회자들의 얘기를 들어 보면 그 이유로, "우리 교회에는 교인 가운데 리더 감이 없어서 안 된다"고 한다. 그러나 목회자가 할 일이 무엇인가? 그것은 에베소서 4장 12절이 말하는 것처럼, 교인들을 무장시켜 사역자로, 리더로 세우는 것이다. 리더가 없어서 못한다는 말은 결국 자신의 리더십에 문제가 있다는 고백이지 교회와 교인 탓만 할 수 있는 일이 아니다. 또 어떤 사역자들은 셀교회 전환은 큰 교회만 가능하지 않냐고 한다. 그러나 커서 전환한 교회도 있지만, 오히려 작을 때 전환한 교회가 더 많다. 유명 교회가 아니라 알려지지 않고 주목받지 못했을 뿐이다. 셀교회로의 전환은 오히려 개척교회나 작은 사이즈의 교회일 때가 더 좋다.

못한다는 생각보다, 이것은 하나님의 일이고, 하나님께서 원하시는 것이며, 이것이 바른 목회이며, 건강한 교회의 길이라는 확신으로 할 수 있다고 믿어야 한다. 그것이 리더십이다. 이것은 긍정적 사고방식, 적극적 사고방식, 희망을 품기, 꿈을 가지라는 말과 다르다. 성경의 이상을 회복하기 위한 헌신, 그리고 하나님께서 살아 역사하신다는 믿음, 하나님의 꿈 성취에 대한 확신에서 출발하는 믿음의 길이다.

목회에서 리더십은 다음과 같은 네 가지 요건으로 이루어진다. 첫째로 사람, 그룹 혹은 공동체를 임파워링 해주는 것이요, 둘째로 사람들로 하여금 사역과 다른 사람의 중요성을 알도록 돕고, 이 일이 중요함을 알게 하는 것이며, 셋째로 사람들로 하여금 공동체 정신과 팀의 단결심을 갖도록 격려하는 것이며, 넷째로 사람들이 비전과 사명을 위해 즐거이 헌신하도록 동기부여를 하는 것이다. 이런 리더십은 한마디로 말해 변혁적 리더십(Transformational Leadership)[154]이라 할 수 있다. 오늘날 목회자에게 필요한 것이 바로 이런 변혁적 리더십이다. 이런 일들이 제대로 일어나려면 지도자에게는 총체적 정렬(alignment)이란 리더십의 실행을 필요로 한다. 즉 셀교회에서는 아무리 평신도 사역을 강조하는 것이라 해도, 이전 전통목회에서보다 더 강한 리더십을 필요로 한다. 왜냐하면 이전보다 많은 리더들과 함께 가는 것이기 때문이다.

셀교회 전환을 위한 제안

이제 셀교회 전환을 위한 구체적인 사항들을 알아보자. 전통고회를 셀교회로 잘 전환하려면 어떻게 해야 할까?

구체적 지혜- 변화의 6단계

첫째로 교회의 미래의 특징을 결정하라. 둘째로 미래에도 적합한 일부 기존 사역 방식에 대해서는 정당화를 하라. 이것이 과거에서 미래로의 다리가 될 것이다. 셋째로 셀교회로의 전환을 연구하며 발견한 것을 교인들과 함께 나눠라. 넷째로, 미래 발전에 방해가 될 전통적인 관습들은 과감히 떠나 보내라.[155] 그래서 이제 우리가 다시는 돌아갈 수 없는 강을 건넜음을 교인들로 인식케 해야 한다. 다섯째로 미래에 대해 교인들이 기대감을 갖게 하라. 사람은 소망이 있어야 움직이는 법이다. 마지막 여섯째로, 설교와 간증 등 모든 기회를 다 활용하라. 설교는 현재 셀사역 운동에 참여하지 않는 사람이라도 다 참석하는 모두에게 접근할 수 있는 유일한 기회다. 셀사역의 필요성, 미래상을 제시하고 헌신과 참여를 촉구하는 설교를 특집으로 계속 다뤄라. 설교 못지않게 효과적인 것이 셀모임에 참석하고 있는 교인들의 간증이다. 모두가 다 참석하는 주일예배 시간에, 3~4분의 셀모임에서 실제로 벌어진 감동적인 간증은 서너 시간 짜리 교육이나 세미나 못지 않게 강력하게 사람들의 마음을 움직일 것이다.

셀교회 전환을 위한 행동 계획서

이제 실제적으로 셀교회 전환을 위해서, 아래에 제시된 것과 같은 구체적인 행동 계획[156]을 자신의 교회 상황에 맞게 세워 하나씩 실현해 나가도록 한다.
- 전도훈련과 리더 양성이 사역 스케줄에서 우선 순위가 되도록 조정한다.
- 당신 나름대로의 셀사역 철학을 계발한다.
- 교회의 핵심 지도자 그룹과 비전을 나누고 지원을 얻어낸다.
- 건강한 셀그룹에 참석한다.
- 소그룹 상황 속에서 새로운 셀리더와 코치를 훈련하고 만들어낸다.
- 나의 G12에서 나온 리더들과 함께 새로운 셀그룹들을 시작한다.
- 셀리더들을 계속 돕고 계발하고 지원할 수 있는 교회 구조를 만든다.
- 기존 소그룹들을 배가가 일어나고 셀리더가 만들어지는 공동체로 전환한다.

셀교회 전환 시 실패하는 몇 가지 이유들

셀교회로의 전환을 위한 갖은 노력에도 불구하고 전환이 성공적으로 이루어지지 못한 경우에는 여러 가지 이유가 있겠지만, 다음과 같은 것들이 가장 흔한 것들이다.
- 잘못된 사람이 셀리더로 세워지는 것.
- 목회자의 가치관과 경험이 셀교회 철학과 일치하지 않다.
- 책에 나오는 것 혹은 큰 교회의 비전을 단순히 흉내내고 있다.
- 비전을 이루기에 충분한 계획(목적, 시간계획)이 없다.
- 교회가 내부 일에 바빠 불신자와의 관계 형성 노력이 적다

— 실제로 사역할 수 있는 리더 훈련보다는 교육만 계속한다.
— 사람들을 사역하도록 풀어놓지 못한다.
— 대중 혹은 외부를 대상으로 하는 집회나 이벤트 개최에 바쁘다.
— 교회(셀그룹 아닌) 재생산에 대한 비전의 결여.

셀사역 문화의 창조

평범한 지도자는 새로운 비전을 제시하고 주장하는 것에서 멈추며, 유능한 지도자는 비전을 한 번 시행하는 것에서 만족하고 멈춘다. 그러나 만일 어렵게 시작된 셀교회로의 변화가 다음 세대까지 계속되고 발전되어 나가기를 원한다면, 이 마지막 단계가 필요하다. 그것은 상황을 동결시키기 혹은 변화를 의미 있는 방식으로 제도화하기, 사람에 따라서는 굳히기(refreezing)라고도 불린다. 지금까지 사역적으로 전환해놓은 것을 교회의 시스템으로 만들고, 더 나아가 셀사역의 문화가 형성되어 완전히 자리를 잡아 흔들리지 않게 만드는 것이다. 그것이 바로 변화의 지도자가 하는 일이다.

이 단계에서는 전환이 확고화될 뿐 아니라 다음 세대에도 지속되도록, 첫째로, 계속되는 변화를 일상 생활로 받아들이는 분위기가 되게 하고, 둘째로 더 나은 사역을 위해 어떤 변화를 시도하다가 실패를 할지라도 징계나 처벌을 받지 않는 분위기가 되어 끊임없이 창조적 시도를 하는 문화가 되도록 하며,[157] 셋째로 같은 셀사역의 비전을 가진 지도자를 세워 셀교회를 이어갈 수 있도록 준비한다. 즉 교회 부흥만 잘 시킬 수 있는 사람, 설교만 잘하는 사람이 아니라, 건강한 셀교회 만드는 것이 목회의 핵심임을 아는 그런 사람이 사역을 계승하게 하도록 해야 한다.

지금까지 논한 점들을 하나씩 주의 깊게 체크해가며 전환을 시도한다면, 전통교회를 셀교회로 전환할 때의 시행착오를 크게 줄이고 고통도 줄일 수 있을 것이다.

보좌에 앉으신 주님은 말씀하신다. "보라 내가 만물을 새롭게 하노라."(계 21:5) 그분은 새로운 형태의 교회를 창조하시는 것뿐 아니라, 세상의 대다수를 차지하고 있는 전통교회를 갱신하여 21세기 목회를 감당할 셀교회로 새롭게 하시는 분이다.

주님의 영을 받아 섬기는 우리 그리스도인 지도자는 더 높은 비전 때문에 현상(status quo)을 타파하고, 새롭게 하는 사람이다. 안정과 편안함의 유혹을 깨는 사람들이다. 성경적 공동체를 만들기 위해 대가를 지불하고 자기 희생을 할 각오가 있는 사람이다. 이 부르심에 헌신된 자만이 30배, 60배, 100배의 열매를 맛볼 수 있다.

셀사역은 단지 교회 성장의 수단이 아니라, 주께서 꿈꾸셨던 신약 교회의 이상을 이 시대에 회복시키는 건강한 공동체를 만드는 건강한 교회 만들기 운동이다. 전통교회를 셀교회로 전환시키는 것은 많은 저항을 극복해야 하고, 예상치 못한 장애물을 건너야 하지만 위대한 일에는 더 큰 어려움이 있는 법이라 생각하고 해야 한다. 그것이 주께서 우리를 교회의 일꾼, 지도자로 세우신 이유요 목적이기 때문이다.

그리고 셀교회로의 전환에는 구체적인 계획, 전환 과정에 대한 이해가 있어야 한다. 선한 의도로 무턱대고 뒤집어 엎는 것이 아니라, 변화의 과정과 수순과 그때 발생할 사람들의 저항을 이해하고 성경적이며 변혁적 리더십(transformational leadership)으로 해결해나가야 한다.

리더십 측면에서 본 셀사역*

건강한 교회 만들기의 대안으로 셀사역이 부각되며 두 가지 극단적인 반응이 나타나고 있다. 하나는 셀목회를 하면 교회가 부흥한다는 교회성장 지상주의적 기대감이며, 또 하나는 셀교회로 바꾸면 교회가 갈라지고 망한다는 우려의 목소리다. 둘 다 셀사역에 대해 정확히 알지 못함에서 나온 극단적 접근이라 아니할 수 없다. 셀목회에 대해 제대로 연구한 사람들은 이것이 다가오는 시대에 적합한 대안임을 확신하지만, 동시에 셀목회에 대해 어설프게 아는 사람들 사이에는 몇 가지 미신이 급속도로 퍼져가고 있다. 첫째는 셀사역을 해서 셀그룹이 활성화되고 많아지면, 주일 아침 대예배가 망한다는 주장이다. 그것은 과거의 파라처치(para-church) 중심의 소그룹 운동에 대한 우려의 반복이며 근래에 다시 대두되고 있는 극단적인 가정교회 운동의 여파 때문이라고 보여진다. 셀사역은 사도행전 등 신약에서 보듯 성전과 집(행 5:42)에서 모이는, 대그룹과 소그룹의 균형잡힌 사역을 회복하려는 노력이기에 절대로 그런 일이 생길 수 없다. 그 외에도 여러 가지 잘못된 주장이나 소문들로 인해 셀목회에 대한 접근을 선뜻 할 수 없게 만들지만, 무엇보다 심각한 미신을 하나만 더 꼽으라면 셀사역을 하게 되면 평신도들이 목회를 다하게 되어 목사가 할 일이 없어진다는 소문이다. 이 미신은 본 고의 주제인 셀목회와 리더십 측면에서 검토해 봐야 할 주요 주제와 직접 연결된 사항이기도 하다.

※「리더십 측면에서 본 셀사역」『교회와 신학』장로회신학대학교 2003. 가을 제54호 32~39쪽

셀교회에서 목회 리더십 개념의 변화

편의상 셀교회와 셀사역과 구분하기 위해 현재 우리가 하고 있는 목회 방식을 전통목회, 전통교회라 부르겠다.

우리가 잘 알고 있듯 전통교회에서 지도자의 주요 기능은 다분히 예배 중심이며 설교 중심이다. 소위 성공적인 교회 그리고 유능한 목회자와 그렇지 않은 목회자의 차이는 따지고 보면 거의, 얼마나 설교를 잘하느냐 그리고 다양한 행사나 집회를 열고 사람들(부교역자, 장로, 교인 등)과 재정과 시설을 관리하며 프로그램을 얼마나 잘 운용하느냐에 관련되어 있다. 그 외에 우리 한국교회의 경우 교인들을 향한 목회는 거의 구역예배에 근거한 교구제도가 중심을 이루고 있다. 그런데 교구제도는 사실 전도, 양육, 제자훈련 지향적인 능동적이고 적극적 사역 구조라기보다는 유지 관리 구조라 말할 수 있다. 전통적인 목회 리더십에서는 절대주권을 가진 제왕으로서 이런 많은 구역과 여러 위원회를 잘 관리하는 것을 유능한 지도자로 본다. 그런데 리더십 이론에서는 약간의 의견 차이는 있지만, 관리(managing)와 리더십은 다른 것으로 본다.[158] 전통교회는 사역자보다는 정치가를, 그리고 지도자보다는 관리자를 만들어냈고, 또한 그런 리더십을 가진 사역자들을 더 환영해왔다.

또한 전통교회에서 리더십은 목사, 혹은 당회장이기 때문에 당연히 갖는 것이라고 보는 경향이 있는데, 이것은 다분히 신분적 혹은 위치적 리더(positional leader) 개념에 해당한다. 그렇지만 현실은 그렇지 않다. 어느 집단에나 참된 리더는 가장 큰 영향력을 끼치는 사람인데, 참 리더와 위치적 리더 사이의 긴장이 계속되는 것은 목회자들이 변화하는 환경 속에서 제대로된 리더십을 계발하지 않고 자신의 위치만을 주장하기 때문이다. 즉 전통교회에서 목회자는 자신이 리더라고 생각할지 모르지만 사실 관리자에 해당하는 경우가 많은데, 이는 관리자는 통제하려고 하나 리더는 사람들을 어떤 방향을 향해(이것을 비전이라고 한다) 정렬시키는159) 차이가 있기 때문이다. 셀교회는 전통적인 교회성장학파의 피터 와그너(Peter Wagner)의 개념으로 볼 때는 신사도적 교회(new apostolic church)160)에 해당하는데, 신사도적 교회의 특징 중의 하나는 매우 강력한 사도적 리더십161)을 갖고 있다는 것이다. 실제로 대표적인 셀교회 지도자 중의 하나인 로렌스 콩 목사는 자신의 리더십 역할을 관리자와 목자의 기능도 하지만, 주 임무를 사도적 기름부음을 받은162) 지도자로서 수많은 리더들을 이끌며 교회를 인도해가는 사령관으로 설명했다. 시간이 지나며 와그너의 신사도적 교회 개념이 자리를 잡게 되자 현재는 자신을 신사도적 지도자163)의 역할자로 표현하고 있다. 와그너와 같은 서클에서는 급성장하고 있는 교회의 지도자들을 사도(apostle)라고 부르고 있는 것은 매우 민감한 부분이라 아니할 수 없다. 로렌스 콩은 셀교회의 특성상 이를 효과적으로 이끌 리더십을 비록 신사도적 지도력이라고 하지만 이것이 남용될 위험성이 있음을 지적하며, 겸손해야 함을 언급164)한 것은 매우 바람직하다. 그의 우려처럼 사도권을 주장하면서 자신도 모르게 독선과 독재로 빠질 가능성을 항상 조심해야 할 것이다. 이런 상황을 볼 때 분명한 것은 셀사역을 하던 목사가 할 일이 없어지고 리더십이 훼손된다는 것은 전혀 옳지 않은 주장이며 훨씬 강력한 리더십이 요구된다는 것만은 분명히 알 수 있을 것이다.

셀사역은 주일 설교 외에도 많은 일꾼들과 함께 전도와 양육과 돌봄과 셀그룹 배가 그리고 지도자의 재생산 등 각종 사역이 활발하게 일어나고 다분히 역동적으로 움직이기 때문에, 전통적인 리더십 개념을 가진 목회자는 셀목회를 감당하기가 쉽지 않을 것이다. 리더십 개념으로 볼 때 상당히 다른 면이 강조되기 때문이다.

그럼 전통교회의 리더십과 대조되는 셀교회 리더십의 특징은 또 어떤 것들이 있을까?

전통교회에서의 리더십 개념은 서구적이며 관료체계 방식이라고 볼 수 있다. 목회는 신학교 졸업장과 안수증으로 장식한 특수층만이 할 수 있도록 구조화되어 있기 때문에 직업주의(professionalism)로 흐를 수 있고, 사역은 전문가(expert)만이 할 수 있다는 개념이 자리 잡고 있다. 반면 셀목회에서 리더십은 자격증 방식보다는 소명, 열정, 은사 중심이다. 그가 과연 종의 리더십을 가지고 있으며, 주께서 주신 목표와 사역의 임무와 책임에 대한 명확한 인식이 있으며 그 일을 위해 대가를 치를 자세가 있느냐가 훨씬 중요하다. 이 부분은 전통교회의 목회자들로서는 쉽게 받아들이기 어려울지 모르겠지만, 사도들을 비롯해 초대교회 사역자들이 어떤 사람들이며 어떻게 세워져 왔는가, 그리고 중세교회 시대를 겪으며 어떻게 스콜라화해왔는가를 겸허히 돌아본다면 훨씬 이해하기가 용이하리라 본다. 그렇다고 셀목회에서는 신학교육을 부정하는 것이 아니라, 은사와 소명이 분명하다면 누구든지 우선 사역할 수 있도록 하고 그 다음에 신학교육을 받도록 전적으로 지원한다. 즉, 자격증만 있으면 목회자가 되고 신분적 리더로 남을 수 있는 것이 아니라, 열매 맺는 실제적 리더가 될 수 있도록 사역의 은사를 우선시하고 교육을 병행하는 방식이란 점에서 차이가 난다. 실제로 많은 셀교회들의 목회자는 평신도로 작은 셀그룹(혹은 소그룹) 사역에서 역량이 입증된 사람들을 더 훈련시켜 코치(셀리더들의 리더)로 삼고, 그중에서 또한 열매가 있는 자들을 신학 훈련까지 시킨 후에 지역 사역자 혹은 전도사, 교구 목사로 세운다. 이런 방식의 리더십 체계로 인해 전통 교회에서 겪는 것처럼, 부교역자를 뽑고 보니 목회도 못하더라는 불평이 없다. 그리고 신학교가 도대체 뭘 가르쳤는지 목회에 도움이 안 된다느니, 신학교 나오고 안수만 받았지 목회를 못하더라는 일이 생길 여지가 매우 적다. 무엇보다 셀목회에서 리더십 개념의 가장 큰 차이는 랄프 네이버가 지적한 오늘날 교회와 초대교회의 리더십 차이를 통해 엿볼 수 있다. 그것은 오늘날의 교회가 PBD 목회형태이므로 프로그램 중심으로 운영하고 감독하는 것이라면, 초대교회에서는 모든 신자가 사역을 할 수 있도록 양육하는 것[165]이라고 말할 수 있다.

평신도 리더십의 회복과 극대화

셀사역에서 가장 큰 특징은 종교개혁으로 인해 회복하게 된 만인제사장교리의 실천이다. 사실 만인제사장 개념은 종교개혁 이전에 하나님의 백성을 평신도와 성직자의 두 계급구조로 분리시켜버린 사제주의(일종의 clericalism)[166]로부터의 개혁이며, 하나님의 백성이 어떻게 왕 같은 제사장(벧전 2:9)으로 주의 일을 하며 살아갈 수 있는지를 인식시켜 준 중요한 교리이다. 그럼에도 불구하고, 오늘날의 전통교회에서 만인제사장 교리는 머릿속의 교리일 뿐 실제로는 거의 실천되지 않고 있다. 심지어 현대 가톨릭교회들이 제2차 바티칸공의회 이후로 평신도 사목운동[167]을 강화하고 있는 것과 비교해볼 때 일부 개신교회들이 오히려 더욱 가톨릭화, 사제주의화 되고 있지 않나 하는 우려가 야기되는 것은 심히 안타까운 일이다. 이 시대 교회에 참으로 귀한 영향을 끼친 소위 제자훈련 사역에서도 평신도를 깨운다고는 하지만, 깨워서 무엇을 하는가? 셀리더가 사역을 하는 평신도 사역의 가능성은 거의 없는 이상에 불과하다고 여기며,[168] 평신도를 깨워 목회자의 조수 역할에 머물게 하지[169] 그들을 책임있는 사역자로 보지 않는다. 그러나 셀목회에서는 사역이 전문가 목회자(목사)만이 할 수 있는 것이 아니라, 모든 신자가 은사대로 사역에 참여해야 하며 사역자가 되어야 한다고 보기 때문에 이것은 목회 리더십 개념에 대변혁을 초래한 것이다. 여기서 사역의 리더십을 공유한다는 것은 단지 행정이나 관리업무가 아니라 목회까지 포함한다. 그래서 셀사역을 제2의 종교개혁이니, 새로운 종교개혁[170]이라고까지 일컫는 것이다. 셀교회는 아니지만 건강한 목회로 세계적인 관심을 끌고 있는 새들백교회도 소그룹 리더를 Lay pastor라 호칭하고 있으며, 윌로우크릭교회의 뼈대를 이루고 있는 것도 사실은 셀그룹과 같은 소그룹 사역을 통한 진정한 평신도 사역에 기초하고 있음을 주목해봐야 할 것이다. 셀목회에서는 한마디로, 교인들이 수동적 구경꾼으로 머무는 것을 허용치 않고 그들을 셀리더(평신도 목회자)나 각종 사역 그룹을 통해 은사에 따라 사역할 수 있도록 하며 그들에게 목회의 리더십을 위임하고 공유하는 구조이다. 과거 가톨릭교회의 문제점으로 지적되고 있는 교황중심적 중앙집중화[171]에서 권한의 분산 분권화와 공유 개념으로의 흐름을 실현하는 것이다. 그것은 구역장들처럼 구역예배 인도로 끝나지 않고, 평신도들이 전도, 양육, 돌봄, 셀그룹 관리는 물론 차기 리더 멘토링 등 지도자로서의 각종 사역을 하도록 기대하고 있다는 말이다. 즉, 전통교회에서 평신도가 구역장으로 하던 일과 달리 평신도이지만 셀그룹을 하나의 가정교회로 여기고, 왕 같은 제사장으로서, 사역자로서 리더십을 발휘할 수 있도록 장려하고 리더십을 이양해준다는 점에서 다르다. 이런 움직임에 대해 전통적 목회자는 평신도 지도자들이 과연 제대로 사역을 해낼지 우려하겠지만 유진 피터슨의 조언처럼 "우리는 그들에게 실패할 자유를 주어야 한다. 아니면 뛰어들어가 내가 원하는 그런 사람들이 되도록 그들을 훈련시켜야" 하며 "우리 목회자들은 셀리더들이 하는 일이 그리 만족스럽지 않아도 그들로 하여금 교회 일을 다루도록 맡기고, 그만큼 하나님을 신뢰하는 법을 배워야"[172] 할 것이다.

셀그룹 배가 방식이며 동시에 뛰어난 리더십 계발 구조인 G12 방식에서는 심지어 셀그룹의 모든 멤버, 즉 신자 모두를 셀리더 후보로 보고 접근한다는 점에서 만인제사장 사역에 가장 근접한 방식이다. 이처럼 셀사역에서는 전통목회에서 목사들이 하던 일의 상당 부분이 평신도에게 이양되고, 목사는 목회자로서 해야 할 일, 혹은 최고 지도자 고유의 직무에 더욱 집중할 수 있게 된다. 그것은 말씀과 기도를 통해 교회의 비전을 세우고, 전략을 구체화하며 은사에 따라 일할 수 있도록 다양한 지도자를 세우고 교회의 여러 가지 사역들을 목적을 향해 정렬하는 것이다. 갈수록 사역이 다양화하고 복잡해져가는 이 시대에 목회자의 리더십에서 이런 부분이 더욱 중요해짐을 주목하라. 이것이 바로 사도행전 6장에서 사도들이 일곱을 세운 목적과 맥락을 같이하며 그것을 이 시대에 달성하는 길이기도 하다. 따라서 셀목회를 하게 되면 목사가 할 일이 없어지거나 목회자의 리더십 파이가 줄어드는 것이 아니라, 목사는 진정 목사다운 일을 하게 되며 리더십의 영역은 더 늘어나고 더 강력한 리더십이 요구됨을 알 수 있다. 셀사역을 하든 안 하든 목회자는 이런 목회 리더십의 흐름을 인식하고 자신의 리더십 계발에 더욱 진력해야 할 것이다.

목회자와 평신도 지도자의 리더십 공유와 팀사역

위에서 본 것 외에도 셀목회에서 한 가지 혼란스럽게 받아들여질 수 있는 부분은, 목회자와 평신도 간의 리더십 갈등이다. 특히 담임목사 자신은 큰 문제가 없지만, 셀교회 전환 초기에는 교구사역에 목숨 걸고 있는 교구목사나 교구전도사 등 부교역자와 셀리더 간의 명확한 역할분담을 위한 리더십의 명료화가 필요하며, 전통교회에서 파워의 기득권자였던 장로나 위원장들과 셀교회에서 목회방향과 결정권에 새롭게 떠오르게 되는 셀리더 그룹과의 갈등이 생기지 않도록 의사결정 프로세스를 잘 조정해야 할 것이다. 이는 셀목회를 할 때 초기부터 셀교회의 이상과 비전이 제대로 제시되고 기초부터 다져가면 생기지 않지만, 전통교회에서 셀교회로 전환을 시도할 때 저항[173]으로 발생할 수 있는 부분이기 때문이다. 특히 셀목회를 할 때는 전통교회에서 요구되는 리더십과 상당히 다른 리더십이 요구되므로, 사역자의 리더십 계발은 물론 평신도 지도자들의 리더 훈련방식도 바뀌어야 한다.[174] 강의실 교육 중심에서 어떻게 사역 중심으로 바뀌어야 할지, 그리고 변혁적 리더십도 관심을 가져야 할 부분이다. 뿐만 아니라 셀사역은 본질적으로 수많은 평신도 지도자들은 물론, 은사대로 일하는 여러 목회자들과 동역하는 구조이므로 팀사역과 팀웍 그리고 코칭 방식 등에 대한 구체적인 이해와 담임목사의 새로운 리더십 역량 계발이 요구된다.

리더십측면에서 볼 때 성공적인 셀목회를 위해서는 무엇보다도 교회를 마치 자신의 왕국처럼 여기고 왕처럼 행동하던 타성을 버리고 자기를 죽여야 한다는 점이 가장 힘든 점일 것이다. 그리고 교인들로부터 거리를 갖고 강단에서 설교만 하고 물러나던 방식에서 교인이나 지도자들과 함께 작은 셀그룹 속에서 삶을 나누며 일꾼을 양육하고 새로운 셀그룹을 개척하는 일에 모본을 보여야 한다는 점도 쉽지 않다. 이런 점에서 셀사역에서는 목회의 기술적 측면뿐 아니라, 지도자로서의 영성과 성품이 더욱 중요시된다. 또한 전통적인 목회 능력 외에도 리더십의 프로세스와 시스템적 사고 등이 새롭게 요구된다. 따라서 셀사역을 한다는 것은 지도자에게는 모험이지만 참다운 목회를 한다는 점에서 매력적이고 도전해볼 만한 일이다. 셀사역은 지도자의 순전한 삶과 일관성을 통한 신뢰 회복 그리고 리더십의 역량이 없이는 감당할 수 없고 그래서 많은 목회자들이 뛰어들기를 두려워 하지만, 성경적으로 기능하는 아름다운 공동체와 건강한 교회를 꿈꾸는 목회자들에게는 가장 멋진 사역의 장이 될 것이다.

셀교회 운동과 가정교회 운동, 그리고 이머징교회와 미셔널교회 운동의 추구점과 본질[1]

지난 20여 년을 돌아보면 국내 교계에는 셀사역, 가정교회, 알파사역, 이머징(Emerging)교회 그리고 최근의 미셔널(Missional)교회 운동[2]까지 여러 가지 파도가 몰아쳐왔는데, 기성교회들은 이런 움직임들을 종종 기성 교회를 망치는 부정적인 것으로 몰고 때로는 이단으로 정죄하려는 움직임까지 있었다. 물론 그 중 일부가 극단적이거나 신비주의적 은사운동으로 문제를 일으킨 것도 사실이지만, 그것이 각각의 움직임 전체의 문제이거나 그 사역들의 근간이 신학적으로 이단적인 것처럼 매도한 것이 정당하다고 말하기는 어려울 것이다.[3]

우리가 알아야 할 것은 이런 여러 가지 시도들은 모두 한계에 부딪힌 전통적 목회의 문제점들을 극복하고, 더 나은 성경적 교회를 세워보려는 선한 의도에서 시작한 것이란 점이다. 물론 우리 한국교회가

---

[1] 본고는 저자의 백석대학교 연구년(2014.9~2015.8) 연구결과보고서로, 백석신학저널 2015년가을호에 게재한 글이다.

[2] 셀교회, 가정교회, 이머징교회와 미셔널교회 주창자들은 이런 움직임(movement)을 운동이라는 용어로 표현하는 것에 불쾌감을 느낄 수 있다. 그것은 보통 운동이라고 할 때 어떤 인위적인 움직임이라고 생각하기 때문이다. 그러나 본고에서는 이전에 없던 새로운 움직임을 의미하기 위해 통상적으로 많이 사용하는 용어가 운동이라 사용한다. 영어의 exercise가 아니고 movement란 의도이다.

[3] 예를 들어 아말감 치아가 금니로 변한다는 식의 주장은 본래의 알파사역의 본질과 전혀 관계가 없는 일부 목사(주로 부흥사나 은사운동가 출신)의 일탈이지, 알파사역이 그런 교리를 주장하는게 아님을 구별해 대처할 필요가 있다. 알파사역은 J.I. 패커, 알리스터 맥그래스와 마이클 그린 등이 추천하고 미국의 어떤 복음주의 신학교는 그 과정을 이수하고 일정과제를 수행하면 신대원 학점으로 인정해주기까지 한 전도소그룹 사역이다. 어떤 교단에 이상한 목사가 하나 있다고 그 교단을 이단으로 모는 것은 일반화의 오류일 것이다. 그렇다면 그 일탈자와 그 교단을 구별해 대응하는 지혜가 필요하다는 것과 같은 방식으로 접근하는 것이 옳을 것이다. 알파사역은 전도소그룹으로 본고에서 논하는 셀교회, 가정교회, 이머징교회와 미셔널교회와는 다른 측면이므로 이하 논의에서는 배제한다.

폭발적으로 성장해 가던 당시에 제자훈련 사역자들이 기성교회 목회자들로부터 겪었던 저항처럼, 도대체 우리 한국교회가 뭐가 잘못되었다고 당신들이 개선을 논하느냐는 항변을 받을 수 있다. 그러나 이제 인정하고 싶지 않아도 인정할 수밖에 없을 정도로 한국 교회는 쇠퇴해 가고 있고, 기독교와 교회가 세상의 지탄을 받고 있는 이 시점에서까지, 기존 교회의 사역방식보다 더 나은 것을 찾고자 몸부림치고 더 나은 교회를 세워보고자 애쓰는 모든 것을 매도하고 전통적 목회와 전통적 교회론만 계속 고집하는 것이 과연 최선의 선택인지도 우리는 자문해 볼 필요가 있다. 그리고 다음 세대를 위한 건강한 교회를 세우기 위해 버려야 할 것은 버리고 배워야 할 부분이 있으면 배우는 지혜가 필요하다.

이처럼 셀교회나 가정교회나 이머징교회 그리고 미셔널교회 운동들을 거의 도매금으로 이단처럼 몰아가는 것도 안타까운 일인데, 설상가상으로 이 가운데 일부는 자기들이 하는 사역방식만 옳고 나머지는 다 문제가 있다는 식의 우월성과 배타적인 태도를 보이기까지 하는 것은 부끄러운 일이 아닐 수 없다. 이런 문제는 성경적인 교회론에 대한 이해 부족과, 자신들의 사역 밖에 모르는데다가 위에 언급한 각 사역의 본질과 특성에 대한 충분한 이해 부족에서 벌어지는 일로 보인다.

따라서 본고에서는 전통적 목회와 전통적 교회의 한계를 극복하고 더 나은 교회를 세우고자 시작한 여러 움직임들의 본질과 특성을 검토해보고, 다음 세대를 위한 더 나은 교회를 세우고자 하는 선한 열심을 가진 목회자들에게 앞에서 언급한 여러 가지 교회 운동의 본질을 이해하는데 도움을 주고자 한다. 먼저 국내에서 가장 많은 영향력을 가지고 있는 셀사역부터 알아보자.

1. 셀교회 혹은 셀사역의 본질

비록 어떤 사람은 최근의 미셔널 교회에 많은 관심을 가지고 있고 또 어떤 사람들은 가정교회에 관심이 있겠지만, 두 교회를 잘 이해하기 위해서는 먼저 셀교회 혹은 셀사역에 대해 이해할 필요가 있다. 또한 이머징교회나 미셔널교회를 검토할 때도 셀사역의 특성을 참고해 비교할 수 있는 부분도 있기 때문에, 조금 시간이 걸리더라도 셀교회의 본질에 대한 먼저 논의하겠다.

국내에 셀사역이 도입된 이래 찬반양론이 다양했지만 아마도 셀사역을 본래의 취지에 어긋나 가장 큰 오해를 갖게 한 것은 폭발적 성장을 한 몇 모델 셀교회들로 인해 셀사역을 일종의 교회성장 도구로 여긴 데에 기인한다. 그러므로 자신들의 교회를 셀교회라고 주장하며 셀사역 세미나를 하는 교회와 목회자들이 많지만, 셀사역의 본성을 논하려면 소위 셀사역의 아버지라 불리는 랄프 네이버(Ralph W. Neighbour Jr.) 박사의 저술에서 출발하는 것이 옳을 것이다.

그가 주장하는 셀교회 혹은 셀사역은 본질적으로 신약성경이 그리고 있는 초대 교회의 원형으로 교회의 본질을 회복하기 위한 것[4]이었다. 그것을 목표로 한 셀교회는 다음과 같은 몇 가지 특징을 갖는다.

첫째로 셀사역은 그리스도인의 기초 공동체 세우기를 목표[5]로 한다.

---

4) 랄프 네이버, 『셀교회 지침서 -교회는 어디로 가야 하는가?』 (서울, 도서출판 NCD, 2000), 25. 초판 서문 참조.
5) Ibid, 149. 그리고 제5장 참조.

셀교회 주창자들이 교회의 본질 중 가장 중요하다고 생각하는 부분은, 교회는 그리스도의 몸일 뿐 아니라 하나님의 가족 공동체[6]라는 성경의 가르침에 대한 확신 때문이다. 그것은 신약성경에 등장하는 가정교회들의 삶에서 잘 표현되어 나타나는데 이를 기독교 공동체의 핵심[7]이라고 본다. 다양한 성경의 증언[8]은 초대교회의 대부분이 각 가정에 형성[9]되었음을 보여준다. 후에 형성된 바실리카 방식의 큰 예배당에서 집회를 여는 현대의 대형 주일예배 시스템에서는 그런 성경적 공동체를 경험하기 힘든데, 그것은 공동체성을 잘 표현할 수 있는 소그룹을 통해서 이루어진다[10]는 점에서 셀그룹을 교회의 가장 중요하며 가장 근본적인 구성요소로 본다. 물론 거의 대부분의 한국교회가 소그룹의 하나인 구역예배 같은 조직을 가지고 있지만, 셀그룹은 교인들을 관리하는 조직으로 전락해버린[11] 그것들과 달리, 공동체 개념에 토대를 둔 것으로 이 때 가족 개념 즉 소속감과 동료의식[12]과 소위 오이코도메오 공동체[13]의 본질을 강조한다는 점에서 차별성을 갖는다. 이것은 건강한 교회와 건강한 목회의 중요한 요소인 관계성(오이코스)[14]을 잘 살리는 목회방식인데, 이 때 각 셀그룹(혹은 가정교회)들이 독립적이지 않고 지역 교회를 형성하기 위한 연합과 네트워크화[15]를 균형있게 강조함으로 잘 보완된다. 그 결과 전통적인 교회와 셀교회의 차이

---

6) Ibid, 170-172.
7) Ibid, 74.
8) 롬16:5; 골4:15; 몬2 등을 보라
9) 네이버, 『셀교회 지침서』, 76.
10) Ibid, 149ff. 5장 참조.
11) 김덕수, 『소그룹과 셀사역, 그리고 셀교회로의 전환』(경기:킹덤북스, 2011), 107~108.
12) Ibid, 43 등.
13) *oikodomeo*. Ibid, 72-73 참조.
14) *oikos*. Ibid, 177ff와 제6장 참조.
15) Ibid, 78.

를 가장 잘 보여주는 "셀그룹이 교회다"[16]라는 선언이 등장하게 된 것이다.

셀사역의 두 번째 특징은 구원과 그리스도인의 본질에 관한 것인데 가치관과 삶의 변화에 대한 강조이다.

전통적 교회들의 문제는 주일성수를 하는 기독교인들은 양산했지만, 세상 사람들이 보기에 그들의 삶이 자신들과 별로 다를 것이 없을 뿐 아니라, 심지어 주변에서 그리고 뉴스에 나타난 교회의 지도자인 목회자들과 장로들의 행태에 실망하여 기독교와 하나님의 이름이 조롱을 받고 있다. 그런데 셀사역을 주장하는 이들은 전도와 구원, 즉 그리스도인이란 무엇인가에 대한 전통적 개념에 분명한 전환[17]을 요구하고 있다. 셀교회 주창자들은 구원 받는다는 것은 단순히 지적 강의를 듣거나 설교 듣는 것에 머물러서는 안되고, 그리스도와 복음을 체험하고 자신의 가치관과 습관 바꾸기 방식으로 패러다임의 전환[18]이 필요하다는 확신에서 출발한다. 이것은 국내와 달리 약 25년 전 미국에서 한바탕 토론 후에 정리된 주재권 논쟁(Lordship salvation debate)[19]의 결과와 맥을 같이한 것으로, 복음이 개념적 이해를 넘어 삶의 변화로 증명되는 것을 제대로 강조한 셀교회의 경우 전통적 교회 교인들에 비해 삶의 변화가 대개 한층 분명하게 나타나는 것이 사실이다.

이처럼 셀사역가들은 신앙을 단순히 성경지식이나 교리에 대한 지적 동의가 아니라 가치관을 바꾸고 오랜 세월 죄의 권세에 끌려 다니

---

16) Ibid, 113.
17) Ibid, 91.
18) 이것을 위한 6가지 제안은 Ibid,, 22쪽을 참조하라.
19) Lordship salvation debate와 주재권 구원이 의미하는 것에 대해서는 존 파이퍼, 『하나님의 기쁨』(서울: 은성, 1994), 357-391 에 친구에게 보내는 편지 형식으로 쉽게 잘 설명되어 있다.

던 사람들의 삶의 변화를 강조하기에, 짧은 기간이라도 일상에서 벗어나 집중적으로 영적 성숙을 위한 셀그룹 첫 수양회 혹은 내적치유 수양회 참여할 것[20]을 강조하게 된 것이다. 그것은 오랜 세월 변치 않던 사람들의 삶의 변화를 일으키는 데에 매우 효과적인데, 같은 이유로 알파 사역 등에서도 이런 일박이일 수양회 등을 채택하고 있다. 문제는 우리나라 목회자들 가운데 일부는 수양회를 부흥회나 성령은사 집회로 하던 습관이 있어서 이것을 신비주의 은사집회로 변질시키고 물의를 일으키기도 한다[21]는 점인데, 이는 사실 일부 목회자들 개개인의 일탈이지 셀사역이나 알파사역의 본질과는 관계없는 것이었다.

셀사역의 세 번 째 강조점은 리더십 개념의 변화에 관련된 것이다.
종교개혁의 후예들임에도 불구하고 전통적 교회에서는 목사가 자신을 제사장 혹은 성직자로 여기고, 교인들을 평신도로 칭하며 하나님의 백성을 두 부류로 나누는 특성을 보인다. 그러나 셀교회는 만인제사장 교리를 '모든 성도의 사역'[22]이란 용어로 분명하게 정리하고, 교회 안에 실제로 실현하여 목회자 혼자 사역하는 것이 아니라 모든 성도들이 셀그룹 혹은 가정교회의 작은 사역자가 되어 섬기기를 요청한다. 따라서 셀사역의 많은 부분은 모든 신자를 일꾼으로 세우기(Equipping Every Believers)[23]와 관련된 것이며, 성도 한 사람 한 사람을 사역에 맞게 준비되도록 돕고 훈련[24]하는 것에 셀사역의 성패가 달려있다고 본다.

---

20) 네이버, 『셀교회 지침서』, 441,449. boot camp 혹은 encounter retreat이라고 한다.
21) 이런 류는 1970년대부터 있던 것이고, 국내에도 신사도운동이 들어오기 전부터 국내 부흥사는 물론 남미나 미국의 부흥사들 집회 전단지에서 흔히 보던 것들이다. http://media.daum.net/society/others/newsview?newsid=20080107023210992 참조.
22) Ibid, 439ff 특히 21장을 참조하라.
23) Ibid, 78.

이것은 종교개혁 당시 구원론에 한정해 생각했던 만인제사장 교리를, 모든 성도의 사역이란 교회론적 실현으로 확대한 것이다.

또한 영적 지도자들은 아버지 리더십을 가져야 한다고 강조한다. 그 말은 목회자나 셀그룹 리더는 군림하는 독재자가 아닌, 존경과 복종을 한 몸에 받는 아버지 상[25]을 가져야 한다는 것이다. 그것은 전통적인 교회에서 흔히 보는 제왕적 리더십에서 성경적인 섬기는 리더십[26]으로의 전환을 의미한다.

네 번째 강조점은 지상명령 성취를 위해 강조하는 셀그룹의 전도적 특성에 관한 것이다. 전통적인 교회도 모두 소그룹을 가지고 있지만 그것은 주어진 사람들을 유지 관리하는데 급급하지, 더 이상 불신자를 찾아 전도하여 데려 오는 것으로 보지 않고 있다. 물론 국내의 일부 초기 셀그룹 운동을 하던 곳에서는 자신들끼리만 내적 결속을 다지는 소위 닫힌 셀그룹이란 것을 주장했던 일이 있었지만, 셀교회 고유 정신을 찾고자 하는 쪽은 모두 전도적인 열린 셀그룹 쪽으로 가고 있는 것이 다행이라 아니할 수 없다. 랄프 네이버가 원래 강조했던 것은 하나님께서는 우리의 모임을 개방할 것을 요구하신다는 의식을 가진 열린 그룹[27]이었을 뿐 아니라, 전도도 셀그룹을 통해서[28] 이루어져야 한다는 것이다. 이것은 근본적으로 전도는 그리스도의 몸이 하는 것(Body Evangelism)[29]으로 보는 공동체적 관점에서 나온 것이다. 전도를 한 사

---

24) Ibid, 13.
25) Ibid, 77.
26) 김덕수, 『변혁적기독교리더십』 (서울: 대서, 2017), 37-46 참조.
27) 네이버, 『셀교회 지침서』, 107.
28) Ibid, 113.
29) Ibid, 77.

람이 또 다른 사람에게 복음을 전해 구원받게 한다는 방식으로 이해하는 전통교회의 경우, 전도를 마치 전도자 한 개인의 능력에 달린 것으로 보는 경우도 발생하고 회심 이후에도 교회가 아니라 전도자에게 의존성을 갖는 문제점에 대한 좋은 대안이 된다. 사실 그리스도의 몸인 성도의 공동체(이 경우 셀그룹)가 함께 그 사람을 주님 앞으로 이끄는[30] 방식으로 이해하는 것이 성경적으로는 더 바른 것이기에 이러한 전도의 패러다임 전환은 매우 중요한 부분이라 아니할 수 없다. 그래서 셀 사역에서는 불신자를 전도해 전인적 소그룹을 만들어서 시작하는 것[31]을 장려하며, 하나님의 가족으로의 초대[32]란 의미에서 작은 소그룹 공동체인 셀그룹에서의 전도 방식[33]을 강조하며 이런 방식의 전도를 위해 삶의 모든 영역에서 증인의 삶을 사는 전도 소그룹(Share group)[34] 방식을 제시한다. 사실 셀교회들이 폭발적인 성장을 하게 된 근본원인은 이처럼 불신자 전도에 대한 강조와 이를 소위 성직자들의 업무로 보지 않고, 전도는 모든 성도들이 이웃과 친구의 손길로[35] 하는 것으로 보는 것과, 끊임없이 위대한 추수[36] 혹은 세상을 터치하기[37] 등의 표어에서 보듯 교회가 믿지 않는 사람들의 구원에 대한 열정과 헌신을 보이기 때문이다. 또한 전통적인 교회에서는 사람들을 교회로 데려오는 것(우리에게로 와라, 혹은 모여라 구조)에 비해[38] 성도들이 피전도자들의 삶

---

30) 이 개념에 대한 더 자세한 설명과 사례는 헨리 블랙가비 & 클로드 킹, 『하나님을 경험하는 삶』(서울: 요단, 1993), 276을 참조하라.
31) 네이버, 『셀교회 지침서』, 26.
32) Ibid, 380.
33) Ibid, 17장 특히 375ff
34) Ibid, 135, 전도셀에 대해서는 139쪽을, 그리고 18장 397쪽 이하의 상세한 설명을 보라.
35) Ibid, 46.
36) Ibid, 15.
37) Ibid, 16.
38) Ibid, 98쪽 표의 중간 부분을 보라. 김덕수, 『소그룹과 셀사역, 그리고 셀교회로의 전환』(킹덤북스,

의 현장으로 들어가는 방식을 취하고 있기 때문이다. 셀사역에서 전통적인 교회의 전도방식과 다른 강조점 중 하나는 전도자가 훈련받고 준비한 것을 상대의 형편과 관계없이 일방적으로 제시하는 비인격적인 전도 방식[39]을 필요중심 전도와 관계전도 방식으로 패러다임을 것이다. 예를 들어 미국에서 20세기 한 때 풍미했던 전도폭발(E.E.) 방식의 경우, 현대 사회에서 별로 효과적이지 않음을 밝혔는데도[40] 국내에서 자칭 셀교회라하는 교회들이 그와 같은 비인격적이고 대면적인 전도프로그램들을 병행하는 것은 의아한 일이며 셀사역의 본질을 충분히 이해하지 못한 사례라 아니할 수 없다.

셀사역의 특징 다섯 번 째이며 전통적인 목회방식과 가장 큰 차이점은, 프로그램 중심(PBD: Program Base Design)[41] 교회에서 사람 중심(People Base Design) 목회로[42]의 전환이라 할 수 있을 것이다. 앞의 네 번 째 특징에서 국내에서 셀교회라 자처하며 EE 프로그램을 병행하는 아이러니와 함께, 여전히 대형 집회 중심으로 운영하려고 하는 것을 보면 그들은 과연 이 정신을 얼마나 깊이 이해하고 있는 것인지 의심스럽다. 대형 집회 중심 혹은 여러 프로그램들을 운영하는 방식의 목회 경우, 결국 그 프로그램을 돌리기 위한 예산과 인력과 자산으로 일하게 되고, 그 프로그램을 담당한 부서와 담당자들은 다른 프로그램을 담당한 부서나 사역자들과 경쟁체제에 돌입하게 되어 교회는 일에 소진되어버

2011), 261에 상세히 설명되어 있다. 이 책은 2000년에 NCD에서 출간했던 『셀교회 전환과 셀리더 세우기』의 전면 확대 개정판 2권 중 1권에 해당한다.
39) 네이버, 『셀교회 지침서』, 376-379.
40) Ibid, 40.
41) Ibid, 81-91.
42) Ibid, 479ff, 23장을 참조하라.

리고 결국에는 서서히 생명력을 잃게 되며, 교회는 갈등과 경쟁 구도 속에서 빠져들어가기 때문에 셀사역은 이것을 극복하고 오직 사람을 돕고 복음으로 세우는 일에 전념하는 정신에서 출발한 것이다. 이 정신을 잃으면 더 이상 그 교회는 셀교회라 말하기 곤란하다.

셀사역의 여섯 번째 특징은 일꾼 훈련 혹은 리더 훈련 방식과 관련된 것인데, 리더훈련은 셀그룹(혹은 가정그룹) 내에서[43] 시작되어야 한다는 것이다.

이 개념 역시 국내의 소위 자칭 셀교회라는 교회들이 제대로 이해하지 못한 부분 중 하나이다. 이것이 바로 전통적 제자훈련 방식과 셀사역을 위한 일꾼 세우기 개념이 근본적으로 차이를 보이는 부분인데, 대부분의 셀교회 목회자들은 셀교회를 만드는 데만 집중했지 그 운동이 이어지기 위해 가장 중요한 부분인 다음 세대의 일군을 길러내는 방식에는 별관심을 보이지 못하는 것이 참으로 안타깝다. 셀교회는 본질적으로 단순 증가 개념이 아닌 배가 증식 차원의 교회[44]인데, 이는 셀그룹을 그저 단순히 나누고 많은 교육을 받은 리더를 교회가 임명하면 되는게 아니다. 구역예배처럼 관리자 구역장을 세우는 게 아니라, 사람을 돌보는 사역자를 세워야 하는데 그것을 전통적인 제자훈련과정으로 세우겠다는 것은 제자훈련과 셀사역의 본질적 차이에 대한 무지에서 나온 것이다. 연약하고 상처받은 성도들을 섬기고 다음 세대를 위한 일꾼으로 세우는 훈련이 되어 있지 않은데도, 소정의 교육만 받으면 된다던가, 전통적인 제자훈련 교육과정을 마치면 사람을

---

43) Ibid, 78.
44) Ibid, 35.

돌보고 세울 수 있다는 순진한 가정에서 여전히 이 문제는 많은 셀교회들에서 반복되고 있는데, 셀사역에서는 사람을 섬기고 세우는 훈련을 강조[45]한다. 예수님은 많은 가르침을 통해 제자들을 준비시킨 것이 아니라, 예수님께서 몸소 모범을 보이신 행위들을 바라보게 함으로써 준비시키셨기에, 오늘날 제자훈련을 훈련생들을 위한 어떤 성경 자료들을 공급하는 것으로 보는 자들은 예수님의 제자훈련 방식에 어리둥절할 것[46]이라고 랄프 네이버는 말한다. 셀교회의 리더훈련 방식이 다를 수밖에 없는 근본적인 이유는, 셀사역이 지향하는 삶의 변화는 가치 체계 변화에서 오는 것인데 이런 가치관의 변화는 말씀이 삶 속에서 경험되며 생겨나는 것이지 어떤 학습이나 훈련을 통해 생겨나는 것이 아니기 때문이다. [47]

셀사역은 지금까지 알아본 6가지 근본정신에 기초한 것인데, 랄프 네이버가 셀사역을 하는 리더들에게 주는 다음 7가지 제안을 보면 그 특징이 더욱 명료해질 것이다.

1. 그리스도인의 기초 공동체[48]인 소그룹(셀그룹)과 축제와 경배를 위한 대그룹(주일예배) 간의 균형을 추구한다.
2. 바디라이프(Body life)를 통한 불신자 전도 방식으로 앞의 네 번째 정신인 공동체성을 가진 그리스도의 몸 차원의 전도, 이것은 전도 소그룹[49]으로도 표현된다.
3. 그리스도의 영이 실제화되고, 구체적으로 실현되는 셀그룹. 여기

---

45) Ibid, 36.
46) Ibid, 160.
47) Ibid, 161.
48) Ibid, 44.
49) Ibid, 301ff

서 셀은 그리스도의 몸[50]이라는 주장이 나오며, 셀그룹을 교회안의 작은 교회로 보는 루터의 정신이 배어든 것이다. 이에 대해서는 필자의 『소그룹과 셀사역, 그리고 셀교회로의 전환』(킹덤북스, 2011. 58쪽)을 참조하라.
4. 현대교회에 만연한 인간의 조작이 아닌 성령의 일로서 사역에 대한 강조[51]인데, 이는 기도와 치유 사역같은 성령의 역사 역시 항상 그리스도의 몸의 일로 이해되어야 하며, 성령의 움직임도[52] 셀그룹 속에 계신 성령의 차원에서 이해[53]할 것을 주장한다.
5. 사역을 위해 모든 성도에게 전투적 훈련의 필요성을 강조하라.
6. 단순한 지적 강의 혹은 설교 듣기에서 체험을 통해 가치와 습관 바꾸기[54] 방식으로 패러다임의 변화를 추구하라.
7 이런 변화는 개교회 차원으로 행하기보다는 전세계적 네트워크를 맺어 수행할 필요가 있으며. 절대로 세상적 리더십과 야망으로 자기 교회만 세우려 말라.

이상 일곱가지 제안은 랄프 네이버의 '셀교회 지침서' 22-23쪽에 간략히 설명되어 있는데, 이런 정신을 무시한 교회는 조직은 흉내낼 수 있지만, 근본적으로 셀교회라고 할 수는 없다.

2. 가정교회 운동과 다양한 셀사역의 유형들

앞에서 다룬 셀사역에 대한 개념을 분명히 이해하지 못하면, 가정교

---

50) Ibid, 22.
51) Ibid, 22.
52) Ibid, 44.
53) Ibid, 10장과 247이하 참조.
54) Ibid, 94,96.

회와 셀교회의 차이를 분별하기 힘들어 계속 우리는 당신들과 다르다고 주장하며 자신만이 잘났고 다른 것은 잘못된 것 혹은 부족한 어떤 것으로 여길 것이다. 그러나 셀사역의 본질을 정확히 이해했다면 가정교회와 셀교회의 공통점과 차이점은 그리 어렵지 않게 분별할 수 있을 것이다.

먼저 가정교회 운동이 한동안 유행할 때 목회자들 사이에 혼란을 일으켰던 표현이 있었는데, 그것은 교회를 개척할 때 건물을 못 구해 혹은 구하기 전에 자신이 살던 가정집에서 시작한 사역을 "가정교회로 개척을 시작했다"는 말이다. 그것은 여기서 말하는 가정교회가 아닌데, 집에서 모여도 그 사역방식은 여전히 전통 목회 방식을 답습하고 있기 때문이다. 그것은 "나는 가정집에서 교회개척을 시작했다"고 하면 되는 말이지, 여기서 말하는 가정교회 운동과는 전혀 다른 것임을 먼저 분명히 하고 시작하자.

원래의 가정교회 개념을 가장 잘 표현한 책을 하나 꼽으라면 로버트 뱅크스 부부가 쓴 『교회 또 하나의 가정』(IVP, 1999)과 같은 저술을 들겠지만, 국내에는 휴스턴서울침례교회의 가정교회가 가장 많이 알려졌고 대부분의 가정교회 운동가들은 그 교회를 중심으로 가정교회 개념을 이해하기에 그 사역의 효시가 되는 『가정교회로 세워지는 평신도 목회』(두란노, 1999)을 중심으로 비교해 보겠다.

최영기는 가정교회 운동을 시작하게 된 계기 혹은 가정교회 운동의 장점을 다음과 같이 서너 가지 제시하는 데,

첫 째 한계는 진정한 사귐이 어렵다… 둘 째 한계는 교인들이 모두 그리스도의 지체가 된다는 것이 불가능하다… 건물 중심, 예배의식 중심의 교회에서는…불가능하다. 세 번째 느끼는 한계는 전도였다[55]…. 네 번째 한계는 교실부족이었다.[56]

물론 그는 전통적인 장년 주일 학교에도 한계[57]를 느끼기 시작했다고 한다. 여기서 주일학교는 용어 사용에서 엿볼 수 있듯이 미국 남침례교회의 경우 장년들을 포함한 것인데 이는 그의 초기 전통적인 목회 경험에서 장년 교육 훈련 사역의 한계를 언급한 것이다. 이것은 앞에서 살펴본 셀사역의 특징 중 전통적인 지식 전달 방식의 교육의 한계를 지적하고 대안으로 셀사역에서의 훈련 방식을 강조한 것과 같은 맥락으로 보면 된다. 이와 같은 한계를 극복하기 위해 그는 가정교회 사역을 그는 강조하는데 이것은 '가정교회가 가진 세 가지 성경적인 축'으로 정리되어 제시되며, 이것이 가정교회 사역의 본질이요 핵심이라고 말할 수 있는 것이다. 그 세 축을 중심으로 셀사역과 비교해 보자.

첫째로 주님이 주신 대사명(마 28:19-20)이다.

최영기는 이것이야 말로 교회가 진정으로 해야 할 일[58]이라고 잘 강조하고 있다. 이것은 앞에서 본 셀사역의 지상명령 수행을 위한 전도적 특성과 다른 것이라고 말할 수 없다. 물론 그는 "교회가 제자를 만들어 내고 있지 않으면 교회 간판을 내려야 한다[59]"고 강변한다. 계속

---

55) 최영기, 『가정교회로 세워지는 평신도 목회』 (서울:두란노, 1999), 34.
56) Ibid., 35.
57) Ibid., 33.
58) Ibid., 46.
59) Ibid., 48.

해서 그는 가정교회는 (순모임과 달리) 안믿는 사람들이 대상[60]이라 하는데, 이것은 셀사역에서 전도중심 열린 소그룹 강조와 같은 것[61]이다.

    이것은 계속해서 가정교회의 전도 방식으로 발전되어 설명되는데, 관계성에 기초한 전도,[62] 필요를 채워주는 전도[63]라고 표현한다. 이 역시 앞 단락에서 셀사역에서 전도에 대한 개념에서 찾아 볼 수 있듯이 전통적인 비인격적인 대면전도 방식을 지양하고 모든 성도들이 이웃과 친지의 손길로 하는 전도 등으로 표현된 관계전도와 필요중심 전도 등[64]과 동일한 개념이다. 또한 분업화된 전도[65]를 강조하는데 이는 랄프 네이버 박사가 셀사역에서 전도방식의 중심개념으로 제시하는 몸 전도(Body Evangelism) 개념[66]에서 나온 것이다. 그 역시 이것은 공동체 의식을 강조하기 위함[67]이라고 밝히는데서 셀사역과 같은 개념을 공유하고 있는 것임을 짐작할 수 있다. 이렇게 가정교회 사역의 목표를 전도에 둘 때 파당이 형성되지 않는다[68]는 유익도 꼭 가정교회 사역만의 특징이라기보다는 이는 전통목회나 가정교회 사역 모두에서 공히 볼 수 있는 전도하는 교회의 유익이라고 보면 될 것이다.

    전도 뿐 아니라, 가정교회의 선교[69]에 대해서도 잘 강조했는데 특히 각 목장(휴스턴 서울교회 소그룹의 명칭이다)마다 선교사를 한 명씩 후원하고 있고, 이 때 각 소그룹에서 하는 선교헌금만큼 교회도 지원해 주는 매

---

60) Ibid., 70.
61) 네이버, 『셀교회 지침서』, 107, 113, 135, 139 등을 보라.
62) 최영기, 『가정교회』, 103.
63) Ibid., 105.
64) 네이버, 『셀교회 지침서』, 40, 46, 47, 376ff 등 참조.
65) 최영기, 『가정교회』, 107.
66) 네이버, 『셀교회 지침서』, 77.
67) 최영기, 『가정교회』, 110-111.
68) Ibid., 75.
69) Ibid., 113.

칭 제도[70] 역시 유일하고 독특한 방식이라기보다는 이미 멀게는 싱가폴의 FCBC(Faith Community Baptist Church)교회와 가깝게는 국내의 여러 셀교회에서도 볼 수 있는 지혜로운 사역 방식이지, 그 자체가 가정교회 운동의 본질이라고 볼 필요는 없다.

가정교회 사역의 성경적 둘 째 축은, '듣고'가 아닌 '보고' 배우게 하는 가르침[71](막3:13-15)이라고 한다.
제자는 듣고 배워서 만들어지는 것이 아니라 보고 배워서 만들어지며, 따라서 가정교회 모임에서는 성경공부를 하기보다 삶을 나누는 데 더 중점을 둔다[72]는 점이 가정교회 사역에서 강조되는 핵심 정신이다. 그래서 가정교회 모임에서 주된 활동은 성경공부가 아니라 삶을 나누는 것[73]이며, 삶을 나누는 나눔의 시간이 목장 모임의 핵심[74]이며, 이때 나눔은 강요해서는 안되고[75] 솔직해지는 모임이어야[76] 하는데, 그럴 때에 상처가 치유되기[77] 때문이다.
이것 역시 앞에서 언급한 셀사역의 둘 째 특징과 동일한 것인데, 랄프 네이버는 "가정교회 공동체를 통한 가치 체계 변화와 그 가치로 서로의 삶에 영향주고 융화"[78]되어야 한다고 말하는 것과 다름없는 정신이다. 최영기는 평신도들에게는 '이렇게 사십시오'라고 말해주는 사람

---

70) Ibid., 114-115.
71) Ibid., 52.
72) Ibid., 54.
73) Ibid., 70-71.
74) Ibid., 81.
75) Ibid., 83.
76) Ibid., 84.
77) Ibid., 86.
78) 네이버, 『셀교회 지침서』, 22, 76.

보다 보여주는 사람이 더 필요하다[79]고 그 근본정신을 잘 묘사했는데, 이것은 셀교회에서 랄프 네이버가 가치관의 변화[80] 등에서 강조하고 있는 것과 같은 것이다.

물론 대부분의 셀교회에 비해 최영기의 가정교회는 모여서 식사[81]를 한다거나, 성경공부도 목자가 아니라 교회에서 임명받은 교사가 인도한다거나 성경공부를 하기보다는 목장 교사가 배운 것을 전달한다[82]든가 그 운영방식에서는 약간의 차이가 있지만 가정교회의 핵심적인 두 번 째 축은 지식전달이 아닌 목자의 삶의 모델을 통해 보고 따르게 하는 방식의 가르침과, 성경공부와 제자훈련을 분리시켰다[83]는 점이다. 가정교회 이 두 번째 특징과 셀사역과도 비교해 보자. 랄프 네이버는 그의 '셀교회 지침서' 전통적인 교회의 가르침 방식을 '성경공부 벌레형 그룹들'[84]이라고 묘사하며, 이것은 지적 만족을 위한 모임이며 교회 안에 있는 성경공부를 가장한 소그룹들의 위험성[85]을 지적한 바 있다. 그러면서 랄프 네이버는 하나님이 성경을 주신 이유가 무엇일지 생각해보라고 도전하며, 참여자 상호간에 진정한 관계 형성은 안하고,[86] 사역은 없이 공부만 하는 잘못들[87]을 신랄하게 지적한 후, 우리의 가치 체계에 파고들지 않고 일종의 원리와 지적 차원에 머무는[88] 전통적 성경공부 방식의 문제점을 하나하나 논한바 있다. 그렇다고 교회에서

---

79) 최영기, 『가정교회』, 30.
80) 네이버, 『셀교회 지침서』, 94, 96, 499.
81) 최영기, 『가정교회』, 76.
82) Ibid., 76-77.
83) Ibid., 78, 177 등.
84) 네이버, 『셀교회 지침서』, 108-113.
85) Ibid., 110.
86) Ibid., 109.
87) Ibid., 110-112.
88) Ibid.,, 112.

교육을 하지 말자는 것은 아닌데, 셀그룹에서든 교회 차원의 교육을 할 때는 성경적 가르침의 은사 가진 사람이 해야[89]하며 서로의 무지만 나누지 말라[90]고 목청 높였던 것도 다 같은 맥락이다. 따라서 이 특징도 셀사역과 같은 연장선으로 봐도 된다.

가정교회 운동의 성경적 기초 세 번째로 강조하는 것은, 성경적인 사역분담(엡4:11-12)이다. 성도들을 온전케 하며, 봉사의 일을 하게 하며, 그리스도의 몸을 세우는 세 가지 일[91]이 가정교회 운동의 중심임을 그는 천명한다. 그에 따라 국내 가정교회 운동의 모델로 제시되고 있는 휴스턴서울침례교회는 교회의 모든 봉사 활동 및 교회를 세우는 일, 즉 전도 심방 상담 등을 평신도들이 담당하고 있다[92]고 말한다.

사실 이것은 소그룹사역을 교회의 골격으로 하여 세워진 미국의 새들백 교회에서도 행하고 있고, 국내외 여러 교회들이 하고 있는 일이다. 그래도 모든 신자들의 사역을 주장만 할 뿐 아니라 교회차원에서 강력하게 실시하고 있다는 점은 칭찬받아 마땅한데, 이 역시 앞에서 살펴본 셀사역 운동의 세 번 째 강조점인 리더십 개념의 변화에서 설명한 것과 같은 것이다. 가정교회는 평신도가 지도자가 되어 가정에서 모이는 교회였고, 신약성경 시대에는 모든 성도가 다 평신도였고, 모든 성도가 다 목사였다[93]고 강조한 것 역시 셀교회 운동가들이 오랫동안 강조했던 사항[94]과 다른 점이 없기 때문이다.

---

89) Ibid.,, 112-113.
90) Ibid., 108.
91) 최영기, 『가정교회』, 56-57.
92) Ibid., 59.
93) Ibid., 40.
94) 네이버, 『셀교회 지침서』, 78, 439 등 참조.

최영기는 "서울침례교회의 가정교회를 한마디로 정의하라고 한다면 저는 '개척교회'라고 말하겠다"[95]라고 하는데 이 역시 셀그룹이 교회라는 랄프 네이버의 셀그룹이 작은 교회라는 선언[96]과 근본적으로는 다를 바 없다. 이런 정신에서 그는 "구역은 교회의 부속 기관이다. 그러나 가정교회는 그 자체가 교회이다.... 가정교회는 예배, 교육, 친교, 전도, 선교 등 교회가 해야할 모든 사역을 포괄적으로 다 한다"[97]고 가정교회의 본질적 특징을 잘 요약해 준다. 그래서 가정교회 모임을 할 때 나눔의 시간을 갖고 그 후 중보기도 시간, 마지막으로 선교도전 시간을 갖는다[98]고 한다. 하지만, 이 역시 셀사역 운동에서도 오랫동안 강조해왔던 사항이며[99] 셀사역에서는 이것을 셀모임의 핵심적 아젠다인 4W(Welcome-교제, Worship-예배, Word-말씀, Work-전도 선교 구제 등 사역)로 말한 것과 같은 개념이라 이 역시 셀사역과 같은 개념이라 말 할 수 있다.[100]

이 세 가지 가정교회 운동의 성경적 기반과 함께, 12명이 넘으면 '분가'라고 하여서 지도자를 새로 세워서 개 가정교회를 탄생[101]시킨다고 하는데, 이는 전통적인 초기 셀사역의 배가증식[102]방식과 같은 것이며

---

95) 최영기, 『가정교회』, 67.
96) 네이버, 『셀교회 지침서』, 113.
97) 최영기, 『가정교회』, 69.
98) Ibid., 78.
99) 김덕수, 『소그룹과 셀사역』, 157-159에도 필자가 1990년대부터 셀교회 목자 훈련에서 가르쳐왔던 이런 특징들을 요약하여 설명해 놓았다.
100) Compiled by Ong Swee Geok & Wong Meow Kiat, *Cell Leader Intern Training-Trainee's Manual*, (Singapore: Touch Ministries International Pte Ltd, 1996), Lesson 2-3 등 참조; 랄프 네이버『셀리더 가이드』(서울: 도서출판 NCD, 2001), 제6장도 참조하라.
101) 최영기, 『가정교회』, 72.
102) 네이버, 『셀교회 지침서』, 35.

조금 후에 살펴보겠지만, 이 방식을 어떻게 개선 발전시키느냐에 따라 전통적인 셀교회/가정교회 운동과 G12가 나뉘게 되는 지점이 된다.

또한 최영기는 휴스턴 서울침례교회 가정교회의 특징 중의 하나로 제시하는 것으로 가정교회 출석 인원이 주일 예배 출석 인원을 능가한다[103]는 점을 언급하는데, 이 역시 오래 전부터 초기 대표적 셀교회의 모델이었던 싱가폴의 FCBC교회가 보여주고 강조했던 부분과 동일하다.

지금까지 살펴본 것처럼, 국내에 가장 많은 가정교회 운동 참여자를 거느리고 있는 최영기의 휴스턴서울침례교회의 가정교회 사역도 사실은 셀사역과 다를 수가 없는 것은 그가 자신의 책 『가정교회로 세워지는 평신도 목회』(두란노, 1999)에서 누차 밝혔듯이[104] 그의 가정교회 사역은 랄프 네이버의 『셀교회 지침서(*Where Do We Go From Here?*)』를 읽고 세심히 연구하여 시작한 것이기 때문이다. 그럼에도 불구하고 오늘날 다수의 가정교회 운동가들은 가정교회 사역의 출발점인 랄프 네이버 박사의 셀사역은 제쳐두고, 가정교회는 셀교회와 다르다고 주장하는 것은 안타까운 일이다. 물론 랄프 네이버의 셀사역 운동이나 최영기의 가정교회 운동 양 측 모두 시간이 지나며 더 많은 발전을 이루었음을 우리는 다 잘 알고 있지만, 본고에서는 두가지 사역의 비교를 위해 랄프 네이버의 셀사역에 대한 초기 저술과, 최영기의 가정교회에 대한 초기 저술을 사용했음을 여기서 다시 짚고 넘어간다.

---

103) 최영기, 『가정교회』, 19.
104) Ibid., 18, 35-36.

그럼 셀교회와 전형적인 가정교회 운동과는 다른 점이 없나?

랄프 네이버는 뱅크스 부부로 대표되는 가정교회[105]와 셀그룹 운동 사이에는 현저한 차이가 있음을 지적하며, 그 중 하나로 가정교회는 더 진전된 구조를 생각지 못하지만[106] 셀교회는 교회 생활을 위한 더 큰 구조를 생각[107]해 내는 것이라고 한다. 이는 전형적인 가정교회란 몇 개의 소그룹 여러개로 구성되어 대략 30-100명 정도의 주일 예배 모임으로 구성되는 것과 달리, 소그룹인 셀그룹 혹은 가정교회와 함께 회중 혹은 주일의 대그룹 모임을 병행하는 셀교회의 차이를 의미한 것이다. 그런 점에서 휴스턴 서울교회는 가정교회를 표방한 셀교회로 볼 수 있다. 그런데 로버트 뱅크스 박사 부부가 말하는 가정교회도 위에서 그들의 초기 저술과 달리, 시간이 지나며 성경이 말하는 가정교회(home church)와 가정교회에 기반을 둔 교회(home-church-based congregation, 회중)[108]를 모두 언급하는데, 후자는 여러 개의 가정교회들로 구성된 가정교회군 혹은 연합모임으로도 부를 수 있다며 이 두 가지 모임이 그리스도인들에게는 다 필요하다는 신념[109]을 그들은 분명히 밝힌다.

이는 일부 가정교회 운동가들이 신약성경의 교회도 가정교회와 '온 교회'[110](개역의 번역, whole church) 두 형태로 구성되었음을 지적하는 것과 같은 맥락인데, 이 사항 역시 셀사역에서 오래 전부터 주장해왔던 사실이다. 예를 들어 랄프 네이버의 저술에서는 가정교회인 셀그룹과 함께 '온전한 교회(whole church)'[111]란 표현으로, 앞에서 언급한 로버트

---

105) 네이버, 『셀교회 지침서』, 306.
106) Ibid., 305.
107) 네이버, 『셀교회 지침서』, 306.
108) 로버트 뱅크스, 『교회 또 하나의 가정』(서울:IVP, 1999), 13.
109) Ibid., 14.
110) 고전14:23; 롬16:23.

뱅크스 박사 부부의 저술에는 '전체교회'로 번역[112]되어 언급해 왔던 사항이다. 따라서 로버트 뱅크스가 말하는 가정교회나, 최영기의 가정교회가 결국 이룬 교회 형태는 셀교회와 같은 것이며, 그 강조점과 실현 방식에서만 다른 것이라고 봐도 무리가 아님을 알 수 있다.

지금까지 가정교회와 셀교회의 공통분모와 차이에 대해 살펴보았는데, 국내에서 일부에 의해 셀사역과 또 다른 것으로 주장되는 G12에 대해 잠시 알아보고 넘어가자. G12방식은 예수님의 12제자 방식을 뜻하는 Group of 12란 말에서 나온 것으로, 조엘 코미스키(Joel Comiskey)의 『G12이야기』란 책을 통해 국내에 소개된 남미 콜럼비아 보고타의 ICM교회(International Charismatic Mission)에서 쎄자르 카스텔라노스(Cesar Castellanos) 목사의 목회 방식이다. 셀사역을 잘 모르는 사람이나 G12운동의 선봉에 선 사람들은, 최영기의 가정교회 운동의 선봉에 선 사람들이 자신들은 셀사역과 다르다고 주장하듯이 G12도 셀사역과 다른 것으로 보는데, 랄프 네이버 박사[113]나 G12이야기의 저자인 조엘 코미스키[114] 등 모든 전문가들은 한결같이 이것은 셀사역의 한 방식[115]으로 취급한다. 최영기의 가정교회에서는 목원의 숫자가 12명이 넘으면 분가를 해서 가정교회를 둘로 나누는데, 이 때 분가에 대비하여 목자훈련을 받고 있는 사람을 '예비목자'라 부른다[116]고 소개한다. 이런 가정교회의 배가 방식도 전통적 셀사역과 같은 랄프 네이버 방식의 5

---

111) 네이버, 『셀교회 지침서』, 78.
112) 뱅크스, 『교회 또 하나의 가정』, 14.
113) 네이버, 『셀교회 지침서』, 42-43.
114) 조엘 코미스키, 『G12 이야기』 (서울:도서출판 NCD, 2000), 16.
115) 네이버, 『셀교회 지침서』, 21-22, 325ff.
116) 최영기, 『가정교회』 91.

x 5 시스템이란 것을 따른 것이다. 반면에 G12는 셀사역의 모든 근본은 같지만 소그룹원 중 한명만 차기 리더로 여기는 것이 아니라, 12명 모두가 차기 리더 후보로 보고 모두가 자신이 전도한 사람들과 함께 꼭 12명이 채워지지 않아도 필요에 따라 자신이 전도한 사람들을 데리고 나가 개척해 새로운 셀그룹 혹은 가정교회를 세울 수 있게 한 방식이다. (자세한 것은 필자의 『소그룹과 셀사역 그리고 셀교회로의 전환』(킹덤북스, 2011) 7장이나 『G12이야기』를 참고하라) 즉 G12는 셀교회 시스템을 대체한 어떤 새로운 것이 아니라, 리더를 개발하고 모든 멤버들을 잠재적 셀리더로 봐서 기존 셀리더 1인이나 예비 리더 1인에게만 높은 권위를 부여하기보다는 보다 젊고 유망한 잠재적 리더 모두가 책임감을 가지고 그룹 번식 능력을 극대화 시킬 수 있게 열어준다는 점[117]만 다른 셀사역의 하나이다. 대표적 G12교회인 ICM 미션은 이 방식으로 8년 만에 70개의 셀그룹이 2만개로 폭발적 증가를 하여 주목받게 된 것이고, 미국 루이지애나주의 베다니 세계기도센터(Bethany World Pray Center, Larry Stockstill 목사)와 인도네시아 솔로에 있는 하나님의 가족 벧엘교회(GBI Keluarga Allah, 오바자 탄도 스티아와 목사)가 G12방식으로 폭발적 성장을 이룬 대표적인 교회들이다. GBI교회는 7명으로 개척하여, 이슬람국가인데도 1999년 2월에는 273개의 셀그룹이 2000년 4월 1일에는 900개가 넘는 셀그룹과 만명이 넘는 성도의 교회로 커서 25개의 지교회를 개척[118]한 바 있는데, 필자도 탐방하고 조사한 바 있다.

---

117) 조엘 코미스키, 『G12 이야기』, 11-12.
118) 오바자 탄도 스티아완, 『세계교회는 G-12로 간다』(서울:NCD, 2000)에 그 교회 이야기가 소개되어 있다. 다만 이런 폭발적 성장을 이룬 교회들이 카리스마틱 리더들을 통해 세워져서 오랜 시간이 흐른 후에도 건강하게 남아있는지는 더 조사 연구해 봐야 할 것이다.

그럼 지금까지 살펴 본 셀사역이나 가정교회 운동, G12의 본질과 공통분모는 무엇일까? 둘 다 신약교회의 이상을 회복하기 위해 건강한 교회를 세우기 위한 핵심 사항으로 전인적 소그룹의 발전과 완성[119]을 추구한 것이며 세부 사항과 실현 방식에서는 다르지만 근본적 강조점은 같은 것임을 확인할 수 있었다.

3. 이머징교회 운동의 출현

근래 들어 새로운 교회 운동으로 한 때 관심을 받았던 것이 이머징 교회(Emerging Church)이다. 가정교회가 셀교회와 다르다고 하듯이 마지막으로 살펴 볼 미셔널교회와 이머징 교회를 사람들은 전혀 다른 것으로 본다. 물론 명칭이 다르듯이 다른 점이 있지만 어떤 점에서 다르고 어떤 점을 공유하고 있는지 확인해 보자.

많은 사람들은 이머징교회는 새로운 형태의 첨단 예배를 추구하는 어떤 운동으로 오해하기도 하는데, 이는 사실 이머징교회는 매우 포괄적인 용어이며 이머징교회에 대한 엄밀하거나 제한적인 정의가 없고 심지어 하나의 conversation으로 부르기까지 하기 때문에 외형적 표현만 보고 갖게된 선입관일 것이다. 그러나 스펜서 버크의 "우리는 단순히 새로운 변종이 아니다. 문제는 어떻게 근원으로 돌아가는가이다"[120]란 말을 인용해 에디 깁스 교수는 강조했듯이 이머징 교회는 초기 교회의 원형을 추구하는 것이며, 이것은 셀교회나 가정교회 운동

---

119) 네이버, 『셀교회 지침서』, 26.
120) 에디 깁스 & 라이언 볼저, 『이머징 교회』 (서울: 쿰란, 2008). 66.

주창자들이 그랬듯이 성경이 말하는 교회의 본질로 돌아가고자 하는 노력에서 출발했다는 점에서 모두 공통분모를 갖고 있음을 인식할 필요가 있다.

또한 샌프란시스코에서 ReIMAGINE! 사역을 하는 마크 스칸드렛(Mark Scandrette)은 이머징교회 운동을 통합적 영성(하나님 나라의 신학, 내적인 삶, 공동체, 영적 리더십 등등)에 대한 탐구로 보고, 미니아폴리스에 있는 솔로몬의 포치 교회의 더그 패깃(Doug Pagitt)은 하나님 나라에 초점을 맞추는 것이라고 정의[121]하기도 한다. 그러므로 이들이 추구하는 것은 셀교회나 가정교회 운동이 그랬던 것처럼 공동체와 성경적 리더십의 추구 등과 더불어, 하나님 나라의 신학적 기초에서 출발한 것도 주목해야 할 것이다.

이머징 교회의 정신은 다음 3가지 핵심가치 실천을 기초로 하여 정의할 수 있는데, 그것은 첫째로 예수의 삶을 따라하는 것이고, 둘째는 세속 공간을 변화시키려는 노력이며, 셋째로 공동체로 살아가는 것[122]이다. 그렇다면 이 중에서 특히 첫째와 셋째 핵심가치 역시 가정교회, 셀교회와 다를 바 없는 것이고, 둘 째 핵심가치는 뒤에 살펴보겠지만 미셔널교회와 공유하고 있는 추구점이란 점을 발견할 수 있을 것이다.

동시에 이머징(emerging)이란 용어에서 볼 수 있듯이, 이머징교회를 완성된 어떤 것이 아니라 되어가는 과정 속에 있는 하나의 과정이요 순례자 같은 교회로 보는 것이 중요한데[123] 그럼에도 불구하고 이머징

---

121) Ibid., 67.
122) Ibid., 69.
123) Ibid., 68.

교회들이 공유하고 있는 다음 9가지 실천사항들에서 그 특징을 엿볼 수 있을 것이다. 그것은,

1. 예수의 삶을 따르기, 2. 세속의 영역을 변화시키기, 3. 고도의 공동체적 삶을 살기이고, 이 세 가지 행동 때문에 이머징 교회들은

4. 낯선 이들을 영접하고, 5. 아낌없이 봉사하며, 6. 생산자(프로듀서)로 참여하고, 7. 창조된 존재로서 창조해 나가며, 8. 하나의 몸으로서 인도하고, 9. 영성활동에 참여해야 한다는 것이다. [124]

앞에서 셀교회와 가정교회 운동의 본질을 잘 이해한 사람이라면 9가지 특성 중 1.3번은 물론, 4,5,8번까지 적어도 반이 넘는 5가지가 셀 사역이나 가정교회 운동을 하는 사람들과 공유하는 면 임을 알 수 있을 것이다. 그리고 5번째 특징은 다음에 볼 미셔널 교회 운동가들이 말하는 넓은 마음으로 베풀며 살기 정신으로 이어지는 것이다.

하지만 이머징교회가 셀교회나 가정교회 운동과 차별성을 갖는 점은 앞에서 언급한 이머징교회의 세 가지 핵심가치 중 둘 째에 해당하는, 세속 공간을 변화시키려는 노력이다. 그런데 이것은 미셔널교회의 문화적 측면으로 이어지는 지점인데, 그것은 이머징교회 운동이 포스트모던 문화 내부로부터 일어나고 있는 미셔널 공동체이며 그들이 있는 장소와 시간 속에서 믿음을 가지고 살아가려는 예수의 추종자들로 구성된 미셔널 공동체이기 때문[125]이다. 이에 대해서는 4장에서 더 확인할 수 있을 것이다.

---

124) Ibid., 71.
125) Ibid., 40. 그리고 댄 킴볼, 『시대를 리드하는 교회』 (서울:이레서원, 2007), 116-120을 보라.

이머징교회의 특징을 제대로 이해하려면 이처럼 포스트모던 사회의 등장으로 인한 도전과 그에 대한 그리스도인들의 응전 개념에서 보는 것이 중요한데, 이것은 댄 킴볼이 잘 지적했듯이 구도자 중심 예배로 특징지어지는 현대성(modernity)교회(윌로우크릭교회와 새들백 교회가 이에 해당한다) 이후의 문화적 변혁에 대한 필요에 의해[126] 발생한 것이기 때문이다. 촛불과 커피로 특징지어지는 포스트모던 시대의 특징에 대해서는 킴볼의 『시대를 리드하는 교회』 제1부를 참조하면 잘 이해할 수 있을 것이므로 본고에서는 넘어가도록 하겠다.

다만 포스트모더니즘 방식의 접근을 부정적으로만 보는 사람들이 있을 것 같아 긍정적 측면도 보기 바라는 마음에서 한 가지만 소개하자면, 칼빈대학(Calvin College) 교수인 제이미 스미스(Jamie Smith)가 그의 저서[127]에서 지적한 것처럼 포스트모던 사고는 어떤 면으로는 고전적인 오거스틴적 인식론과 일맥상통한 것이 있는데,[128] 이머징 교회는 이해를 추구하는 신앙과 복음적 진리를 납득하기 전에 신뢰하는 것을 강조한다는 점에서 그러하다.

포스트모던 시대의 사역을 위해 생겨난 이머징교회의 특징을 표현한 말은 기억해 두면 좋은데, 그것은 '오래된 미래(The Ancient Future)' 혹은 '고대적인 미래성' 개념이다. 이머징교회 운동을 잘 모르는 어떤 사람이 쉽게 비난했듯 이것이 성장침체 타개를 위해 고안해낸 인위적인[129] 것이 아닌 것은, 이머징교회 운동의 기수 중 하나로 꼽히는 댄 킴볼이 이는 '사람이 만들어낸 제도적 종교'[130]에서 벗어나고, 심지어 현대성 교

---

126) 킴볼, 『시대를 리드』, 41-50을 참조하라.
127) Jamie Smith, *Who's Afraid of Postmodernity?*(Baker Academic, 2006)
128) Scott McKnight, *Five Streams of the Emerging Church*(Christianity Today, Feb. 2007), 36.
129) http://www.igoodnews.net/news/articleView.html?idxno=10407 등.
130) 킴볼, 『시대를 리드』, 30.

회들의 특징인 구도자 중심 목회에서도 벗어나 포스트모던 사회 속에 초대교회가 보여줬던 '전통적인 기독교로의 회귀'[131]를 추구하는 것임을 첫 장에서부터 강조하며 시작하기 때문이다. 그는 예배, 교제, 제자도, 사역, 복음 전파처럼 하나님께서 교회를 향한 다섯 가지 목적을 잃으면 교회가 한낱 사교모임으로 전락하기에 결코 타협할 수 없는 것이지만,[132] 시대와 문화의 변천에 상관없이 참된 교회로 남을 수 있는 유일한 방법은 계속 변하는 문화 속에 변치 않는 불변의 진리를 전하기 위한 움직임이 이머징교회[133]라 역설한다. 이런 사역의 특성을 한마디로 표현한 것이 바로 '오래된 미래' 개념이다. 그것은 포스트 모던시대를 위한 전통적 기독교의 재건으로 킴볼 책의 제2부 제목이기도 하지만, 현대 복음주의 대표적인 예배학자인 로버트 웨버의 여러 저서의 제목[134]에도 쓰일 정도로 중요한 개념으로 부상되었다. 뿐만 아니라, 비기독교적인 영역에서는 티베트의 라다크 지역의 공동체를 소개한 헬레나 노르베르 호지의 저서와 여러 다큐멘터리, 그리고 국내에서는 문학 연극계를 비롯한 여러 예술계에서 자주 쓰이는 용어이기에 이 표현이 말하고자 하는 바와, 그것이 우리 사역에서는 어떤 의미를 주는지를 이해할 필요가 있다.

킴볼은 이머징교회를 설명하기 위해 미셔널교회 사람들처럼 전통적 목회(크리스텐덤시대)와 포스트크리스텐덤 시대에 필요한 미셔널 교회를 대

---

131) Ibid., 39-40.
132) Ibid., 12.
133) Ibid., 13.
134) Rober Webber, *Ancient Future Worship* (Baker, 2008), 로버트 웨버, 『예배의 미래를 준비하라』(서울:워십리더미디어, 2015)의 제2부 제목이기도 하고, Robert Webber, *Ancient Future Evangelism* (Baker, 2003)에서도 사용되었다.

조하지 않고, 현재 우리 주변에서 볼 수 있는 현대교회(현대성-modernity-에 근거한 대표적인 교회로 윌로우크릭과 새들백교회가 있다)의 특징과 포스트모던사회에 필요한 교회를 대조한다. 물론 그는 성경시대의 세계관과 크리스텐덤시대라 말하는 중세시대와 근대시대, 그리고 근대 이후 시대의 교회를 이해하기 위한 기본작업으로 각 시대의 세계관의 추이[135]를 도표로 잘 설명하기도 했다. 그러나 우리의 관심사를 이해시키기 위해 근대교회와 이머징교회의 대조에 시각을 좁혀 설명하는데, 사실 우리나라는 유럽과 달리 크리스텐덤시대를 가져본 적이 없고 현대 교회 운동에서 포스트모던사회의 목회로 직접 넘어가고 있기 때문에 이 대조가 더 도움이 될 것이라고 생각된다. 아니면 킴볼이 그의 근대시대(이렇게 번역되어있지만, 원래 표현은 Modern Era이며 현대성 Modernity 시대)의 특성과 대비하여 기독교 이후시대(Post-Christian Era, 우리나라는 한 때 교회 부흥을 경험했으나 크리스텐덤시대나 기독교시대 없이 후기 기독교시대로 진입해가고 있다는 상황을 고려한다면)를 대조[136]한 것이 더 우리에게 필요한 비교일지도 모른다. 이 방식으로 예배 방식에서 나타나는 가치관의 차이를 분석해 본다면, 한 쪽에는 '근대교회(구도자중심)'를 다른 쪽에는 '이머징교회(구도자중심 그 이후)'[137] 목회의 차이로 대조해 볼 수 있을 것이다. 본고의 한계 때문에 그것을 다 반복해 소개할 수는 없고 예배에 대한 것 한 가지만 언급하자면, 현대성에 기반을 둔 교회는 설교, 찬양, 프로그램들을 참석자에게 제공하는 '예배' 지향적이지만, 이머징교회는 설교와 찬양이 있기는 하나 그 정신의 중심은 예배자의 '모임, 회집(gathering)'이라는 것이다. 현대성 시대의 예배는 사용자에 편리한 방식이라면 포스트모던 시대의 예배는 경험적이며 영적

---

135) 킴볼, 『시대를 리드』 57.
136) Ibid., 76.
137) Ibid., 130.

인 모임이며, 전자가 스테인드글라스를 제거하고 비디오스크린을 들여온 것이라면 후자는 스테인드글라스를 스크린 상으로 다시 가져온 것이며, 전자가 환한 조명과 즐거움을 소중하게 여긴다면 후자는 영성을 보여주기 위해 어두운 측면도 가져오고, 전자가 오직 설교에만 초점을 맞추고 있다면 후자는(계속 이머징교회를 지칭함) 전인적이고 총체적 경험에 초점을 맞춘다는 점 등등으로 대조해 이해[138]할 수 있을 것이다. 이외에도 현대성에 기반한 교회와 이머징교회의 설교, 전도, 리더십에 대한 접근방식 비교표[139] 같은 것들도 눈여겨보면 이머징교회의 정신(조직이나 구조가 아닌!)을 쉽게 이해할 수 있을 것이다.

지금까지 살펴본 것에 의하면 이머징교회는 특징 중 반 이상은 목회적으로는 셀사역이나 가정교회와 연장선상에 있고, 문화적인 강조점 측면에서는 셀교회나 가정교회 운동과 분명한 차별성을 가지는데 이것이 미셔널교회로 연결되는 지점이다. 따라서 이머징교회 운동 역시 성경이 말하는 교회의 본질을 찾고자 하는 노력의 일환임을 확인할 수 있었으며, 그것을 실현할 때 현대사회의 사람들과 다른 포스트모던 사회의 새로운 목회대상들에게 어떻게 접근하고자 노력했는가라는 측면에서 이해해야지, 아무 쓸데없는 유행병 중 하나라는 식으로 무시해 버리면 이 움직임을 통해 우리가 배워야 할 교훈을 배우지 못하게 될 것이다.

---

138) 조금 더 정확한 설명을 위해 여기서는 번역서가 아닌 Dan Kimball, *the Emerging Church-Vintage Christianity for New Generations*, (Grand Rapids: Zondervan, 2003), p. 105에 기초해 설명했다.
139) 설교방식 비교표는 번역본 킴볼, 『시대를 리드』, 210, 전도전략에 대한 비교표는 같은 책의 243, 영적성장은 258, 리더십은 274쪽을 참고하라.

4. 미셔널 교회 운동과 그 특징

근래 들어 목회자들이 가장 많은 관심을 보이는 것 중에 하나가 미셔널 교회일 것이다. 그런데 앞에서도 지적했듯이 미셔널교회 주창자들은 이것을 이머징교회와 전혀 다른 새로 나온 어떤 교회형태로 분리해서 보려고 하는데 꼭 그렇지는 않음을 앞에서 간단히 지적했다.

오히려 미셔널 교회의 선두 주자로 알려진 앨런 록스버그가 대조했듯이 전통적 교회 대 이머징과 미셔널교회 두 가지를 대조하는 것은 가능하다. 그는 전통적 교회를 리미널 교회라 부르고, 또 다른 부류인 이머징교회나 미셔널 교회를 통칭 이머전트 교회[140]라 구분한다. 그만큼 미셔널교회는 이머징교회 운동이 좀 더 발전된 연속성을 가진 것이며, 전통적인 교회와 대조해야지 이머징교회와 구분하려고 하는 것은 그 본질을 이해하지 못한 것이다.

본고에서 필자는 선교적교회라는 표현보다 미셔널교회라는 용어를 사용하고 있는데, 이는 미셔널교회는 인도 선교사였던 레슬리 뉴비긴(Lesslie Newbigin)이 의도했을 때도 선교를 열심히 하는 교회가 되자고 한 것이 아니었기 때문이다. 그 경우 선교를 교회의 한 프로그램으로 축소해버리는 꼴이 되고, 뉴비긴이 말하고 싶었던 것처럼 해외로 나가든 교회가 위치하고 있는 문화 내에서든 관계없이 우리 구주 예수님께서 하나님으로부터 보냄을 받고 그 사명(미션)에 따라 행하셨던 것처럼 세상 속에서 복음의 증언적 삶을 표현하는 삶, 해외선교를 포함해 총체적으로 복음적인 삶을 하나님의 백성들이 처하고 있는 문화 속에 보여주는 교회

---

140) 앨런 록스버그, 『길을 잃은 리더들』 (서울:국제제자훈련원, 2009), 6.

가 되라는 의도[141]에서 멀어지기 때문이다. 마찬가지로 미셔널(Missional) 교회란 용어를 선교학(missiology)이나 선교학적(missiological) 교회란 용어와도 구분해서 사용해야 원래 미셔널교회 이야기를 꺼내온 목적과도 부합할 것이다. 이는 미셔널교회 개념을 심도있게 보도하는 한 인터넷신문이, 미주 신학생·목회자 멘토링 컨퍼런스를 보도하며 "선교적 교회 운동은 선교 열심히 하자는 얘기가 아닙니다"란 제하의 기사에서[142] 지적한 것과도 같은 말이다.

실제로 뉴비긴은 "나는 missions(여기서 인용한 책에서는 우리말로 '선교사역'이라 번역했다)라는 말과 좀 더 포괄적인 mission('선교'로 번역됐다)이라는 말을 구별해 사용하고 있다. 뒤에 사용한 mission이란 말은 교회가 세상으로 보냄 받을 때 부여받는 전체적인 사명을 의미하는 것으로 썼다"[143]고 mission이란 단어의 용법을 밝힌바 있다. 그런데 국내에는 대개 선교학자들이 중심이 되어 관련서적들을 번역해 소개하며 미션을 선교란 협의로 번역해서 '선교적 교회'란 용어로 쓰기 시작했는데, mission이란 단어의 사전적 의미는 앞에 foreign등의 단어가 수식하거나 단독으로 쓰일 경우에 문맥상 해외선교를 뜻할 때도 있지만, (파견된 사람의) '사명 혹은 임무'[144]란 의미가 더 일반적 용례다. 그래야 원의도대로 미

---

141) 프로스트는 이것을 "자신이 보냄 받았다고 믿는 그 문화에 상황화하여 교회의 삶과 실천을 만드는데 결정적인 가치를 둔, 보냄 받은 교회"(프로스트, 401)를 의미한다고 설명한다.
142) 뉴스앤조이 대표 김종희 http://www.newsnjoy.or.kr/news/articleView.html?idxno=199828 2015.8.14일자 기사를 참조하라.
143) 레슬리 뉴비긴,『다원주의 사회에서의 복음』(서울:IVP, 1998),198. 반면'missions(이 책에서는 선교사역이라 번역됨)'이란 말은 복음이 전해지지 않은 곳에 복음을 전하려 하고 기독교의 현존하는 모습이 없거나 그런 모습이 효과적으로 나타나지 않는 곳에 기독교의 현존하는 모습을 만들어 보려는 인간의 구체적인 활동을 의미한다고 뉴비긴은 구별해 사용한다.
144) mission이란 단어의 사전적 의미는 1. (단수·복수취급) (외국에 파견되는) 사절단, 대표단; (미) 재외 대사[공사]관; 2. (파견된 사람의) 임무, 사명; 3. (1) 전도, 포교; 전도[포교]단, 전도 본부; (2) 재외 포교 시설, 국외 전도 본부; (일반적으로) 포교소; 4. (교회 등의) 사회 구제 시설, 구호원: 저소득자 등

셔널교회 개념이 교회론뿐 아니라, 리더십과 복음과 문화 등을 포함해 선교에 대한 전방위적인 정신으로 제대로 부상할 수 있기 때문이다.

게다가 뉴비긴이 의도했던 모든 성도들과 교회의 missional living보다는, 국내에는 missional church란 어휘를 통해 소개되었기 때문에, 이미 교회론적 접근방식으로 들어갔고 그 개념으로 계속 발전되어 왔기 때문에 지금은 이 운동을 교회론적으로 접근을 할 수 밖에 없다. 20년 가까이 미셔널교회 운동을 소개하고 앞장섰던 앨런 록스버그 교수도 이 상황을 인식하고 앞으로는 미셔널교회란 용어 사용을 자제할 뜻을 여러 차례 비친 바[145] 있는 것도 이런 문제 때문이다. 그럼에도 불구하고 선교적 자세로 목회의 모든 영역에서 교회가 가져야할 전방위적인 사역의 본질을 다루는 효과적 움직임이 되었기에, 본고에서는 미셔널교회를 교회론적 접근으로 논할 것이다.

그럼 미셔널교회가 추구하는 정신은 무엇인가? 마이클 프로스트와 앨런 허쉬는 그들이 공저한 "새로운 교회가 온다"라는 책에서(IVP, 2009) 미셔널교회의 특징을,

1. 끌어오기보다는 성육신적, 2. 이원론적이 아니라 세상에 참여하는 메시아적 영성, 3. 전통적이고 위계적인 리더십모델에서 사도적 리더십 형태[146]란 세 가지 정신으로 정리한다.

에게 식사를 제공함; 5. (개인이 스스로 과한) 사명, 천직; 6. [미·군사] 특별 임무; 비행 작전; [우주] 비행 (임무) 와 같이 여럿이 있는데, 2번 용례가 여기서 더 포괄적이면서도 적절하다.

[145] '목회와 신학' 2015년 11월호의 특집 인터뷰 49-51쪽과, 록스버그교수와 브랜슨 교수 초청 강연을 다룬 인터넷 신문 기사 http://m.dangdangnews.com/news/articleView.html?idxno=25246도 참조하라.

[146] 마이클 프로스트 & 앨런 허쉬, 『새로운 교회가 온다』 (서울:IVP, 2009), 67.

여기서 세 번째 개념은 신사도운동과의 불필요한 오해를 피하기 위해 먼저 간단한 부연설명이 필요한데, 미셔널교회 운동에서 사도적이라 함은 사역의 개념을 직분(Office)에서 기능(function)으로 보는 것으로, 제도화가 아닌 엡4:7,11절이 말하는 사도, 선지자, 복음 전하는자, 목사와 교사의 5중적 사역 매트릭스(APEPT) 관점에서 새로운 미션을 개척하고 확장하는 기능을 의미[147]한다. 풀러신학교의 밴 엥겐 교수는 안수받은 사람은… 모든 성도들이 사역을 보다 잘 감당할 수 있도록 돕기 위하여 부름을 받았다[148]고 하는데 이처럼 위계적 리더십을 벗어난 사도적 리더십 개념은 셀교회의 특징 중 세 번째인 '모든 성도의 사역'(소위 만인제사장 교리)에 대한 강조와 같은 맥락에 서 있는 것이다.

두 번째 특징인 이원론적이 아니고 세상에 참여하는 영성도, 셀교회/가정교회와 이머징교회가 동일하게 추구하고 강조하던 점과 표현만 다르지 본질은 같은 것이다. 이것은 스튜어트 머레이(Stuart Murray)가 지적했던 포스트크리스텐덤 시대 교회들이 처한 7가지 문제점들을 극복하기 위해 매우 중요한 것[149]이다. 그 결과 기독교를 지식, 정보가 많고 정확하면 된다는 전통교회의 교리적 강조로 사람이 변하지 않으므로, 성육화된 복음의 삶으로 세상 속에 들어가 복음을 보여주는 방식을 강조하는 것이다. 뒤에 나올 표의 비교표를 참조하면 이해하기 좋을 것이다.

---

[147] Ibid., 301-303.
[148] 찰스 E. 밴 엥겐, 『하나님의 선교적 교회』 (서울:기독교문서선교회, 2014), 266.
[149] Stuart Murray, *Post-Christendom: Church and Mission in a Strange New World* (After Christendom) (Exeter,GB: Paternoster, 2004)에서 그는 포스트 크리스텐덤시대가 되며 교회는 1. 중앙에서 변방으로, 2. 주류에서 소수그룹으로, 3. 정착자에서 나그네로, 4. 특권층에서 다수 중 하나로, 5. 통제에서 증인으로, 6. 유지보수에서 미션의 정신으로, 7. 조직에서 움직임으로 이동을 경험하게 되었다고 지적한 바 있다.

또한 미셔널교회의 세 특징 중 첫 번째는 전통적인 교회의 끌어오기 방식 목회에 대한 문제점150)을 지적하고 대안을 모색하려는 정신인데, 이는 앞에서 언급한 셀교회의 특징 4번째와 같은 정신을 공유하는 것으로서, 전통적 교회의 '모여라' 방식을 벗어나 그들이 있는 삶의 현장으로 들어갈 것을 강조하는 것과 같은 개념이다. 이것은 전도학에서는 Market-place Evangelism으로 칭해지는 것이고, 교회론적으로는 '우리가 교회다'라는 정신으로 표현된 것이다. 혹자는 '우리가 교회다'라는 이 선언도 미셔널교회론자들이 처음 한 말로 생각하는데 그렇지 않다. 이것은 성경을 통해 교회가 무엇인지를 깨달은 많은 그리스도인들의 자각에서 이전부터 있었던 것인데, 예를 들어 1992년에 출간된 찰스 콜슨의 책에도 교회에 대한 갤럽 조사에서 한 응답자가 "I am my own church"라고 대답한 것이 2장 제목 바로 아래151) 인용되기도 했던 것이다. 또한 이머징교회의 기수였던 댄 킴볼은 그의 저서에서 '이머징 교회의 기본적이면서 중요한 과제는 사람들에게 그들이 교회이지, 교회에 참석하거나 교회에 가는 것이 아니라는 점을 가르치는 일'152)이라고 강조했었던 바로 그것이다. 밴 엥겐은 몰트만(J. Moltmann)을 인용하며 교회의 소망은 회중(congregation)에 있으며, 잭슨 캐롤(Jackson W. Carroll) 역시 회중의 중요성을 이미 강조했음을 밝히고, 마지막으로 그 후에 소위 미셔널교회의 조상으로 여기는 뉴비긴(L. Newbigin)이 복음이 믿을만한 메시지가 되기 위해서는 이 복음을 믿고 복음으로 살아가는 회중에 있음을 강조했다며,153) 건물이 아닌 회중을 미셔널교회(그의 선교

---

150) 록스버그, 『길을 잃은 리더들』, 43.
151) Charles Colson, *The Body-Being Light in Darkness* (Dallas TX: 1992, Word Pub.), 29.
152) 킴볼, 『시대를 리드』, 117-119.
153) Lesslie Newbigin, *The Gospel in a Pluralist Society* (Grand Rapids:Eerdmans, 1989), 227-232.

사적교회 포함)의 중심으로 삼아 논의를 전개한다.[154)]

이것은 셀교회에서 모든 성도의 사역을 강조하는 것과 같은 연장선에 서 있는 강조점이다. 엥겐은 또한 선교사적 교회를 포함해 미셔널 교회의 정신을 추구해가는 바람직한 교회의 구조를 설명하며, 모든 성도가 사역하는 구조로 왓슨(David Watson)의 위성모델(Satellite model)과 가정교회모델(House Church model)을 예[155)]로 드는데 이 역시 셀교회와 가정교회의 근본정신(앞의 셀교회 특징 3번째)과 같은 것으로, 셀사역이 미셔널교회의 정신을 실현해 나가는데 배타적이 아니라 도움이 되는 사역방식임을 보여준다. 이것은 "조직교회의 안수 받은 사람은 작은 '회중들(congregations)'의 네트워크를 인도하는데, 각 회중은 교인들 가운데서 매년 선발한 그 자체의 회장, 재무, 설교자로 구성된 운영위원회를 갖고 있다. 각 회중은 그 아래 여러 개의 더 작은 missions 혹은 preaching stations을 갖는 모체인데, 각 mission은 회중의 구성원들에 의해 섬겨지는 전도의 전진기지이다.[156)]"란 구체적 설명에서 더욱 분명해진다. 사실 이것은 셀교회가 말하는 셀그룹(Cell Group)-회중(Congregation)- Celebration[157)]이란 3중 구조와 그 궤를 같이 하는 것이다. 그는 계속해서 "이런 사역에서 성도들의 참여와 그 결과 교회의 성장은 매우 충격적이다. 제자도와 양육에 있어서, 배움을 받았던 모든 사람은 가르치며, 관계의 네트워크를 세워간다. 모든 교인들이 더 큰

---

154) 이 내용을 번역판에서 확인하고 싶은 사람들은 벤 엥겐, 『하나님의 선교적 교회』, 48-50쪽을 보면 되지만 국내 번역판은 '회중(congregation)'을 '지역교회'로 오역해 놓아(예를 들자면 '지역교회는 교회의 미래적 소망이다' 등으로) 저자가 말하려는 의도를 알기 힘들게 해 놓았다.

155) Charles E. Van Engen, *God's Missionary People-Rethinking the Purpose of the Local Church* (Grand Rapids MI: Baker, 1991), 159-160. (벤 엥겐, 268-269)

156) Ibid., 160.

157) 네이버, 『셀교회 지침서』, 297ff 여기서 celebration은 경축예배로 번역되기도 하는데, 큰 즈일 예배처럼 대규모집단의 모임을 의미한다.

관리체와 안수 받은 목사와 조직으로 연결된 네트워크 안에는 돌봄과 책임성이 제공된다.158)"고 한 것은, 셀사역을 하는 근본적인 목적인 돌봄의 공동체 형성과 그 공동체의 특성인 책임성159)에 대한 것과 같은 정신이다.

이것은 미셔널교회의 초기 주창자 중 하나인 록스버그가 "5-10개의 교회, 가정교회, 개척교회가 함께 모이고 리미널과 이머전트가 하나되는 일을 상상해 보라. 몇몇 교단의 리더들과 신학교수들, 그리고 이머전트 교회의 핵심 리더들이 한 지역을 위해서 모임을 형성하는 실험을 하자고 리더들에게 촉구할 수 있을 것이다."160)라고 도전한 것에서도 나타나는데, 이것 역시 셀사역에서 앞에서 언급했듯이 몇 개의 셀그룹 혹은 가정교회가 모인 회중과 경축공동체의 구조 개념과 별반 다를 바 없다.

이것은 미셔널 교회를 이루기 위해서는 조셉 마이어스가 물었던 "이머전트 운동을 형성하고 있는 본질적 질문인 '누가 나의 이웃인가? 나는 누구를 책임지고 있고 누가 나를 책임지나? 내가 어떻게 사람들의 삶 가운데서 소속과 공동체에 대한 건강한 경험을 형성하도록 그들을 도울 수 있을까?"161)란 물음에 답해야 한다는 지적에서, 이머징교회와 미셔널교회는 전통적 목회방식에 도전하며 셀사역과 가정교회 운동을 추구하게 만든 본질적 정신을 공유하고 있음을 재확인하게 만들어 준다.

록스버그는 그래서 미셔널교회에서는 리더(abbot 역할로 비유됨)의 역할을 1. 새로운 가족의 이상을 중심으로 사랑의 공동체를 형성해 예수

---

158) Engen, *God's Missionary People*, 160.
159) 네이버, 『셀교회 지침서』, 352.
160) 록스버그, 『길을 잃은 리더들』, 239.
161) Ibid., 41-42.

안에 속한 여러 종류의 사람들을 하나로 모으고, 2. 공동생활이 하나님의 일(Opus Dei)을 중심으로 이루어지도록 질서를 잡아주고, 3. 다양한 업무와 선교 및 공동체의 활동에 대한 감독해야[162]한다고 말할 때, 셀교회나 가정교회가 말하는 공동체를 세우는 목회자와 목자의 정신과 같은 것임을 한 번 더 보여주는데, 이렇게 해서 "한 도시나 마을에서 교회와 교회 개척자들, 가정교회가 어우러져서 한 사람의 영적 스승의 지휘 아래서 공동의 리더십 코뮤니타스를 형성"[163]해야 한다고 주장할 때, 이것은 셀교회에서 셀리더들을 돌보는 수퍼바이저의 역할과 같은 방식임을 최종적으로 확인시켜 준 것이다.

마지막으로 한 가지 더 짚고 넘어가야 할 것은 미셔널교회의 특징을 설명할 때, 자주 크리스텐덤 시대와 그 이후를 분류해서 크리스텐덤 이후 시대의 목회방식으로 미셔널교회를 제시하는 방식이다. 크리스텐덤 시대 교회와 포스트크리스텐덤 시대 교회의 비교가 미셔널교회 논의에서 처음 나온 것처럼 생각하는 사람들이 적지 않은데, 사실 뉴비긴 조차 크리스텐덤 시대의 특징만 논했지 크리스텐덤시대 교회의 특성과 포스트크리스텐덤 시대 교회의 사역 특성 비교를 논한 것은 아니었다. 두 시대 목회 방식의 특성 대조는 알반(Alban)연구소 설립자인 로렌 미드(Lauren Meade)가 그의 1991년에 발행한 저서 'Once and Future Church'에서 사도적 패러다임과 크리스텐덤 패러다임으로 표[164]를 만들어 설명한 것에 기인한 것이다.

셀사역에서도 신약교회의 특성(Meade 혹은 Regele의 표현에서는 사도적 패러

---

[162] Ibid., 232-233
[163] Ibid., 233.
[164] Mike Regele, *Death of the Church*, (Grand Rapids:MI, Zondervan, 1995), 186-193.

다임)과 오늘날 교회(크리스텐덤 패러다임)의 특성 비교표는 1990년에 랄프 네이버 박사의 저술에 등장[165]하는데 이런 대조가 발전되어 나중에 크리스텐덤시대 교회와 미셔널교회의 사역 대조(이것은 셀교회에서는 신약시대 교회의 이상 혹은 사도적 패러다임의 새로운 회복으로 묘사된다[166])로 발전한 것이다.

같은 맥락에서 앞에서도 지적했듯이 미셔널교회와 이머징 교회 운동을 전혀 다른 것으로 보는 것은 옳지 않다. 킴볼은 이머징교회의 특징[167]을 잘 설명한 후, "사명적 교회(미셔널교회를 선교적 교회가 아니라 사명적 교회로 잘 번역했다!)가 된다는 것은 단순히 사명 선언문을 가진다거나 특강을 제공하는 것을 의미하지 않고 교회가 철저히 거듭나 새로운 기풍을 지켜나가고 사명을 최우선 과제로 삼으며 새로운 세대에게 교회를 재정의 해주는"[168] 교회론적 본질로 두 움직임을 연결해서 다룬다. 그리고 킴벌은 '근대교회(구도자 중심)'와 '이머징교회(구도자 중심 이후)'를 대비해 그 특성을 표[169]로 제시하는데, 근대교회는 크리스텐덤시대이고 그 대조개념인 이머징교회는 초대교회의 특성을 오늘날의 포스트모던 사회에 재현한 것이다. 우리의 변화도 훈련이 아니라 성령에 의지해야 함을 강조[170]하는 것은 셀사역에서 사용해온 인카운터 수양회[171] 수행의 이유와 동일한 것이며, 이머징 교회는 세대간의 관계 형성을 도모

---

165) Ralph Neighbour, *Where Do we Go From Here?-A Guidebook for Cell Group Churches* (Houston, TX, Touch Publications, 1990), 58.
166) 김덕수, 『건강한 목회를 통해 세워가는 건강한 교회』 (서울:대서, 2013 개정판), 37. 혹은 같은 책의 초판(2008년)은 34쪽의 대조표를 보라. 필자는 이전에도 그랬지만 특히 1995년 Regele의 Death of the Church을 읽은 이후, 셀교회의 특징을 설명할 때마다 사도시대 교회 패러다임과 크리스텐덤 시대 목회 패러다임과 새로운 목회 패러다임을 대조한 표를 사용해 강의해 왔다.
167) 킴볼,『시대를 리드』, 119.
168) Ibid., 120.
169) Ibid., 130.
170) Ibid., 259. 셀사역에서 성령에 대한 강조는 랄프 네이버, 22,44,247 등 참조.
171) 네이버,『셀교회 지침서』, 328. 353. 여기서는 내적치유 수양회에서 견고한 진을 깨는 영적 전쟁의 중요성 차원에서 언급한 것이다.

해야 한다[172])는 것 역시 셀사역의 강조점[173])과 동일하다.

지금까지 우리는 크리스텐덤시대 교회와 포스트크리스텐덤시대 목회를 비교하며 그 대안으로 미셔널 교회를 제시하는 것이 미셔널교회에서 처음 나온 얘기가 아니고 오히려 이머징교회의 연장선 속에서 볼 수 있음을 확인했다. 그것은 현대성 속에서 발현된 교회들의 특징을 소비자형 교회라 칭하며 그 특징을 말씀을 공급받고, 좋은 프로그램으로 욕구를 충족받기 위해 '나는 교회에 간다'라는 관점으로 설명한 후, 포스트모던 시대를 위해 발생한 이머징교회가 지향하는 방향을 사명적 교회라 하고 '나는 교회이다'라는 대조적 구호로 이미 설명했던[174]) 사실에서 알 수 있었다.

이 뿐 아니라 킴볼은 대럴 구더(Darrel Guder)가 편집한 사명적 교회(제대로 된 번역이다!)[175])라는 책을 언급하며 자신의 논의를 전개해 간다. 목회자들이 은근히 사명이 아닌 프로그램에 비중을 두게 되면서(이것은 셀사역에서 전통적 교회의 목회방식으로 지적한 PBD[176]) 개념과 같은 것이다), 데살로니가 교회가 칭찬을 받았던 특징보다는 프로그램, 설교, 찬양으로 알려지게 되었음을 지적하며, 이머징 교회는 소비자 중심의 교회에서 사명 중심의 교회로 바뀌어야 함을 역설한[177]) 바 있다.

벤 엥겐 교수는 '하나님의 선교적 교회'란 책[178])에서 자신이 이런 주제에 관심을 갖게 된 것은 미국 선교학회에 참여하러 가는 길에, 가정교

---

172) 킴볼, 『시대를 리드』, 262ff.
173) 네이버, 『셀교회 지침서』, 177ff.
174) 킴볼, 『시대를 리드』, 118.
175) Ibid., 115-116.
176) 네이버, 『셀교회 지침서』, 81-91.
177) 킴볼, 『시대를 리드』, 118.
178) 미셔널교회와 똑 같은 것은 아니지만 거의 대동소이한 정신의 교회이다.

회를 보고 와서 세상에서 교회가 어떤 모습으로 살아야 하는가에 눈을 떴는가를 열심히 얘기하는 동료를 통해서, 그리고 학회의 주제 발표에서 브라질의 기초교회공동체운동(The Base Ecclesial Community Movement)에 대해 알게 되고, 이렇게 활력이 넘치는 신앙인 바닥공동체들의 형태와 범위, 특성들에 대해 전혀 새로운 시각을 갖게 되었다고 고백한다.[179] 그리고 돌아오는 길에 친구 목사의 힘든 목회현실에 대해 밤새 듣고는 교회의 본질과 목적에 대해 밤새 깊은 고민을 한 후,[180] 지역 교회들의 독특한 모습, 문화적 배경, 인적 구성, 현실적 요구들을 주지하면서도 교회의 선교적 목적과 함께 지역 교회에 생명력을 불어넣는 길에 대해 비로소 관심을 갖게 된 것이다.[181] 따라서 이머징교회와 미셔널교회 뿐 아니라, 하나님의 선교적 교회도 태생상 모두 셀교회와 가정교회 운동가들이 추구하던 교회의 본질을 공유하며 그 사역의 특징들과 같은 연장선 상에 서 있을 수 밖에 없었던 것으로 보인다.

5. 셀교회, 가정교회, 이머징교회와 미셔널교회의 공통적 추구점과 차이점

지금까지 셀교회와 가정교회, 이머징 교회, 그리고 미셔널교회(하나님의 선교사적 교회 포함)의 각 특징 중 일부를 다음과 같은 표로 만들어 비교해 보면 각 운동들이 추구하는 바가 무엇이고 어떤 목회방식을 극복하고자 하는 것인지 한 눈에 확인해 볼 수 있을 것이다.

---

[179] 찰스 E. 벤 엥겐, 『하나님의 선교적 교회(God's Missionary People)』 (서울:CLC, 2014), 27.
[180] Ibid., 29.
[181] Ibid., 30. 프로스트와 허시의 『새로운 교회』 139쪽에 나오는 끄집어내기(Extraction)모델과 성육신/재생산

셀교회(가정교회), 이머징교회와 미셔널교회의 추구점과 특징 비교표

공유하는 강조점과 차별성 ↓	Ralph Neighbour, 셀교회 (98)		Dan Kimball 이머징 교회		Frost & Hirsh 미셔널교회 (28, 139)	
	<u>초대교회, 셀교회정신</u>	오늘날교회	<u>이머징 교회</u>	근대교회	<u>사도~후사도, 성육신모델, 미셔널교회정신</u>	크리스텐덤 교회 방식, 끄집어냄모델
모임장소와 정신	가정 하나님 나라와 몸	교회건물 제도적 확장	사명적교회: 나는 교회다 (118)	소비자형교회: 내가 교회에 간다	건물없다 지하핍박 가정에서 시작 작은 모임, 소그룹 셀의 교제	건물이 중심 건물을 세운다 교회에서 시작 큰모임, 예배중심
리더십	자체육성 파송전검증	직업목회자 전문가	영적 안내자, 동반자, 권력분권 (274)	CEO, 관리자 권력중앙화 계층적, 지위 역할	사도 협력팀 새로운 리더를 구비하고 재생산하는 자. 평신도중심	제도적,안수 목사, 초빙된 전문가 목회자중심
사역과 조직	모든신자 사역위한 양육 서로 세워줌	프로그램중심, 감독 목사가 해결	수평적	계층적 (274)	뿌리로부터 분권적 리더를 세움	제도적 계층적 프로그램 만듬
전도	가라 재생산과 배가	오라 더하기, 정체	관계형성, 삶의 본 교회가 곧 선교다	초청행사 선교는 교회의 한 부분 (243)	선교적 성육신적 보내기 급속한 재생산	끌어모으기, 꺼내오기 찾아 예배에 오게 함 완만한 성장과 정체
제자도 성숙	모델링, 가치관 형성, 삶	지식, 강의, 정보: 모델링가치 부재	공동체 경험, 참여, 영적성장, 삶	지식, 교육, 가르침 (258)	성경은 적용을 위해 가르침	성경은 학문적 지식 정보로 가르침
강조점, 차별성	소그룹/가정 공동체사역과 돌봄목회		포스트모던 사회와 문화 대응 목회		교회가 처한 문화 속에 목회전반의 선교적 특성	
비고	셀교회와 가정교회의 핵심 교회와 현재 교회 비교대신, 은 같다. 랄프 네이버 책 28쪽 근대교회와 이머징교회를 의 표는 더 많은 항목으로 비 비교한다. 그리고 예배, 설 교되어 있으나 편의상 항목 교, 전도, 리더십 등 분야별 별로 몇 가지만 모았다.		이머징교회는 특성상 초대 로 흩어져 표가 제공되어 해 당분야 별로 모았다. 숫자는 해당사항이 나오는 킴볼의 책 페이지이다.		미셔널교회 특징은 프로스트와 허쉬의 책 28쪽의 표에서 관련사항만 모았다. 이 표에는 칼럼이 셋이고 가장 오른쪽에는 미셔널교회가 추구하는 것이 나오는데 그것은 사도시대 목회 패러다임과 다르지 않아, 셀교회나 이머징교회와 비교 위해 생략했다. 139쪽의 표182)내용도 해당항목에 합쳤다.	

앞의 비교표를 통해 이머징교회나 미셔널교회 운동도 신약 교회의 본질을 회복하려던 셀교회나 가정교회 운동과 같은 정신을 상당부분 공유하고 있음을 확인해 볼 수 있었다. 그들은 모두 사도시대 이후에 나타난 크리스텐덤 시대 혹은 중세와 근대교회의 문제점들을 같은 시각으로 보았고, 그런 모습을 거부하며 사도시대의 교회의 본질과 신약 교회의 이상을 이 시대에 다시 실현해 내려고 몸부림 쳤던 것을 알 수 있었다. 그것은 건물이 아닌 하나님의 백성의 가족 공동체를 세우려고 했던 것이며, 제도적 건물과 직제와 각종 프로그램을 운영하는 조직이 아니라 살아 있는 생명체로서 그리스도의 몸을 회복하려는 것이었고, 직업적 전문가인 성직자/사제가 아니라 하나님의 백성들이 은사에 따라 모두가 하나님의 일에 참여하는 교회를 세우려는 것이었으며, 사람들을 교회당 안으로 끌어모으려고 하는 것이 아니라 그들이 살고 있는 세상과 문화 속으로 하나님의 백성들이 들어가려는 패러다임의 전환이었고, 복음을 교리로 설득시키려는 것이 아니라 성도의 삶으로 성육화해서 표현해 보여주고, 복음으로 세상을 변화시킴으로 하나님 나라를 확장하려는 정신이었다. 이런 성경이 말하는 교회의 정신과 목회의 본질에서는 셀교회나 가정교회나 이머징교회나 미셔널교회가 모두 같은 정신을 공유하고 있지만, 그것을 구현해내고 표현해내는 데에 있어서 강조점은 시대와 환경과 문화에 따라 다를 수밖에 없다. 예를 들어 이머징교회는 포스트모던 사회에 맞는 예배의 옷이 유독 부각되었고, 미셔널교회는 현재에 처하고 있는 문화 속으로 들어

---

182) 프로스트와 허시의 『새로운 교회』 139쪽에 나오는 끄집어내기(Extraction)모델과 성육신/재생산(Incarnational/Reproduction) 모델의 비교는 Carol Davis, *DAWN Report* (June 2000)을 인용한 것이다. 이것은 원래 선교학자 Paul Hiebert가 울타리 구조와 우물 구조의 대조 비유에서 영감을 얻어프로스트와 허쉬의 책 102쪽에 소개한 경계구조(bounded sets)와 중심구조(centered sets) 접근방식의 대조를 발전시킨 것으로 보인다.

가 복음의 사명을 수행하려다 보니 선교적인 측면이 특징으로 인식되게 된 것이다.

그럼에도 불구하고 이머징교회나 미셔널교회는 어떤 사역방식이나 교회구조를 말한 것이 아닌지라, 실제 현장에서 그런 정신을 표현하는 목회를 하며 교회를 세우다보니 일부교회는 자연스럽게 셀교회의 구조 혹은 가정교회의 사역방식으로 드러나게 된 것으로 보인다. 그러나 그들 사역을 포스트모던 사회에서 문화적 측면을 품고 세상 속에 복음을 표현해 낼 때는 이머징교회나 미셔널교회는 각기 독자적인(동시에 authentic한) 모습으로 구현해 내게 될 것이다. 그러므로 자신이 셀교회운동이나 혹은 가정교회 운동을 하든지, 아니면 이머징교회 운동이나 미셔널교회 운동을 하든지 서로를 배척하거나 자신들의 방식만 옳고 우월하다고 자랑하지 말고, 아직도 교계의 대세인 전통적 교회들의 조류를 거슬러 올라가기 위해 각 사역의 강점을 취해 손에 손을 맞잡고 힘을 합쳐 정말 세상의 소망이 될 수 있는 참된 교회를 우리 시대와 다음 세대를 위해 실현해 낼 수 있다면 하나님은 우리들을 통해 영광을 받으실 것이다.

Chapter 05

건강한 교회를 위한 일꾼 세우기-

제직선발과 훈련

건강한 교회를 위한 일꾼 세우기
– 제직 선발과 훈련

양육과 은사 관점에서 본 제직 선출과 제직 훈련※

어떤 교회는 제직의 숫자가 출석교인의 반이 넘는다고 한다. 어떻게 제직의 수가 그렇게 많을 수 있냐고 묻자 다른 교회들도 대개 그렇지 않느냐는 대답이 돌아왔다. 문제는 이렇게 제직은 많은데 교회에서 무슨 일을 할 때면 항상 일꾼이 부족하다는 것이다. 교회에서 행사할 때마다 보면 그 사람이 그 사람이고, 이 모임을 가나 저 행사에 가 봐도 열심 있는 몇 사람만 고정 출연하다시피 일하고 있는 경우가 많다. 교인의 반 이상을 장로, 안수집사, 집사, 서리집사, 권사, 권찰 등 각종 직분으로 제직화하는 현상에 대해 지적을 하면, 그렇게라도 직분을 안 주면 그나마 누가 나와 봉사하겠냐고 한다. 그렇다면 조금 심하게 말해서 이건 매직 행위와 다를 바 없는데, 직분 판매로 교회를 꾸려갈 수는 없지 않은가?

※「양육과 은사 관점에서 본 제직선출과 제직훈련」《목회와신학》, 2004년11월호 94~103쪽

왜 이런 일이 생겼을까? 적지 않은 우리 한국 교인들의 심성 속에는 직분을 명예로 보는 의식이 자리잡고 있다. 오랫동안 기도 많이 하신 어머니들의 평범한 평생 소원은 우리 아들이 장로되는 거란다. 그리고 나이가 들어가며, 계속 집사님이라고 불리는 것이 모양새가 좋지 않으니 나이 더 먹기 전에 빨리 권사 따야겠다는 말도 서슴치 않고 한다. 장년 남자 분에게 ○○형제님 하면 불쾌해 하니, 확인할 것도 없이 ○○집사님이라고 불러드리는 것이 교회생활에서 예의다. 조금 더 연세 드신 분이면 ○○집사님이라고 부르는 것조차 실례이고, 대충 눈치봐서 우선 ○○장로님이라고 불러드려야 불쾌해하지 않는다는 것이 기독교 예의범절의 기초로 여겨지고 있는 실정이다. 이 정도면 시장이나 상점에서 손님에게 대충 사장님이라고 불러대는 상인들과 다를 게 없어 보인다.

그렇다고 성경적 이상과 목회 질서를 추구하며, 제직 임명에 어떤 제한과 조건을 걸어서 조금 까다롭게 하면 어떤 일이 생길까? 심지어는 다른 교회에 가서 권사직을 받고 돌아온다. 그래서 제직 문제는 목회에 있어서 쉽지 않은 일이요, 딜레마다. 사실 그런 제직이 교회 안에 많아진다 해도 섬기고 봉사하는 사람이 늘지는 않는다. 게다가 일단 제직으로 임명되면, 그 다음부터는 훈련도 더 이상 안 받으려고 한다. 그러나 그 보직(?)만은 평생 유지하려고 한다. 그리고 그 보직을 자랑하며 산다.

반면, 성경을 연구해 보면 교회에서 봉사의 직분을 맡은 자는 슈나켄부르크(Rudolf Schnackenburg)의 지적처럼 단순히 하나님의 도구요, 그리스도의 종이요, 성령의 기관일 뿐이다(고전 4:1; 12:4~6). 따라서 교회 직분은 다른 인간의 제도와 기구에서 주어지는 직분과 근본적으로 다른 기독교적 특징이 분명하게 나타나야 하며, 제직들은 장로나 권사 등 자신의 직분에 대해 전혀 자랑할 것이 없어야 한다. 그렇지만 이런 원론적인 얘기보다 제직 문제에 대한 우리 목회자의 관심조차 1. 누구를 제직으로 선발해야 하며 2. 어떻게 선발해야 하나? 그리고 3. 어떻게 일을 시키는가? 또한 4. 어떻게 관리할 것인가 등이 아닐까? 그러나 이런 것에 대한 매뉴얼을 얻는 것보다 더 본질적이고 중요한 것을 스스로 묻고 정리하지 않으면 제직 문제는 근본적으로 해결되지 않는다. 그 질문은 '제직, 그들은 누구이며, 뭐하는 사람인가?'이다.

직분문제는 '목회란 무엇이고, 교회란 무엇인가?'란 본질에서 해결되어야 한다

직분 문제를 얘기하면 사람들은 초기 교회는 어떠했냐고 물으며 초대교회로 돌아가자고 한다. 그렇지만 초기 교회가 항상 오늘날에 그대로 복사할 수 있는 정답이 될 수 있는 것은 아님을 먼저 짚고 넘어가자. 분명한 것은 초대교회는 우리가 알다시피 제도가 아니었다는 점이다. 서로 가족으로 여겼기에 당시에는 조직, 부서나 기관도 없었다. 그러나 교회가 커지면서 자연스럽게 복잡한 조직과 제도를 갖추게 되었다. 물론 이런 제도 목회는 전적으로 목회 사역에 헌신할 수 있도록 보장해 줌으로써 사역자가 다른 일에 정력을 소모하지 않게 하는 좋은 점이 있다. 교회 내의 질서 유지에도 좋다. 그러나 교회가 제도 목회에 매여 있게 되면 나머지 사람들, 곧 대다수 교인들은 제도권에 영입되지 않는 한 별로 일하려 들지 않기 마련이다. 그래서 교인의 반 이상을 제직으로 세워야 하는 일이 벌어지는 것이다.

이런 제도 사역의 문제로 인해 극단적 반발 형태를 띠는 것이 카리스마적 사역 구조에 대한 관심이다. 하나님 앞에서 모두가 다 똑같고, 은사에 따라 평등하게 일하며, 복수 지도 체제를 주장하며 법적 제도적 장치로부터의 자유를 주장한다. 그런데 모두가 서로 지도자로 자천하고, 모두가 리더라면 그 공동체에는 참된 지도자도 책임자도 없는 셈이다.

사실 기독교사회신학자 데렉 팃볼(Derek Tidball)의 지적처럼 교회에서 제도 사역과 카리스마적 사역 두 가지를 엄밀히 구분할 수는 없다. 서로 중첩되는 것이 많기 때문이다. 그럼에도 불구하고 오늘날 우리 한국교회의 대부분은 상당히 고정된 규정과 권위적 위계 서열 등의 관료 체계와 조직으로 움직여가는 제도 목회 구조를 갖고 있음을 부인하기는 어렵다. 여기서 분명한 것은 성경적 공동체의 이상은 제도 목회 방식은 아니지만, 그렇다고 극단적 카리스마적 사역구조를 제직 사역의 기초로 삼을 수도 없다는 점이다. 그렇다면 이런 두 가지 극단적 형태가 아닌 건전한 제직 세우기와 건강한 사역의 길은 무엇일까?

제직 문제를 제대로 풀려면, 먼저 목회 개념의 변화가 필요하다. 우선 목회는 안수목회자만의 교역이란 개념에서, 교회 공동체의 사역이란 개념으로의 전환이 요구된다. 물론 안수목회자는 그만의 고유 사역의 역할이 있지만, 진정한 목회는 교회 공동체 전체가 사역에 참여할 때 이루어진다. 따라서 진정한 목회를 위해서는 교회 모두가 사역에 참여하는 구조가 되어야 하며, 그중 제직은 만인제사장으로서 섬기는 모든 성도들의 지도자들로 인식되어야 한다. 그 말은 제직에게는 안내와 주보 나눠주기, 예산 결재 등 행정 봉사 외에도 더 본격적인 사역훈련과 리더십에 대한 이해와 훈련이 필요하다는 의미이며, 그에 따라 뽑는 기준도 당연히 달라져야 한다는 점을 인식하게 될 것이다.

은사 관점에서 다시 본 교회 조직과 제직 구조

직분과 은사에 대해 다루고 있는 말씀(고전 12:28~30; 12:8~10, 롬12:6~8, 엡 4:11)을 면밀히 비교 검토해보면 영적 은사와 직분들의 순서가 제각기 다르다는 것을 발견하게 된다. 같은 저자인 사도 바울이 직분과 은사를 열거하는데 왜 일관된 순서로 하지 않고 다 다르게 했을까? 그것은 직분을 일정한 계급 구조의 서열 개념으로 이해하지 않았기 때문이다. 즉 모든 직분이나 은사는 서로 동등하지, 오늘날 교회에서 갖고 있는 통념처럼 장로 아래 집사 방식의 계급 구조가 아니다. 앞에서 언급한 제도 목회 구조의 문제점 중 하나가 교회 지도력이 위치적, 신분적 리더십 형태로 굳어지게 하며, 비성경적인 계급 구분이 시작된다는 것이다. 목사와 평신도 간의 분리에서 끝나지 않고, 거기서 제직도 계급 서열화가 시작된다. 목회자를 추기경과 사제로, 감독과 일반 목사로 나누듯 장로와 집사, 서리집사가 서열화된다. 그러나 제직구조를 이런 식으로 이해하는 것은 성경의 의도와 다른 것이다. 고린도전서 12장 12, 18절 등이 보여주듯이 그리스도의 몸 안에는 다양한 은사와 직분이 있는데, 이 모든 것이 하나님이 주신 선물이므로 서로 평등하고, 상호 의존성을 갖게 된다. 따라서 장로가 집사를, 안수집사가 서리집사를 아래 계급 취급해서는 안 된다. 그렇다면 서리집사라서 어떤 사역의 책임자가 될 수 없고 안수집사 중에서만 선출해야 한다는 식의 주장도 설득력이 없게 된다. 은사와 열정이 있고, 그 사역에 적합한 열매가 있다면 사역의 책임자로 세워질 수 있다.

은사 관점에서 다시 봐야 할 현대교회의 제직 구조 중 한 가지 예를 더 들어보자. 칼빈과 종교개혁가들은 교회의 네 가지 주요 직분을 얘기할 때 교사직을 장로직과 함께 다뤘다. 그러나 현재 한국교회는 그 네 가지 직분에 없는 권사직은 교회의 주요 직분으로 여기는 여유를 보이면서, 교사(물론 칼빈이 말한 것은 신학교수직에 더 가깝지만, 오늘날 개교회에서는 성경교사, 목자, 제자훈련가 등이 이에 해당할 것이다)는 그 수와 기여가 적지 않은데 제직으로 여겨주지 않는다. 교사가 집사 직분을 따로 받지 않은 한 제직회에 들어가지도 못하고 교회 사역 결정에 영향을 미치기도 어렵다. 사역과 봉사가 제직 구조와 이원화된 문제다. 목회자와 실천신학자들은 이런 식으로 교회와 제직 구조를 직분과 은사 관점에서 다시 생각해 보며 더 성숙한 제직 구조를 위해 끊임없이 발전 방안을 모색해보아야 할 것이다.

제직의 역할은 무엇인가?

참된 목회의 본질은 신뢰 관계에 기초한 것이다. 그러나 현재 적지 않은 교회의 목회자와 제직과의 관계는 견제 구조로 비춰진다. 목회자는 제직을 지배하고 조종하려고 하고, 그에 대해 장로들은 목사의 독주를 막도록 견제하는 것을 자신들의 사명이라고 생각한다.

천사 중에는 아키엔젤(archangel 천사장 유 1:9 등)이 있지만, 교회에서 사람에게 맡겨주신 어떤 직분도 그 명칭 앞에 arch란 단어가 붙는 것이 없다(archbishop, 대주교는 제도적 교회 용어이지 성경상의 용어는 아니다). 그것은 그리스도만이 우리의 주인이며, 한 사람이 다른 사람을 지배할 수 없기 때문이다. 오히려 성경의 직분들은 항상 섬김과 사역(diakoneo)이란 단어와 관련되어 있다. 목사직은 물론, 안수집사나 장로 등 모든 직분은 섬기라고 준 것이지 다른 성도를 통치하고 지배하는 권세나 힘 같은 것을 부여받는 것이 아니다. 에베소서 3장 7절은 "내게 주신 하나님의 은혜의 선물을 따라 내가 일꾼이 되었노라"고 한다. 직분과 일꾼 됨은 이처럼 복음 사역을 위해 함께 협력하라고 주신 하나님의 은혜의 선물일 뿐이지 다른 직분을 통제하고 제동거는 것이 아니다.

따라서 교회 안에 제직구조나 조직을 짜게 될 때, 철저하게 몸과 지체 구조에서 이해되고 만들어져야 한다. 그리고 앞에서 언급했듯이 제직은 많아도 일하는 사람이 없는 일이 생기지 않도록 철저히 섬김 중심이 되게 해야 한다. 제직들은 교회에서 봉사할 때도 서류에 도장 찍고 실제 사역하는 사람들이 낸 재정신청서에 사인하고 회의를 열어 결정하는 행정직 역할만 하려고 하는데, 실제로 가르치고 전도하고 봉사하는 사역을 하도록 일깨워야 한다. 그것은 말처럼 쉬운 일이 아니다. 그러나 그것이 바로 목회자가 할 일이다. 목회자는 조직표 짜는 사람이 아니라, 사역을 하도록 세워주는 사람이다.

목회 리더십의 목적이 무엇인가?

목회자의 역할은 주의 백성을 하나님께서 원하시는 곳에 데려가는 것이다. 그래서 성경적 비전이 필요한 것이다. 그런데 그 일은 혼자 하는 것이 아니므로 함께할 수 있는 일꾼을 확보하는 것이 중요하다. 이처럼 목회리더십이란 것도 교회를 조직체보다는 유기체로 기능하게 하는 것이며, 위원회보다는 공동체로 움직이도록 만드는 것이다. 그러기 위해서는 제직 임명 자체가 중요한 것이 아니라, 평상시에 교회와 사역에 대한 개념이 바로 형성되도록 교육과 양육을 잘 해야 한다. 사역을 할 때 목회자의 핵심 역할은 에베소서 4장 12절이 가르쳐 주듯이 성도들을 무장시켜 그들이 자신들의 사역을 하며 그리스도의 몸을 세울 수 있게 돕는 것이다.

오늘날 우리 목회자들의 실수 중 하나는 일상 목회에서 그 개념은 충분히 다루지 않은 상태에서, 제직을 임명해 놓고 어느 날 그 사람들을 집합시켜 놓고 별안간 직분 교육을 하려드는 것이다. 평상시 목회가 교육과 훈련 목회여야 한다. 이때 교육과 훈련 목회라는 것은 성경공부를 시켜서 성경 지식을 늘리는 것이 아니라, 성도들이 교회의 개념을 바로 파악하고 자신들이 만인제사장 사역자임을 알게 하고 사역자로 섬길 수 있게 무장시키는 것이다. 제직 훈련도 그 배경에서 출발해야 한다.

제직은 누가, 어떻게 세우나?

제직의 기본 자질은 목회서신에 나와 있으며 모두가 잘 알고 있다. 그런데 누가 어떤 방식으로 세워야할까? 열두 제자는 예수님께서 직접 부르고 세우셨지만, 그 이후 안디옥교회는 바울과 바나바를 세울 때 선지자들과 교사들이 금식하며 기도하고 이 두 사람에게 안수했고(행 13:2), 예루살렘교회가 일곱 지도자를 세울 때도 온 무리가 세우고(세우는 것은 항상 교회였다. 무리가 존경하는 암브로스를 감독으로 선출하는 등 못마땅한 일이 생기자 4세기 말 라오디게아 회의에서 공식적으로 회중선출을 금지할 때까지도 그렇게 해왔다), 사도들이 그들에게 기도하고 안수했다(행 6:5~6). 디모데전서 5장 22절에도 안수가 나오지만, 이것도 교회가 세운 사람에 대해 사도가 성령의 은사를 받았음을 인정하고 인준하는 것으로 초대교회에서는 이해하고 있었음을 교회사가 볼츠(Carl A Voltz)는 지적한다(『초대교회와 목회』, 23쪽 참조). 여기서 우리가 얻게 되는 교훈은, 오늘날 교회에서 제직을 세울 때 담임목사 혼자 임명하는 방식은 목회자의 권위 유지에는 도움이 되지만 실제로 발생되는 문제점들이 많으므로 교회 공동체가 뽑고 세우면 목회자가 기도로 인준하고 세우는 방식으로 가는 것이 좋다는 것이다. 실제로 주차요원 등으로 일정 기간 이상 봉사하며 교인들이 그를 알고 인정하여 선출한 장로와, 아무 공동체적 봉사 없이 목회자 주도로 선출된 장로의 교회와 사역에 대한 영향력 차이를 우리는 주변 교회에서도 보고 있지 않은가? 이런 형태의 제직 선발 방식이 자리를 잡아야 제직이 목사가 뽑은 목사의 심부름꾼이 아니라, 교회의 일꾼으로 공동체에서 인식될 것이며, 교인들도 제직들을 존경하고 제직들도 교회 안에서 책임있게 행동하게 된다. 이때 앞에서 언급한 것처럼 직분은 자신의 명예가 아니며, 오직 교회를 섬기기 위해 존재할 뿐임이 분명해질 것이다. 또한 직분은 계급이 아닌 기능일 뿐이다. 따라서 자신이 그 기능을 못하면 다른 이가 하도록 넘겨주는 것이 당연하게 여겨질 것이다. 그러면서 장로 임기직 같은 문제도 법리적 논쟁으로서가 아니라, 성경과 사역의 본질 속에서 자연스레 해결될 수 있을 것이다. 섬김과 사역의 측면에서 볼 때 이처럼 직분은 영구불변 계급장이 아니며, 임직식은 여왕이 작위를 내리면 평생 그 신분이 유지되는 귀족 신분 수여식이 아니다. 따라서 제직의 선발 기준도 자연스럽게 교회에 출석한 기간이나 재정적 기여도가 아니라, 은사와 사역의 능력과 자세 그리고 성숙도가 되어야 한다.

그 교회가 건강한 교회냐 아니냐는 교인이 얼마나 많고, 제직이 몇 명이며, 건물이 얼마나 큰가, 혹은 얼마나 많은 부서와 프로그램을 갖고 있는가로 판단될 수 없다. 오히려 얼마나 많은 교인들이 사역에 참여하고 있는가로 가늠되어야 한다. 세계 교회의 주목을 받고 모델 목회를 해온 윌로우크릭교회나 새들백교회가 보통의 우리 한국교회들과 가장 큰 차이를 보이는 점이 무엇일까? 열린예배가 아니다. 보통 교회가 천 명 교인이 있다면 그중 백 명도 안 되는 사람만이 봉사하는 현실에 비해 그 교회들은 만 명 교인이 있을 때 7~8천 명 이상의 교인들이 각양 봉사와 사역에 참여한다는 것이다. 실제로 필자는 윌로우크릭 리더십 컨퍼런스에 참석했다가 1주일 동안 5천 명 이상이 곳곳에서 봉사하는 것을 본 적이 있다. 그것이 그 교회의 힘이었지 단순히 건물과 시설과 음악과 드라마가 아니었다. 이제 더 이상, 많은 사람들을 제직으로 세워야 그중 책임감(죄책감?) 느끼는 몇 사람이라도 더 봉사할 것 아니냐는 식의 산탄총 사냥법으로 목회하면 안 된다. 처음부터 세우는 방식과 훈련 방식이 달라져야 한다.

은사와 제직의 사역

어떤 분들은 "대형교회야 재주 많은 좋은 인물들이 많아서 되지만, 우리 작은 교회에는 일꾼이 없어요"라는 말을 하고 싶을 것이다. 그러나 분명한 것은 하나님은 각 교회에 사명을 주신다는 점이다. 그리고 동시에 분명한 또 한 가지는, 그 일을 맡기실 때 하나님은 그 일을 가능케 하기 위해 사람을 보내시고 그 일꾼들이 사명을 성취해 낼 수 있도록 영적 은사를 주신다는 점이다. 이것이 성경적 원리다. 만일 교회에 그런 은사와 일꾼이 아무리 찾아봐도 없다면, 당신이 주장하는 교회의 사명과 해야 할 일이란 것이 사실은 하나님께서 주신 일이 아니라 목회자 개인의 야망에서 나온 것일지도 모른다. 점검해 보라!

제직으로 임명해 놓고 은사도 능력도 없는 사람에게 "목사가 시키니까 순종하는 마음으로 맡고, 그 일을 해내라!"고 명령하는 것은 목회지도력에 있어서 권한의 남용이요 폭력이다. 은사는 목사가 직분 맡기며 주는 것이 아니다. 은사는 하나님이 주시는 것이므로 목회자는 그 은사와 재능을 발견케 돕고, 사역에 사용할 수 있도록 훈련시키면 된다. 제직들로 하여금 신앙생활이 즐겁고, 섬김이 기쁘게 돕는 것이 성경적 리더십이다.

다음으로 이해해야 할 점은, 성령의 능력 주심과 성령의 은사는 개인 경건의 목적보다는 공동체적 관점에서 이해되어야만 한다는 사실이다. 고린도전서 12장 7절은 "각 사람에게 성령의 나타남을 주심은 유익하게 하심이라"고 했다. 여기서 유익하게 하려함이란 말은 공동선을 위한(*sympheron*) 것이란 목적성을 보여준다. 고린도전서 14장 4~5절에서 개인적 경건에 유익한 방언 사용보다 예언의 은사 활용을 귀히 여기는 이유도 교회를 세워(*oikodomeo*)간다는 같은 관점 때문이다. 즉 은사나 성령의 능력 주심의 궁극적 목표는 공동체를 섬기고 교회가 든든하게 세워지게 하기 위한 것이다. 이 관점에서 볼 때 모든 제직은 자신에게 주어진 성령의 은사를 알고자 해야 하며, 사역을 위해 주신 성령의 나타나심이 무엇인지 발견해야 할 것이다.

또한 이해해야 할 것은, 은사는 제도 유지를 위한 도구가 아니란 점이다. 몸, 곧 사람들을 세우기 위함이다. 은사를 받는 것도, 제직으로 취임하는 것도 모두 교회를 세우는 것 때문이지 자신의 영광과 명예

혹은 목회자가 필요로 하는 곳에 써먹기 위한 것이 아니다.

제직 훈련을 새롭게

목사는 제직 훈련 방법을 원한다. 그러나 성경은 교회의 조직 방법, 일하는 방법에 대한 특별한 지침을 제공하지 않는다. 그것은 각 교회마다 다른 상황에서 목회자에게 맡겨진 임무요 여유 범위이기 때문이다. 그런데 제직 세우기에서 어려움은 우리 목회자들이 신학교 강의실에서의 교육이란 방식으로 자라왔다는 점에 기인한다. 대부분의 목회자들이 경험적으로 느끼듯이 강의를 듣고 공부했다고 사역을 잘하는 것은 아니다. 그렇다면 단순한 교실 교육방식을 넘어서, 제직훈련 방식이 바뀌어야 하지 않을까? 학교 방식의 교육으로 제직을 세워놓고 사역하기를 요구할 것이 아니라, 정말 사역을 감당할 수 있는 능력을 부여해 줄 수 있는 실제적 훈련이 필요하다. 그렇지 않으면 제직들은 도장 찍고 재정 감사하는 행정일 외에 복음을 전하고 말씀으로 양육하고 사람을 세우는 일을 못하고 사역은 목사 한 사람에게만 요구할 것이다. 따라서 목회자는 제직에게 리더십에서 말하는 임파워먼트(empowerment)를 해줘야 한다. 맡겨진 일을 해낼 수 있도록 준비되지 않은 사람을 세우면, 그는 두려워할 것이다. 어쩔 수 없이 순종하는 마음으로 시작하지만 머지않아 탈진해 포기하거나 빨리 새해가 오기만 기다릴 것이다.

제직 세우기와 제직 훈련을 위한 제안

 따라서 참된 제직 세우기와 사역을 위해서는 제직 훈련이 교리 교육과 성경공부만으로 끝나지 않고 구체적인 은사 발견, 은사 배치 프로그램, 그리고 각 직무별 역량 계발과 함께 지도자 영성과 리더십 교육 등 다각도로 이루어져야 한다. 이것이 제직을 세워놓고 목사인 자신을 도와주기를 기대했던 목회자들에게는 일이 더 많아지게 느껴지는 난처한 주문일지 모른다.

 이것은 일종의 패러다임 전환이다. 사실 리전트 칼리지의 실천신학 교수인 폴 스티븐스가 인용한 엘튼 트루블러드의 주장 "평신도들은 목사의 비서가 아니다. 그와 정반대로 목회자가 평신도들의 비서가 되어야 한다"(폴 스티븐스, 『평신도를 세우는 목회자』, 미션월드 라이브러리, 171쪽)는 말이 맞는다면, 이제 제직이 목사의 비서가 아니고, 목사가 제직을 위한 비서가 되어야 한다. 그러나 이것은 우리의 목회관을 너무도 심하게 뒤엎는 것처럼 여겨져서 쉬운 일이 아닐지도 모른다. 그렇지만 교회의 본질이 무엇인지 알고, 교회의 사명을 이루기 원한다면 그 일에 시간과 노력을 투자해야 할 것이다. 제직 구조도 기업이나 군대식 조직표로 짤 것이 아니라, 교회의 사명을 이루기 위해 은사에 따른 일꾼을 배치하는 방식으로 바뀌어야 한다.

 일꾼을 세울 때는 모두가 다 아는 얘기지만, 세상에서의 위치나 신분에 따라 세워져서는 안 된다는 기본이 우선 지켜져야 한다. 제직들을 세울 때 행정 조직표의 빈칸 채우기 방식을 분명히 포기해야 한다. 그 대신 제직들의 영적 은사에 따라 사역을 선택하거나 배정받도록 하자. 위원회 구조를 가진 교회라면, 교회 출석의 연륜과 나이를 근거로

해서 연공서열에 따라 위원장직을 목회자가 배분해서는 안 된다. 목회자가 이 문제에 대한 분명한 리더십 없이 방치해놓으면, 영적으로 미성숙한 위원회 멤버들은 은사와 관계없이 자연스레 연장자 순으로 위원장과 부위원장을 뽑아 올 것이다. 그 후에 목사가 조정한다는 것이 쉬운 일이 아니므로, 각 위원회가 자체에서 위원장 선출을 하기 전에 반드시 사역의 은사와 열정과 역량에 근거해 선출해야 함을 가르친 후에 시행하는 것이 중요하다.

장로나 안수집사 혹은 권사를 세울 때도, 교회 출석과 십일조 등 헌금 상황만 볼 것이 아니라, 현재 교회의 어떤 사역에 개입되어 있는가를 기본 사항으로 검토해야 한다. 그럴 때에 제직 사역의 분위기가 달라질 것이다.

제직들은 전통적인 행정봉사를 넘어, 사역 봉사를 할 수 있도록 사명을 수정하고 그것이 가능하도록 재훈련해야 한다. 그리고 교회의 중요한 결정을 사역 봉사를 하고 있지 않는 제직이나 행정가 위원장들이 하지 않도록 교회 운영 구조를 바꿔놓아야 한다. 교회 사역은 사역에 개입된 사람이 해야지, 행정가들의 역할이 아니다. 교회 정책과 행정은 항상 그 일에 대해 고민하고 기도하며 생각하며 상시 교회에 주재하고 지속적으로 그 일에 책임을 질 수 있는 풀타임 목회자와 직원의 일이지, 일주일에 하루 이틀 나오는 제직의 일이 아니다. 교회를 행정조직으로 보는 사람은 행정관료 개념의 제직 구조로 교회를 계속 운영하겠지만, 교회를 성령의 능력과 나타남으로 사역하는 그리스도의 몸으로 보는 사람은 은사 중심 사역을 하는 일꾼 구조로 목회할 것이다.

교회의 목회 현장에서 발생하는 갈등은 대개 전도를 해보지도 않고,

전도할 줄도 모르는 제직이 전도사역에 대한 예산을 짜고 인력과 시설 배정 문제를 결정하는 것과 같이, 행정가와 실무 사역팀과의 간격에서 야기되는 것이다. 그러므로 행정하는 제직과 사역하는 일꾼이 서로 다른 이원화 구조를 피하고, 사역하는 성도들이 제직이 되도록 교회 조직의 근본을 바꿔야 한다. 이 경우 앞에서 언급한 것과 같이 사역은 안 하고 나이와 연륜과 계급으로 위원장에 취임하여 결재하고 거부하는 일 중심의 제직 문제가 근본에서 해결된다. 이것이 바로 세상식 연공서열제 위원장 자리 배정이 아니라 은사에 따른 사역 배치다. 그러므로 전통적인 위원회 내의 투표나 다수결, 혹은 박수로 분위기 몰아가기 방식에 의한 선출이 아니라, 교회 목회팀과의 협력 하에 은사와 열정과 열매에 따라 세워질 수 있도록 연말에는 전 교인 대상의 사전교육이 있어야 한다. 이때 교회는 위원회와 위원장 구조가 아니라, 사역팀과 팀장 중심 제직 구조로 본질적으로 바뀌게 될 것이다. 그것이 바로 세상식 기업형 행정 관료 조직으로서의 교회를 탈피하여 사역 중심 공동체로 가는 길이다.

그리고 제직이나 사역팀장 혹은 위원장을 세울 때, 제자훈련 과정을 몇 가지 수료해야 하고 거기에 더해 몇 개의 사역 훈련(전도 상담 등)을 마쳐야한다는 식으로 조건을 너무 까다롭게 하는 것은 바람직하지 않다. 너무 훈련 없이 제직을 세우는 교회들의 문제점 때문에 발생한 이런 전통적인 학교시스템 방식 혹은 자격증 방식의 강화책이 질적 수준을 높이는 이상적 방법으로 보이지만, 현실적으로는 대다수의 제직들이 사역으로 들어갈 수 없도록 커트라인을 높여서 막아버리는 결과가 된다. 오히려 교회가 정한 전교인 필수과정을 거친 정교회원은 그 이후 두 가지 정도의 단기 수료가 가능한 훈련만 요구되고(최소한의 훈련 요구는 필요하다!), 은사와 기질과 사역 열정에 따라 언제든지 제직으로 사역에 참여할 수 있도록 기회를 제공하며 동시에 사역 역량이 부족한 사람들은 제직으로 임명된 후 사역을 하면서 계속 훈련을 받을 수 있는 방식을 택하는 것이 좋다. 이런 훈련 방식의 원리와 그렇게 전환해야 하는 이유를 더 알고자 하면 필자의 저서『셀교회전환과 셀리더 세우기』8장에 있는 리더십 계발 전략을 참조하기 바란다.

이 모든 제직 구조의 변화는 목회자의 설교와 평상시의 가르침과 훈련을 통해 교회에서 제직의 신분이나 위치보다 사역이 중시되고, 행정적인 일보다 사역 봉사가 중시되며, 이름만 있는 행정적 제직 호칭보다 목자 등 사역직분 호칭이 더 중시되고 명예롭게 여겨지는 성경적 교회문화가 형성될 때 가능하다. 그런데 목회리더십의 중요한 요소 중 하나가 바로 이런 교회문화를 형성하는 것이므로 이 부분을 소홀히 여기면 안 된다.

동시에 목회자는 각 교회 상황에 따른 사역의 종류와 그 사역을 감당하기 위해 필요한 은사와 기술과 성향이 함께 서술된 사역 직무표를 계발하여 교회에 비치해야 한다. 이 일은 담임목사가 주축이 되어 부교역자는 물론 제직들을 참여시켜 교회의 프로젝트로 삼아 행하는 것이 좋다. 사역직무표와 함께 제직은 물론 성도 각자가 자신의 은사를 발견하고 그에 따라 사역에 참여할 수 있는 은사배치 사역이 교회 안에 자리를 잡도록 해야 한다. 이때 목회자는 제직들을 미리 훈련시켜 각 사역팀의 지도자로 일할 수 있도록 임파워해줘야 하고, 제직들이 각종 사역에 개입될 때만 그 직분을 유지할 수 있다는 개념을 심어주는 것이 필요하다. 이런 제직 훈련을 위해 매년 행하는 신년축복성회 등 부흥회 대신 제직 직무 훈련, 은사배치 사역, 리더십 훈련, 가치관과 비전 워크숍, 각종 사역세미나를 시도해 볼 수 있다. 특히 제직 임명과 각 부서 임직 교체 전후에, 혹은 연말과 연초에 항존직 세미나와 제직 훈련을 이런 주제로 시행해보기 바란다. 제직 임명이 끝난 후에는 전교회적으로 사역축제를 열어, 각 사역팀이 자신들의 사역을 소개하고 혹시 아직도 사역에 개입되어 있지 않은 제직이 있다면 그 기회를 통해 사역에 참여하도록 하는 것도 좋다. 물론 이것은 앞에서 얘기한 은사와 사역 중심적 제직구조가 완성되면 할 필요가 없는 과도기적 과정이다.

각종 사역이 활발하게 벌어지고 제직들이 활동적으로 섬기는 교회들은 세계 어디를 가나 모두 이런 프로그램을 상시 운영하고 있다. 한 예로 앞에서 언급했던 윌로우크릭교회는 네트워크 은사배치 사역을, 새들백교회는 쉐이프란 명칭의 사역을 통해 백 가지가 넘는 사역직무 기술서들을 이미 작성해 놓았고, 나름대로 은사발견 과정을 운영하고 있으니 참조해서 우리 한국의 각 교회 상황에 맞도록 만들면 될 것이다. 물론 국내에도 이런 프로그램을 도입하여 각 교회에 맞게 잘 시행하고 있는 중견교회들이 있으므로 벤치마킹해보는 것도 좋을 것이다.

제직이란 말은 성경에 없지만 그 직분에 해당하는 단어를 찾을 수 있는데, 그것은 '일꾼(*diakonos* - 집사 deacon, 사역자 minister로도 번역된다)'이다. 바울은 그리스도 예수의 사도(골 1:1)지만 자신의 본분을 '복음의 일꾼'(골 1:23)이라고 묘사했다. 일꾼으로 살기 위해서 그는 최선을 다했을 뿐 아니라, 자신의 속에서 능력으로 역사하시는 이의 역사(성령의 능력과 은사, 1:29)에 따라 행했다. 또한 이런 복음의 일꾼은 항상 각 사람을 권하고 가르치며 그리스도 안에서 완전한 자로 세우는(1:28 사역) '교회의 일꾼'(1:25)으로 산다. 이 원리처럼, 직분을 받고 장로와 집사로 호칭은 받았으나 복음의 사역은 하지 않거나 할 역량이 없는 사람은 교회의 일꾼 곧 제직이라 불릴 수 없다. 이 성경적 진리를 진리되게 만드는 것이 우리 목회자의 사명이다. 교회마다 행정관료 직분자는 넘쳐나지만 복음을 전하고 사람을 세우는 사역을 할 사람은 희귀한 이상한 제직구조를 넘어서서, 은사에 따라 모든 제직이 함께 사역하는 공동체 구조로의 변혁을 함께 꿈꿔 보자.

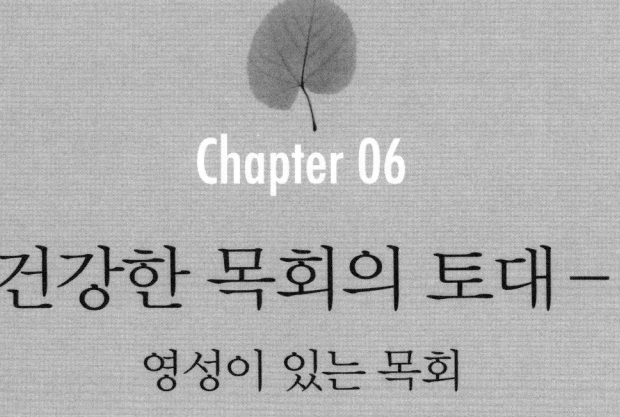

Chapter 06

건강한 목회의 토대 –
영성이 있는 목회

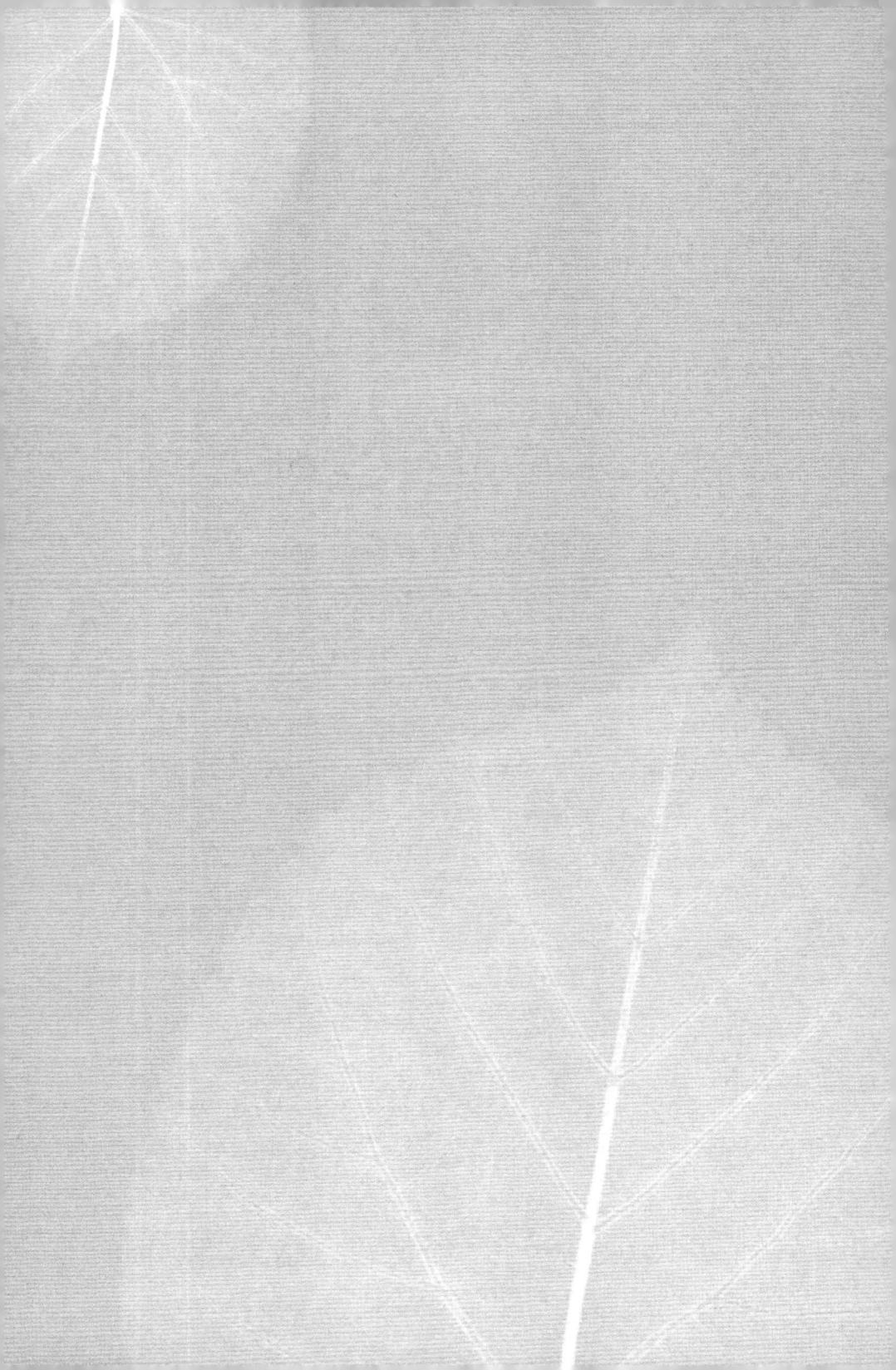

건강한 목회의 토대 – 영성이 있는 목회

가톨릭 영성과 차별성 있는 개혁주의 영성 확립을 위한 목회적 제안※

최근에 교계 안팎으로 영성에 대한 관심이 부쩍 늘은 것을 보게 된다. 그러나 그것이 꼭 신앙의 성숙을 나타내는 것을 의미하지는 않는다. 기독교계가 아니더라도, 심지어 불신자들조차 영성에 관련된 것에 대한 관심이 커진 것은 다름 아니라 지나친 물질주의적 세상에 대한 반작용 때문이며 인간 내면에 대한 관심일 뿐이지 성경적 영성과 다르다. 예를 들어 기독교국가로 알려진 미국의 헨리 데이빗 소로우가 쓴 작품 『월든』이나 청소년 권장도서로 널리 추천되고 있는 그의 『구도자에게 보낸 편지』[175]가 바로 그런 점을 보여주는 대표적인 것이다.

또한 기독교계 내에서도 영성에 대한 관심은 다행스럽게 늘어가고 있지만, 그것 역시 지나치게 논리적이며 조직체계적인 신학에 대한 반

※「가톨릭 영성과 차별성 있는 개혁주의 영성 확립을 위한 목회적 제안」,《기독신학저널》, 2006년 6월 10호 169~197쪽

작용과, 개인적이고 체험적이며 신비적인 종교성에 대한 향수에서 초래된 것이 아닌가 생각된다. 어떤 이유에서든 교계에서 영성에 대한 관심을 갖는 것은 결과적으로 다행스럽다고도 할 수 있겠다. 그래도 한 가지 우려는 특히 우리나라의 경우, 개신교계에는 영성에 대한 기반이 부족한 나머지 에큐메니칼 운동 쪽의 영성훈련과 가톨릭 영성을 분별없이 그대로 받아들이는 경향이 있다는 점이다.

물론 로마 가톨릭이나 정교회 방식의 영성운동에서도 배울 것이 많이 있다. 그것을 일체 거부하는 것도 편협한 사고방식이지만, 무비판적으로 그대로 답습하며 개혁주의 정신을 잃어가는 것 역시 안타까운 실정이다.

영성이 있는 신학의 본질 회복을 위하여

앞에서 언급했듯이 국내 개신교계에서 영성에 대해 지대한 관심을 보이는 것은 그 동안 신학계의 계몽주의적, 이성적, 혹은 철학적 접근에 대한 반발과 무관하지 않다. 그러나 본래 제대로 된 신학은 영성을 포용하며, 영성이 신학에 바른 지식을 주며, 신학은 영성을 유지한다.[176] 요즘의 문제 제기처럼 신학과 영성 사이를 가르는 일은 처음부터 있을 수가 없는 것이었고 그런 일은 본래 있을 수가 없는 일이다. 그러나 현실은 그렇지 않기에 영성이 새삼스럽게 다가오고, 그에 대한 특집이 마련되어야 할 정도가 되었다. 칼빈이 종종 말했듯이 본래 하나님을 안다는 것은 하나님에 의해 변화되는 것을 의미하며, 하나님에 대한 참 지식이 사람을 예배로 이끄는 것이 참 신학임이 분명하게 지켜져 왔다면 이런 강조 자체가 무의미했을 것인데 말이다.

그러나 이 시대 교계와 신학계를 풍미하고 있는 서구적 기독교 신학의 자세는 관념적 지식, 사색과 추론에 집중하며, 노골적으로 드러내지는 않지만 학문은 목회와 실천에 비해 더 우월하며 고급한 것으로 보고 있다. 이런 태도는 신앙에 대해서도 학문적 자세를 취하여, 결국 신앙에 대한 관계적 측면에 대한 안목을 상실하기에 이르렀다. 이는 본질적으로 현상으로부터 이론을 분리해내고 분석을 위해 냉정을 유지해야 하는 서구 학문적 특성 때문인데, 이 시대 최고의 복음주의 역사신학자 중 하나로 꼽히는 맥그래스의 관찰처럼 그 결과 중 하나는 신학과 기도 사이의 연결고리를 약화시켜 버린 것이다.[177] 그는 자신의 책에서 미국의 한 신학교수가 록키산맥 높은 곳의 트라피스트 수도원에서 3개월을 보내게 된 사건[178]을 예를 들며 심지어 하나님을 경험하지 않고도 신학자가 될 수 있다는 점을 지적하게 되었다. 실로 신앙에의 헌신 없는 객관적인 신학함, 그리고 중립성은 이처럼 신학과 영성의 분리를 가져온다. 이런 맥락 속에서 백석대학교와 기독신대원의 설립자 장종현 박사가 생명신학[179]을 주창하게 된 것은 시의적절하다 하지 않을 수 없다. 이런 강조를 통해 "입으로는 나를 존경하나 그 마음은 내게서 멀리 떠나간" 신앙생활과 신학함(사 29:13) 사이의 간격을 극복할 수 있을 것이다.

이처럼 우리 개신교의 신학함 자체가 영성 있는 신학이 되도록 노력해야 하지만, 그와 동시에 목회 자체에 있어서도 영성에 대한 강조 역시 필요하다. 그렇다면, 바른 영성훈련을 위해서 우리가 알아야 할 것과 주의해야 할 것은 무엇인가?

개혁주의 영성 목회 준비를 위한 여러 형태의 영성 이해

이미 언급했듯이 근래 들어 영성의 중요성과 관심 집중은 기독교계뿐 아니라 불교 등 타종교에서도 상상할 수 없을 정도이다. 전통적으로 목회상담이라고 알려진 Pastoral Counseling 분야(현재는 심리치료라고 칭하기도 한다)의 미국 AAPC 자격증 수여 및 국내 공인 훈련기관인 한국심리치료전문훈련원의 CPC 자격증 과정에는 목사와 전도사들 중심이던 과거와 달리 가톨릭 수녀는 물론 불교 승려들도 참여하고 있다[180]는 것이 이를 반증한다. 즉 영성은 기독교인만의 전유물이 아니라, 종교는 달라도 하나님의 형상대로 지음받은 모든 인간의 공통적 추구사항이다. 이런 상황 속에서 우리는 타종교계에 파급되는 기독교 영성의 영향과 함께, 개신교 안에 파고 들어오는 불교와 인도 종교, 그리고 가톨릭적 영성에 주의를 할 필요가 있다.

개혁주의 영성훈련의 정립을 위해 특히 우리가 주의해야 할 영성에의 접근 방식 몇 가지를 먼저 검토해 봐야 한다.

그 첫째는 신비주의적 접근이다. 아레오파고의 디오니시우스(Dionysius the Areopagite)가 「신비적 신학」(On Mystical Theology)이란 논문에서 신비적이란 말을 사용하기 전부터 사실 이런 움직임은 교회 역사 속에 장구하게 연연이 이어내려오던 가장 대표적인 접근 방식이다. 이런 흐름 중 대부분은 영성을 세상과 단절된 깊이로 이해하는 경향성을 보인다. 그들은 세상과 단절할 것을 강하게 주장하고 세상의 일상적 삶을 포기하도록 유도한다.

17세기 프랑스 특히 귀용부인(Madame de Guyon) 등은 영성과 신비주의를 초자연적인 것에 대한 직접적인 내적 지식으로 이해했다.[181] 가톨릭 영성이 주로 이런 신비주의적 접근방식을 기초로 해서 발전해왔는데, 국내 일부 개신교 신학교의 영성운동도 이런 접근 방식을 수용하고 있다. 두 번째로 교의신학적 접근이 있다. 신비주의적 신학과 대조되는 것으로 내적 체험을 강조하는 첫째 방식에 대한 반발로 영성을 더욱 교의신학적으로만 이해하려는 움직임 역시 존재한다. 영성에 대한 세 번째 접근방식은 영성을 역사적으로만 접근하려는 움직임이다. 영성신학은 교부신앙사이며 특히 사막 교부 사상 이해요, 교회 역사의 발전과정 연구 중 한 부분으로만 보는 역사신학의 한 지류로 이해하는 것이 그것이다. 네 번째로 현대에 새로 등장한 방식으로 심리적 접근이 있다. 그들은 인간의 심리적 상태를 영적 깊이로 오해하고 있다. 쉽게 감지할 수 있듯이 신학적 요소가 부족할 수밖에 없다. 최근 국내에도 상담사역 기관들 상당수가 영성에 대한 지대한 관심으로 접근하고 있으며, 예를 들어 웃음치료, 욕과 춤을 통한 카타르시스 해소 방식으로 일할 때도 심리치료와 영성이란 말을 사용하고 있다. 다섯 번째로 일부 개신교에서 그러한데, 영성을 단지 경건과 성결로 축소 이해하는 접근방식이 있다.

이제 본고의 중심적 논의에 앞서 영성에 대한 교단적 이해[182]의 다양성 역시 언급하고 넘어가고자 한다.

먼저 로마 가톨릭 영성의 특징[183]은 예배 중심이며 그래서 예전적으로 정교화되어 있다. 주지하듯이 그들에게는 고정된 형태의 예배가 중시되며, 예배는 예전서 중심으로 시행된다. 그래서 예배와 성례전 중심의 영성 운동이며 사역의 제영역 모두에서 성례적 섭리[184]가 강조된다. 우리와 공통점도 있지만, 개신교와 달리 마리아의 역할이 강조되며, 성자 예찬과 수호성인 정하기 같은 특징을 보인다.

그럼 정교회 영성의 특징은 무엇일까? 그들은 초대교회와의 연속성을 강조한다. 니사의 그레고리(Gregory of Nyssa), 그리고 다마스커스의 요한(John of Dmascus) 등 그리스 교부들의 글에 기초한 전통이 강조된다. 우리 개신교도 그러하지만, 그들은 구원론적 요소와 성육신 교리가 특별히 강조된다. 이때 로고스가 예수 그리스도라는 특정한 인간으로만 존재하는 것이 아니라 일반적인 인간 본성에 존재한다고 결론 내린 아타나시우스적 관점이 우리 개신교보다 강하게 나타난다.[185] 영성훈련에 있어서 개념의 창으로 사용되는 성상(Icon) 사용의 특징과 함께, "주 예수 그리스도 하나님의 아들이시여, 저에게 자비를 베푸소서" 같은 예수 기도문의 반복 사용이 그 특징이다, 수도원 중심주의[186]는 사실 로마 가톨릭보다 그리스 정교회의 전통에서 더욱 강하게 나타난다.

그리고 영성의 목표에 있어서도 어떤 차이를 보이는지 알아야 한다. 로마 가톨릭은 하나님과의 연합(union)이, 정교회는 신성화(defication)가 목표라면, 우리 개신교는 영화(glorification)에 이르는 것을 목표로 한다. 그럼에도 불구하고 개신교 영성은 그 특징적 강조점을 상실하고, 로마 가톨릭의 특징인 영적 결혼의 상태에 이르는 영성의 최고 단계인 연합을 위해 간구의 기도를 명상적 예배와 관상적, 내적, 초월적 기도에 자리를 내주고 있는 작금의 현실은 실로 우리의 강점과 특징을 잃어가는 것 아닌가 돌아 볼 필요가 있다.

또한 로마 가톨릭의 영성 생활은 전통적으로 정화(purgation), 조명(illumination), 연합(union)의 세 가지 방법[187]으로 영적인 삶이 발전된다고 보는 것이 일반적이며, 초보자(beginner), 대가(proficients), 완전한 사람(perfect)의 세 부류의 사람으로 나누기도 하지만, 우리 개혁신학 전통에서는 칭의·성화·영화의 구원의 서정으로 이해한다는 점에서 차별성을 보인다.188) 그리고 비록 우리가 수덕에의 추구, 완덕에의 길을 통한 인간의 추구를 무시하지는 않지만, 사람의 애씀보다는 하나님의 은혜와 의롭다하심189)과 그의 주권적 이끄심에 강조점을 두고 있다는 점 역시 잊어서는 안 될 것이다. 이런 것이 신앙형태와 매일의 삶에 표현이 되어 가톨릭 신앙생활 자세와 다른, 하나님의 절대주권 하에 순종하는 개혁주의자의 삶의 모습으로 나타나는 것이다. 그런데 이 역시 점차 흐려져가며 가톨릭 신앙생활 방식과의 차별성을 잃어가고 있는 것은 실로 안타까운 일이다.

개혁교회 속에 무분별하게 도입되고 있는 가톨릭 영성운동의 문제점들

앞 단원에서도 잠시 검토해 본 것처럼 로마 가톨릭 혹은 동방정교회 방식의 영성 운동은 몇 가지 조심해야 할 점들이 있다.

수도원 중심 영성
현재 개신교계 내에 퍼지고 있는 영성훈련 방식 중의 하나는 수도원 중심 영성훈련의 잔재이다. 물론 우리 개신교도 전통적으로 수양회를 해 왔었다. 그러나 그것은 교회생활의 보완 역할이었지, 수도원에 들어가지 않으면 영성훈련은 불가능하다는 뉘앙스를 심어주지는 않았다. 그러나 요즘 영성훈련을 강조하는 측을 보면 영성훈련을 위해서는 신앙생활의 중심적 현장을 떠나 무조건 수도원으로 들어가야 한다는 느낌을 주고 있다. 이는 동방정교회나 서방 로마 가톨릭의 오랜 전통에서 나온 인식이다.

3세기 동방교회는 광야와 사막에 대한 관심이 지대했다. 이집트의 안토니(Antony of Egypt, 251~356)는 도시 생활의 점증하는 부와 부패를 경계해서 죄로 오염되지 않은 곳으로 물러났는데, 피조세계로부터 떨어지고 멀어지는 것을 사막으로의 부름이라고 했다. 이와 같은 은둔생활을 다마스커스의 요한은 기도의 어머니[190] 라고 하며 귀하게 여겼다. 카시안(Cassian, 360~435)은 개인적으로 자신의 죄를 대면하고 다룰 수 있는 것으로 생각, 이후에 갈멜 수도사들(Carmelites)로 이어진다. 이는 오리겐이 이스라엘 백성의 광야생활 해석과 맥을 같이 한 것이다. 물론 일부는 광야를 비유적으로 해석해 경건 신앙 중진을 위한 영적 여행으로 해석하기도 했다.

물론 이런 수행은 수준 높은 집중력을 가능케[191]해준다는 장점이 있기는 하지만, 현대 가톨릭 영성가인 토마스 머튼(Thomas Merton)이 잘 지적한 것처럼 명상 역시 다른 사람들에의 사랑의 봉사로 완성되는 것[192] 임을 잊어서는 안 되는 것처럼, 세상과 분리된 수도 중심의 영성의 문제점을 인식시켜주지 못한 상태에서 무비판적으로 수도원 중심 영성 운동을 영성훈련의 기본으로 받아들이게 하는 것은 바람직하지 못하다. 물론 반복되는 일상에서 진정한 영성훈련을 한다는 것이 얼마나 어려운 것인지 현장 목회의 경험 속에서 논자도 잘 알고 있다. 영성훈련의 효율을 위해 때로는 시간을 내서 수도원에 들어가는 방식도 필요함 역시 잘 안다. 그러나 일상을 벗어난 퇴수적 혹은 수도원 중심 영성훈련이 교회에 자리잡게 되면, 영성훈련은 사회에서 시간의 여유가 있고, 먹고 사는 일이 별 문제가 되지 않는 부유층만 가능한 일로 여겨지게 되며, 대다수의 사람들은 그런 영성훈련 자체를 포기하게 될 수도 있음에 주의해야 한다.

이처럼 세상을 거부하는 수도원 운동은 12세기에도 하르벤트의 필립(Philip of Harvengt, 1183 사망) 같은 이에 의해 "그것은 바빌론의 중심부에서 도망치는 것처럼 쉽고도 안전하다. 그러나 바벨론의 중앙에 왕관을 쓴 승리자가 되는 것은 더 중요한 (그리고 어려운) 것이다. 수도원에서의 완전한 삶은 비록 칭찬할 만하며 장점도 있다. 그러나 그렇기 때문에 그것이 세상 속의 성직자 생활보다 비천하고 쉬운 일로 여겨지는 것이다"[193]는 주의를 들었던 것임을 잊어서는 안 될 것이다. 조직신학자 블러시 역시 이원론적 금욕주의 전통이 도피주의 신앙을 조장해 왔으며, 세상을 버리고 떠나는 것이 아니라 그 세상 안에서 봉사의 삶을 사는 것이 성서에서 볼 수 있는 영적 훈련의 목적[194]이라고 지적한다. 사실 그것이 바로 개혁자들과 청교도들이 끊임없이 몸부림치며 노력해 왔던 가치 있는 부분이다.

신비주의적 영성

현실을 떠난 퇴수적 수도원 중심의 영성 운동은 신비주의적 영성 운동의 특성을 쉽게 보인다. 물론 기독교는 본질적으로 영이신 하나님에 대한 것이고 그것은 태생적으로 신비적인 요소를 갖고 있다. 그러나 개혁주의 신앙 노선에 서 있는 우리가 주의하고자 하는 것은 신비주의요, 신비종교적 영성에 대한 취향이다. 그들은 궁극적 실재에 도달하는 직접적 또는 즉각적 체험을 추구했고, 그것을 감각적 지적 언어적 표현을 뛰어넘는 신비한 만남으로 묘사한다. 가톨릭 영성훈련에서는 인간의 영혼이 신과의 합일을 위해 올라가는 것을 명명하기 위해 헬라어 *musterion*이란 단어에서 디오니시우스[195]가 끌어낸 것이 바로 신비(mystery)이다. 저차원의 금욕주의에 비해 고차원의 길이 바로 신비 경험이며 그것을 추구하는 것이 수덕신학이다. '수덕(ascetical)'은 헬라어 askesis에서 유래했는데 하나님의 신비에 스스로를 개방하는 행위를 말한다.[196] 이런 영성훈련 전통 속에는 하나님 말씀 중심성이 약화되고, 말씀보다 신비적 체험이 최종 권위가 될 수 있는 위험이 자리잡고 있다. 그들에게 신앙은 신비에 사로잡힌 몰아적 상태이며,[197] 그것은 하나님과의 인격적 만남보다는 신 또는 궁극적 실재에의 동참으로 추상화 혹은 관념화되며, 은혜 역시 우리 본성을 변화시키기 위해 신성하게 주입된 능력처럼 여겨지게 된다.

기도와 묵상의 내면화 추구

수도원 중심 영성 운동은 신앙생활의 기본을 형성하는 기도와 묵상의 내면화를 초래하는 위험을 또한 안기 마련이다. 이 점에 대해서는 루터와 칼빈 모두 지적한 바 있다.

수도원 영성, 신비주의적 영성은 세상 단절 추구자의 모습으로 연결되기 마련인데, 이 시대 개신교 영성훈련의 핵심인물인 달라스 윌러드는 영성을 완전히 내면적인 것 또는 개인과 하나님 사이에서만 보존되어야 하는 것으로 생각하는 개념을 경계해야 한다[198]고 명료하게 밝힌 바 있다.

예배와 성례전 중심 영성 운동

로마 가톨릭의 영성에는 수도원 중심 영성 운동과 함께, 교회 중심의 영성 흐름이 있다. 그것은 철저하게 예배(미사)와 성례전 중심인 영성 운동이라 할 수 있다. 대다수의 교인들에게는 그것이 다였다. 그래서 그들에게는 예전의 정교함과 성례전적 엄격함이 영성훈련의 시작이며 최후의 보루였다. 오늘날 한국 개신교회에도 이런 곳이 많다. 그러나 그것이 영성훈련의 중심축이 되고 다가 되면 안 된다. 다양한 영성훈련의 기회를 활용하지 못하고 오직 주일 예배와 성례전에만 매이는 것을 강화하는 방식은 건강한 개혁교회 예배학이나 영성훈련과는 거리가 멀다. 또한 개혁주의 영성은 주문을 외는 듯한 정교회의 기도문 반복 방식을 통해 하나님의 깊은 곳에 들어가려는 신비주의적이고 예전적인 시도보다는, 분명한 헌신이 자의적으로 표현되는 명료한 기도 활동 장려를 통해 이루어져야 할 것이다.

관상수행과 신앙의 내적 사유화

로마 가톨릭 영성훈련의 백미로 꼽히는 것이 관상수련이다. 카르투시오 수도원 작가인 귀고 2세(Guigo II, 1188년경 사망)는 성경 본문을 읽을 때 읽기(lectio), 묵상(meditatio), 기도(oratio), 그리고 관상(contemplatio)의 네 단계가 있다고 했다. 이때 마지막 관상 단계에서 하나님의 임재를 체험하는 황홀경에 들어간다는 것이다. 이것이 발전된 것이 예수회 창설자 이냐시오 로욜라(Ignatius Loyola, 1491-1556)의 감정에 의한 투사 혹은 형상적 동참 방식[199]의 성경 읽기였다. 자신을 성서 이야기 안에 투사하여 그 안에서 관찰하고 경험하게 하는 것이다. 관상 수련은 에크하르트(Meister Eckhart)가 말하는 세 번째 지식인 초이성적 지식과 같은 것을 얻는 것을 추구하는 것인데, 그것은 영혼의 섬광과 신의 은총에 의해 얻어진다고 여겨진다.

개혁주의 신앙은 성령의 충만과 인도하심을 추구하지만, 성경 말씀을 반석으로 하여 객관성을 추구하는데, 이에 반해 관상 수련은 신앙을 내적 사유화하는 경향을 벗어나기 어렵다.

이런 주관성과 내적 사유화의 위험성을 주의하며 수행해야 하는데 충분히 준비된 인도자가 없는 상태에서 인도되는 경우도 적지 않다. 특히 우리나라 신자들의 경우 관상적 수행을 불교의 해탈과 돈오사상과 같은 맥락으로 이해하는[200] 경우가 많아 특히 주의가 요구된다.

그리고 그들은 신앙생활의 길이 두 가지가 있다고 가르치는데 그것은 활동생활과 관상생활이다. 이때 활동은 낮은 단계에 해당하고, 관상은 높은 단계[201]라고 보는 이원론적 사고를 하게 만드는데, 이는 개혁주의 정신과 거리를 갖게 만드는 근본 요인이 되기도 한다.

어둠과 빛에 대한 영적 이해

물론 혼돈과 무질서 그리고 죄의 상징인 어둠과 하나님을 나타내는 빛(창 1:1~3; 요 8:12)은 성경의 주제이나, 가톨릭 혹은 정교회의 영성훈련에서는 영성이 부족한 상태를 하나님의 불가해성을 상징하는 어둠으로 본다. 특히 니사의 그레고리(Gregory of Nyssa 330~395)와 나지아누스의 그레고리(Gregory of Nazianus, 329~89) 등은 인간인 신자에게 하나님은 완전히 이해할 수 없어 '신성의 밤'에 처하게 된다[202]고 한다. 특히 영성신학의 고전으로 알려진 『무지의 구름(The Cloud of Unknowing)』과 같이 광범위하게 읽히는 책의 핵심주제도 신자와 하나님 사이에는 언제나 '무지의 구름[203] 같은 것'이 있다며 하나님의 불가해성을 다루고 있다. 물론 하나님을 온전히 아는 것은 어려움이 있지만, 개혁주의 신학의 기초는 성경을 통해 하나님은 자신을 계시하고 있으며 그래서 우리는 말씀을 통해 그를 알려고 하며 알 수 있다는 것이 기본 전제이다. 반면 이 책은 모세가 구름 안으로 들어가서 하나님을 경험한 것처럼 신자들도 이 세상에서 반드시 무지와 내적 고통의 어두운 길을 따라가는 법을 배워야 하고, 마르다와 달리 예수님 앞의 마리아의 모습에서 보여준 것처럼 이승에서 제아무리 순결하고 하나님을 관상하고 사랑하는 사람이라도 중재 역할을 하는 고상하고 경이로운 구름이 반드시 필요하다[204]는 식의 극단적 개념으로 연결시키는 것이 문제이다.

개혁주의 신앙 고유의 영성 훈련을 위해서 지금까지 우리는 다양한 형태의 영성 접근 방식에 대해 검토하고, 개신교에 깊숙이 파고드는 가톨릭적 영성훈련에서 주의해야 할 점에 대해 살펴보았다. 그렇다면 우리 개신교, 특히 개혁주의 선상에 있는 목회자들이 어떻게 해야 개신교의 독특성을 살리며 바른 성경적 영성 훈련을 교회 속에 자리잡게 할 수 있을까?

개신교 영성의 독특성을 살리기 위한 제안

이 문제를 다루기 전에, 가톨릭 신자가 아닌 우리 개신교인들에게도 영성에 대한 이해와 관심이 필요한 이유가 무엇인지부터 짚어볼 필요가 있다. 사회학적으로 볼 때 첫째로 그것은 기독교인이기 전에 현대에 사는 사회 일원으로서 갈수록 비인격적이고 물질적인 현대사회에서 신적 체험에 대한 갈망이 기하급수적으로 증가하고 있기 때문이다. 둘째로 개혁신앙 노선에 서 있는 사람들도 종교적 심성 가운데 한 부분인 빛, 소리, 공간, 상징과 기호에 대한 갈망이 커지고 있기 때문이다. 물론 우리는 기독교인으로 이런 이해에 대해 보완되어야 할 부분이 있음을 잘 알고 있다. 그것을 기독교적으로 해석해 보자. 우리 개신교인들에게 영성에 대한 갈급함이 나타나는 것은 첫째 언어 중심의 설교, 즉 강의 중심의 신앙생활 속에서 전능자에 대한 경외심의 표현인 경건과 신비에의 갈망이 커지고 있기 때문이다. 둘째로 활동 중심의 교회 생활에서 마음속 깊은 곳에 대한 성찰과 고요에 대한 갈망과 필요를 느끼기 때문이다. 셋째로 지적 요소에서 경험적 요소의 중요성에 대한 새로운 인식과, 신학적으로 개인주의에서 공동체성 회복의 싹이 교회 속에 나타나기 시작했기 때문이다. 넷째로 영적 경험이 없고 영성이 빈약한 목회자들 때문이다. 오늘날 교회에서 성도들조차 하나님의 부재감으로 인해 신음하고 탄식하고 있다. 이 시대 기독교의 오래된 피상성과 형식적 신앙생활, 그리고 제도적 교회의 수많은 활동 속에서 영적 경험의 부재로 인한 목마름은 더욱 심해져가고 있다. 예수님의 깊은 곳을 통찰하며 하나님과의 깊은 교제 속에서 살고 싶은 성도들의 갈망은 채워지지 못하고 있는 것이 우리 개신교회들의 현실이다.

이런 여러 가지 이유로 인해 우리 개신교도 이제 영성에 대한 본격적인 관심을 갖고, 목회자 양성을 위한 신학훈련은 물론 일선 목회에서 영성훈련 대책을 세우지 못하면 수많은 교인들을 불교 사찰의 영성훈련 프로그램과 선원 그리고 가톨릭 영성수련원으로 내모는 결과를 보게 될 것이다.

그럼 이제 우리 개신교 특히 개혁주의 신앙 노선에 서 있는 교회는 어떤 점에 주의하며 영성훈련을 시행해야 할 것인가?

'오직 성경' 정신과 영성 훈련

개혁주의 신앙은 무엇보다도 '오직 성경'이란 종교개혁의 모토에 기반을 두고 출발한다. '오직 성경'이란 주장은 또한 무의미한 구호가 아니라 하나님 말씀의 충족성에 대한 확신을 의미한다. 그래서 예전과 성례전 중심적인 가톨릭에 비해 개신교는 개인적 성경 묵상, 소그룹 성경공부 방식으로 발전되어 온 것이다. 유진 피터슨이 잘 지적한 것처럼 기본적인 영성은 '하나님'이라는 단어에만 국한되지 않고, '말씀하셨다(또는 말씀하신다)'라는 동사에까지 확장되는 것[205]이며, 성경은 기독교 영성을 위한 텍스트[206]이다. 종교개혁 때부터 이 정신은 라틴어 등 고어로 쓰인 형식적 예전서 대신 일반 성도들이 이해할 수 있는 언어로 쓰인 성경과 신앙 지침들을 강조하게 만들었다. 그러므로 개혁주의 교회의 영성은 철저하게 성경 중심의 영성훈련이어야 한다. 읽고 묵상하지 않으면 열매를 맺을 수 없고, 묵상은 하지만 읽지 않으면 위험하고, 기도없이 읽고 묵상하는 것은 해롭다[207]는 분명한 관점이 개혁주의 영성 훈련의 기본 정신이다. 그러므로 요즘 관심을 끌고 있는 성경에 대한 관상적 묵상은 개신교가 보완해야 할 부분이지, 개신교가 강조해 왔던 교회의 각종 성경공부, 소그룹 성경공부와 토의 모임 등을 통한 영성형성을 가볍게 여기거나 대치해서는 안 된다.

또한 앞 단락에서 관상수련은 신앙의 내적 사유화의 위험성이 있음을 지적한 바 있다. 개혁주의 신앙은 내 안의 주관적 신비성 못지않게, 그리스도의 모본과 성경을 통해 객관화되고 공동체를 통해 확인되는 방식의 영성이다. 그래서 참선 같은 침묵훈련 혹은 관상기도 방식보다는 Q.T. 같은 말씀묵상과 잔잔하며 명료한 의지적 기도 방식이 우리 개신교가 계발한 좋은 영성 형성의 과정이라고 할 수 있겠다. 또한 신비적 연합과 망아(忘我)적이고 몰아(沒我)적인 경지를 추구하는 것보다는, 맑은 정신으로 자신을 말씀 앞에 복종시키며 믿음을 고백하는 기도와 변화된 삶으로의 적용이 개혁신앙이 이어왔던 영성형성의 특징과 장점을 살려갈 수 있는 무시해서는 안 될 우리의 자산이라 하겠다.

오직 은혜의 영성

종교개혁의 정신 중 하나인 '오직 은혜'는 루터를 통해서는 이신칭의 교리로 나타난다. 개혁주의 영성은 그 선상에서 이해된다. 즉 로마 가톨릭 영성개념의 특징인 주관적이고 점진적인 수덕의 길이 아니라, 신자 밖의 그리스도로부터 전가된 낯선 의의 결과로 인해 시작되는 영성이다. 가톨릭 영성에서도 은혜를 중시하지만 개신교 영성에서는 사람을 신적으로 만들어주는 주입되는 능력이 아니라, 거듭나게 하는 근원으로 본다. 이처럼 종교개혁의 영성은 중세 로마 가톨릭교회의 주장처럼 정화, 조명, 합일 등 여러 단계를 거쳐야 얻을 수 있는 것이 아니라 하나님의 전적 은혜에 의해 순간적으로도 주어질 수 있음을 일깨워 주었다. 개혁주의 영성훈련은 그래서 수도원과 금욕주의를 뿌리 채 흔들었을[208] 뿐 아니라, 수행에 의해 얻어지는 영성개념이라기보다 하나님의 의롭다하시는 은혜적 측면에 강조하는 특징을 보여야 한다.

삶의 각 영역에서 주재권이 분명히 나타나는, 삶의 변화로 증명되는 영성

개신교는 명목적 신앙생활과 전통적 종교활동보다는, 회심과 중생을 그리고 전도를 강조하는 특징을 보인다. 그러나 우리가 강조해 왔던 그리스도의 십자가의 대속적 죽음으로 전가된 의에 기초한 칭의는 우리 구원의 시작이지 끝이 아니다. 전통적 가톨릭교회의 구원론에 반해 한국 개신교의 일각에서는 극단적으로 칭의를 구원의 전체인 것처럼 강조해 왔다. 그리고 복음전도 시 제시되는 몇 가지 원리에 대한 이해와 동의에 따른 영접기도만 하면 된다고 가르쳐왔다. 즉 그리스도를 메시아로 받아들이기만 하면 구원받는 것이고, 나중에 제자훈련을 받고 주님으로 영접하는 것을 신앙의 성장 곧 영성형성으로 보는 경향이 있었다. 즉 예수님의 구세주 되심과 주되심을 분리한 문제를 보여왔는데,209) 그 결과 영성 없는 그리스도인의 삶이 가능한 것처럼 인식하게 만들었고, 때로는 삶의 변화와 내면의 변화 없는 지적 기독교인, 명목적 기독교인을 다시 양산하는 결과를 나았다. 그러므로 우리는 "우리는 그리스도께서 죽으셨고 죽은 자 가운데서 다시 사셨다는 것을 그냥 당연한 일로 받아들이기만 해서는 많은 것을 얻지 못한다. 많은 사람들이 이것을 인정하면서도 지옥으로 가는 길을 가고 있다. 내가 예수를 나의 주님으로 모시지 않는 한 이런 가정을 받아들이는 것은 아무 소용이 없다"는 블룸하르트(Christoph Blumhardt)의 지적210)에 귀를 기울이고 삶의 변화로 증명되는 영성 형성을 복음전도와 기초양육 과정부터 중요한 것으로 필요성을 인식하게 해야 할 것이다. 이 시대 복음주의 영성 운동의 대표 주자 중 한 사람인 유진 피터슨은 헌신을 요구하지 않는 영성은 아무리 그럴듯해 보여도 피하라211)고 충고한다.

또한 하나님과의 깊고 내밀한 교제와 신비한 연합에만 관심을 기울이는 영성 운동이 아니라 삶의 변화에 초점을 맞춘 영성 운동이 되어야 한다.

생활영성 훈련

가톨릭 영성의 흐름은 이 세상에서 벗어나 사막 혹은 수도원에서 영원하신 하나님과의 신비적 연합과 일치를 추구하지만, 개혁주의 영성은 복음주의 영성과 같이 이 세상에서 그리스도 안에서 새로워진 삶212)을 추구한다는 점에서 차별성을 갖는다. 그 말은 사회에는 아무런 영향도 끼치지 못하는 세상과 고립된 영성, '사유화'된 영성이 아니라는 것이다. 종교개혁은 바른 교리를 너무 강조하다가 생활의 개혁이 필요하다는 것을 충분히 이야기하지 못한 것 아닌가 하는 의혹[213]을 이제 떨쳐버려야 하며, 동시에 진정한 영성은 본질적으로 변혁적이며, 그 진정성의 진위는 실생활에 달려 있다는 지적[214]을 무시해서는 안 된다. 개혁주의 영성은 제사장에 의해 안식일에 성전에서 제사드리는 것과만 관련된 것이 아니라, 주일과 주일 사이[215] 엿새 동안의 삶에 그 영향력을 미치고 그 일상 속에서 증명될 수 있는 것이어야 한다. 일상생활의 영성은 '세속적인 동시에 비세속적'이어야 하며, 우리는 거룩한 세속성과 세속적인 거룩함을 동시에 필요[216]로 하고 있음을 보여주는 것이다. 이것을 위해 개혁주의 신학에 의해 목회하는 사역자들은 직장생활, 사회생활, 육체적 건강, 인간관계, 가정생활 등 모든 영역에서 영성훈련을 행하고 영성을 표현하는 것에 대해 연구하고 시행해야 한다.

수도원적 퇴수 영성에 대비되는 상시 영성훈련 시스템 구축

수도원에 들어가서 집중적인 영성훈련을 받는 방식도 필요하지만, 일상생활 속에서 영성의 깊이를 경험하는 개신교적 영성 운동을 포기해서는 안 된다. 오래 전 로렌스가 형제가 설거지 혹은 마당 쓸기를 하면서도 기도했던 훈련된 모습이 우리 개혁교회가 추구해야 할 상시 영성훈련의 모델이다. 예를 들자면 기도 훈련도 매일의 삶 속에서 틈틈이 하는 스팟기도 속에서 하나님의 임재를 경험하는 방식, 출근 전 혹은 퇴근 후 지역교회 들르기, 가정과 직장 영성 경험, 주말 영성시간 (교회나 가까운 기도원) 갖기 등의 방안들을 계발해야지, 영성훈련을 위해서는 휴가를 내서 열흘 혹은 한 달씩 수도원에 들어가야 영성을 형성할 수 있다는 느낌을 주면 안 된다.

교회사 속에서 만난 개혁자들은 중세 수도원의 영성수련 일과를 가정과 도시로, 매일의 일상으로 가져와 생활화하려고 노력한 사람들이다. 영혼의 훈련을 세상 속에 있는 하나님의 모든 백성의 삶에 접목시키려고 노력한 것이 칼빈[217]의 삶이다. 이처럼 예배를 중시하나 일상이 예배가 되도록 애쓴 것이 바로 개혁주의의 기본 정신이다. 하나님을 사랑하기에 반복해서 행하는 사소한 일의 거룩함[218]을 알지 못한다면 진정한 생활영성, 개혁주의 영성을 알 수 없는 것이다.

이처럼 일상생활 속에서 틈틈이, 생활현장을 벗어나지 않고 가정과 직장과 사회생활 중간 중간 영성에 기초한 삶을 살 수 있도록 훈련시켜줄 필요가 있다. 그것을 틈새 영성[219]이라고 부르는 사람도 있지만, 오히려 매일 일상생활에서 영성을 생활화하는 개혁주의적 삶으로 표현하는 것이 더 적절하다고 여겨지지, 틈새 영성이란 말이 주는 인상처럼 다른 그룹이 하지 못하는 독특한 강점을 확보한 영성 영역이란 묘사는 적절치 않아 보인다.

하나님을 기뻐하고 즐거워하는 영성

개혁주의 정신은 오직 하나님의 영광을 도모하는 것이다. 그것은 웨스트민스터 소요리 문답의 첫 질문이 암시하는 바, 하나님을 영화롭게 하는 것은 그를 즐거워하는 것에서 비롯함을 이해하는 데서 시작된다. 이에 대해서는 존 파이퍼가 조나단 에드워즈의 신학적 기초 위에서 잘 증명[220]한 바 있다. 개신교 영성은, 고대와 중세교회가 강조해왔던 것처럼 영성과 신앙생활의 본질을 자기 부인과 십자가 삶에 대한 잘못된 이해에서 야기된 어두운 고통과 고난만으로 보지 않는다. 하나님을 깊이 알아가고 하나님의 깊은 곳을 통찰하게 되면, 하나님의 기쁨을 공유하게 되는 것이다. 그런 영성 흐름을 개혁교회는 정립해 줘야 한다.

공동체 중심의 영성 개념 정립

전통적으로 우리가 수호해 왔던 삼위일체 신학은 첫째로 구원이 본질적으로 하나님과의 인격적 연합임을 일깨워주고, 둘째로 영적인 삶은 개별적이면서도 본질적으로 관계적임을 우리로 인식하게 하며, 셋째로 성부가 성자와 성령을 세상에 보낸 것에서 보듯이 삶과 사역은 분리될 수 없음을 우리로 깨닫게 한다.[221] 따라서 바른 삼위일체 신학에 기초한 기독교 영성훈련은 홀로 수도하는 개인주의적 영성이 아니라 공동체와 함께하는 영성으로, 공동체 속에서 훈련되는 영성으로, 그리고 공동체를 세워가는 영성으로 인식되고 그 방향으로 훈련되어야 한다. 이것은 진정한 영성의 깊이는 자신의 내면적 깊은 성숙으로 판단될 수 없고, 하나님과의 관계는 물론 이웃과의 관계 그리고 공동체 내의 성도들과의 관계성에서 증명되는 것으로 이해되어야 한다. 유진 피터슨은 그의 평생 사역과 가르침의 결과, "우리는 공동체에 자신을 담그고 공동체를 끌어안지 않고서는 영적인 삶에서 어떠한 성숙도 예수님을 따르는 일에서 어떠한 순종도 기독교적 삶에서 어떠한 온전성도 이룰 수 없다"는 결론[222]을 내리게 되었고, 그것은 도저히 피할 수 없는 그리고 결코 쉽지 않게 얻은 확신이라고 소개하고 있다. 그것이 바로 개혁신학이 추구해야 할 영성의 방향[223]이다.

집단 예배와 함께 개인 경건, 소그룹 공동체 경건 훈련의 균형

퇴수 혹은 수도원으로 물러남이 고대교회와 가톨릭교회의 전통적인 영성형성의 방편이었다면 개신교는 일상생활 속에서 규칙적인 주일 준수 훈련이 그 특징이요 차별성일 것이다. 그러나 한국 개신교 영성의 특징 중 하나는, 영성 고양을 위한 수단으로 오직 공적 예배에만 의존해 온 것이다. 물론 공적 예배 그 자체의 중요성을 부인하는 것은 전혀 아니다. 그러나 신앙생활의 비결, 즉 성공적 신앙생활을 예배를 많이 드리는 것으로만 제한하는 것은 충분치 않다. 이런 집단적 신앙방식(예배 중심)과 함께, 개인적 경건의 훈련과 소그룹 공동체 영성 계발 역시 함께 발전시켜 균형을 이루어야 할 것이다. 개인 영성훈련과 소그룹 공동체 영성훈련[224]의 균형을 통해 공예배 역시 더 성숙한 방향으로 나아갈 수 있을 것이기 때문이다.

영적 독서(Lectio Divina) 훈련

우리 개신교인들은 어떤 지식을 얻기 위해 성경을 읽고 분석하는데에만 익숙하지, 로고스로의 말씀과의 만남은 매우 약한 편이다. 그래서 개혁주의 교회는 이런 영적 독서 훈련을 강화할 필요가 있다. 영적 독서란 단지 정보를 얻기 위해 읽는 것이 아니라, 영적 유익을 위한 독서이다. 설교와 가르침 못지않게 영적 독서를 통해 사람들은 변할 수 있다. 그것은 본문에 대한 주석 차원을 넘어서 인간 내면의 근본적 갈망과 집착이 침투력 있는 하나님의 말씀으로 다스려지게 되는 것[225]이기 때문이다. 제임스 휴스톤이 강조했듯이 단지 중세 수도원적 lectio divina[226]가 아니라, 성경 자체가 제시하는 묵상을 경험하는[227] 것이요 이런 성경 읽기는 기도와 다를 바 없는 활동이다. 그것은 글이 갖고 있는 내용이나 성격과 관련이 있는 것이 아니라, 그 글을 읽는 사람의 태도와 목적, 그리고 방법에 달린 것이다.[228] 같은 성경을 읽어도 영적인 독서가 될 수도 있고, 기독교를 논박하는 구실을 찾는 수단이 될 수 있는 것과도 같은 것이다. 평범한 독서와 달리 영적 독서는 정보를 얻기 위해서가 아니라, 마음에 영향을 미치기 위해 행해진다.[229] 영적 독서는 자신의 영성계발을 위해서뿐 아니라, 목회를 위해서도 필요하다. 논자는 여러 기회를 통해 말씀을 듣는 능력과 사역과의 관계[230]를 강조한 바 있다. 성경을 펴서 읽으면서도 내게 주시는 하나님의 음성을 듣지 못하고, 기도하면서도 주께서 말씀하시는 것을 듣지 못하여 양들에게 먹일 꼴이 없는 것이 현대 목회자들의 비극일 것이다. 그런 면에서도 영적 독서훈련은 우리 개신교인들에게도 중요한 영성훈련의 과정이 되어야 한다. 그러나 앞 단락에서 지적한 관상수련의 위험성 역시 주의하며 시행해야 할 것이다.

침묵 훈련

침묵은 개인주의 사회에서 겪는 고독과 다른 것이다. 쉴 새 없이 떠들어 대는 사회 속에서, 목회 역시 쉴 새 없이 무언가를 말하고 듣는 것으로 일관해 온 상황에서 진정한 침묵은 이해하기 어렵고 다소 부담스러운 일일 수도 있다. 그러나 침묵을 두려워하는 것은 내적 불안감 때문이며[231] 무엇인가를 계속 말해야겠다는 부담감에서 오는 것이다. 반면 그리스도 안에서 참된 자유를 경험하게 되면 고요한 내적 평정의 상태에 들어가 진정한 침묵이 가능해진다.

우리는 오랜 기간 동안 정기적으로 반복되는 침묵 훈련 속에서 비로소 침묵이 의무가 아니라 축복임을 깨닫고, 침묵이 부자연스러운 것이 아니라 오히려 자연스럽고 꼭 필요한 것[232]임을 느낄 수 있어야 한다. 이런 내면화를 통해 침묵이 하나님의 선물로 인식되어야 한다. 그러나 개혁주의 신앙에서 침묵은 여전히 성경 읽기, 설교, 성경적 권면을 은혜의 방편 중 중심적인 것으로 보는 속에서 다루어져야 할 것이지, 침묵 그 자체를 중시해서는 안 된다. 즉 경건의 한 형태로 혀의 제어란 측면에서 침묵훈련을 봐야지, 불교의 침묵수행과 가톨릭적 접근과의 차이를 알지 못한 상태에서 얼마나 오래 얼마나 자주 침묵수행을 했느냐가 영성훈련의 깊이를 나타내는 식으로 흘러가서는 안 될 것이다. 침묵이 영성을 표현하는 길이 될 때는 그것이 전능하신 하나님 앞에서 자신의 모습을 발견할 때 나타나는 경외심의 표현(합 2:20)일 때뿐이다.

침묵 훈련은 또한 홀로 있음 훈련과 병행되어야 한다. 외로움(loneliness)을 기피하는 현대인에게 홀로 있음(Solitude) 역시 영성훈련의 방편이 아니라 두려운 일인지도 모른다. 홀로 있음은 또한 외로움과 다르다.[233] 윌리엄 콜린스가 말하듯이, "외로우면 버림받은 듯한 느낌이 들지만, 홀로 있으면 대화를 하고 있다는 느낌"[234]이 드는 것이 바른 영성훈련의 결과다. 현대 교인들 가운데서도 많은 사람들은 외로울 때면 다른 사람에게 다가가 삶의 공허감을 채우려 하고 그들에게 집착하여 자신의 필요를 충족시키려 한다. 주위에 그럴 만한 사람이 없으면, 정신없이 일에 몰두함으로써 자기 영혼과 직면하는 것을 피하려 하기도 한다. 이런 모습 때문에 성경적 홀로 있기 훈련 역시 중요한 영성훈련의 한 과정으로 필요하다.

영성훈련과 영적 목회를 위한 목회자를 향한 제안

　본고의 앞 부분에서 개신교 영성이 중세 가톨릭교회의 내면적 수도원적 수행과 어떻게 다른가를 강조했지만, 개혁주의 교회들은 동시에 그런 요소들을 완전히 배척해버리는 오류를 범했음도 지적하지 않을 수 없다. 달라스 윌라드가 잘 말한 것처럼 기독교 관습에 있어서 가장 기만적인 것들 가운데 하나는 실제로 문제가 되는 모든 것은 우리의 내면적 감정, 이념, 신념, 그리고 의도라고 생각하는 개념이다. 구원을 삶에서 분리시킴으로 영성에서 몸의 역할을 무시[235]해 버린 것이다. 여러 번 강조했듯이 순수하게 논리적인 교리 교육과 정신적 영적 내면만 다뤄가지고는 전인적 성숙과 영성 계발은 되지 않는다. 영성은 가톨릭의 일부 훌륭한 성자들에게서만 발견될 뿐, 우리 개신교 신도들은 훈련되지 않은 사람들[236]이라는 자책을 개혁주의 신앙 노선에 서 있는 우리 목회자들은 겸허히 받아들이고, 종교활동보다는 영성훈련과 경건에 이르는 연습 과정을 강화해야 할 것이다. 이때 지역교회에서 이런 영성형성 작업을 할 수 있도록 달라스 윌라드의 『마음의 혁신』[237]같은 훌륭한 저서를 통해 기초를 닦는 데 큰 도움을 받을 수도 있다. 그리고 영성형성에 효과적인 소그룹 영성 훈련 방식에 대해서는 머조리 톰슨의 『영성 훈련의 이론과 실천 워크북』과 함께 『영성훈련을 위한 아홉 번의 만남』[238] 혹은 리처드 피스의 다양한 저술[239] 등이 있어 이제 자료가 모자라서 못한다고 말할 수는 없다.

　우리가 잘 아는대로 개신교 목회에서 말씀의 강조는 가장 큰 장점이었지만, 근래에는 지나친 이성주의 형태의 목회 활동으로 교회마다 영성 관련 문제가 불거져 나오기 시작하고 있다. 교인들은 목회자가 하나님의 이름으로 말해주거나 나아오고,[240] 하나님의 이름으로 기도해주고 충고도 해주고, 심지어 그들이 고백한 죄를 하나님의 이름으로 용서해주기[241]를 바라며 목회자에게 나온다. 그렇지만 현대 상담기법의 영향 속에서 자라난 목회자들은 신학교에서 지금까지 배워온 비지시적 요법은 이런 영적 도움을 구하는 사람에게 바람직한 변화를 가져다주기에는 부족하다는 사실을 비로소 깨닫기 시작할 뿐이다. 이는 그나마 늦었지만 다행이라 아니할 수 없다. 그렇다면 목회자의 사명이 무엇인가? 목회자는 영적 안내자(spiritual guide)가 되어주고, 영적 지도(spiritual direction)를[242] 할 수 있어야 한다. 그것이 비록 한가하고 느려 보이더라도, 목회는 본질적으로 교회가 요구하는 위의 요청에 대한 바른 응답으로 영적 지도를 하는 것[243]이다.

영적 지도는 목회의 부수적인 부분이 아니라, 그것이 바로 목회 소명의 가장 중심부를 차지하는 일[244]이라는 점을 개혁주의 목회자들은 깊이 인식해야 한다. 그래서 영적 지도의 통찰과 기술을 사용해 성도들이 일상생활 속에서 하나님의 사역을 볼 수 있도록 이끄는 것이 목회적 과정이라 말할 수 있다. 이런 사명을 감당하기 위해서 목회자가 먼저 영성 형성(Spiritual Formation)의 경험이 있어야 할 것이다. 그리고 그 경험 속에서 성도들을 향한 영성훈련을 시행할 수 있을 것이다. 신학교는 목회 후보생에게 이것을 제공해줘야 한다. 이때 그 특징은 개혁교회는 개혁교회의 강점과 독특성에 기초한 것이어야 한다. 그토록 부르짖는 개혁주의의 신학적 초석과 관계없이 가톨릭 혹은 정교회의 영성 흐름을 무분별하게 도입하는 식의 영성훈련은 이제 시정되어야 한다.

Chapter 07

건강한 교회를
세우기 위한 핵심요소 –
성경적 리더십

건강한 교회를 세우기 위한 핵심 요소 - 성경적 리더십

성경적 리더십의 독특성과 차별성의 기반※

교회에서 목사가 리더십을 발휘하고 그에 대해 말하는 것은 항상 영적 리더십인가? 그러기를 바라는 것이 우리 모두의 마음이지만, 현실은 그렇지 않다. 근래에 교회와 각종 기독교 기관에서 리더십에 대해 강조하는 것은 때늦은 감이 있을 정도로 바람직한 현상이지만, 아쉬운 점은 세속적 리더십에 대한 이해가 무분별하게 기독교적인 리더십처럼 여겨지며 크리스천 공동체 안에 스며들어가며, 리더십이란 이름으로 세상적 경영 기법이 자리를 굳혀가고 있다는 점이다. 목회 지도자뿐 아니라 각 분야에서 바른 지도자를 키우기 위해서는 성경적이고 영적인 리더십에 대한 바른 이해가 매우 필요하다. 특히 기독교적인 인성 교육을 필요로 하는 이때에, 각 분야에서 영적인 리더십을 갖고 봉

※ 『진리논단』 백석대학교, 2006년 봄호에 게재한 글이다. 관련 내용을 더 자세히 알기 원하면 『하나님 나라와 리더십』 (김광건 편집, 웨스트민스터출판부 2006)에서 필자가 쓴 「영적 리더십의 출발점, 성경적 비전 개념의 확립」이란 장을 참조하기 바란다.

사할 수 있도록 하기 위해서는 세속적 리더십과 영적 리더십이 어떻게 다른가를 알고 분별력을 가져야 할 것이다.

이에 본 장에서는 성경적인 리더십은 일반 리더십과 어떤 점에서 차별성을 가지며, 그 독특성을 형성하는 기반은 무엇인지를 알아보고자 한다.

그리고 성경적 리더십을 형성하는 두 가지 핵심 요소로서 비전과 가치관에 대한 바른 이해의 중요성을 강조하려고 한다. 일반적으로 비전을 리더십의 열쇠라고 하지만, 지금까지는 기독교 리더십에서 비전을 논할 때 일반 경영학에서 말하는 비전과 그리 다를 바가 없어서, 결국 영적 리더십의 독특성(authenticity)이 무엇인지 알 수 없게 만들어 버리고 말았다. 따라서 영적 리더십의 열쇠인 비전과 그것을 이해하고 수용하고 형성하는 근간으로서의 가치관에 대한 성경적인 인식을 새롭게 하여 이 시대 화두 중 하나인 리더십의 근본적 출발점을 바르게 다지고자 한다.

I. 영적 리더십과 세속적 리더십의 차별성

영적 지도력과 세속적 지도력을 완전히 서로 다른 것으로 보는 이원론적 구분은 바람직하지 않다. 그러나 그 둘 사이에는 분명히 차별성이 있으며, 그 차이점을 분명히 하는 것이 영적 리더십의 발휘를 위해서도 필요하다.

세속적인 관점에서는 지도자보다 지도력 자체에 더 관심을 기울인다. 리더십 능력을 갖추고 있는가 없는가가 중요하고, 거기에 리더가 인격자이기까지 하면 금상첨화일 것이다.

그러나 성경적 리더십은 지도자에게 초점을 맞추고, 리더십의 모든 요소는 지도자의 인격과 내면이 그 출발점이 된다고 여긴다는 점에서 작은 차이를 만들기 시작한다. 또한 영적 리더십은 지도자가 지도자다운 능력을 보유하고 있느냐보다 지도자의 권위가 어떠한 것인가를 중시한다. 기독교 리더십과 세속 리더십을 가르는 출발점이 되는 것은 무엇보다도 리더십을 행사하는 동기이다. 거기서 영적 리더십의 기본과 영적 지도자가 리더십을 발휘하는 태도와 목표가 달라진다. 즉 리더십을 발휘하는 동기에 영성이 있을 때 영적 지도력이라고 말할 수 있지, 그가 기독교인이거나 목사이기 때문에 그의 리더십이 자동적으로 기독교적이거나 영적이라고 말할 수는 없다.

그렇다면 성경이 지적하는 바르지 않은 리더십의 동기는 무엇인가?

> "예수께서 제자들을 불러다가 가라사대 이방인의 집권자들이 저희를 임의로 주관하고 그 대인들이 저희에게 권세를 부리는 줄을 너희가 알거니와"(마 20:25).

성경은 세속적 지도자들이 리더십을 발휘하는 방식은 주관함(*katakurieuousin*)과 권세 부림(*katexousiazousin*)이라고 했는데, *kurieuo*과 *exousiazo*이란 두 단어 공통적으로 결합한 전치사 *kata*는 구성원들의 이익과 행복보다는 지도자 자신의 이익이 동기가 되는 정복과 압제적 모습을 담는 복합동사를 형성한다. 또한 임으로 주관함이란 단어 *katakurieuousin*는 다른 사람들의 주인으로 지배하는 행위를 의미한다.

NIV나 NRSV 성경은 그것을 "lord it over them"이라고 번역한다. 그리고 대인이라 번역된 *hoi arkontes*란 단어는 바로 뒤 26절에서 27절에 말하는 크고자 하는 자요, 27절의 으뜸이 되고자 하는 자이다. 즉 세속적 리더십의 동기는 주되신 예수 그리스도 대신 자신들이 다른 사람들의 주인으로 행하려 하는 것이며, 다른 사람보다 큰 자로 행세하고 으뜸이 되려는 것이다. 그래서 그들은 다른 사람에게 권세를 부린다고 표현될 수 있는 것이다. 이것은 리더십 수행의 방식일 뿐 아니라 동기이기도 하다. 거기에는 하나님처럼 되어 다른 사람을 지배하고 주관하려고 하는 죄성이 그 기저에 자리잡고 있다.

심지어 하나님을 위해 일한다는 목회자도 허영에 찬 바벨론 왕국 건설의 꿈을 가지고 행할 수 있다. 지도자들은 때로 그것을 적극적 사고방식이라고 묘사하기도 하지만 "네가 너를 위하여 대사를 경영하느냐?"(렘 45:5)는 성경말씀에 비추어 검토되어야 한다. 하나님의 일을 빙자하여 자신을 위하여 일하는 자기중심성과 자아실현이라 불리는 자신의 왕국을 세우려는 야망이 그것이다. 그러므로 "젊은이여 자신을 위하여 위대한 일을 구하는가? 그런 일을 구하지 말라. 먼저 하나님 나라를 구하라"는 존 모트 선교사의 도전도 꿈에 대한 권면과 함께 균형 있게 고려되어야 할 것이다.

앞에서 살펴본 마태복음 20장 25절에서 알 수 있듯이 예수님은 이방인 집권자들, 즉 세속적 리더십의 특징으로 임의로 주관함과 지도자로서 권세를 부리는 행위 그 자체를 지적하신다.

이처럼 세속적 리더십은 동기가 다를 뿐 아니라, 리더십을 발휘하는 과정과 방법이 다르다.

그럼 이런 리더십 발휘 방식과 다른, 예수님께서 제시한 영적 리더십의 핵심적 특징은 무엇인가? 그것은 이어지는 마태복음 20장 26~27절에서 두 번 반복해서 강조하고 있는 바로 그것이다.

> "너희 중에는 그렇지 아니하니 너희 중에 누구든지 크고자 하는 자는 너희를 섬기는 자가 되고 너희 중에 누구든지 으뜸이 되고자 하는 자는 너희 종이 되어야 하리라"

26절에서는 섬기는 자(*diakonos*)의 모습이 강조되고 있으며, 27절에서는 종(*dulos*)의 모습으로 그 개념이 다시 표현된다.

성경이 제시하는 하나님 나라의 지도자 모델은 섬기는 종이며 예수님은 그런 영적 리더십의 전형으로 세상을 위해 십자가에서 대속의 제물로 자신을 드리는 섬김을 제시하신다. 그것이 가장 잘 나타난 것이 마가복음 10장 45절이다.

> "인자의 온 것은 섬김을 받으려 함이 아니라 도리어 섬기려 하고 자기 목숨을 많은 사람의 대속물로 주려 함이니라."

예수 그리스도를 통해 표현된 영적 리더십의 핵심 요소는 이처럼 섬김을 받는 대인의 자세이며, 남을 지배하는 임의적 주관함과 권세 부림이 아니라 철저하게 섬기는 것이다.

이 요소를 통해 우리는 한 지도자의 리더십이 영적인지 아니면 세속적인지를 구분하는 것이지, 그가 남보다 종교적 업적을 얼마나 많이 혹은 놀랍도록 성취했는가를 통해 그의 리더십이 얼마나 대단한가를 판단하는 것이 아니다.

　반면 영적이지 않을 뿐 아니라, 세속적이기까지 한 지도자들은 야심과 권력에 대한 집착으로 인하여 사람들을 짓누르고 나아가 남용하고 학대하기까지 한다.

　예를 들어 세속적인 지도자의 전형으로 헤롯의 모습을 볼 수 있다. "헤롯이 날을 택하여 왕복을 입고 위에 앉아 백성을 효유한대"(행 12:21). 그들은 높은 보좌에 앉기를 즐기고 권위를 과시할 수 있는 멋진 제복과 가운 속에 자신을 숨기고 백성들을 호령하기를 즐겨한다. 지위와 신분과 위치를 통해 일하려고 하며 자신을 상징물 속에 숨기고 마치 자신이 하나님인 것처럼 큰 소리를 치며 목소리를 높여 호령을 한다.

　성경이 묘사하는 이방적인 지도자들은 그들이 가진 권세와 힘을 이용하여 지도자로서의 야심을 이루려고 하는 것이다. 그러므로 영적 지도자는 하나님의 뜻을 묻고 그것을 위해 움직이고, 세상적 지도자는 자신의 야망과 의지에 의해 움직인다는 점에서 확연히 구별된다.

　예수님은 진정한 권위를 가지셨지만 그것으로 사람들을 지배하려고 하지 않고 오히려 섬기심으로(막 1:11; 2:10) 리더십에 있어서 분명한 대조를 보이셨다. 성경적 리더십에 의해 움직이는 영적 지도자는 지배하지 않고 영적 권위로 움직이게 만들고, 영적 분별력을 가지고 있기에 영적인 지도를 하는 특징을 보인다. 그는 매일 개인적인 경건 생활을 통해 자신을 점검받고, 자신의 참 리더인 하나님의 뜻을 발견하기에 영적 분별력을 갖게 되며, 새 능력을 부여받기에 영적인 지도를 할 수 있게 되는 것이다.

성경이 제시하고 있는 리더십은 본질적으로 하나님의 속성에 근거한 것이다. 그 마음의 생각이 교만한 자들을 흩으시는 하나님(눅 1:51)은 권세있는 자를 그 위에서 내리치시며 비천한 자를 높이시는(눅 1:52) 하나님이시다. 이런 점에서 우리는 성경이 말하는 영적 리더십의 방향이 오늘날 소위 카리스마적인 리더십이니 위대한 리더십이니 하는 세속적 리더십과 얼마나 다르며 어떤 점에서 다른 것인가를 알 수 있다.

세속적 리더십과 차별되는 영적 리더십의 핵심 요소는 섬김의 리더십이며, 그것이 바로 십자가의 도[245]인지라 세상적 지도자들에게는 도저히 이해할 수 없는 어리석은 일이요, 오히려 효과적인 사역에 대한 걸림돌(scandal)[246]로 여겨지게 될 것이다.

성경이 제시하는 영적 리더십의 또 다른 중요한 속성은 변혁적 리더십이다. 일반 경영과 리더십 분야에서도 제임스 번즈(James MacGregor Burns)는 변혁적 리더(transforming leader)[247]란, 지도자가 원하는 비전을 성취하고자 애쓰도록 사람들의 마음과 생각을 변혁시키는 사람임을 지적한 바 있다. 배스(Bernard M. Bass)[248]는 이러한 번즈의 변혁적 리더십 특성을 발전시켜 거래적 리더십[249]과 대비되는 변혁적 리더십을 'transformational leadership'이란 용어로 설명한 바 있다. 변혁적 지도자는 힘을 통해 어떤 일을 할 수 없게 하거나 어떤 미끼를 던져 하게 만드는 게 아니라, 자발적으로 움직이게 만드는 사람이기도 하다.

그는 진정한 의미에서 변화를 일으키는 지도자이다. 사람들에게 고귀한 이상을 비롯하여 다양한 가치를 인식하게 함으로써, 대의를 위해 사리사욕을 넘어서고 필요와 욕구를 넘어 움직이도록 동기를 부여하는 사람이다.

영적 지도자는 근본적으로 사람들이 표피적 필요에 집착하기보다는 근본적 변화를 추구하게 만드는 사람이다. 결국 죽음에 이르고 마는 점진적 변화에 만족하든지, 죽음을 통해 부활에 이르는 근원적 변화를 선택해야 하는 기로에서 영적 지도자는 변혁을 선택하게 하는 사람이다. 일반 경영학에서 로버트 퀸 교수는 점진적 변화와 자기 개조는 점진적 죽음[250]으로 이르게 하지 절대로 재탄생으로 이끌지 못함을 지적한 바 있는데 이는 변혁적 리더십으로 연결지어주는 동일선상의 주장이기도 하다. 성경적 리더십은 예수 그리스도의 삶에서 보여주는 것처럼 물을 포도주로 바꾸는 것이고, 죄로 부패한 존재를 거듭나 새 피조물이 되게 하는 변혁적인 것이다. 성경이 말하는 리더십은 도덕적 삶을 통해 조금씩 개선되어가는 점진적 변화를 추구하는 것이라기보다는 변혁적이다.

성경적 리더십의 또 다른 중요한 특징은 공동체성에 있다. 이는 자신의 꿈과 목표를 성취하기 위해 다른 사람들을 다루는 기술도 아니고, 조직 자체를 위한 것도 아니다. 하나님에 대한 인식 속에서 공동체적 책임감각으로 움직인다는 점에서 세속적 리더십과 다르다.

성경적 리더십을 논하며 흔히 느헤미야의 리더십을 언급하는데, 세속적 리더십의 관점에서 접근하는 경우 그가 얼마나 잘 조직하고 효과적으로 일하는가를 찾아볼 수 있다. 느헤미야서의 초두에서 보여주는 그의 리더십의 본질은 하나님에 대한 인식에 근거한 것이며, 동시에 공동체에 대한 인식에 있다. 느헤미야 1장 5절에서 언약의 주 하나님에 대한 인식을 보이며 그 다음 절인 6절에서 그는 "주의 종 이스라엘 자손"이 하나님 앞에서 범죄한 점을 인식하고 그에 대해 자복한다. 이

때 그의 언어는 "나와 나의 아비 집"이 범죄했다는 것이었다. 지도자는 자신을 공동체와 동일시하고, 이스라엘 곧 아비 집의 문제로 인식한다. 다니엘의 경우도 언약의 주님에 대한 인식을 언급하고 다니엘 9장 5절에서 "우리"가 범죄하고 패역했음을 대신 고백하였으며, 20절에서 "내 죄와 및 내 백성 이스라엘"의 문제를 다루고 있다.

기독교 교육학자인 로렌스 리처즈(Lawrence O. Richards) 역시 리더십의 과제는 건강한 몸 곧 교회 공동체를 세우는[251] 것이라는 점을 분명하게 잘 지적하고 있다. 목회자로서 성경적 리더십을 발휘한다는 것은 사람들을 어떻게 잘 관리해서 큰 교회를 세워가느냐가 아니라 사람들을 그리스도와 잘 연결시켜주고, 성도들이 순종을 통해 그리스도와 함께 걷도록 삶을 정렬해 주는가, 그리고 남을 이끌기 전에 자신의 삶을 이끌고, 결국 그리스도로 말미암아 우리 자신의 삶의 변화를 통해 다른 사람들의 삶을 변혁시켜감으로 개인을 하나님 닮은 한 사람 한 사람으로 세워감으로 그들이 모여 그리스도의 몸인 공동체가 만들어지게 하느냐로 판단될 수 있는 것이다.

지금까지 언급한 특성들이 없다면 비록 목사라 할지라도 영적 지도자가 아니며, 단지 신분상 당회장일 뿐이다. 그러나 위의 특성들을 갖고 있다면 예수 그리스도처럼 당대의 종교적 권위로부터 인정받은 목사가 아니라도 그는 여전히 영적 지도자인 것이다.

영적 리더십의 구성 요소로서 성경적 비전

오늘날 뿌리치기 힘든 현대판 광야의 유혹은 다름 아니라 비전이라는 이름으로 투사된 리더 자신의 내적 야망과 욕심이다. 예수님은 그 것을 물리치셨지만, 우리는 그것을 비전이란 이름으로 포장하여 뱃속 깊숙이 삼키고 있지는 않은지 돌아봐야 한다.

문제는 그런 야망을 이루는 방법을 리더십이라고 이해하는 경우가 많다는 점이다. 심지어 교회에서 비전 세미나를 할 때, 혹은 설교 시간에 목사님들이 "큰 일을 하는 자들의 공통점은 큰 비전이 있었다는 사실이다. 꿈 없이 사는 사람들이 있다는 것은 매우 안타까운 일이다"라는 식으로 말하는 것을 많이 듣는다. 위대한 리더가 다른 사람들과 다른 점을 큰 꿈 혹은 큰 비전이 있다는 점이라고 그들은 지적한다. 그런데 그것이 성경적 리더십을 구별하는 본질인가? 과연 성경적 리더는 큰 꿈을 가진 사람이고, 비전이란 그들이 가진 큰 꿈인가?

국내 기독교계의 리더십 열풍 뒤에 숨어 있는, 리더십을 논하는 한국 목회자들에게 가장 큰 영향을 끼친 인물 중 하나인 존 맥스웰은 그의 저서 중 비전에 대한 부분에서 "위대한 지도자란 이와 같은 것이다. 이 장에서는 지도자의 선견(foresight)과 '사람을 모을 수 있는 리더십'에 대해서 논의하고자 한다"[252]고 가르친다. 그는 스카이라인 감리교회 목회시절은 물론, 그 후 리더십 세미나를 하는 동안에도 교회성장학파의 일원으로 여겨졌기 때문에 그를 아는 사람들이나 같은 그룹에 속한 사람들은 그가 이렇게 말하는 것을 별로 이상하게 여기지 않을 것이다. 그러나 이미 교회성장학에 대한 학계와 세계 교계의 관심은 건강한 교회[253] 계발 쪽으로 움직여가고 있다.

그렇다면 전통적인 교회성장학과 건강한 교회 만들기 운동 사이의 근본적인 차이는 무엇인가? 교회의 양적 성장, 혹은 교회의 크기보다 중요한 것은 교회의 건강성이다. 그것은 성경적 가치관의 차이에서 온 것이다. 그렇기에 리더십을 논하고 특히 비전을 다룰 때도 이처럼 사람을 모을 수 있는 리더십인지, 신약교회의 이상을 회복하기 위한 리더십인지를 가름하는 것이 중요하다. 그리고 이러한 것은 가치관의 차이에서 나오는 것이다.

그에게는 리더 개인의 꿈과 비전이 본질상 다르지 않다. 그의 비전에 대한 가르침은 은연 중에 리더의 개인적 야망을 부추긴다. 맥스웰은 자신의 저서『열매 맺는 지도자』[254]란 책에서 '성공에 이르는 길'로 들어서기 위해 리더십이 필요하고, 그것을 위해 "대개의 사람들은 소유한 잠재력의 10퍼센트 정도만을 사용한다"[255]고 하며 미계발 상태로 놓여 있는 80퍼센트의 잠재력을 일깨워야 한다며 세속적 성공세미나와 별로 다름없는 주장을 하고 있다. 하나님께서도 '우리의 잠재력'과 '우리의 가능성'을 본다[256]는 주장을 통해 기독교 리더십의 본질이 무엇인가 의문을 더해주고 있다. 그러나 하나님을 믿고 그의 일꾼으로서 성경적으로 성공적인 지도자는 그가 주장하듯이 자신 안의 능력과 가능성이 아니라, 나는 약하지만 그리스도 때문에 강함을 고백하고, 내 안의 능력과 가능성이 아니라 내 안에 모든 보화의 근원이신 그리스도가 계심을 알고 그분 때문에 할 수 있다고 말할 뿐이다. 즉 하나님의 가능성과 그리스도의 능력을 믿는 것이지 리더십과 비전의 근거는 우리의 잠재력과 우리의 가능성이 아니다.

존 맥스웰에게 비전이 중요한 이유는 철저히 자기중심적(self-centered)이다.[257] "비전은 너무나도 소중하기 때문에 '당신이 될 수 있는 것이 되기 위하여' 언제라도 현재의 당신의 모든 것을 포기할 수 있다"[258]고 할 때, 심지어 희생과 포기란 덕목조차도 다만 리더의 자기 성취의 방법이요 수단이기 때문에 강조할 뿐이다.

그에게 비전은 또한 만족을 보장하는 것[259]이다. 그렇기에 목표에 도달해도 거기서 만족하지 말라[260]고 조언한다. 그에게 비전이란 끊임없이 더 큰 목표를 세워 뻗어나가는[261] 삶을 사는 방법일 뿐이다. 그러나 성경의 가르침으로 볼 때 이들의 근본적 문제는 하늘로부터 오는 참 비전을 잃고 오히려 자신의 꿈과 야망을 내세운 것이었다. 승리를 위해서라면 '꿈에 도달하기 위한 가능한 모든 방법을 탐색'해야 하고, 멈춰서는 안 되고 돌아가서라도 가기만[262] 하면 되는 것인가? 비전에 대한 그의 마지막 조언은 그래서 비슷한 꿈을 가진 다른 사람에게 도움의 손길을 뻗치라[263]는 것이다. 필자는 성경적 리더십이 다루는 성경적 비전에 대해 가르칠 때 그 비전의 성취를 위한 마지막 조언을 '하나님께' 도움의 손길을 뻗치라고 할 것이다. 그것이 차이다.

우리는 자신도 모르는 사이에 이런 리더십 개념, 이런 비전에 대한 개념으로 물들어 있는지 돌아봐야 할 것이다. 한걸음 더 나아가, 성경적 리더십으로 사역하는 리더가 되고 싶다면 우리의 생각과 개념에 대해 분별력을 가지고 검토해 봐야 할 것이다.

또 어떤 이들은 주님을 위해 큰 꿈을 꾸고 위대한 계획을 세워야 한다고 설교하지만, 사실 그것이 하나님의 이름을 빙자한 자신의 야망 성취 수단일 수도 있다는 점 역시 주의해야 할 부분이다. 과연 우리의 거창한 목표, 원대한 꿈으로 하나님을 감동시킬 수 있을까?

"세상의 미련한 것들을 택하사 지혜 있는 자들을 부끄럽게 하려 하시고 세상의 약한 것들을 택하사 강한 것들을 부끄럽게 하려 하시며"(

고전 1:27).

그분은 "지혜 있는 자들의 지혜를 멸하고 총명한 자들의 총명을 폐하는" 분이시다. 그 이유는 "아무 육체라도 하나님 앞에서 자랑하지 못하게 하려"(고전 1:29) 하시기 때문이다.

하나님을 위해 큰 일을 도모하고, 위대한 일을 꿈꾸라고 부추기는 사람들은, 하늘이 주신 귀한 것을 받았으니 세상 사람들을 위해 더 큰 곳으로 가서 당신을 세상에 드러내야 한다고 설득력 있게 주장한다. 그런데 그것이 바로 예수님의 형제들이 초막절 즈음에 주님께 졸랐던 내용이다.

"당신의 행하는 일을 제자들도 보게 여기를 떠나 유대로 가소서 스스로 나타나기를 구하면서 묻혀서 일하는 사람이 없나니 이 일을 행하려 하거든 자신을 세상에 나타내소서"(요 7:3~4). 그러나 성경은 그런 생각을 불신에서 나온 것이며 믿음 없는 행동이라고 단호하게 지적한다.

"이는 그 형제들이라도 예수를 믿지 아니함이러라"(요 7:5). 물론 아직 그의 때가 아니기 때문이기도 하지만(요7:8), 스스로 자신을 나타내기 원하는 것은 세상적 방식이기 때문이다. 그래서 예수님은 그분의 때가 와도 그런 식으로 하지 않으셨다.

그것이 하나님으로부터 온 '비전인지 자신의 야망이나 욕심이 아닌지 구별조차 못하게 되면 곤란하다. 리더십에 있어서 분명한 선은, 성경적 비전은 지도자가 만드는 것이 아니라 계시된 것이라는 사실이다. 비전은 하나님께서 주시는 것이다.

그렇다면 성경적 리더십이 말하는 비전은 어떻게 다른가?

지금까지 조금씩 언급했지만, 정리해 본다면 무엇보다도 그 출처와 동기가 다르다. 성경적 비전은 자신의 꿈에서 나오는 것이 아니라, 하나님의 뜻과 계획에서 오는 것이다.

따라서 성경적 리더십이 말하는 비전 개념에서는 내가 비전선언문을 만드는 것이 아니라, 먼저 하나님께서 친히 당신의 뜻을 보여주시기를 구하고, 그것을 비전으로 삼아야 한다고 가르쳐야 한다. 심지어 그 뜻을 구하러 기도원에 올라갔을지라도, 주께서 보여주시지 않으면 그냥 내려와야지, 내가 만들어가지고 내려오는 것이 아니다.

또한 당신의 교회와 기관이 덩치가 크고 힘이 있다고, 그것을 만든 사람이 바로 당신이라고 해서 당신이 비전을 세우면 안 된다. 예산이 있고, 사람이 있다고 사역을 만드는 것이 아니라, 하나님께서 무엇을 하라고 사람을 주셨고 예산을 주셨는지를 찾아야 한다. 그래서 "리더는 그룹을 하나로 묶는 '기가 막힌 일'을 계획하고 비전을 새롭게 하여 직원에게 동기를 부여해야 한다"[264]는 방식의 가르침은 비록 교회 안에서 목사에 의해 외쳐진다고 해도 성경적이라고 볼 수 없다.

성경적 지침을 굳이 만들어 본다면 비전은 주어지는 것이지, 리더가 세우는 것이 아니다. 그래서 어떤 목회자들의 실질적 충고와 달리, 성공한 교회의 성공한 목회자의 비전을 복사해서 써도 된다는 것은 따르지 말아야 할 조언이다. 일부 주도형 리더는 비전을 지도자가 만드는 것으로 보고 있지만 성경적 비전이란 하나님으로부터 주어지는 것이기 때문이다. 따라서 기독교 리더십 책에도 종종 인용되는 "비전은 약간의 선견지명과 통찰력, 풍부한 상상력과 판단력, 또 상당량의 배짱으로 이루어진다"265)는 주장이나, "비전이란 인간의 지식과 경험의 저수지에서 흘러나오는 것"266)이란 말에 현혹되어서는 안 된다.

존 하가이 목사는 잠언 29장 18절 말씀의 진정한 의미는 KJV 번역처럼 비전이 없으면 백성들이 방종하게 행한다는 뜻이라며, 어떤 그룹이 비전을 갖지 못한 지도자의 지휘 하에 있을 때 혼돈과 무질서, 반역, 최악의 경우 무정부 상태에 이른다267)고 한다. 그러나 그 구절이 말하는 것은 지도자 개인의 비전이 없어서 망한다는 것이 아니라, 하나님의 계시가 아닌 비전이란 이름으로 포장해 리더 개인의 야망을 성취시키려 하기 때문에 그를 포함해 하나님의 백성들이 방자히 행하게 된다는 뜻이다. 즉 NIV 번역이 그 의미를 제대로 표현한 것처럼 계시가 없으면 하나님의 백성들이 방자히 행한다는 것이 사실이다. 따라서 오늘날의 문제는 비전이 없어서 망하는 것이 아니라, 계시가 없어서 망한다는 점이다.

지금까지 살펴 본 것처럼, 영적 지도자는 자신의 꿈을 만들어내지 않는다. 그리고 자신의 꿈, 비전에 의해 조직을 끌고가지 않는다. 비전은 사람의 꿈이 아니라, 하나님께서 주시는 계시이기 때문이다. 세상적 지도자는 자신의 비전을 이루기 위해 사람들을 몰고가지만, 영적 지도자는 하늘로부터 온 비전, 곧 하나님의 계획과 뜻을 향해 가도록 사람들에게 동기부여를 한다.

앞에서 살펴본 것처럼 영적 리더십의 본질적 특성 중 하나가 공동체성인 것처럼, 성경적인 비전 역시 공동체성을 갖고 있다는 점이 세속적 비전 개념과의 차이이다. 요즘 교회나 기독교 단체에서 자주 발견되는 것처럼 비전을 리더가 만들고 설정하는 것으로 보는 경향이 생긴 것은 현대 기독교에서 성경이 말하는 언약 공동체성을 상실해 가면서 발생한 문제이다.

대형 교회의 소위 성공한 목회자들은 종종 비전이란 하나님께서 당회장 자신에게 주는 것이지 교인들에게 주는 것이 아니라고 말한다. 이것은 "대부분의 비전은 개인에게 나타난다. 비전의 특성상 다수가 가질 수 있는 관점이 아니다"[268]라는 세속적 리더십 개념하고 동일한 것이다.

그러나 성경적 비전은 공동체와 깊은 관계 속에서 나오고 움직이고 실행되는, 공동체성을 갖는다. 흔히 많은 목회자들이 비전은 한 개인이 다른 구성원에게 이미 설정된 공동 목표를 달성하도록 따라오게 하는 것이라고 주장하고 가르치지만, 그것은 "비전을 가진 진정한 경영인이란 비전을 회사 전체의 것으로 만들어 리더가 경영 일선을 떠난 뒤에도 강력하게 영향을 미치도록 하는 사람을 말한다"[269]는 그럴듯한 세속적 리더십 개념에서 나온 것이다. 그런데 이것은 성경적 리더십 개념과 거리가 멀다는 말이다.

영적 리더십은 개인주의적일 수 없다. 영적 리더십은 공동체성을 갖는다. 왜냐하면 성경적으로 볼 때 비전은 하나님 나라와 교회라는 공동체를 위해 주어진 것이지, 목회자 개인의 일과 성취를 위해 주어진 것이 아니기 때문이다. 아브라함에게 주어진 비전이나 모세에게 주어진 비전, 그리고 예수님과 바울에게 주어진 비전은 모두 하나님 나라와 공동체를 위해 주어진 것이며, 그 비전의 형성과 구체화도 공동체 속에서 일어나고, 그 비전의 성취도 이스라엘과 열두 제자단과 하나님 백성이란 공동체를 통해서 이루어진다. 따라서 비전 확산, 비전 공유, 비전 재확인 등은 공동체적이며 그 과정에서 공동체를 해치거나 거역하거나 위배하며 자신의 야망을 성취할 수 없다.

국내에 유행하고 있는 기독교계 리더십 상황의 문제는 비전 만들기부터 시작된다. 지도자가 비전을 세우고 교인들에게 가르치고 전파한다는 식이다. 지도자는 의논해서 일하는 게 아니라는 식으로 말한다. 그들은 기껏해야 외부 기관에 의뢰해 비전선언문을 만들어오게 하지, 공동체 내에서 수렴 과정을 통해 만들지 않는다.

사실 전통적인 계층 조직에서는 어느 누구도 비전이 최고경영자로부터 나온다는 사실을 의심하지 않았다. 그러나 최근 경영학 분야의 리더십에서도 바른 비전에 대한 개념이 인식되고 있고 가르쳐지고 있다. 비전이 상부에서 선언되거나 조직의 제도화된 기획 과정에서 나온다는 전통적인 사고를 과감히 버려야 한다[270]는 생각을 하기 시작했고, 전통적이고 권위주의적인 조직체처럼 대부분의 사람들은 그 비전을 이해할 필요도 없고, 단지 요구되어지는 것만 알면 된다[271]는 생각도 버리기 시작했다. 지금까지 전통적 조직에서 소위 팔로워(이 용어조차 이제는 구성원이라는 말로 바꿔 쓰기 시작했다)에게 요구되는 것은 복종이었지 비전에 동참하는 것이 아니었다. 그러나 진정한 리더십은 사람들이 자신들이 속한 공동체에 주시는 하나님의 비전을 보고 환호하며 몰입하고 기쁘게 순응하게 하는 것이지, 자신의 비전을 제시하고 따르게 만드는 것이 아니다. 그리고 팔로워십은 리더가 제시한 지도자의 비전이기에 따르는 것이 아니라, 그것이 자신과 공동체에 주신 비전 바로 그것이기에 따르는 것이어야 한다. 그러므로 지도자 자신의 비전을 강요하는 세속적이고 잘못된 리더십이 사용되는 곳에서는 비전에의 몰입, 혹은 진정한 순응이란 없고 무관심, 불순종, 마지못한 순종이나 기껏해야 공식적 순종만이 있을 뿐이다. 이 사실에서 알 수 있는 것은 영적 지도자들이 세속적 리더십과 영적 리더십을 구분하지 못할 때, 리더 자신들 뿐 아니라 구성원들의 팔로워십도 결국 달라지게 된다는 점이다. 비록 리더십 주창자가 카리스마적 리더들의 특징이 사람들을 자신들의 추종자로 만들려는 경향을 보인다는 문제점도 알고, 제대로 된 팔로워는 리더가 추구하는 비전이 하나님으로부터 온 것임을 알고 따른다[272]고 하지만, 실제로는 '리더가 제시한 비전'[273]을 따르라고 말하게 될 때 영적 리더십은 자신도 모르는 사이에 세속적 리더십이 되어 버리는 것이다.

그러므로 비전의 공유라는 것도 지도자 개인이 세운 비전을 확산시키고 교인들에게 주입시키는 것으로 이해해서는 안 된다. 심지어 일반 리더십 학자 중에서도 많은 이들이 비전은 공동체적인 것이지 지도자 개인의 것을 주입하는 것이 아니라는 것을 잘 알고 있다. 그러나 목회자들 가운데 적지 않은 사람들, 특히 대형교회 목회자들은 '하나님은 지도자를 통해 일하신다'라는 확신 속에서 (그 자체가 틀린 말은 아니다) 하나님은 단체에 비전을 주지 않고 지도자에게 주신다고 주장하고 있다(여기에서 문제가 시작된다). 그리고는 그것을 설득시키려 하거나, 강압적으로 따르게 만든다. 그러나 탁월한 경영학자인 피터 센게는 그의 명저 제5경영에서 다음과 같이 말한다.

"오늘날 '비전'이란 것은 기업 리더십에서 잘 알려진 개념이다. 그러나 그것들을 주의 깊게 살펴본다면 당신은 대부분의 비전들이 한 개인이나 한 그룹이 조직에 부여한 비전이란 것을 알게 될 것이다. 이러한 비전들은 합의에 의한 것이 아니라 기껏해야 복종을 요구하는 것들이다. 공유 비전이란 것은 많은 사람들이 진실로 합의한 비전이다."[274]

이처럼 세속 경영학에서도 지도자의 비전을 성경적으로 제대로 파악하기 시작했는데, 교회 지도자들이 그렇지 않다는 점은 참으로 안타까운 일이라 아니할 수 없다. 센게는 어느 성공한 경영자의 말이라며 이런 말을 전한다 "나의 일은 근본적으로, 조직체가 말하고자 하는 것을 들어주는 것이고, 그리고 그것이 힘있게 명료화되는 것을 확실케 하는 것이다."[275]

여기서 조직체를 공동체 혹은 교회라고 바꿔보라. 그것이 곧 성경적 리더십이요, 영적 리더 혹은 비전의 지도자가 하는 일이다. 기업가만도 못한 리더십과 비전 개념을 가진 목회자가 되어서야 되겠는가?

어떤 하나님의 종도 하나님의 백성을 위해, 그 공동체 때문에 존재하는 것이다. 그리고 목회자도, 어떤 기독 지도자도 리더이기 전에 그 공동체의 일원이요 지체이다. 이 말은 하나님께서 비전을 계시하면 지도자만 알게 되는 것이 아니라 공동체도 알게 된다는 것이다. 공동체원들도 지도자와 동일한 성령을 받은 그리스도인이라면 리더가 비전을 인식한 것에 비해서는 비록 느리지만 그들도 같은 성령의 마음을 갖게 된다. 지도자는 이 사실을 믿어야 한다. 그 믿음이 있을 때, 즉 성령께서 공동체원들의 마음에도 같은 마음, 같은 비전을 계시해 주실 것을 믿을 때에 구성원들도 그 비전에 동참하게 된다. 때로는 모든 지체가 다 그 비전의 계시에 노출되고 비전의 모든 것을 이해하지 못할 수도 있다. 그러나 하나님께서는 지도자에게 먼저 그 비전을 보이시기도 하고, 그 지도자와 지체들 일부가 먼저 그것을 보지만 결국 그 비전은 그의 몸된 공동체 모두가 갖게 될 하나님의 꿈이라는 사실을 확신해야 한다. 그래서 아직 온전히 보지 못하는 지체를 위해 지도자는 비전을 명료화하고 강조하여 다 함께 그 계시에 조명함을 받도록 도우는 것이지, 리더 개인이 만든 비전이라서 다른 사람들은 이해하지 못하기에 팔고 주입시켜야 하는 것이 아니다. 비전을 팔아야 할 필요가 강하다는 것 자체가 교회와 공동체에 주신 하나님의 비전이 아니라, 지도자 개인의 꿈이라는 증거이다. 목회는 하나님께서 자신에게 보여주신 비전을 공동체원들과 나누면서 한 성령으로 지체들에게도 같은 꿈을 주셨음을 확인하고 하나님께 영광을 돌리는 일이다. 성령은 공동체 속에서 지도자에게 주신 비전을 확증해 주신다.

그런 의미에서 시간이 지나도록 공유되지 않은 비전은 처음부터 공동체에게 주어진 비전이 아닐 수 있다. 함께 공유(share)되지 않는 비전은 한 성령 한 하나님으로부터 온 비전이 아니다. 도무지 정상적인 방법으로 공유되지 않아, 리더가 제직들을 한 사람씩 만나 계속 설득해야만 하는 비전은 처음부터 하나님께서 주신 비전이 아닐 수도 있다는 말이다. 물론 적절히 비전을 표출하고 상징화하고 구체화하고 영상화하는 리더의 여러 가지 노력은 도움이 된다. 그러나 그런 것이 본질적인 것으로 자리잡게 되고, 성경적인 움직임보다 앞서거나 대치되어서는 안 된다. 목회자나 영적 지도자들에게 하나님의 일을 할 때 힘든 것은 사람들이 움직이지 않는다는 점이다. 그렇지만 비전이 계시되고, 성령으로 공유되면 사람들은 자신의 삶을 조정하기 시작한다. 기적으로 여겨지기까지 하는 놀라운 변화야말로 그 비전이 하늘로부터 왔음을 확증해 주는 것이다.

공동체성을 가진 비전, 즉 공유 비전은 서로간의 관계를 바꿔놓는다.

회사도 더 이상 '그들의 회사'가 아닌, '우리의 회사'[276]가 된다. 교회도 더 이상 목사님의 교회가 아닌, 우리의 교회가 된다.

지금까지 국내 교계에 가장 큰 영향을 끼친 리더십 개념에 대해 살펴보고, 과연 어떤 것이 성경적 리더십이며 성경적인 비전은 어떤 점에서 차별성을 갖는지 검토해 보았다. 이렇게 살펴본 것을 통해 우리는 오늘날 한국교회에서 너도 나도 비전을 세우고, 비전선언문을 발표했지만 왜 이제는 아무 소용도 없는 것처럼 느껴지고 시들해져가고 있는지 근본적인 이유를 조금이나마 알게 된다. 우선 그 비전이란 것의 출처가 하나님이 아닌 리더 개인으로부터 왔기 때문이다. 그리고 그것은 비전이 아니라 야망인 경우가 많았기 때문이다. 또한 비전에 공동체성이 없기 때문이다.

이제는 달라져야 한다. 하나님의 계시로서의 비전이 지도자 내면에서 나온 꿈과 야망(비전이란 이름으로 포장된)보다 선행되어야 한다. 또한 비전의 공동체성을 회복해야 한다. 그때에 교계의 리더십 세미나와 리더십 운동이 바르게 자리를 잡게 될 것이다.

영적 리더십에서 비전의 근원이 되는 성경적 가치관

비전이 어디로 가는가(where to?)하는 방향성(direction)에 대한 것이라면, 가치관은 우리가 왜(why?) 존재하는가, 왜 우리가 이 일을 해야 하는가에 대한 근본적인 질문에 대한 답이 되는 것이다. 그래서 가치관은 비전의 기초요, 근원이라고 말할 수 있다.

비전을 지도자가 만들어내는 것이 아닌 것은, 그 비전을 형성하는 가치관이 지도자 자신이 만들어내는 것이 아니기 때문이다. 가치관, 세계관, 그리고 인생관은 본질적으로 어려서부터 형성되는 특징을 가지고 있다. 살아가며 부모, 가족, 친구, 사회, 소속 집단 그리고 들러싸인 문화에 의해 형성된다. 가치관은 한 사람의 행동과 판단 속에 숨어 있는 것들이다.

성경적 가치관은 교회 생활을 하며 기독교 공동체 속에서 은연중에 형성된다.

성경적 가치관이 없으면 하나님께서 주시는 계시를 제대로 인식하기 어렵다. 하나님으로부터 주어진 비전이 인간적으로는 이해되지 않고 도무지 받아들일 수 없다 해도, "하나님께서 말씀하시는 것은 항상 옳다. 하나님은 전능하시므로 이루실 수 있다. 하나님 나라에서 가장 가치있는 것은 이런 일이다…"라는 전제가 분명한 사람이라면 그것을 받아들이게 된다. 그런 근원적 전제가 가치관이다. 그래서 성경적 가치관이 제대로 되어 있지 않다면 영적 비전을 인식하고 그 무게를 깨닫고 마음으로 수용하고 헌신하는 일이 일어날 수 없다.

따라서 목회자가 평상시 목회를 한다는 것은 성도들의 머릿속에, 그리고 가슴속에 성경적 핵심 가치를 형성해 놓는 것이다.

목회자라고 모두 성경적 가치관을 가지고 있는 것은 아니다. 예를 들어 어떤 목회자들은 큰 교회를 만드는 것이 하나님께서 기뻐하실 일이고, 큰 교회 목사가 작은 교회 목사보다 더 훌륭한 목회자라는 생각을 가지고 있다. 그것은 성경적 가치관이 아니다.

1971년까지 15년 이상 그의 아버지가 세운 IBM을 중소기업에서 세계적인 컴퓨터 기업으로 발전시킨 토머스 왓슨 Jr.는 "어떤 기업이든 살아남고 성공하려면 기업의 모든 정책과 활동을 정의하는 건전한 믿음을 가지고 있어야 한다. 기업 성공의 가장 중요한 요소는 이 같은 믿음을 고집스럽게 밀고 나가는 것이다"[277]고 단언한다. 비전의 근저에 자리잡고 있는 것은 신념이며 믿음이고 그 위에 비전이 자리잡는 것이다. 이때 비전 기저에 있는 믿음이 바로 가치관에 해당한다. 레오나드 베리 교수는 미국에서 수많은 기업들을 조사한 결과 매우 뛰어난 샘플 기업들을 골라냈는데, 그 기업들은 일곱 가지의 공통된 특징을 가지고 있었다. 그것은 탁월함, 혁신, 즐거움, 팀워크, 존중, 정직, 그리고 사회적 이익을 중시[278]하는 것이었다. 장사꾼 기업가들이라고 돈벌이만 생각하는 줄로 알면 오산이다. 기업 중에서도 위대한 기업들의 지도자들은 수익 외의 것, 즉 위에서 본 좀더 높은 가치에 의해 움직인다. 이런 점을 관찰하며 베리는 이런 현상을 한마디로 요약하여 가치관이 끌어가는 리더십(Value driven leadership)이라고 한다.

베리뿐 아니라 이 시대 탁월한 경영학자인 콜린스 역시 "위대한 기업이 되려면 먼저 전통적인 비즈니스 스쿨 원리를 과감하게 버려야 한다.…… 대부분의 위대한 기업은 목적을 달성하고 창업자의 가치를 드러내기 위해 세워졌으며, 주주의 부를 최대화하기 위해 존재하는 것은 아니다. 창업자에게 수익은 최고의 목적이 아니라 전략적으로 불가결한 것일 뿐이다"[279]라고 주장한다. 일반 경영계의 리더십도 이런 가치관으로 무장되어가며 본질적 요소가 부각되기 시작하는데, 기독교 단체는 어떠한가? 수익성 높은 기업 만들기 대신 교인 수가 많은 대형 교회 세우기가 아직도 핵심 가치로 자리잡고 있지는 않은가? 경영계의 리더십은 성경적 가치관 쪽으로 접근하는데, 교회와 기독교 단체의 리더십은 혹시 세속적 가치관에 빠져 있지는 않은가 돌아봐야 할 것이다. 크리스천 지도자라면 큰 교회가 위대한 교회가 아니라, 성경이 말하는 교회의 모습을 갖춘 교회가 성경적 교회라는 성경적 가치관을 가지고 있어야 한다.

세속 경영학자들은 리더십에 대한 학문적 연구를 계속하고 발전시켜온 결과 서번트 리더십을 강조하고 비전과 가치에 대한 성경적 관점으로 나아오는데, 일부 목회자들은 세속적 리더십 이론 쪽으로 나아가고 기껏해야 경영학의 초보와 초기적 단계에 머물고 있는 것이 참으로 안타깝다. 기독교 조직들은 성경적 리더십과 비전 개념으로 조속히 복귀해야 할 것이다.

그럼 교회와 사역에 있어서 가치에 대한 질문을 한다는 것은 무엇을 고려하는 것이어야 하는가? 모든 사역은 어떤 항구적인 핵심 가치들에 의해 정의되는데, '이곳에서 가장 중요하게 여기는 것이 무엇인가?' 라는 질문을 통해 가치관을 검토할 수 있을 것이다. 이 가치들이 공유될 때, 그것이 사람들이 일하고 움직이는 것에 대한 동기가 된다.

핵심가치와 믿음은 어떤 행동을 하는 사람 안에 숨어 있는 것이다. 그리고 핵심가치와 믿음의 중요한 양상은 그의 일상적인 활동 속에 숨어 있다.[280] 그러므로 성경적 리더십은 리더가 조직 내에 가치를 잘 주입하는 것이 아니라, 이미 교인들이 가지고 있는 가치들 (숨겨진)을 분별해내고 그것이 성경적 가치와 다르다면 (인생관과 친구 선배들로부터 들은 세상 사는 방법은 성경적 가치와 다르다) 설교, 교육, 봉사를 통해 성경적 가치로 대치시켜주는 것이다.

그렇다면 지도자의 근본 가치 중에 어떤 것이 세속적인 가치관이고 어떤 것이 성경적인 가치관일까? 그것을 분별하지 못하는 것은 앞에서 언급한 성경적 지도자의 기본 자질 부족이라고 말하지 않을 수 없다. 영적 분별력이 없는 지도자이기 때문이다.

가치관 중에는 '모든 발전은 혁신에서 비롯된다'는 혁신의 법칙[281]처럼 일반 기업이나 기독교 공동체 양쪽 모두에 공통적으로 해당하는 것도 있지만, '정성을 다해 믿으면 현실이 된다'는 소위 인생의 원칙들 중 믿음의 법칙[282]이라든가, '삶은 우연히 일어나는 일련의 사건이다'라는 성공의 원칙들 중 우연의 법칙[283]이나 '당신의 현재와 미래는 모두 당신 책임이다'라는 책임의 법칙[284] 같은 세속적 가치관도 있다. 매우 교묘한 가치관으로는 '믿고 기대하면 반드시 이루어진다'는 기대의 법칙[285] 같은 것이 있다.

그렇다면 성경적 가치관은 어떤 것으로부터 형성되는가? 예를 들어 성경에 나타나는 하나님 나라의 가치관들이 있다. 심령이 가난한 자가 복이 있다(마 5:3), 주는 것이 받는 것보다 복이 있다(행 20:35), 그리고 사랑 안에서 진리를 말해야 한다(엡 4:15,25)는 말씀들이 그런 것을 제공한다. 이런 말씀들은 흔히 사람들이 가지고 있는 세상적 가치관과 명료한 대조를 보이며 우리의 삶과 행동과 판단의 기본을 형성할 수 있는 방향을 제시한다. 물론 이런 개념을 가지려면 '성경이 우리의 모든 생각과 행동들을 평가하는 기준이다'(행 20:32)라는 가치관이 앞서야 할 것이다. 특히 지도자로 일할 때는, 우리 자신보다 다른 사람을 낮게 여기고, 나보다 다른 사람의 이익을 앞세우는 삶을 유지해야 한다(빌 2:3,4), 섬김을 받는 사람이 아니라 섬기는 사람이 위대한 지도자다(막 10:45), 썩는 양식을 위해 일하지 말고 영생하도록 있는 양식을 위해 일해야 한다(요 6:27)는 가치관이 기본적으로 형성되어 있어야 바른 성경적 리더십을 행사할 수 있게 된다. 지도자이든 아니든 크리스천이라면 죽지 않으려고 발버둥칠 때보다, 죽을 때 많은 열매를 맺는다(요 12:24)는 것과 같은 성경적 가치관이 자신을 지배하고 있어야 한다.

지도자가 사람들을 인도할 때에 권력(power)에 의해 이끄는가 아니면 영적 권세(authority)에 근거해 사람들을 이끌어가느냐도 가치관에 의해 결정된다. 지도자가 어떤 파워베이스(power base)[286]를 사용하느냐 역시 지도자의 가치관에 의해 결정되는 것이다.

그러므로 성경적인 가치관을 가지고 있을 때에 지도자는 하나님의 계시, 주님의 뜻과 계획, 혹은 성경이 말하는 비전을 제대로 인식할 수 있고, 공동체에는 성경적 비전이 설정되고 공유될 수 있는 것이다. 그 성경적 가치관을 우리는 리더십 가치(Leadership Value)라 할 수 있는데, 리더가 어떻게 행동하는가, 혹은 리더십 상황을 어떻게 인지하는가에 영향을 주는 근원적 가정들이다.

그렇다면 이러한 리더십 가치에는 위에 언급한 것 외에 또 어떤 것들이 있는가?

마태복음 20장 20~21절에서 세베대의 아들의 어미가 그 아들들을 데리고 예수님께 와서 절하며 두 아들을 주의 나라에서 하나는 주의 우편에, 하나는 주의 좌편에 앉게 해달라는 청탁(이는 세상적 가치관에 근거한 행동이다)을 할 때에 이에 대한 예수님의 가르침에 나타난 것이 있다. "크고자 하는 자는 너희를 섬기는 자가 되고, 으뜸이 되고자 하는 자는 너희 종이 되어야 하리라"는 가치관이 그것이다. 이 말씀을 통해 우리는 세상적 리더십과 성경적 리더십을 가르는 것이 그 어떤 기술이나 방법론이 아니라 기본 가치관에 대한 것임을 알 수 있다. 누가복음의 병행구절이라 할 수 있는 누가복음 22장 25~27절에서는 리더십을 설정하는 새로운 가치관으로 은인이라 칭함 받으려는 잘못된 태도를 극복하여 섬기는 자가 크다는 개념이 제시된다.

크리스천 지도자에게 가치관이 중요한 것은 그것이 바로 사역과 삶에서 무엇이 중요한가에 대한 결정을 내리게 하며, 교회와 세상을 움직이는 방법의 기본 방향을 만들어내고, 위반해서는 안 되는 것이 무엇인지 알게 하며, 사람들이 일하도록 동기를 부여하는 원칙을 이루기 때문이다. 이처럼 가치는 공동체가 어떻게 그 일을 해낼지를 묘사한다.[287] 그래서 위대한 지도자들은 항상 핵심 가치를 발굴해내며 그 조직이 존재할 이유에 대한 영감을 불러일으키고 일관성 있는 이유를 만들어낸다.[288]

가치관이야말로 겉으로 드러나지 않지만 가장 강력한 힘을 지니는 것이다.

목회 지도자의 사역 원리를 결정짓는 가치관은 또한 지혜로운 설득력이 아니라 성령의 나타남과 능력이어야 하는데, 그것은 그 믿음이 사람의 지혜에 기초하지 않고 하나님의 능력[289]에 있기 때문이다.

기독교 사역의 방법론과 원리도 세상적 가치관으로 볼 때는 미련하지만, 하나님 나라에서는 하나님의 능력이고 지혜(고전 2:7)인 십자가의 도[290]여야 함을 성경은 가르친다.

이런 가치관에서 볼 때, 성경적 지도자는 세속적인 카리스마적 지도자들이 볼 때 도무지 이해할 수 없이 약함과 능욕을 기뻐하는 모습(고후 12:10)을 보여준다. 그것이 바로 약할 때 강해지는 성경적 리더십 원리[291]를 형성하는 가치관이 된다. 빌립보서 2장 5~8절에서 볼 수 있는 것처럼 사도는 세속적 리더십 가치관과 극명하게 대조된다. 즉 이전에 자랑하던 것들을 배설물같이 여기며 십자가의 그리스도를 닮아 자기를 비우는 지도자의 모습으로 나타나는 것이다. 이런 것들은 소위 카리스마적인 리더로 일컬어지는 세속적으로 강력한 지도자들의 모습이나 가치관과는 사뭇 다른 것이다.

지도자의 권세에 대한 이해도 성경적 가치관은 그 기준이 매우 다르다. 주께서 영적 지도자에게 주신 권세는 사람들을 파하는 방식이 아니고 세우려고 하신 것임을 성경(고후 10:8; 13:10)은 분명히 밝힌다. 반면, 세상 리더의 가치관은 자기로서 자기를 헤아리고 비교하고, 자기를 칭찬하는 것이며(10:12,18) 분량 밖의 자랑을 하는 데 거리낌이 없다(10:13). 반면 성경적 리더십의 가치관은 오직 주께 칭찬받는 것(10:18)이며, 지도자의 약함으로 사람들이 위대해지는 것(10:15)이다. 그것은 "내가 너희를 높이려고 나를 낮추어"(고후 10:7)로 표현되기도 한 것이며, 세례요한이 사역을 하며 그리스도 예수 우리 주님 앞에서 보였던 "그는 흥하여야 하겠고 나는 쇠하여야 하리라"(요 3:30)는 가치관과 일맥상통한 것이다.

그런데 실제로 이 시대에도 그런 가치관이 리더십을 형성하고 효과적으로 지도자로서의 영향력을 발휘하도록 만들어주고 있을까? 너무도 많은 기독교 지도자들이 이 사실에 회의를 갖고 있기 때문에 이런 영적 리더십 이론은 현실성이 없고, 그렇게 하면 목회가 안 되고 지도자로서 성공할 수 없다고 주장한다. 반면 이 시대 복음주의권에서 가장 존경받는 지도자 중 한 사람인 고든 맥도널드(Gordon McDonald) 목사는 자신의 일기장의 맨 앞에 인생의 사명(mission)과 함께, 시행 가치(Operating Values) 열 가지를 써 놓고 그렇게 살아감으로 가치관에 근거한 리더십의 본을 보여주고 있다. 맥도널드는 "3. 나의 가치를 사람이나 업적에서가 아니라 창조주로부터 이끌어낼 것이다, 6. 스스로를 속이는 행위와 노력 없이 얻은 갈채를 가혹하게 다룰 것이다, 7. '작음, 참음, 힘없음'이란 단어에 만족하며 살 것이다."292)는 가치관들 때문에 다른 평범한 지도자와 구별되며 모든 그리스도인들에게 존경받는 리더요 목회자들을 위한 목회자로 서게 된 것이다.

지도자가 리더십의 핵심을 영적 요소를 우선으로 보느냐 아니면 커뮤니케이션 능력, 추진력 등 어떤 다른 요소로 보느냐도 결국 가치관에 의해 결정된다. 영적 리더십의 한 특징인 기술적 부분만이 아니라 지도자의 성품과 성숙도를 중시하는 것도 결국 가치관에 의해 결정되는 것이다. 그러므로 공동체의 궁극적 비전과 목표 설정 그리고 목표를 수용하는 것도 가치관에 의해 결정된다고 말할 수 있다.

반면 현재 적지 않은 교회와 기독교 단체들이 하는 것처럼 리더십 세미나에서 지도자의 비전 만들기부터 가르쳐서, 지도자의 머릿속에서 만들어진 비전선언문을 교회나 단체 앞에 발표하는 것은 바른 방식이라고 볼 수 없다. 그런 비전선언문은 성경적 가치관에 근거하지 않은 경우가 너무도 많고, 가치관에 근거한 비전이 아니기 때문에 비전 공유와 확산 자체가 근본적으로 곤란한 문제를 안고 있게 되어 있다. 그 결과 세속적 리더십에서는 구성원에게 비전을 확산해야 할 필요가 중요한 것으로 떠오르게 되는 것이다. 그것을 위해 비전 전파, 비전 캐스팅, 심지어 비전 팔기(selling vision)란 용어까지 등장하게 되었고, 교회에서도 아무 거리낌 없이 그런 용어와 주장들을 되뇌고 있는 것이다.

이런 이유로 인해 성경적인 리더십의 확립을 위해서는 비전을 다룰 때 반드시 그 전에 가치관에 대한 바른 언급이 있어야 하는 것이다. 유명한 경영학자 짐 콜린스 역시 스탠퍼드 대학에서의 연구논문을 기초로 한 그의 저서『위대한 기업을 위한 경영 전략』에서 비전은 첫째로 핵심가치와 믿음, 둘째로 목적, 그리고 사명의 세 가지로 구성[293]됨을 지적하고 있다. 그렇기에 비전을 얘기하고 싶다면 먼저 그 첫 번째 구성 요소인 핵심 가치를 다루지 않을 수 없는 것이다.

그리고 성경적 가치관이 없다면 비전은 일관성을 갖추지 못하며 지속성도 가질 수 없기 때문에 우리는 비전 이전에 가치관을 다뤄야 하는 것이다. 또한 가치관은 지도자의 의사 결정의 근간을 이루는 것이다. 실제로 지도자로 일하며 발견하게 되는 것 가운데 문서로 규정되지 않은 것들이 많은데, 바로 그것들이 의사 결정을 지배한다는 점에 놀라게 된다. 문자로 규정되지 않았지만 지도자의 의사 결정을 지배하는 것이 바로 가치관이다. 이뿐 아니라, 핵심 가치는 지도자에게 의사 결정, 모험 감행, 갈등해결, 문제 해결, 우선순위 결정, 역할 명확화, 팀 빌딩, 그리고 재정관리와 자원활용을 하는 데 기본을 형성한다.

핵심 가치는 이처럼 일종의 길잡이 철학이며, 심지어 동기를 부여하는 원칙들과 공동체의 신조 체계를 형성하기도 한다. 겉으로 드러나지 않으면서도 항상 실제적인 힘과 영향력을 지닌다. 인간은 가치, 이상, 꿈, 그리고 마음에 내키는 도전에 반응[294]한다. 그런 가치관에 기초하지 않은 비전으로는 사람들을 이끌거나 비전을 실현해낼 수 없기 때문에 비전은 분명한 가치관에 근거한 것이어야 하는 것이다.

좋은 가치의 특징은 사람들의 열정을 불러일으키고, 항상성(constant)[295]을 가지고 있으며 성경적이다. 예수 그리스도는 마태복음을 통해 팔복을 말씀하셨고, 사도행전은 그분이 말씀하신 제9의 복(행 20:35)을 언급하지만, 시편 106편 3절은 또 다른 복을 언급하는데 이는 정의를 유지하고 항상 옳은 것을 행하는 자가 복되다[296]는 것이다. 지도자로서 성경이 말하는 복된 사람은 이 말씀에서 보듯이 항상 옳은 것을 행하는, 즉 바른 가치관으로 움직이는 자이다.

영적 리더십은 신뢰를 바탕으로 한 것인데, 신뢰는 바른 가치관을 보여주고 증명할 때 생기는 것이기에 리더십에서 가치관이란 주제는 반드시 짚고 넘어가야 할 중요한 요소이다.

가치 지향적 리더들은 지금까지 언급한 것처럼 공동체 혹은 조직의 '존재 이유(why)'를 분명히 해주는 특성을 보인다. 리더십이란 근본적으로 하고자 하는 바가 무엇이고 왜 그것이 중요한지를 설명[297]하는 행위이며, 그것은 가치관을 분명히 하는 것이기도 하기 때문이다.

닫는 말

지금까지 우리는 기독교인 지도자들에 의해 구사되기 때문에 기독교적인 리더십인 것처럼 보이지만 영적 리더십이 아닌 것은 본질적으로 어떤 면에서 다른가를 살펴보았다. 높은 위치에 올라가 알려지고 인정받고 싶고, 또한 힘을 가지고 다른 사람들을 주장하는 모습과 예수 그리스도를 통해 나타나는 섬기는 종으로서의 리더십이 근본적으로 어떤 면에서 차별성을 보이는가도 알아보았다. 또한 리더십의 핵심 요소인 비전도 자기 중심성에서 출발하여 자신의 꿈을 펼치려는 것이 아니고 하늘에서 내려오는 계시의 속성을 가져야 함에 대해 강조했다. 특히 대부분의 리더십 세미나에서 주장해온 것처럼 비전이란 것이 단지 스스로 큰 꿈을 세우고, 그것을 다른 사람들에게 파는 것이 아니라 공동체성을 가져야 한다는 것이 무엇인지에 대해서도 알아보았다. 그리고 영적 리더십에서는 비전 자체에 대해 언급하기 전에 왜 핵심 가치가 먼저 다루어져야 하는가에 대해서도 논했다. 성경적 핵심 가치가 분명하지 않고는 하나님의 계시로서의 비전을 이해할 수도 받아드릴 수도 없고, 거기에 헌신할 수도 없기 때문이다. 따라서 본 장에서는 성경적 가치관에 대한 이해와 가르침 없이 자기중심적 비전 설정과 파급이란 방식으로 움직이고 있는 현대 리더십의 문제를 지적하고, 영적 리더십의 출발점을 바로잡기 위해 성경적 가치관과 비전, 그리고 기독교적 리더십의 독특성과 차별성에 대해 논함으로 한국교회 리더십이 바른 자리를 잡는 데에 기여하고자 했다.

현대 목회환경에 적합한 성경적 리더십 (1)※

세상적 리더십이 주도하는 현실 속에서 성경적 리더십으로 무게중심을 바로잡고 산다는 것은 쉬운 일이 아니다. 그럼, 과연 무엇이 성경적 지도자와 세상적 리더십에 물든 자를 구별해 주는가? 단 한마디로 말하는 것은 불가능하다. 그러나 먼저 우리 사회 리더의 일반적 현상을 점검하는 것으로부터 시작하는 것이 좋을 것이다.

정계와 재계, 교육계는 물론 우리 기독교계의 적지 않은 부분을 포

※「현대목회환경에 적합한 성경적 리더십(1) 다양한 리더십 이론과 리더십 파워베이스의 변화」, 월간 《교회성장》 2002년 11월호 66~70쪽

함해서 우리나라의 지도자들이 가지고 있는 리더십 관점은 군대 모델이라고 할 수 있다. 이것은 지금 많이 달라졌지만 과거의 로마 가톨릭 모델과도 유사하다. 어떤 면에서 볼 때 인류 역사상 조직 측면에서 가장 잘 짜여진 구조가 가톨릭교회의 리더십 모델이라고 할 수 있다. 이 두 그룹은 다 파워(power) 모델이라고 볼 수도 있다. 사실 이 모델은 우리나라에서 매우 효과적이다. 이것은 유교 문화와 권위주의적 문화에서 자라난 우리나라 국민과 교회 구성원들이 흔히 선호하는 리더십 관점이다.

또 한가지 우리나라 사람들이 은연중에 선호하는 리더십 모델은 카리스마적 리더십이다. 이런 리더십 모델의 공통적 특징은 메시아 중후군에 사로잡혀 있다는 것이다. 어느 날 위대한 지도자가 혜성과 같이 나타나서 인류를 구원해 줄 것으로 기대한다. 이런 문화에서 사람들이 영원한 태양인 지도자를 중심으로 행성처럼 빙빙 맴도는 작태가 사라지지 않는다.

우리는 이런 세상적 리더십의 폐단 속에서 영적 지도자의 특성을 분별해 낼 수 있어야 한다. 많은 사람들이 이 땅의 리더십 문화는 권위주의적이고 계층 구조적이며 군사 문화적이라고 하지만, 오늘날 미국의 군대 리더십 개념은 어떠한가? 미국의 육사 웨스트포인트 리더십의 첫 교훈은 '리더는 믿을만 해야 한다'이며, 둘째로 '자기 자신이 아니라 남에 대한 관심이 그들을 향한 부르심, 곧 소명이다'라고 가르친다. 그리고 카리스마적 리더는 자기 모순적이며, 자만심이 강함, 조직보다는 자신을 먼저 돌보는 사람이므로 장교는 지도자로서 어떤 리더십을 가져야 하는가를 논한다.

한국전과 월남전의 용사였으며 미국의 육사 리더십 교관이었던 예비역 육군대령 래리 도니손(Larry R. Donnithorne)은 "의무, 명예, 국가. 이 세 단어는 다른 사람을 지배하기에 앞서 스스로를 먼저 지배하고, 정결한 마음과 높은 목표를 가지며, 웃을 줄 아는 동시에 우는 것도 잊지 않으며, 미래를 향해 나아가면서도 과거를 소호히하지 않으며, 진정한 힘은 온화함에 있음을 잊지 않는 겸허한 사람이 되도록 가르쳐 줄 것입니다"라고 주장한다.

우리가 자주 내뱉는 질문 중의 하나는 '리더십은 선천적인 것인가? 아니면 후천적인 것인가?'일 것이다. 기독교 교육학자인 갱글(K. Gangle)은 리더십은 배우면서 깨우쳐가는 행동이라고 말한다. 그렇다고 리더십을 과학이라고 말할 수는 없다. 오히려 맥스 드프리(Max DePree)가 말한 것처럼 리더십은 예술에 가깝다. 그런데 분명한 것은 예술도 훈련이 요구된다는 점이다.

웨스트포인트 전 교장이었던 팔머(Dave Palmer) 장군은 "정신병자만 빼고 누구든지 여기로 보내시오. 그러면 내가 그를 리더로 바꾸어 놓겠소"라고 자신 있게 말한다. 우리는 목회자로서 교인들에게 과연 이렇게 자신 있게 말할 수 있는가? 우리는 "저 아이는 장군감이야"라고 말한다. 그것은 대개 풍채를 보고 말하는 것이다. 비슷 관점에서 담임목사 청빙 때도 어떤 사람을 보고는 일견에 저 사람은 안 된다고 한다. 또 "저 사람은 대통령감이야, 저 목사님은 카리스마가 있어"라고 할 때 그것은 그 사람의 타고난 자질을 리더십의 기준으로 삼는 것이다. 오늘날 흠모할 것이 없었다는 예수님이나 어눌한 바울 같은 사람이 이 시대의 교회에 있다면 그가 과연 리더십 있는 담임목사로 인정받을 수 있을지 의심스럽다.

유명한 선교사였던 사무엘 즈웨머(Samuel Zwemer)는 "당신의 인격은 상한 갈대처럼 약할지도 모르나, 그것이 기둥이 될 수 있습니다. 당신의 인격이 연기 나는 양초의 심지처럼 연약할지 모르지만 비추는 빛이 될 수 있습니다. 그것을 보고 그것을 경험하는 것이 복음사역의 기쁨이요 면류관입니다"라고 했다. 목회자는 말씀과 하나님의 능력으로 하나님의 종이요, 사람들의 지도자를 세우는 사람이다. 따라서 "당신이 기독교 지도자로서 미국의 육사 교장보다 나은 점이 무엇이어야 하겠는가?"라는 질문에 대답할 수 있어야 한다.

포춘지가 선정한 미국의 500대 기업은 요즘 회사에서는 구성원들에게 윤리를 가르치고, 웨스트포인트에서는 인격을 가르친다고 했다. 그럼 오늘날 교회와 목회자는 무엇을 가르치고 있는 것인가? 어떤 면에서 기업과 사관학교의 리더십 훈련과 다르고 더 뛰어날 수 있겠는가? 그것이 우리 모두가 생각해 보았으면 하는 도전이다.

혹자는 목사가 왜 자꾸 기업의 리더십과 군대의 리더십을 논하느냐고 할지 모른다. 그러나 영적 리더십을 연구하고 목회에 적용하다 보면, 리더십의 핵심 요소는 그리 다르지 않음을 발견하게 될 것이다. 다만 그것이 얼마나 기독교적 가치관에 근거한 것이며, 성경적 기준에 의해 시행되느냐가 중요하다. 그것은 각 분야에서 리더십 이론을 정립하거나 기여한 사람들의 상당수가 그리스도인이었기 때문에 성경적 가치관에 근거해 발전시켰기 때문인지도 모른다.

어떤 사람들은 리더십을 얘기하면 상담심리학적 배경에 물들어서 개인별 리더십 스타일을 강조한다. 그러나 지도자는 교회와 사역의 필요에 따라 자기 개인적 스타일과 기질과 취향을 넘어서서 리더십을 발휘해야 한다. 관리자는 자기에 맞는 일만 하면 될지 몰라도 책임자는 그 이상이 요구된다. 웨스트포인트 리더십의 저자도 지적했듯이 사실 경영자의 리더십 스타일은 그리 중요하지 않다. 굳건한 리더십은 민간 사회에서든 군대 사회에서든 결국 도덕적 원리와 고매한 정신적 가치, 이타적인 봉사 등과 같은 이상에 그 뿌리를 두고 있기 때문이다. 목회자의 리더십도 동일함을 우리는 직관할 수 있는데, 물론 그 외에도 기독교 지도자에게는 몇 가지 더 고려해야 할 리더십의 필수 요소들이 있다.

리더십의 주요 요소

리더십의 주요 요소로는 예를 들어 가치와 비전, 조직 변화의 능력과 영감을 주는 카리스마, 목회자의 자세와 동기부여 능력, 그리고 종의 도(Servant Leadership) 등이 있을 것이다. 그렇다면 리더십이란 무엇일까?

리더십이란?

리더십은 다른 사람들을 움직여서 함께 공유하고 있는 하나의 비전을 향해 같이 나아가는 것이다. 모든 사람은 도달해야 할 목표와 현재의 자신의 모습 사이에 간격(gap)이 있다. 그것이 갈등의 근본적 원인이다. 그러나 이 갈등이 바로 리더십이 존재할 수 있는 터전이다. 오히려 이 둘 사이의 간격이 크면 클수록 리더십의 여지는 더 많은 것이다. 그 간격이 없다면 리더십이 존재할 필요도 없다. 그렇다면 리더십이란 변화를 일이키는 사람이다.

그런데 우리는 너무도 흔히 지도자의 리더십과 관리자적 특성의 차이를 모르고 혼란스럽게 살고 있다. 물론 그 둘 사이를 지나치게 구별하면 곤란한 점도 있지만 리더십의 본질을 이해하려면 이 둘 사이에서 무엇이 다른가를 이해하는 것이 필요하다.

관리자들은 갈수록 바빠져서 좀처럼 만날 수 없다. 그러나 지도자는 아무리 힘들어도 자신을 쉽게 만날 수 있도록 열어준다. 관리자는 결정해야 할 상황을 회피하지만 지도자는 단호한 결정을 내린다. 물론 관리자는 문제 자체를 회피하고 지도자는 문제에 맞서는 속성이 있기 때문이기도 하다. 그리고 관리자는 올라가야 하기 때문에 자기 홍보에 급급하나 지도자는 공적을 남의 탓으로, 공동체 전체의 몫으로 돌린다. 그만큼 당당하기 때문이다. 관리자는 사실을 복잡화시키지만 지도자는 일체의 사실을 단순화한다.

뿐만 아니라 관리자는 밀실 작업을 하는 습성이 있으나 지도자라면 직접 솔직하게 말한다. 유사하게 관리자는 일이 터지면 타인을 비난하지만 지도자는 차라리 자신의 실수를 인정한다. 관리자들은 열정이 없이 맡겨진 일만 하지만 지도자는 열정으로 사는 사람이며 자신의 직무 이상을 하는 사람이다. 아마 관리자적 특성을 가진 사람들의 가장 대표적인 특징은 자기보다 부족한 부하를 원하는 것일 것이다. 그러나 지도자는 자신보다 강하고 유능한 부하를 원한다.

다양한 지도자론

세상에는 여러 가지 지도자론이 있다. 그것은 왜 우리에게 지도자가 필요하다고 생각하는지에 대한 여러 가지 이유이기도 하다. 첫째로 타락한 인간본성론이 있다. 그것은 죄인이라서 컨트롤할 수 있는 지도자가 없으면 조직이나 교회는 망하기 때문에 지도자가 필요하다는 생각이다. 둘째로 실용주의론이 있다. 인간 사회는 행정자가 필요하기 마련이다. 누군가 이 역할을 해줘야 하는데 그것이 지도자라는 것이다.

셋째로 공포론이라 불리는 것이 있다. 누군가 조직을 위해 권력을 행사하지 않으면, 어차피 더 나쁜 지도자가 나올 것이므로 지도자는 있어야 한다는 것이다. 넷째는 능률론이라 부른다. 우리 속담처럼 사공이 많으면 배가 산으로 간다. 모두가 잘난척하면 능률이 떨어진다. 모두가 책임지는 것은 아무도 책임지지 않는 것과 같다. 그러므로 능률적으로 조직이 움직이려면 지도자가 있어야 한다는 주장이다.

다섯째는 경험론이다. 대단한 조직이나 큰 교회, 혹은 급성장하는 교회들의 공통적 특징은 강력한 지도자가 있다는 점이다. 그러므로 경험이 말해주듯이 역시 강력한 지도자가 있어야 교회가 성장한다는 이론이다. 여섯째는 제사장론이다. 기독교 관점에서 말하자면, 누군가 우리를 위해 중보해 주지 않으면 어떻게 하느냐는 것이다. 누군가 우리에게 하나님을 계시해 줄 지도자가 있어야 한다는 주장이다.

그런데 위의 여러 지도자론의 문제점은 아무것도 리더십을 교회에 주신 하나님의 은사로 보지 않는다는 점이다. 그렇지만 이 부분을 깊이 생각해 볼 필요가 있다. 하나님은 당신의 몸에 머리되신 그리스도를 두고 만드셨듯이, 우리가 인정하든 않든 각 지역교회나 조직에 리더십의 은사와 지도자를 세우신다는 것이다. 그것은 하나님의 선물(은사)이다. 그렇다면 누가 지도자인지 어떻게 알 수 있을까?

리더십 파워베이스

모든 지도자는 일하는 방식이 있다. 어떤 힘에 근거해서 일하고 리더십을 발휘하는가를 리더십 파워베이스라고 한다. 여러 가지 다양한 연구들이 진행되어 왔지만 초기의 가장 단순한 연구로 R. L. 피바디(Peabody)의 파워 연구가 있다. 그는 지도자들이 리더십을 발휘할 때 합법적 권력, 지위 권력, 능력에 의한 권력, 개인적 파워 등에 따라 사람마다 리더십을 발휘한다고 주장했다.

물론 정보화 시대에 와서는 가진 자와 못 가진 자가 아니라, 아는 자와 모르는 자의 시대가 되었기에 리더십 파워베이스도 많이 달라졌다. 정보화 시대에는 과거와 달리 누구든지 조금만 노력하면 전문가들의 지식 파워도 쉽게 손에 넣을 수 있게 되었다. 그것은 시간 문제다. 따라서 이제는 남보다 먼저 보는 사람, 먼저 아는 사람이 지도자가 되었다. 물론 남보다 깊이 아는 사람은 여전히 지도자 역할을 할 수 있다.

기독교계에서 리더십 교육으로 잘 알려진 존 맥스웰 목사는 흥미로운 관찰을 하였다. 교회에서 누가 지도자인지 알려면 회의 시간이나 어떤 결정을 위한 토론을 할 때, 사람들이 누구 의견에 제일 신경을 쓰며, 누구 눈치를 많이 보는지를 보면 알 수 있다는 것이다. 당회에서 담임목사보다 어느 장로의 눈치를 먼저 본다면 그 사람이 실질적 리더라는 것이다. 담임목사가 당회장이든 아니든 그건 중요한 것이 아니라는 것이다. 이때 그 담임목사는 위치적 혹은 신분적 리더(positional leader)이나 그 장로가 실질적 리더(real leader)라는 것이다. 결국 리더십은 영향력이다. 따라서 영적 리더십이란 오스왈드 샌더스의 정의처럼 그리스도와 영적인 사실들을 다른 이들에게 전달하는 무의식적 감화력이며 그의 임재에 의하여 분위기를 바꿀 수 있는 능력이다.

그렇다면 누가 가장 강력한 지도자인가에 대한 답도 이와 연결하여 도출될 수 있다. 가장 영향력이 많은 사람이다. 그렇다면 가장 강력한 리더십이란 다름 아니라 자신이 자유롭게 되어 대의명분을 실현할 수 있으며, 그것을 위해 다른 사람을 섬기며 존경을 받으며, 겸손하지만 스스로 강한 확증을 갖고 있는 정체감과 강한 안정감이 있는 사람일 것이다.

이런 지도자들은 자신과 조직(교회)이 어디로 가는지 안다. 그래서 따르는 자들이 있다. 그런 면에서 그들은 다른 구성원들과 구별된다. 따라서 필자는 성경적이며 참된 리더십은 권력(Power)에 근거한 리더십이 아니라 권위(Authority)에 근거한다고 본다. 흔히 권력으로 번역되는 파워는 본질적으로 남에게 영향을 줄 수 있는 잠재력이다. 문제는 파워는 유한성을 갖고 있다는 점이다. 이 사실을 잊는 자는 권력이 영원할 것으로 생각하고 파워만 있으면 못할 것이 없으리라 착각하기에 힘을 휘두르려고 든다.

권위(Authority)는 어떤 역할을 수행하기 위해 힘을 실어주는 권력이다. 예수님은 누구보다 권력이 많은 분이었으나 그 힘을 사용하지 않고 절제했으며, 그의 사역에 있어서 특징은 바리새인과 서기관들과는 다른 권세가 있었다는 점이다(막 1:22). 이때 우리말 개역성경에서의 권세가 NIV성경에서는 '권위'(authority)라고 번역되었다.

영적 지도자는 세속적 힘이 아니라 권세에 기반을 둔다. 이스턴 대학(Eastern College)의 사회학 교수이며 목사인 토니 캄폴로는 "힘은 사람들이 하고 싶어하지 않아도 당신의 뜻을 행하도록 만드는 것이며, 권세는 당신이 요청하는 것이 합당하고 옳다는 것을 인식하기 때문에 다른 사람들이 당신의 뜻을 행하기 원하도록 하는 능력이다"라고 간파한 바 있다.

영적 지도자는 힘과 권력을 휘두르는 사람이 아니라, 하나님께서 주신 영적이고 성경적인 권세(인자가 땅에서 죄를 사하는 권세가 있는 줄을 너희로 알게 하려 하노라 - 막 2:10)에 근거해 일하는 사람이다.

현대 목회환경에 적합한 성경적 리더십 (2)*

무엇이 성경적 리더십인가?

앞에서 언급한 것처럼 '저 사람은 리더십이 있다'라고 말할 때, 가장 많이 지목되는 사람은 소위 카리스마가 있는 사람이다. 그렇다면, 조폭 두목이 가장 카리스마가 있는 사람으로 꼽히고 리더십이 강한 사람으로 꼽히지 않을까? 그렇지 않다면 '영적 리더십과 세속적 리더십의 차이는 무엇일까?'를 먼저 짚고 넘어가야 할 것이다.

영적 리더십과 세속적 리더십의 차이

예수님께서는 이방인 집권자들의 속성을 지도자로서 권세를 부리는 것이라 지적하시고(마 20:25), 하나님 나라의 지도자는 섬기는 종(막 10:45)이라는 실로 혁명적인 주장을 하셨다. 그것이 바로 성경이 가르치는 것이다.

필자는 영적 지도력과 세속적 지도력의 이원적 구분을 거부한다. 그러나 그 둘은 분명히 다르다. 영적 지도력이 세속적 지도력과 어떻게 다른가에 대한 분명한 확신이 없는 사람들은 지도자의 자리에 앉게 되면, 힘을 통해 압력을 가하고 술수를 쓰며 어떤 수단을 동원해서라도 자신이 원하는 것을 얻어내려고 한다. 그러나 리더십은 효율(efficiency)

※ 「현대목회환경에 적합한 성경적 리더십 (2) 성경적 리더십의 정의와 4가지 특징들」, 월간 《교회성장》 2002년 12월 63~67쪽

을 우선순위에 두지 않는다. 그것은 관리자의 몫이며 지도자는 효과성(effectiveness)에 더 관심이 있는 사람이다.

OMF선교회를 이끌던 오스왈드 샌더스(Oswald Sanders)는 세상적 리더십과 영적 리더십의 차이를 가장 잘 구별해준 사람이다. 그에 의하면, 타고난 지도자들의 자연적 리더십 혹은 세상적 리더십의 특징은 자신을 신뢰하고, 사람의 속성을 잘 아는 것이다. 또 어떤 일이 생기면 자기 스스로 결정을 내리고, 다른 사람들에게 명령을 하고 지휘하기를 좋아한다. 그러나 이에 반해 영적 지도자들은 자기를 신뢰하기보다는 하나님 안에서 확신을 가지고 일한다. 그들은 사람만 잘 알고 다루는 것이 아니라, 자신이 결정을 내리기보다는 하나님의 뜻을 따르려고 노력한다. 또 세속적 지도자가 야심적인데 반해 자신을 내세우지 않고, 다른 사람들을 지배하고 명령하기보다는 하나님께 순종하기를 기뻐한다.

이런 개인적 특성뿐만 아니라, 교회라는 공동체와 조직의 측면에서 볼 때 다음과 같은 몇 가지 특징을 가지고 있어야 한다.

성경적 리더십의 네 가지 특징

첫째, 공동체 의식과 책임 의식이 분명한 리더십
로렌스 리처드(Lawrence O. Richard)는 『교회 리더십 신학』이란 그의 저서에서 리더십의 과제는 '건강한 몸을 세우는 것'이라고 지적했다. 성경적으로 기능하는 건강한 공동체이다. 그것이 바로 빌 하이벨스 목사가 윌로우크릭 교회를 목회하며 추구하고 주장하던 바이다. 필자는 성경적 공동체의 회복이 바로 셀사역을 통한 셀교회 형성이라고 본다.

성경적이고 효과적인 리더십이 있을 때, 지도자는 성도들로 하여금 순종을 통해 그리스도와 함께 가도록 인도해준다. 그때 지도자는 성도들을 그리스도와 연결시켜줄 수 있다. 리더십을 고려할 때, 우리는 그것을 절대로 공동체와 분리해서 생각할 수 없다. 자기 중심적인 독재적 리더십은 리더십이 아니다. 공동체가 없다면 우리는 리더십을 필요로 하지도 않을 것이며, 리더십은 다만 공동체를 위한 것이기 때문이다. 풀러신학교 교수였던 레이 앤더슨은 성경에서 말하는 지도자들에 대해 그들은 일 중심이라기보다 공동체 중심(관계 중심이 아닌)이라고 제시하였다.

둘째, 사람들의 삶을 변화시킬 수 있는 리더십
공동체를 세우려면 먼저 각 사람을 변화시킬 수 있어야 한다. 그것을 변혁적 리더십(Transformational Leadership)이라고 한다. 변혁적 리더십은 지도자의 성품에 근거해 영향력을 끼치는 힘이다.

변혁적 지도자는 먼저 자기 자신의 변혁을 통해 다른 사람들을 변화시킨다. 이 시대는 변화를 일으키고 혁신을 일으킬 수 있는 능력을 갖춘 비전 있는 지도력을 필요로 한다. 어제의 혁신이 오늘의 전통이 되는 급변하는 이 시대에 이주일의 코미디 한 코너처럼 '왕년에……'를 외치는 사람들은 지도자가 될 수 없다.

셋째, 미래 지도자를 배가시킬 수 있는 리더십

창업자가 죽고 나서 그 영화(榮華)가 물거품처럼 사라지는 리더십은 진정한 리더십이 아니다. 개척 목회자가 떠나고 나면 나타나는 교회의 문제는 건강한 리더십의 결여 때문이다. 수많은 기업과 교회가 그 길을 걷고 있다. 잭 웰치도 GE를 건강한 기업으로 전환시키기 위해 우선순위에 둔 것 중의 하나가 차기 지도자를 양성하는 것이었다. 엄청난 돈을 투자하여 크라이튼빌 리더십 센터를 짓고 티키(Tichy) 교수 등을 영입하여 지도자 훈련에 심혈을 기울였다.

오늘날 교회는 이보다 더한 노력을 해도 부족할 것이다. 당장 건물만 짓고 대형 집회만 여는 것은 성경적 지도자나 21세기형 지도자가 할 일이 아니다. 여러분이 눈물의 기도로 세운 교회와 공동체가 당신의 전역이나 전근 후에 다 무너져 버린다면 그보다 더 허망한 일이 어디 있겠는가? 당신이 떠난 후에 그 일을 같은 비전으로 행할 지도자를 세워 놓지 못했다면, 그것은 건강한 리더십이 아닌 것이다.

넷째, 영성이 뒷받침된 리더십

예레미야 45장 5절에 보면 우리에게 "네가 너를 위하여 대사를 경영하느냐?"고 도전하고 있다. 지도자는 큰 비전을 가져야 한다며 "10만 명의 교인을 달라. 5만 명의 병력이 동시에 예배드릴 수 있는 성전을 지어 바치겠다"는 식으로 말하는 것은 주께서 주신 하나님의 뜻이기보다는 자기의 개인적인 꿈일 경우가 많다. 그러므로 허영에 찬 바벨론 왕국 건설의 꿈은 아닌가 기도하며 겸손히 자문해 봐야 할 것이다.

지도자의 숙지 사항

먼저 지도자는 리더(leader)이지 촉진자(facilitator)가 아니다. 좋은 지도자를 '능력을 주는 자'(enabler)나 '촉진자'(facilitator)로 보는 개념은 1950년대 미국 문화에서 발흥한 비지시적 상담 기술(non-directive counseling technique)에서 나타난 것이다. 이에 대해 교회 컨설턴트인 캘러한(Callahan)은 이런 리더십 개념으로 말미암아 개교회에서 역기능적인 지도력으로 인해 어려움을 겪었다고 주장한다. 물론 그룹 상담이나 각종 성경공부 모임에서는 이런 리더십 개념이 효과적이다. 그러나 셀그룹이나 교회 차원의 리더십에서는 바람직하지 않다. 그리고 지도자는 의미있는 사역의 성취자이지, 단순한 활동가가 아니다(accomplisher, not activitist).

지도자의 역량

지도자는 변화를 일으킬 수 있는 역량(competence)이 있어야 하며, 일을 계속 유지시키는(continuing) 정도로는 부족하다. 에릭 호퍼는 미래를 예견할 수 있는 유일한 길은 그것을 만들 수 있는 힘을 갖는 것이라고 했다. 그렇다면 자연스럽게 우리의 마지막 질문은, '지도자는 어떤 역량이 있어야 할까?'로 이어지게 될 것이다.

최근에 필자가 읽은 책 중 가장 충격적인 것은 『Good to Great』란 책이다. 짐 콜린스와 그의 연구팀은 《포춘 500》에 등장한 회사 중 '좋은 회사에서 위대한 회사'로 도약한 기업 11개(Circuit City, Gillette,

Kimberly-Clark, Kroger, Wells fargo 등)를 찾아내고서 그 특성을 분석했다. 연구진은 자신들도 예상 못했던 매우 주목할 만한 결과를 얻었다. 그중 우리에게 관심이 있는 몇 가지 요소를 살펴보면 다음과 같다.

첫째, 외부에서 탁월한 리더들을 영입하는 것과 좋은 회사에서 위대한 회사로의 도약과는 상관관계가 없다. 오히려 위대한 기업으로 성공한 11개 회사 중 10개 회사의 최고 경영자는 회사 내부 출신인데 반해, 나머지 비교 기업들은 외부에서 CEO를 영입한 것으로 나타났다.

둘째, 우리는 전략이 좋아야 성공한다고 생각하지만, 그 자체만으로 좋은 회사와 위대한 회사를 구별해 주지 못한다. 평균 이상인 조직은 모두 분명한 전략을 갖고 있기 때문이다.

셋째, 좋은 회사에서 위대한 회사로 도약한 기업들은 커지기 위해 무엇을 해야 할지에만 집중하지 않았다. 오히려 무엇을 하지 말아야 할지, 무엇을 그만두어야 할지에 대해서도 똑같이 초점을 두었다.

넷째, 엉뚱한 사람들은 뽑아놓고 그들에게 동기를 부여하거나 조정하느라 고생하지 않고, 우수한 사람을 갖추는 데 노력하였다.

콜린스의 연구 결과에서 우리가 얻을 수 있는 교훈은 다음과 같다. 대다수의 회사들은 위대하지 않다. 왜냐면 대부분의 회사들이 현재 제법 괜찮기 때문이다. 이것은 중요한 문제다. 교회를 포함해 대다수의 좋은 조직들은 위대하진 않지만, 좋은 단체로 남는다. 그렇기 때문에 '좋은 것(good)이 위대한 것(great)의 적이다'라는 결론을 내릴 수밖에 없다. 목회에서도 동일한 원리가 적용될 수 있다. 참으로 위대한 교회, 위대한 목회를 하고 싶다면, 좋은 교회가 되는 것에 만족해서는 안 된다.

레벨 5 리더십

그렇다면 좋은 것에서 위대함으로 전환시킬 수 있는 지도자는 어떤 리더십을 가지고 있는가? 위대함에 도달한 기업 경영자의 공통점을 발견하고 존 콜린스는 이것을 '레벨 5(Level 5) 리더십'이라고 명명했다. 그리고 그는 이렇게 말한다.

"좋은 회사를 위대한 회사로 전환시킨 리더십의 유형을 발견하고 우리는 놀랐다. 정말 충격을 받았다. 그들은 패튼이나 시저보다는 링컨이나 소크라테스에 더 가까웠다(나서지 않고 조심스럽고 심지어 부끄럼까지 타는 지도자로, 개인적 겸손과 업무상 전문가의 의지가 역설적으로 융합된 사람들이었다)."

'레벨 5 리더십'은 개인적 겸양과 직업적 의지를 역설적으로 융합해서 지속적인 성과를 이루어내는 리더십이다. 사실 이것은 리더십의 실재적인 면(being side)과 실천적인 면(doing side)이 잘 조합된 리더십이다. 이것은 실천적인 면(doing side)만을 강조해온 지금까지의 세속적 리더십 훈련과 리더십 개념에 비해, 성경적 리더십에 더 가까운 통찰이다.

이 레벨 5(5단계)의 최고 리더십은 단계 1의 능력이 뛰어난 개인적 리더십, 단계 2의 합심하는 팀워크를 통한 리더십, 단계 3의 뛰어난 역량을 가진 관리자형 리더십, 단계 4의 유능한 리더십과 구별되는 리더십이다. 지금까지 세상에서 강조해온 최고의 리더십은 단계 4의 지도력이었다. 그것은 분명한 비전이 있고 책임 의식을 촉구하며, 보다 높은 성취 기준을 위해 사람들을 동기부여하는 것이다. 또 결정된 목표를 효율적으로 추구하기 위해 사람과 자원을 조직할 줄 알며, 탁월한 지식과 재능을 가지고 구성원들과 효율적으로 일할 수 있는 리더십이다. 그런데 좋은 조직을 위대한 조직으로 끌어올린 지도자는 그런 사람이 아니라, 겸손과 자신의 분야에서 확고한 의지가 잘 융합된 사람이라는 것은 매우 충격적인 사실이다. 지금까지 미국 육군사관학교에서 가르치는 리더십이나, 경영학계에서 가르치는 리더십 중에 가장 탁월한 것들은 성경적 리더십 개념임을 입증해 주고 있다.

결론

초대교회의 위대한 지도자였던 사도 바울은 고린도전서 4장 16절에서 "그러므로 내가 너희에게 권하노니 너희는 나를 본받는 자 되라"고 했다. 바울이 나를 본받으라 한 것은 우리가 본받아야 할 기독교 리더십의 모형이다. 그는 열정적 전도자였으나, 심지어 글보다 말에 있어서는 당시의 명 설교자 아볼로보다 어눌했으며 죄인 중의 괴수로 여기는 겸손함이 있었다. 그러나 그는 복음의 진리와 그리스도의 몸으로서의 교회를 이루기 위해서는 아무도 말릴 수 없는 단호함을 동시에 갖고 있었다. 그의 삶은 다른 이에게 설교하기 전에 모델이었다. 그의 일상은 따르는 사람에게 부끄러움 없는 본으로 모델이 되는 것이었다.

바울이 '나를 본받으라'고 한 것은 자신이 위대한 업적과 성취를 이루었고, 자신의 비전과 능력이 대단해서 본받으라고 한 것이 아니었다. 고린도전서 11장 1절을 보면 "내가 그리스도를 본받는 자 된 것같이 너희는 나를 본받는 자 되라"는 것이었다. 바울이 '나를 본받으라'고 한 것은 교만의 발로가 아닌, 자신이 그리스도를 본받는 자로 산 것처럼 성도들도 그렇게 살기를 바란다는 것이다.

캘러한(Kennon Callahan)은 경영자가 정책에 사로잡혀 있고, 보스는 권력에, 조력자는 과정에, 카리스마적인 영감자는 다음에 일어날 묵시적인 사건에만 사로잡혀 있을 때, 자신이 섬기는 공동체가 근본적인 삶의 갈망들을 이루어 나아가도록 조력하는 데 몰입해 있는 사람이 참다운 지도자라고 했다.

우리는 지도자이다. 동역자들은 물론, 성도 모두에게 있어서 영적 지도자이다. 그런 입장에서 당신은 자신의 삶을 본받으라고 말할 수 있는가? 영적으로, 도덕적으로, 사역 기능적으로, 모든 면에서 그래야 한다. 끊임없이 십자가 앞에 무릎 꿇고 자신을 쳐서 복종시키면서, 모름지기 영적 리더십의 제요소를 구비하기 위해 우리의 기량을 갈고 닦아야 할 것이다.

성공적인 팀목회를 위한 목회자의 역할*

현대교회는 교회의 규모가 크든 작든 과거와 같은 단독목회는 한계가 있고 갈수록 팀사역을 하지 않고는 성과를 낼 수 없는 상황으로 변해가고 있다. 교회 사이즈와 관계없이 전문성이 요구되는 다양한 사역을 하지 않을 수 없는 형편이고, 예전과 달리 교인들도 수동적 참여

※「성공적인 팀목회를 위한 목회자의 역할」,《목회와 신학》2006년4월 58~65쪽

자로 머물지 않고 의미 있는 사역에 참여하려는 의욕이 높아지고 있기 때문이다.

　이런 변화하는 목회 환경에서 담임목사는 교역자들의 팀과 평신도 지도자들의 팀을 이끌어야 한다. 부교역자인 목회자도 다른 교역자들과 팀으로 일하거나 그런 팀을 인도해야 하고, 교인들로 구성된 사역팀을 이끌게 된다. 이때 목회자들은 어떻게 해야 효과적인 팀사역을 할 수 있을까?

　사실 국내 교회의 대부분은 인원수도 작고 목회자 혼자서 사역을 하는 교회들이다. 그런 상황 속에서 지금까지 대부분의 목회자들은 단독 목회를 해왔기 때문에 팀워크가 무엇인지 알기가 쉽지 않다. 그 가운데 희생적인 노력과 기도로 교회가 성장하게 되면 자신도 모르는 사이에 자신의 성공 요인이라고 확신하게 되는 독재적 리더십을 사용하게 되지, 팀사역을 한다는 것이 생각과 달리 쉽지 않다. 나중에야 이런 문제를 깨닫고 진정한 팀사역으로 성공적인 목회를 하고 있는 딕 아이버슨(Dick Iverson, Bible Temple 목사)은 자신도 기껏 사람들을 뽑아놓고, 부교역자라 부르며 사장과 고용인 관계로 대했었음을 고백한다. 즉, 나는 사장이고 너희들은 나를 보조하는 자들에 불과하다는 의식으로 사역했으며 그 결과 자신의 지도력이란 것도 부하들에게 할 일을 일일이 지시하는 수준이었으며, 교역자들과 직원들은 자신의 부하로서 착 달라붙어서 철저히 복종하는 사람들 뿐이었다고 한다.

　조금 더 규모가 있는 교회의 사역자 상황은 어떠한가? 그런 분위기의 교회에서 초기 목회를 경험하는 부역자들은 정글 같은 조직 속에서 살아남는 비결을 터득한 수완가와 아부파가 되는 경우가 비일비재하다. 거기에 팀워크는 없다. 그렇게 목회를 하며 뛰어나다고 인정받아 다른 교회의 담임목회자로 부임해 가면 자기중심적 독불장군이 된다. 그래도 깨어 있고 팀사역으로 성공한 목회자들은 한결같이 자신들이 이전에는 교회를 군대같이, 사업가처럼 운영했었다고 솔직하게 시인한다.

이런 면을 고민하며 더 나은 길을 깨닫고 한걸음 더 성숙한 목회로 업그레이드된 사람도 있지만, 단독목회로 나름대로 성공해 사역자 조직을 갖게 된 목회자들은 마음속 깊은 얘기를 할 기회가 있으면 팀목회란 것은 허울뿐이고 실제로는 불가능하다고 단호하게 말한다. "팀이라니, 확실한 리더 없이 되는 게 있냐?"며 빈정댄다. 그들은 제왕적 카리스마 리더십만 경험한 사람들이다. 그들이 오해하고 있는 것은 팀목회라고 지도자가 없는 것은 아니란 점이다. 그들의 문제는 팀사역이 아니라, 리더십의 한 요소인 임파워먼트와 공동체에서 책임을 나눈다는 것이 과연 가능한가에 대한 이해와 확신이 없다는 점이다. 그들은 책임을 나누고, 팀으로 일할 경우 실제로 아무도 책임지지 않는다는 불안을 갖고 있다. 그러므로 팀사역이 일어나려면 리더십에 대한 진정한 이해가 선행되어야 한다.

팀사역의 장애 요소

잠시 살펴본 것처럼, 목회자가 팀사역을 하는 데 있어서 장애 요인으로 다음 세 가지 신화가 가장 큰 역할을 한다고 보여진다. 첫 번째 신화는 모든 성공적인 교회나 기업에는 다 카리스마적인 지도자가 있었다는 생각이고, 두 번째 신화는 위대한 일이란 천재적 영웅 한 사람에 의해 이루어진다는 매우 낭만적인 생각이다. 예술적인 일에는 그런 면이 없지 않지만 그런 경우조차 그 배후에 팀이 있었다는 사실을 간과하고 있는 것이다. 시스틴 대성당 벽화도 천재 미켈란젤로 혼자의 작품이 아니라 열여섯 명이란 팀작업의 산물이다. 세 번째 신화는 팀사역은 리더가 없는 것이란 무지에서 나온 선입관이다. 그렇지 않다. 팀사역에는 다른 어디보다 유능한 진정한 성경적 리더십을 가진 지도자가 있어야 한다.

효과적인 팀 만들기

리더는 막연히 기다리고 시간이 지나면 팀워크가 저절로 좋아지는 것이 아님을 알아야 한다. 리더는 변화가 일어나도록 이끄는 사람이다. 효과적인 팀사역을 위해 목회자는 다음 사항을 알고 의도적으로 노력을 해야 한다.

어떤 효과적인 팀이나 집단도 다음과 같은 기본적인 요소 다섯 가지를 갖고 있어야 한다. 목회자는 팀사역을 할 때 이런 요소가 있도록 구체적으로 노력해야 한다. 첫째는 구성원 누구나 이해할 수 있는 분명한 팀의 성격이 요구된다. 목회자가 할 일은 바로 이런 팀의 분명한 성격을 형성하도록 돕는 것이다. 두 번째는 상호작용이 일어날 수 있도록 팀 내, 팀과 팀간의, 교회와 팀 사이에 효과적인 통합성을 갖고 있다는 점인데, 그것을 위해 목회자는 커뮤니케이션이 잘 되도록 도와야 한다. 세 번째는 명확한 사역직무를 갖게 하고, 각 사람의 책임 범위를 제시해줘야 한다. 네 번째는 각 팀원들이 시간 낭비하는 일이 없도록 시간적으로 효과적인 프로세스를 계발하도록 돕는 것이다. 그리고 다섯 번째로 자신의 역할의 중요성을 알고 책임감을 갖게 해주는 것이다.

팀사역의 핵심 요소

우선 팀사역에서 가장 중요한 것이 무엇인가에 대한 분명한 관점이 있어야 한다. 그럼 무엇이 팀사역을 잘 하기 위해 제일 중요할까? 대부분은 결속력이라고 대답할 것이다. 그 다음으로 협동심을 들 것이고, 일부는 팀원들의 역량 강화를 언급할 것이다. 그러나 그런 것보다 더 중요한 것은 팀의 규율 혹은 훈련(discipline)이다(John Katzenbach가 *The Discipline of Teams*에서 주장하는 핵심이 바로 이것이다. John Wiley &Sons, 2001). 사실 군대만큼 팀워크가 강조되는 곳이 없을 것이다. 특별히 군대 중에 가장 팀워크가 잘 되어 있는 곳으로 여겨지는 해병대를 보면 이것이 이해가 될 것이다. 해병대처럼 철저한 자기훈련(self-discipline)이 있고, 동료 간의 규율(peer discipline)이 강조되는 곳은 없다. 그러므로 목회 지도자로서 팀사역이 제대로 일어나게 하기 위해서 해야 할 일은 팀규율을 바로 세우는 것이다.

팀규율(Team discipline)을 바로 세우는 첫 번째 방법은

팀의 기준을 명확하게 정하는 것이다.

팀원 각자가 자기 소견대로 행하도록 하면, 각인이 자신의 기준을 세우게 내버려두는 꼴이 되어 팀이 아니라 잡동사니가 되어버릴 수 있다. 팀의 기준을 세우지 못하는 실수는 장기적으로 커다란 혼란을 야기하게 될 것이다.

팀의 기준을 분명히 세우기 위해 가장 먼저 해야 할 일은

팀의 핵심 가치와 존재 목적을 명료하게 하고, 구성원들로 하여금 팀의 가치와 목적에 초점을 맞추게 하는 것이다. 그리고 사람들로 하여금 끊임없이 자신의 가치와 목표가 과연 팀의 가치와 목적에 부합하는지 아니면 차이가 나는지를 점검하게 해줘야 한다.

그리고 팀의 핵심 가치가 분명하고 존재 목적에 근거해 그 팀의 비전을 분명히 해야 한다. 여기서 팀의 핵심 가치는 성경적 이상이어야 한다. 이 성경적 이상은 물러설 수 없는 보루여서 지켜야 할 기준이다. 이때 주의할 것은 목회자나 리더 혼자 비전을 써와서 발표하는 것이 아니라, 앞에서 언급한 팀의 핵심 가치와 존재 목적으로부터 팀원과 팀이 공유할 수 있는 비전을 도출해야 한다는 점이다.

목회자는 지도자로서 또한 팀의 비전을 구체적 목표로 전환시켜갈 수 있도록 도와줘야 한다. 추상적인 비전이나 목표에 머물지 않게 해야 한다. 추상적인 것은 이룰 수가 없다. 구체적인 목표야말로 팀워크를 자극하고 팀사역을 활성화시킨다. 무엇인가 사역의 성과를 위해 팀이 조직되었다면 비전은 구체적인 전략으로 발전되어가야 한다. 다시 한 번 강조하는 것은 이런 팀사역의 목표와 전략은 핵심 가치에서 나온 의미 있는 것이고 사명감을 고취시키는 것이어야지 단순히 수치적 목표 달성에 머물지 않도록 해야 한다는 것이다. 그것이 바로 다른 팀에 비해 탁월한 성취를 이뤄내는 드림팀의 비밀이다.

이처럼 팀의 핵심 가치와 존립 목적, 그리고 비전이 분명하고 그것이 성경에 부합할 때 진정한 팀사역의 성공에 대한 관점이 확립될 수 있다. 이런 분명한 기준 없이 도대체 무엇을 보고 팀사역이 잘 되었다,

성공적이었다고 말할 수 있겠는가? 결과만 좋으면 되는 것인가? 과정은 어떠해도, 심지어 비윤리적인 방법을 동원했어도, 팀원 중의 한 사람이 과정 중에 매장되었어도 결실이 크다면 성공이라고 말할 수 있겠는가? 그렇다면 그 다음부터는 사랑과 자기희생으로 하나된 성경적인 팀워크는 사라지고 서로 짓밟고 남을 이용하며 성과에 급급한 세상보다 경쟁적인 집단으로 변해버릴 것이다. 그것은 성경이 말하는 사역공동체가 더 이상 아니다. 리더로서 목회자는 팀사역에 있어서 누구나 예측할 수 있고 팀원들이 믿을 수 있는 기준에 따라 일하는 방법까지 세워야 한다.

팀사역이 제대로 일어나게 하기 위해 목회자가 해야 할 다음 기능 중 하나는 갈등 해결 역할이다. 대부분의 팀리더들은 팀 내에 갈등이 있다는 사실을 수치스럽게 생각하고 쉬쉬하고 덮어두려고 하거나 갈등의 존재 자체를 부인하려고 한다. 그러나 여러 사람이 모인 팀이기 때문에 팀 내에 갈등이 있는 것은 당연한 것이다. 지도자는 그 갈등의 해결자로 보내진 것이다. 갈등에 대한 부정적이고 비정상적인 이해를 가진 목회자는 팀 내에 갈등이 안 생기게 하는 것을 목적으로 삼는데, 갈등은 커다란 사역을 하다보면 당연한 것인 줄 알고 해결책을 미리 훈련시키는 것이 중요하다. 그러나 갈등이 생긴 후에 해결하기 위해 거기에 매달리는 것보다 더 중요한 것은 할 수 있는 만큼 갈등 발생에 대한 예방책을 마련하는 것이며 그것은 팀의 기본 수칙을 정해놓는 것이다. 그래서 앞 단계에서 팀의 기준을 세우는 것을 먼저 다룬 것이다. 팀의 기본 수칙이 불명확하기에 갈등이 발생하는 것임을 목회자는 알아야 한다. 뿐만 아니라, 아무리 기본 수칙을 잘 만들어놓아도 갈등은 발생할 수 있는 것이므로 갈등 해결을 위한 기본 수칙 역시 정해놓는 것이 좋다. 이럴 때는 누구와 함께 다뤄야 하는지, 어떤 원칙에 의해 처리하는 것이 좋은지 큰 범위는 팀원들이 알고 있어야 한다.

갈등 해결과 함께 목회자는 자신과 함께하는 교역자나 평신도 지도자들은 물론, 각 팀 내에 공개적이고 정직한 분위기 조성을 위해 특별한 신경을 써야 한다.

문제가 생기거나 어떤 실수가 생기는 것 역시 피할 수 없는 일인데, 이런 사항을 보고하면 불이익이 돌아오는 어떤 조치가 즉각적으로 취해진다는 사실을 알게 되면 누구도 책임을 지려하지 않고, 모험도 감행하지 않을 것이다. 그러므로 문제를 감추어두면 더 악화된다는 사실을 목회자는 미리 가르쳐야 한다. 문제 상황을 보고해도 즉각적인 문책이나 도에 지나친 징계가 없을 것임을 미리 주지시켜줄 때 정직한 분위기, 적극적인 사역 분위기가 형성된다. 과실이 발생하면 처리하는 과정에서 "앞으로 잘 모르겠으면 그냥 진행시키지 말고 리더인 목회자의 생각과 의도에 대해 질문하라"고 격려하라. 그리고 성심성의껏 대답해줘야 한다. 또한 지도자로서의 융통성도 잃지 말아야 할 것이다.

원활한 팀사역을 위해 목회자가 해야 할 또 다른 중요한 역할은 의사소통(Communication)에 대한 것이다. 사역갈등의 가장 큰 원인은 의사소통의 부재이다. 팀원들의 가장 큰 불만은 그런 중요한 얘기를 아무도 우리에게 얘기해준 적이 없다는 것이다. 사역을 하며 가장 화가 나는 일은 그런 결정에 대해, 그런 문제에 관해 들은 적이 없다는 것이다. 게다가 정작 당사자인 우리는 모르는데, 다른 사람들이 하는 얘기와 소문을 귀동냥해서 들어서 알게 되었다는 사실이다. 목회자는 언제이 사실을 팀원들에게 알려야할지, 어느 범위까지 말해야할지, 누구에게 말하고 어떤 방법으로 말해야할지 판단할 수 있는 지혜가 있어야 한다. 리더십의 중요 요소인 커뮤니케이션 스킬은 팀사역에 있어서도 동일하게 중요하다.

  목회자는 팀사역을 할 구성원들을 방치하면 안 된다. 항상 친밀한 커뮤니케이션이 있어야 한다. 담임목사는 바쁘다고 팀원 사역자들을 버려두면 안 된다. 관심을 보여야 팀이 된다. 아무리 바빠도 시간을 내서 함께 함이 있어야 한다. 분담 사역을 맡겨놓고 방치해 놓으면 아무리 말로 우리는 팀이라고 해도 팀이 아니다. 부교역자든 평신도 지도자든, 팀원들이 현재 어떻게 사는지 지금 뭐가 문제인지 알아야 한다. 관심을 보여야 한다. 거기서 커뮤니케이션이 시작되고 팀의 공동체성이 일어나며 진정한 하나됨이 시작되기 때문이다.

  진정한 팀사역은 큰 일을 위해 은사가 다른 팀원, 혹은 서로 다른 팀원들을 필요로 하기 때문에 요구되는 것이다. 그러므로 목회자는 팀원 간에 협동심이 북돋워지고, 함께 일할 때 신뢰감이 조성되도록 노력해야 한다. 그럴 때에 진정한 동역이 일어난다. 자신의 은사에 따라 서로를 돕고 서로 세우고 기여하는 것이 팀사역에서의 동역이다. 그런 일이 벌어지도록 팀 내에 다양성과 상이성을 인정하는 분위기를 만들어야 한다. 그리고 팀이므로 상하관계의 계급구조가 되지 않고 팀원 간에는 서로 동등하게 대하는 분위기를 형성해야 한다. 그렇다고 각기 다른 역할과 재능에 따라 다른 대우받는 것을 거부하는 것은 곤란하다. 각기 능력대로 팀에 기여하는 문화를 형성해야 한다. 이때 기여에 따라 다른 대우를 받을 수도 있음을 알게 해야 한다. 그러나 그것이 상하

관계나 서열을 가르는 것이 아님을 인정하고 이해하도록 하는 것이 중요하다.

또한 목회자는 팀원 각자의 은사와 역량에 따라 다양한 사역 기회를 제공해줘야 한다. 그것은 왜 팀 내에 리더가, 혹은 공동체 안에 목회자가 존재하는가 하는 이유이다. 팀에의 소속감과 함께 팀사역에 자신이 기여할 수 있는 가치 있는 존재라는 것을 확인할 때 팀에의 소속감과 자긍심을 가질 수 있으며, 그때에 팀 내에 공동체 정신이 형성될 수 있는 것이다. 이 팀의 구성원으로 함께 팀사역을 했고, 놀라운 사역을 해냈다는 성취감을 경험하는 것은 또 다른 팀사역을 위한 밑거름이 된다. 그러므로 목회자는 팀원들의 성공적인 사역 수행에 대해 함께 기뻐하며 축하의 자리를 마련해주는 습관을 가져야 한다. 그 축하와 경축의 자리를 통해 한 팀원임에 대한 자부심이 생기고 공동체 정신이 생기는 것이다.

팀사역을 위해 목회자는 팀에 효율적인 결정 관행이 확립되도록 노력해야 한다. 혼란을 줄이고 최소한의 노력으로 원하는 결과를 만들어내려면 결정 방식이 합리적이어야 한다. 팀사역의 경우 결정 과정에 팀원이 참여할 수 있는 여지가 있어야 한다. 물론 지도자로서 목회자가 할 역할이 있지만 팀사역의 경우는 목회자가 갖고 있지 못한 전문성과 다양한 역량을 가진 동료 사역자나 평신도 일꾼들과 함께하여 더 큰 효과를 얻기 위한 것이므로 의사 결정에 그들의 의견이 잘 반영될 수 있도록 해야 한다. 이처럼 팀 사역을 할 때에는 의사 결정은 물론, 사역을 해나가는 방식과 사역시스템 전체가 달라져야 한다.

물론 이런 사역시스템은 정기적으로 검토되어야 한다. 팀원들은 그 역할을 하지 않을 것이다. 그러므로 이것 역시 목회자의 몫이다. 수시로 그리고 정기적으로 팀사역의 각 활동에 대해 검토하고 적절성을 시험해 보고 인준해야(Tested & approved 롬 16:10) 한다.

그러므로 팀사역이 잘 되기 위해서는 팀 리더는 물론 팀원 모두가 계속 배우고 성숙하는 분위기 속에 있어야 한다.

리더로서 목회자는 이 모든 노력을 통해 강한 팀, 최고의 팀 만들기에 헌신되어 있어야 한다. 그럭저럭 평이하게 지내고 평범한 결과에 만족하려면 팀사역을 할 필요도 없을 뿐더러 오히려 전통적인 1인 지도 체제가 더 효과적일지도 모른다. 어떤 사역 목적을 위해 주변의 많은 사람들 중에 가장 뛰어난 사람을 모아 팀을 만들고 개개인의 합보다 더 큰 성과를 도모하는 팀사역을 위해서는 드림팀을 향한 목회자의 집념과 열정이 있어야 한다.

그런 점에서 볼 때 팀사역에서 목회자는 팀리더의 역할을 하지만, 팀빌더의 역할도 해야 한다(로리 베스 존스, 『최고팀빌더 예수』, 한언, 2002을 참조하라). 팀원 하나 하나가 맡겨진 일을 할 때는 정확하게 해낼 수 있어야 하고, 그 사역을 수행할 때는 하나님을 닮아 창조적이어야 하며, 나 하나가 지체할 때 팀원 전체의 일이 늦어진다는 것을 알고 시간 엄수성이 뛰어난 팀을 만들어가야지(팀원의 역량계발과 임파워링인데 본고의 범위를 넘으므로 본 특집의 다른 글을 참조하라) 그런 팀이 하늘에서 뚝 떨어지기를 기대해서는 안 된다. 이런 점에서 팀사역에서 중요한 것은 훈련이요, 팀규율(Team Discipline)이라고 할 수 있다.

두 가지 팀사역 방식

목회자는 교회와 기관에서 여러 팀을 운영하고 이끌어가야 하는 사람이다. 이 경우 지도자로서 목회자는 모든 일을 팀사역으로 하는 것이 좋은지, 혹은 이 일을 팀사역으로 하더라도 어떤 방식의 팀사역 방식을 채택하는 것이 좋을지 판단을 내려야 한다.

보통 팀사역이라고 할 때, 1인 리더 방식(single-leader discipline)과 전형적인 팀제(team discipline)의 두 가지가 있다.

1인 리더제는 대부분의 교회에서 목회자가 몇 명의 사람들을 이끌고 사역을 할 때 흔히 행하는 전통적인 의미에서의 팀사역이다. 집단의 공식적인 리더로서 한 명의 목회자가 방향을 제시하고 관리 감독 통제하며, 그 팀(집단)의 목표달성을 책임지는 것이다. 이는 사실상 엄밀한 의미에서 팀제가 아니다.

팀제(team discipline)는 소집단이 사역을 수행하는 사역 방식이다. 이 경우는 한 사람의 목회자가 아니라, 상호보완 능력을 가진 다양한 은사를 가진 구성원들이 팀을 이루어 목표 달성을 위해 공동으로 책임을 지는 것이다. 여기서는 공동작업이 중요하며, 집단적 책임과 개인 책임이 조합을 이루며, 리더십이 목회자 한 사람이 아니라 팀 내의 여러 사람에게 공유된다. 이런 일이 가능하도록 여기에는 강한 상호책임이 전제된다. 그렇다고 개인이 말살되지 않는다. 개인과 팀 모두가 강조된다.

즉 리더와 팀원 모두가 집단 작업을 통해 목표, 사역 수행 원칙을 설정하고, 함께 앞으로 일할 때 필요한 커뮤니케이션 방식까지 결정한다. 또한 개인 사역과 집단 사역 영역을 구분한다. 이때 각 개인이 독립적으로 성취해내기 어려운 중요한 사역수행 영역은 집단 사역 영역으로 규정하고 그 일을 함께 해낸다. 이것이 진정한 의미의 팀사역이라 할 수 있다.

사실 팀이라고 이름은 붙여놓았지만 그저 결속력 좋고 역동성만 갖고 있을 뿐 그 이상의 생산적인 업무 성과는 거의 내지 못하는 효과성으로 볼 때, 평범한 집단(common effective group)과 팀규율이 확립된 집단, 즉 고성과 그룹(disciplined performance units)은 다르다. 많은 사람들이 사이좋게 지내고 집단의 역동성을 개선하는 일이 마치 팀사역의 핵심인 양 말하고 행동하고 관리하고 지도하고 조언하는데, 실상은 그렇지가 않다. 목회자는 지도자로서 그 차이를 알아야 한다.

목회자는 팀사역에 있어서, 구성원의 관계성보다는 사역 성과(performance)를 중심으로 생각할 줄 알아야 한다. 그것은 리더십에서 관계중심 리더십과 원칙중심 리더십 사이에서 제대로 성경적인 관점을 형성하는 것과 매우 밀접한 관련이 있다(이것은 필자의 차기 저술 『삶의 변화를 일으키는 리더십』(가제)에서 다루게 될 것이다).

한 명의 목회자가 사역팀을 소위 '데리고' 일하는 것이 꼭 나쁘다고 말할 수는 없다. 오히려 때로는 이런 1인 리더제 방식의 팀사역이 효과적일 때도 있기 때문이다. 예를 들어 다섯 개의 교구가 있는 교회에서 교구목사 다섯 명이 자신의 교구 사역만 독립적으로 수행하고 담임목사가 관리하는 구조일 경우에는 이런 1인 리더제가 효율적일 수 있다. 리더인 담임목사가 구성원인 교구사역자들과 의논해 사역목표를 세우고, 각자의 사역 영역과 책임 범위를 결정해 준다. 이때 각자에게 사역 영역은 명확하게 할당될 수 있고, 교회 전체의 교구 사역을 위해 담임목사의 결정 사항을 통보해줄 수 있다. 교구 사역팀의 리더인 담임목사가 결과를 평가하고 기준을 설정해줄 수 있다. 교구 사역이라는 개인별 책임 범위를 명확히 해줄 수 있기 때문에, 관리가 잘 되고 일도 효율적일 수 있다. 교구 사역자들도 자신들이 어떻게 평가받을지 잘 알기 때문에 이런 방식으로 일하는 것을 편하게 생각한다. 그러나 이것이 최선의 방법은 아니다. 그래서 셀교회에서는 교구 사역이 더욱 발전된 팀제(team discipline)로 움직이는 셀사역을 하는 것이다.

지금까지 우리는 두 가지 팀사역 방식에 대해 간단하게 알아보았다. 목회 전체를 볼 때는 이 두 가지 중 어느 하나만이 절대적으로 옳은 것이라고 할 수 없다. 다만 두 방식을 상황에 따라 잘 적용하고 통합하여 운영하는 것이 바람직하다. 그 결정은 사역 자체의 효과성에 대한 고려에 의해 이루어져야지, 리더 자신의 스타일이나 기호, 습관을 고집하면 안 된다.

그러므로 목회자는 지도자로서 팀제를 통해 달성할 목표와 1인 리더제를 통해 달성할 목표를 구분할 수 있어야 한다. 팀제의 팀사역 방식은 개인별 사역 성과를 단순 합산하는 방법으로 일정 수준 이상의 성과가 보장되지 않는 사역에만 적용하는 것이 좋다. 집단적 성과를 필요로 하지 않는 사역이라면 전통적인 1인 리더제를 써도 된다.

진정한 팀사역이 일어나려면 팀제로 움직여야 하는데, 이는 상호보완적 기술을 갖고 있는 소수의 사람들이 공동의 목적이나 목표를 달성하기 위해 서로가 합의한 사역방식에 따라 함께 책임지는 공동 사역이다. 목회자는 팀원들에게 개인책임과 공동책임을 구분할 수 있게 도와주고 그 두 가지가 적절하게 통합되도록 하는 사람이다. 팀사역을 한다고 아무도 책임지는 사람이 없는 것도 잘못된 것이고, 계속해서 팀리더 개인에게만 책임을 묻는 것도 잘못된 것이다. 팀책임과 개인 책임은 어떤 경우 어떻게 해당되는 것인가를 목회자는 구분해줄 수 있어야 하고 그것을 팀원들에게 주지시키는 것도 사역자의 몫이다.

　목회자가 다른 평신도 지도자 팀원들과 달리해야 할 중요한 역할이 하나 더 있다. 그것은 일주일 내내 교회에 상주하며 풀타임 사역자로서 연속성과 지속성을 가지고 담당 사역은 물론 교회 전체를 보고 판단하는 통합 사고를 기르는 것이다. 전체를 보는 안목, 시각을 가지고 소위 레버리지 효과까지 이해하는 시스템적 사고(systems thinking)가 가능해야 한다. 그렇지 않으면 일반 팀원들, 혹은 평신도 팀리더와 다를 바가 없다. 그때에 팀리더로서 목회자는 진정한 전체 조정자가 될 수 있을 것이다.

　담당 사역을 수행하는 팀원들에게 담당사역뿐 아니라 전체를 보도록 해야 한다. 그리고 항상 교회 혹은 기관 전체와 다른 사역팀과 연결을 시켜줘야 한다(connection). 자신이 소속되어 있는 팀 내부 관계 형성뿐만이 아니라 다른 팀과의 관계를 형성해 주는 것은 목회자이다. 팀을 위해 당회나 기관 최고결정 기관과 지속적으로 접촉을 해 줘야 한다. 그리고 그 팀이 교회나 기관 내의 다른 팀을 지원하여 교회 공동체 전체가 한 몸으로 움직이게 해주는 것이 바로 목회자가 해야 할 역할이다.

　그런 의미에서 리더십에 대한 연구와 자기 계발이 목회자에게 꼭 필요한 것이다. 피터 드러커가 발견한 중요한 경영 원리 중 하나는 모든 일은 팀을 위한 일이라는 점이었다. 어떤 개인도 모든 일을 다 할 수 있는 성향이나 기술을 다 가지고 있지 못하다. 팀의 목적은 각 개인의 강점을 더 생산적이 되도록 하는 것이다. 이 점에 있어서는 교회나 목회에서도 동일하다. 각 개인이 하나님의 은사를 받은 재능 있는 존재이지만, 팀사역을 통해 그 강점들이 더 생산적이 되고 하나님 나라에서 개인 기여의 합보다 더 큰 기여가 가능하다. 그것이 오늘날 현대 목회에서 우리가 팀사역을 필요로 하는 이유이다.

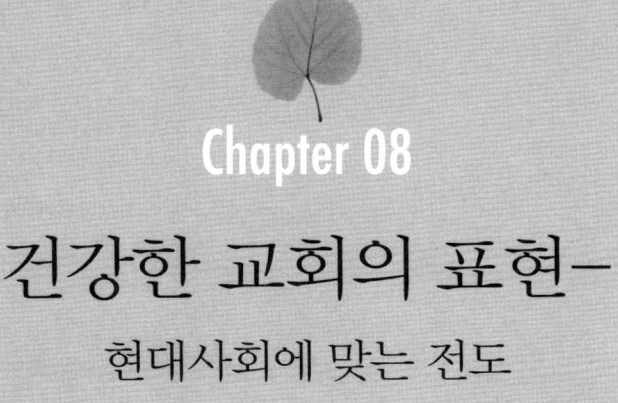

Chapter 08

건강한 교회의 표현-
현대사회에 맞는 전도

Healthy Ministry · Healthy Church

건강한 교회의 표현 – 현대사회에 맞는 전도

현대 전도운동에 대한 검토와 21세기를 위한 효과적 전도 제안[*]

설교에서 신학보다 방법론에만 관심을 가질 때 그 강단이 건전할 수 없다는 것을 우리는 잘 안다. 그러나 전도에 대해 논할 때 목회자의 우선적 관심은 아직도 어떻게 해야 전도가 잘 되는가, 즉 방법론(how)에 집중되는 경우가 많다. '복음'을 전하기 때문에 우리의 전도 행위는 모두 바른 것이라고 말할 수 있을까? 모든 방법론은 그 정신, 곧 신학과 연결되어 있으므로 분리해서 생각할 수 없다. 따라서 건전하며 동시에 효과적인 전도 전략은 우리의 출발점인 성경과 우리의 사역의 기초가 되는 개혁신학에 의해 형성되고 평가받아야 할 것이다.

※ 『현대 전도운동에 대한 검토와 21세기를 위한 효과적 전도 제안』《기독신학 저널》, 제8호 2005년 6월 97~153쪽

1. 전도의 동기와 사명에 대한 검토

대부분의 교회에서는 전도에 참여하는 사람들이 소수에 불과하다. 전도는 특별히 훈련받은 일부 소위 '전도특공대'의 일로 생각되고 있다. 그래서는 교회 성장에 지장이 있겠다는 목회자의 우려에서 때로는 전 교인에게 전도할 것을 강조하기도 한다. 그런데 그것은 단지 전도하는 교회가 성장한다는 결과론적인 해석과 확신 때문이다. 이 경우 목회자들은 교회의 궁극적 사명이 전도라는 설교를 통해 사람들에게 전도의 책임감을 일깨운다.

그렇다면 전도는 교회 성장의 도구이며, 전도와 선교가 과연 교회의 최종 목표인가?

선교학자 바이어하우스는 그것보다 더 상위 개념이 있다는 점을 분명히 하고 있다. "우리는 온 세상에 하나님의 통치를 영화롭게 하고 하나님의 구원 사역을 명백히 밝히라고 부르심을 받고 또한 보내심을 받았다…… 오늘날 선교의 다른 모든 목표에 앞서 이 영광의 목표가 가장 우선권을 갖는다는 것을 강조하는 것은 지극히 중요하다."[298]

전도라는 사역보다 상위에 있어야 하는 것은 하나님의 영광을 선포하는 것이다. 이 시대에 전도의 본질을 개혁신학의 정신에 입각해 가장 잘 전개한 사람은 존 파이퍼(John Piper)인데, 그는 선교의 동기도 웨스트민스터 대요리문답 첫 번째에 나타난 본질 개념과 다를 수 없다고 본다. 즉 사람의 최고 목표는 하나님을 영광스럽게 하고 그분을 영원히 누리는 것이란 사실과 다름이 없다는 것이다. 이것을 인식하는 것이 중요한 이유는 이와 같은 신학적 기초 없는 전도행위로 인해 오히려 우리의 열심에도 불구하고 교회와 그 사역이 잘못된 방향으로 가기 때문이다. 그래서 그는 "인간과 그 사회에만 치중하는 우리의 편향된 관심은 선교를 왜곡하며 세속화하고 더 나아가서는, 준 무신론적 활동으로 전락시킬 정도로 위협을 가하고 있다"299)고 한다.

물론 모든 그리스도인들을 전도해야 한다. 그러나 그것은 혹자가 말하듯 대위임령 혹은 지상명령에 순종해야하기 때문만이 아니다. 로잔 언약 입안에 중심적인 역할을 했던 복음주의 지도자 존 스토트는 "선교를 일으키는 동기의 최고봉은 대위임령(대사명)에 순종하는 것(물론 이는 중요하다)도, 소외되거나 죽어가는 죄인들을 사랑하는 것(특히 하나님의 진노를 묵상할 때, 그것이 이 강력한 동기이기는 하지만)도 아니다. 선교 운동의 최고봉은 바로 예수 그리스도의 영광을 ― 불타오르는 열정으로 ― 갈망하는 것이다. 오직 하나님의 나라, 곧 그리스도의 나라…… 즉 주 예수 그리스도 그분의 나라와 그 왕국의 영광을 생각하는 것이다."300) 대위임령도 중요하지만 전도와 선교의 동기는 단지 지상명령에 순종해야 하기 때문이 아니며, 교회의 궁극적인 목적도 전도가 아니라면 무엇인가? 전도의 동기는 하나님의 영광 때문이며, 교회의 궁극적 목적도 하나님께 영광을 돌리는 것이다.

존 스토트가 잘 지적한 것처럼, 우리가 전도에 게으른 것은 잃어버린 영혼들을 불쌍히 여기는 사랑이 없어서라고 말하는 것도 때로는 온전한 분석이 되지 못한다. 적지 않은 경우에서 보듯이 잃어버린 자들을 불쌍히 여기는 순수한 사랑의 마음도, 하나님의 영광을 향한 열정과 분리된 한갓 심리학적 용어로 추락해버리기 때문이다. 그렇다면 불신자들에 대한 사랑이 있을 때만 전도할 수 있다는 가르침은 어떤 문제를 야기하는가? 교회에 모여 기도회를 하며 잃어버린 영혼에 대한 사랑의 감정이 일어날 때까지 기다리고, 전도하지 않는 것이다. 하나님의 이름과 영광에 대한 열망이 동기가 되지 않고, 단지 불쌍히 여기는 감정만이 강조될 때 이처럼 전도는 감정이 지배하고, 심리학적 근거에 의해 이루어지는 행동(behavioral) 지향적 행위가 되고 만다. 그렇기 때문에 존 파이퍼가 다음과 같은 예수전도단(YWAM)의 존 도슨(John Dawson)의 말을 인용하며 우리에게 경각심을 불러일으킨 것은 매우 적절했다.

> 대부분의 믿는 사람들은 정죄감으로 자기 마음을 살펴보고는, 사랑의 감정이 찾아와 대담하게 전도하게 되기를 기다린다. 그러나 그런 일은 절대로 일어나지 않는다. '잃어버린 자'를 사랑하는 것은 불가능하다. 추상적인 것이나 개념을 마음속으로 깊이 느낄 수는 없는 법이다. 사진에서 본 낯선 인물을 깊이 사랑하는 것은 불가능하며, 더군다나 어떤 민족이나 인종, '잃어버린 모든 사람들'처럼 애매한 무리들에 대해서는 말할 것도 없다.
> 낯선 사람에게 그리스도를 전하기 위해 사랑의 감정이 생길 때까지 기다리지 말라. 당신은 이미 하늘에 계신 아버지를 사랑하고 있으며, 이 낯선 사람은 아버지께서 창조하셨으나 그분과 멀어져 있다는 것을 알고 있다. 그러므로 전도의 초기 단계를 밟으라. 당신은 하나님을 사랑하고 있지 않은가? 우리의 믿음을 나누거나 잃어버린 자들을 위해 기도하는 것은 우선 인류를 불쌍히 여기는 마음에서 그렇게 하는 것이 아니다. 무엇보다도 하나님을 사랑하기 때문에 그렇게 하는 것이다⋯⋯ 인류는 당신이나 나와 마찬가지로 하나님의 사랑을 받을 자격이 없다. 우리는 절대 크리스천 휴머니스트가 되어 불쌍한 죄인들에게 예수님을 모시고 가서 예수님께서 그들의 생활을 개선시켜줄 수 있는 상품인

양 깎아내리는 것을 해서는 안 된다. [301]

지금까지 살펴본 것처럼 전도를 위해서는 사람에 대한 사랑과 불쌍히 여기는 감정도 중요하지만, 더 중요한 것은 하나님에 대한 사랑과 하나님의 영광에 대한 열망이다. 그것이 전도의 근본적 동기여야 한다.

우리 모든 그리스도인들에게는 전도할 의무가 있다. 예수님은 하나님 나라를 전파하기 위하여 제자들을 파송하셨을 뿐 아니라(요 17:18) 지금도 우리를 자신을 대신한 사도로 파송(요 20:21)하시기 때문이다. 그러나 전도는 우리를 전도하라고 파송했기 때문에 그 의무감으로 전도하는 것이 아니라 예수님처럼 자신이 아버지로부터 보냄을 받았다는 자각(요 7:16,29)과 자신을 보내신 이의 영광을 위하려는 마음(요 7:18)과 하나님의 뜻이 이 땅에 이루어지기를 바라는 열망(마 6:10)에서 시작되어야 한다. 그것은 "여호와의 심으신 바 그 영광을 나타낼 자라 일컬음을 얻게 하려 하심이니라(사 61:3)"는 말씀처럼 구약에서부터 동일하게 나타났던 하나님의 의지이며, 이것이 그리스도인의 삶과 교회의 궁극적인 목적이다.

그렇다면 전도의 목표와 결과는 무엇으로 판단되어야 하는가? 일차적으로는 전도받은 나 자신의 구원과 영생이겠지만 그것은 개인주의적 현대기독교의 관점이며, 교회가 성장해가는 것도 교회 경영자의 입장일 뿐이다. 전도의 목표는 사람들이 그리스도의 의의 열매가 가득하여 변화된 삶을 사는 것일 뿐 아니라, 하나님께 영광이 되고 결국 찬송이 일어나게 되는 예배[302]이다. 이것은 빌립보서 1장 11절 뿐 아니라 "우리를 예정하사 예수 그리스도로 말미암아 자기의 아들들이 되게 하셨으니…… 그의 은혜의 영광을 찬미하게 하려(엡 1:5~6, 12,14절 참조)"
는 것이라는 말씀에서 보듯이 성경 전체가 가르치는 바이기도 하다.
고린도전서 14장 23~25절은 잘못된 은사 사용의 결과를 언급하고, 은
사를 바르게 사용하게 되면 어떤 일이 일어나는가를 대조하는 문맥 속
에서, 건전한 은사 사용이 있는 교회에는 불신자 전도가 일어나며 그
결과 그들이 하나님을 예배하게 됨을 보여준다. "믿지 아니하는 자들
이나 무식한 자들이 들어와서(고전 14:24) …… 엎드리어 하나님께 경배
하며(고전 14:25)." 이처럼 전도가 일어나면 하나님을 예배하는 일이 벌
어진다.

그러므로 우리는 전도 자체가 궁극적 목적지가 아니라, 사람들이 변
화되어 증거자의 삶을 살고 하나님께 예배가 드려지고 영광이 돌려지
는 것이 궁극적 목적이라고 말할 수 있다. 그래서 존 파이퍼는 그의 선
교에 대한 뛰어난 책의 첫 장(chapter)을 "선교가 교회의 궁극적 목적이
아니다. 예배이다. 예배가 없기 때문에 선교가 존재하는 것이다. 선교
가 아니라 예배가 궁극적이다. 왜냐하면 하나님이 궁극적이지, 사람이
아니기 때문이다…… 예배가 선교의 목적인 것은, 선교할 때 우리는
단지 모든 민족이 하나님의 영광을 지극히 즐거워하도록 인도할 뿐이
기 때문이다"[303]란 말로 시작한 것이다.

지금까지 살펴본 것처럼 전도의 진정한 동기는 "그 영광을 열방 중
에 선포하려는(시 96:3)" 열망 때문이며 전도의 목표는 예배이고 전도의
궁극적 목적은 전도자와 개교회에 속한 것이 아니라 하나님의 이름을
높이고 하나님의 영광을 선포하는 것이다. 그 나머지는 그에 따른 산
물이다. 지금 여기서 강조한 바는 전도가 중요하지 않다는 것이 아니
다. 오해가 없기 바란다. 교회는 선교적 공동체이다. 그러나 교회의

궁극적 목적이 전도는 아니며, 그것은 건강한 교회의 한 특성이라는 것이다. 오히려 전도해야 하는 이유가 목회자의 교인들을 향한 짐 지우기 방식의 의무감 고양과 죄책감 부과로 인해 마지못한 것이 아니라, 하나님의 이름을 높이고 하나님께 영광을 돌리며, 믿지 않는 사람들이 함께 하나님께 예배드리는 것을 보기 원하는 비전 때문이어야 한다. 보통 때는 아무 생각 없이 지내다가 일 년에 한 번 대형 전도집회 직전에만 전도해야 할 의무감을 강조하는 방식이 아니라, 평상시에 이런 비전을 심어주고 그 실현을 위한 진정한 동기 유발을 통해, 훈련을 받은 소수의 전도특공대만이 아니라 전 교회가 전도하는 공동체가 되도록 해야 한다. 그렇게 목회하는 것이 성경적인 리더십에 근거한 사역이다.

2. 전도를 위한 복음에 대한 바른 이해

지금까지 살펴본 것처럼 전도의 방법과 전략 이전에, 하나님의 영광에 대한 열정이 우선되는 목회 속에서 전도의 열기와 불이 제대로 지펴질 수 있다. 전도의 결과 역시 하나님 앞에 의미 있는 것이 되기 위해 전도의 동기와 목적이 신학적으로 분명해야 한다. 이와 동시에 전도 메시지, 곧 복음에 대한 바른 이해가 있어야 전도의 방법론과 과정이 바를 수 있다. 그리고 전도 방법론과 결과에 대한 평가도 복음이란 무엇인가에 대한 이해에 따라 달라지기 때문에 우리가 전하는 복음 메시지에 대한 신학적 검토가 선행되어야 한다. 성경적 전도의 기초가 되는 복음에 대한 바른 이해를 위해서는 먼저 구원과 회심에 대한 전도자들의 생각부터 다시 짚어볼 필요가 있다.

2.1 구원을 천국 가는 것 이상으로 이해하고 전도해야 한다.

오늘날 기독교인들이 많다고 하지만 하나님 나라가 세상에 들어온 것을 세상 사람들이 인식하기 어려운 것은, 전도자들이 복음을 생명보험 판매와 같은 방식으로 다루기 때문이다. 모든 사람을 그리스도인으로 만들겠다며 전도하는 것이 매우 경건해 보이지만 실제로는 인간적 야망으로 목회를 하는 것은 아닌지 그 동기를 자문해 볼 필요가 있다. 이 경우 그 목적 달성을 위해 복음의 메시지를 최소한으로 줄이기도 하는데, 이것은 사실상 종교 소비자에게 상품을 판매하는 사업가의 경영 전략과 다를 바가 없다. 이때 구원받는 것은 지옥에 가지 않고 천국에 간다는 것이고 그 점에서야 기쁜 소식이지만, 예수님을 믿고 하나님의 백성이 되는 것이 오직 지옥에 빠지지 않기 위한 보장을 받는 생명보험 가입 수준으로 축소되어 버리는 것은 문제이다. 이는 오늘날 전도자들이 이해하는 복음에 대한 축소된 개념 때문에 발생한 것이다. 이 문제가 해결되기 위해서는 전도의 행위는 물론 복음을 하나님 나라 속에서 이해할 필요가 있다.

예수님의 전도는 어떠하였는가? 현대 전도자들처럼 '예수 믿고 천당 가자'는 구호 방식이 아니었다. 그것은 "무리가 알고 따라왔거늘 예수께서 저희를 영접하사 하나님 나라의 일을 이야기하시며 병 고칠 자들은 고치시더라"는 누가복음 9장 11절 말씀에서 보듯이 하나님 나라가 무엇이며 이제 어떻게 살아야 하는가까지 포함한 것이었다. 부활 이후의 주님의 전도 방식도 사도행전 1장 3절에서 보듯이 "사십 일 동안 저희에게 보이시며 하나님 나라의 일을 말씀"하시는 것이었다.

주께서 그러하였기에 사도들의 전도 방식과 메시지도 그러하였다. "바울이 회당에 들어가 석 달 동안을 담대히 하나님 나라에 대하여 강론하며 권면하되"(행 19:8)란 말씀과, "보라 내가 너희 중에 왕래하며 하나님 나라를 전파하였으나"(행 20:25)는 말씀, "저희가 일자를 정하고 그의 우거하는 집에 많이 오니 바울이 아침부터 저녁까지 강론하여 하나님 나라를 증거하고 모세의 율법과 선지자의 말을 가지고 예수의 일로 권하더라"(행 28:23)는 말씀, 그리고 "담대히 하나님 나라를 전파하며 주 예수 그리스도께 관한 것을 가르치되 금하는 사람이 없었더라"(행 28:31)는 말씀의 증거는 일관성 있게 전도가 하나님 나라에 대한 폭넓은 가르침이지, 단순히 천당 티켓 확보 수준이 아니었음을 알 수 있다. 이제 우리가 전하는 복음에 대한 이해는 천국 가는 비법 수준을 넘어서야 한다.

2.2. 구원을 먼 미래에 영혼만 구원받는 수준 이상으로 이해하고 전도해야 한다.

'예수 천당 불신 지옥'의 구호가 신학적으로 잘못된 것은 아니지만, 전도할 때 구원을 죽음 이후 먼 미래에 영혼만 구원받는 것으로 인식시켜 현재의 삶은 오직 내세를 위한 준비로서의 의미만 갖게 하는 것은 바람직하지 않다. 그 결과 그리스도인들이 세상에 대한 책임과 문화에 대한 관계성을 이해하지 못하여 세상으로부터 고립된 수도원적 기독교인 생활로 신앙생활을 축소시키는 문제를 야기하기도 한다. 르네 빠딜라는 이 시대에 만연한 전도방식의 문제점의 하나로 이것을 다음과 같이 잘 지적하였다.

> 전도는 개인적 영적 필요를 채우기 원하는 사람들을 만족시키고, 세상으로부터의 도피자들을 모집하는 것이 아니다. 그런 전도에 대한 개념

과 목회방식으로 말미암아 세상을 치유하고 변화시키는 하나님 나라의 능력이 나타나지 못하게 되었다. 삶의 모든 영역에 미칠 하나님의 주권과 성경적인 하나님 나라에 대한 개념을 갖기 어렵게 만들어버렸다. 이런 전도는 한 종교에서 다른 종교로 개종할 것을 권유하는 행위에 지나지 않는다. [304]

성경은 전도를 내세에 갈 천당에 관한 가르침만으로 제한하지 않고 예수님을 통해 이미 이 땅에 침투한 '하나님 나라와 및 예수 그리스도의 이름에 관하여 전도함'(행 8:12)으로 그리고 있다. 개혁주의 신학과 복음주의 전통은 내세에 대한 관심은 물론, 현재 우리가 사는 이 세상에 대한 주 예수님의 통치와 그리스도인의 사회에 대한 책임을 분명히 한다는 점에서 근본주의 신학을 극복한다. 따라서 우리의 전도 방식의 근본에 깔려 있는 신학적 사고가 혹시 이런 점을 충분히 반영하지 못하고, 복음과 구원을 먼 미래에 받을 영혼 구원과 천국 가는 일만으로 축소시키고 있지는 않은지 검토해 볼 필요가 있다.

2.3 구원은 죄 문제의 해결과 용서 이상임을 알고 전도해야 한다.

성경에서 보여주는 것처럼 하나님 나라가 가까웠으니 회개하라는 의미에서 전인적이고 총체적인 회개를 촉구하는 것이 아니라, 많은 전도자들이 죄 문제를 다루는 것은 피전도자들의 죄 문제를 들추어내서 죄책감을 해결하는 대안으로 용서받을 것을 제안하는 수준이다. 그러나 진정한 복음은 죄책감의 해소와 용서받았다는 느낌 이상으로, 죄의 지배와 능력으로부터의 구원까지를 포함하며 성령의 새로운 지배로 인한 하나님의 통치 아래 사는 것까지 포함한다. J.I. 패커(Packer)도 전도가 천국 티켓을 받고 축복받는 것만 강조하는 반쪽이 아니라, 죄에 대한 깊은 인식과 돌아서는 회개에 대한 분명한 강조가 있어야 한다고 주장한다. 도한 죄에 대한 인식은 죄책감으로 괴로워하는 것이 아니며, 전도자도 그런 약점을 이용하는 것이 아니어야 한다305)고 지적한 바 있다. 따라서 우리의 전도도 이 점에서 무리가 없는지 검토해 볼 필요가 있다.

한 가지 더 지적하고 싶은 것은, 전도폭발을 비롯한 대부분의 전도 방법은 전도 대상자를 정형화된 진단질문으로 진단하여 십자가의 대속신학에 대한 분명한 이해가 없을 경우 구원을 못 받은 것으로 간주해, 준비해 간 복음을 제시하도록 한다. 그러나 단지 예수 그리스도의 십자가의 대속적 죽음의 의미에 대한 신학적 진술능력 여부가 구원의 증거가 아니며, 그것을 분명히 설명하지 못한다고 구원받지 못했다고 판단내리는 것처럼 거듭남이 그리 간단한 현상이 아니다. 예수님의 십자가의 대속 교리는 복음에 대한 넓고 깊은 이해의 한 부분이기 때문이다. 대속 교리가 중요한 것은 구원의 근거, 곧 하나님 나라의 복음306)의 초석이 되기 때문307)이지만, 구원은 죄 문제의 해결뿐 아니라 하나님의 자녀가 되고 새 피조물이 되는 등 그 이상까지의 문제이다. 따라서 그리스도의 대속적 죽음에 대한 설명 능력 여부로 구원 여부를 판단할 경우, 전도는 결국 죄 문제 해결과 죄책감으로부터의 자유와 용서만이 핵심 주제로 다루어지게 되며 피전도자로 하여금 그것만이 구원의 목적인 것처럼 인식하게 만든다는 점에서 바람직하지 않다. 맥클라렌(McLaren)은 지금까지 전도가 역사를 초월하여 은혜로 지옥으로부터 구원을 받게 하는 것과, 역사 속에서 은혜로 죄로부터 구원을 받는 것이란 개념 사이의 전쟁308)이었다는 통찰력 있는 지적을 한 바 있다. 전도와 구원에는 그 두 부분이 포괄적으로 존재하기 때문에 단지 지옥으로부터의 구원이라든가 내세에 천당 가는 것으로 머물거나 현세에 죄 사함과 용서받는 정도로만 머물러서는 안 된다.

2.4. 전도할 때 구원을 법정적 차원에서의 칭의로만 축소해서는 안 되며, 동시에 칭의를 도덕적 인간이 되는 것으로 대치해서도 안 된다.

현대의 전도에서 나타나는 잘못된 복음에 대한 개념 중 하나는 구원을 오직 칭의로만 설명하려는 축소주의의 문제이다. 구원을 죄 용서를 위한 십자가 대속교리의 수용으로만 보는 것은 전도자의 문제이지만, 거듭남 이후의 변화된 삶과 복음의 능력이 나타나지 않는 마치 법정 내에서만 효력이 있는 것으로 왜곡해서 편협해진 칭의 개념으로 이해시키는 것도 심각한 문제이다. 게다가 현대 포스트모던 사회에서는 칭의를 인간화로 대치하려는 새로운 움직임마저 일어나고 있다. 이것은 20세기에 들어 세계 곳곳의 교회에서 나타나는 현상이다. 데이비드 웰스(David Wells)는 '하나님께로 돌아오는 사람'의 옛 복음주의의 인식이 '사람들에게로 돌아오시는 하나님'(예를 들어 1968의 웁살라 선언)이란 새로운 아이디어로 대치되어 가고 있는 현실을 탄식하며, 동시에 '그리스도께로 사람들을 인도하라'는 옛 신학은 '진정한 인간성을 발견하라'는 새로운 신학으로 대치되고 있음을 지적했다. 회심은 믿음과 회개 가운데 하나님께로 돌아오는 것이 아니라, 인도의 신학자 M. M. 토머스(Thomas)의 설명대로 인간 존재들을 구속하고 억압하는 모든 것으로부터의 자유를 발견하는 것이라는 생각으로 바뀌어가고 있다[309]는 것이다.

전도를 할 때, 회개하고 하나님께로 돌아가야 할 회개보다 사람들에게 돌아오시는 하나님이 강조될 때, 구원의 결과는 도덕적이고 윤리적으로 수준 높은 삶을 사는 인간, 그리고 휴머니즘에 입각하여 진실하고 참된 인간이 되는 수준으로 복음이 축소되는 일이 벌어지게 된다. 그리고 나면 전도를 사회봉사와 비슷한 수준으로 축소시키는 일도 따라오게 된다. 이런 일이 발생하게 된 것은 역설적으로 들리겠지만, 자유주의냐 보수신학이냐의 문제가 아니라 보수신학 내에서도 대계명(Great Commandment)과 대사명(혹은 대위임령, 지상명령 Great Commission)을 분리시켜 이해하고, 가장 큰 계명을 하나님 사랑과 이웃 사랑을 분리해 가르치고 목회하는 데서 발생한 문제이다.

이웃 사랑은 하나님 사랑 속에서 이해되어야 하고 대계명은 대사명 속에서 이해되어야 한다. 그러나 두 가지를 이원론적으로 분리시켜 이해하고 사역하던 사람들이 이제는 지상명령을 사회복지와 봉사로 대치하는 환원과 융합의 과정을 겪고 있는 것은 아이러니컬한 일이다. 사람들을 사랑하고, 자유롭게 살게 하고, 잘 살게 하고, 억압과 가난에서 풀어주고, 진정한 아름다움이 무엇인지 발견하여 수준 높게 살게 하는 것이 복음화가 아니다. 복음은 사회적, 문화적 측면이 있지만 복음전도는 그 이상이기 때문이다. 단순히 세례받고 교회 다니며 예배드리는 것 이상이다. 이런 문제가 계속되자 도널드 블러쉬(Donald Bloesch)는 "우리는 바르트의 전도 이해에 반대하여 전도는 교회 밖에 있는 세상을 향하여 우리 자신을 보여주면서 복음뿐만 아니라 율법도 선포하며 하나님의 사랑뿐만 아니라 심판도 외쳐야 한다"[310]고 주장하기까지 이르렀다.

2.5. 전도의 결과로 그리스도인이 되는 것과 제자가 되는 것을 분리해서 가르쳐서는 안 된다.

전도의 목표가 교인이 되게 하는 것(등록)이거나 기독교인이 되게 하는 것(종교 생활 시작), 혹은 죄 용서받고 영생을 얻어 천국을 확보하는 것으로 보는 전도자는 예수를 구원자(savior)로 영접하게 하는 것이 전도의 목표이다. 그리고 구원받은 다음에 제자훈련을 받거나 신앙생활을 해가면서 신앙이 성숙하면 예수를 주님으로 모시는 제자가 되라는 것이 그들의 주장이다. 성경적 기독교의 전통과 다른 이런 새로운 개념의 복음에 대한 이해가 현재 전도자와 목회자들 사이에 만연해 있다.[311] 이것은 전도자의 입장에서는 명료하고 간편하고 편의주의적이지만 과연 그것이 성경의 가르침인가, 그리고 그런 방식의 전도의 결과는 무엇인가란 점에서 깊이 숙고해볼 문제이다.

이런 단계적 구원론의 폐해는 미국에서는 소위 '주재권 구원론 논쟁(Lordship Salvation Debate)'이란 이름으로 지난 세기 말에 이미 J. I. 패커(Packer)와 제임스 보이스(James Montgomery Boice) 등 개혁주의 신학자들과 목회자 사이에서 토의가 되었고, 그것은 복음에 대한 성경적 증거와 다르다고 언명하고 마무리된 바 있다. 그러나 아직도 우리나라 목회 현장에는 교단과 관계없이 세대주의의 영향을 받은 목회자와 성경교사들이 적지 않고, 전도 현장에도 이것이 편리하기 때문에 계속 그런 가르침이 계속되고 있는 현실이다. 필자는 이것을 안타깝게 생각하여 기회가 될 때마다 이런 구원론에 대한 이해와 이런 방식의 전도의 폐해를 지적해왔다. 전도 현장에서의 구세주와 주님으로 나뉘는 단계적 구원론에 대해서 안토니 A. 후크마는 "세속적인 그리스도인[312]이란 개념은 그리스도를 주(Lord)로 받아들이지 않고도 그를 구세주로 영접할 수 있다는 의미를 자아낸다"313)고 우려를 표현하며 성경적 인간론과 구원론의 입장에서 볼 때 그것이 어떻게 잘못된 것인가를 간단하지만 잘 설명314)했으므로 그것을 참조하기 바란다. 찰스 콜슨은 이런 전도 방식과 함께 구원 확인을 위해 거듭난 체험이 언제 있었는가를 답하기 요구하는 사람들의 문제를 억측의 죄(the sin of presumption)315)라고 부른다. 개혁주의 조직신학자이며 역사신학자인 데이비드 웰스는 "사도들은 구주이신 그리스도와 주님이신 그리스도를 구분하지 않았다. 성경에 의하면 우리를 죄에서 구원하신 분은 주님이신 그리스도이시다"(롬 10:8~13)316)라고 단호하게 말하고 있다. J.I. 패커는 예수의 구원자 역할에 대해 단순히 지적으로 동의할 뿐인 신앙을, 마틴 로이드존스가 『청교도』란 책에서 지적한 2세기 전 스코틀랜드에 있었던 산데마니아니즘(Sandemanianism)의 새로운 형태로 묘사한다. 사실 그들의 의도는 의롭다함을 받는 것은 행위와 무관하다는 것을 강조하기 위한 것이 출발이었지만, 그런 식으로 믿음을 높이는 것이 바로 참된 믿음을 파괴하는 것이며, 살아계신 그리스도에게 삶의 변화를 동반한 헌신을 하지 않는 기독교는 성경적 기독교와 다르며 거짓된 회심을 낳고 복음을 위태롭게 한다317)고 단호하게 말하고 있다. 존 스토트는 그의 로마서 주석에서 믿음의 순종을 강조하며 "이것이 바로 예수 그리스도를 주님으로 인정하여 복종하지 않고도 그분을 구세주로 받아들일 수 있다고 주장하는 사람들에 대한 우리의 응답이다"318)라고 함으로, 그것이 잘못된 것임을 분명히 밝히고 있다. 굳이 이런 방식의 전도의 오류에 대한 여러 신학자와 목회자들의 지적들319)을 다 읽어보지 않더라도, 성경을 진지하게 읽는다면 "그리스도 예수를 주로 받았으니 그 안에서 행하라"는 골로새서 2장 6절의 명령을 통해 구원받는다는 것이 예수님을 구세주일 뿐 아니라 주님으로 받아들이는 것임을 분명히 알 수 있을 것이다. 사도들도 설교하고 전도할 때 '그리스도 예수의 주되신 것'을 전파했다(고후 4:5)고 성경은 분명히 밝힌다. 구원받은 사람들의 모습을 우상에서 하나님께로 돌이킴과 살아계시고 참 하나님이신 그분을 섬기는 하나님의 구속 행위에 참여하는 것으로 묘사하는 데살로니가전서 1장 9절과 같은 성경의 가르침은 주재권(Lordship) 없는 구원을 말하고 있지 않다. J.I. 패커가 "복음전파는 회심을 목표로 둔 말씀 전파다. 그것은 단순히 정보를 제공하는 것이 아니라 진리로 초대하는 것이다"[320]라고 말할 때 그 회심은 이처럼 예수님을 주로 삼아 주재권이 있는 변화된 삶[321]이지 예수님을 주인으로 모시지 않고 세속적으로 살면서도 그리스도인이 될 수 있다는 이상한 회심을 의미한 것이 아니었다.

2.6. 전도의 결과, 구원받은 자는 삶의 변화가 따를 것을 기대하는 전도를 해야 한다.

삶의 변화가 구원의 조건은 아니다. 그러나 삶의 변화가 구원의 열매요 회심의 증거로 나타나는 성경적인 복음에 대한 이해와 구원론에 기초하여 전도하고 설교하고 사역해야 한다.

에베소서 2장 9절은 구원이 행위에서 나는 것이 아님을 분명히 하지만 바로 그 다음 절은 구원받은 자는 '선한 일을 위하여 지으심을 받은 자'라고 말한다. 즉, 삶의 변화와 그리스도 예수 안에서 하나님을 기쁘시게 하는 행위를 보이는 것이 예수 안에서 새로 지으심을 받은 자임을 증거하는 것이다. 이처럼 성경이 말하는 구원은 변화된 삶의 증거를 보이는 것까지를 포함한다. 성경이 말하는 믿음으로 의롭다함을 받는 것이 행위를 조건으로 하는 것은 아니지만, 그렇다고 지적 동의를 뜻하는 것이 아니며 삶의 변화를 동반하는 것임을 성경의 여러 곳을 통해 우리는 확인할 수 있다. 그러므로 전도는 피전도자의 지적 동의를 얻어내는, 단지 입술로 영접기도를 따라하게 만드는 것이 목표가 되어서는 안 된다. 오순절에 베드로가 전도를 했을 때 '이 말을 듣고 마음에 찔려'(행 2:37) 회심을 했고, 그 회심은 이제 어떻게 살아야하는가, 즉 삶의 변화와 연결되고 있음을 기억해야 할 것이다. 전도는 지금까지의 삶의 방식과 방향을 돌이켜 하나님을 향해 전적으로 돌아서게 하는 것이다. 야고보서 5장 20절 말씀은 "죄인을 미혹한 길에서 돌아서게 하는" 자가 그 영혼을 사망에서 구원하는 것이라고 하여, 전도가 주재권과 분리된 구원을 의미하는 것이 아님을 분명히 증거하고 있다. 이처럼 구원은 자신의 뿌리 깊은 죄성과 하나님과 이웃과의 잘못된 관계를 깨달아 돌이켜 은총으로 새롭게 되어 바른 관계를 형성[322]하는 변화된 삶까지 포함하고 있는 것임을 전도자는 분명히 알고 전해야 한다.

사실 주후 3세기 동안 교회가 성장한 것은 요즘과 같은 방식의 의도적인 전도와 교회 성장 전략에 의한 것이 아니라, 기독교인들의 삶의 덕, 윤리가 세상에 영향을 끼쳤기 때문이다. 즉, 세상 사회에 대한 문화적 저항력과 영향력의 다이나믹이 세상 사람들의 궁극적 의문에 대한 답이 되었고, 전쟁과 질병과 재앙으로 뒤덮인 시대에 기독교인들이 보였던 긍휼 때문에 교회가 성장하게 되었다는 사회학자 로드니 스타크(Rodney Stark)의 분석[323]은 그래서 우리에게 시사하는 바가 크다. 전도나 교회 성장의 원동력은 그리스도인의 믿음과 교회의 갱신에 담겨 있는 역동성이기 때문이다.

지금까지 알아본 것처럼 세상 사람들과 다를 바 없이 사는데도 "당신은 영생을 얻었고 구원의 확신을 가져야 한다"고 훈련시키는 현대 교회와 전도자들의 가르침은 성경의 가르침과 다른 것이다. 구원을 받는다는 것은 그리스도 안에서 실현된 새 창조에 참여하는 것이고(엡 2:10; 딛 2:14) 이전 것은 지나가고 새 사람이 되는(고후 5:17) 것이다. 그렇다면 삶의 변화에 대한 기대 없이, 단지 영접기도 시키는 것을 목표로 하는 전도방식은 이제 달라져야 한다.

2.7. 영접기도 따라하게 만드는 것이 목표인 전도에서, 구원을 과정으로 보는 전도로 발전되어야 한다.

전도자가 제시하는 구원의 원리에 동의하고 영접기도를 하는 것으로 구원문제가 해결되는 것으로 인식시키는 전도가 아니라, 성경이 말하는 구원의 전 과정을 이해한 상태에서 전도를 해야 한다. 죄인이 위기를 겪고 회심을 체험하는 순간에 즉각적으로 변화받는다는 견해가 정립된 것은, 미국의 경우는 후기 전도 부흥집회 시절부터 많이 일어나기 시작했다. 그런데 사람이 거듭나는 것이 비록 우리가 인지하기 어려운 매우 순식간에 일어나는 일이기는 하지만, 성경을 통해 알 수 있는 것은 한 사람이 믿음을 갖고 예수를 그리스도와 주로 영접하는 것은 한 순간의 일이 아니라는 점이다. 그래서 도널드 블러시는 "믿음의 한 단계를 구원으로 이해할 것이 아니라, 구원의 전체적인 이해가 필요하다"[324]고 주장한다. 물론 전도자의 입장에서는 구원을 한 순간에 이루어지는 것(a quick-fix treatment)으로 묘사하는 것이 단순하고 편할 것이다. 그러나 보체르트가 "구원은 살아계신 하나님께 대한 한 개인의 평생에 걸친 헌신이다. 구원을 한 순간에 이루어지는 것으로 보는 개념은 그리스도의 복음과 구원을 지극히 단순화시키는 것이다. 그러한 개념은 모든 영원성을 '현재성(now)'에 집어넣는 뿌리 없는 현세대에 호소하고자 하는 그리스도인들에 의한 빈약한 신학의 결과이다"325) 라고 경고한 것처럼, 이제 우리 한국교회도 이 수준은 넘어서야 한다. 즉 부흥회, 전도 집회, 혹은 개인전도 시 영접기도 요청에 따라 단순히 손들거나 기도를 따라하는 것이 구원받는 일과 대등한 것으로 여기지 말아야 한다. 블러쉬도 강단으로 걸어나오는 것은 복음에의 응답, 즉 결단의 공적 표현이기는 하지만, 그 행위를 구원으로 여겨서는 안된다고 분명히 한다. 이는 중생이 결단의 순간에 단번에 성취되는 것처럼 단순화시켜 값싼 은혜로 사람들에게 제공할 위험이 있기 때문이다. 이런 점에서 그가 빌리 그래함 전도협회가 공중 결단을 단순히 구도의 단계로 보고 회심이라고 하지 않는 것은 중요한 의미가 있다326)고 여기는 것을 주목해 보기 바란다. 알파코스가 현재 효과적인 전도 소그룹 사역으로 각광받고 있는 이유도 그 운동의 지도자 니키 검블327)이 밝히듯 전도를 과정으로 바로 이해하고 있기 때문이다. 고린도전서 15장 2절은 "나의 전한 그 말을 굳게 지키고 헛되이 믿지 아니하였으면 이로 말미암아 구원을 얻으리라"고 말씀하며, 전도받을 때 들은 복음을 지속적으로 굳게 지키며 헛되이 믿지 않는 평생의 삶이 거듭남의 증거라고 가르치고 있다. 필자는 지금 전도할 때 결단의 필요성을 부인하는 것이 아니다. 그런 결단의 순간이 의미 있는 시간이기는 하지만, 결단의 진정한 의미는 무엇이며 그것이 지속성이 있는 것인가를 이제는 전도자들이 돌아볼 필요가 있다는 것이다. 힘들게 전도했다면 열매 맺는 전도가 되기 위해, 현재 행해지고 있는 전도방식에 대한 깊이 있는 검토가 필요함을 강조하고 있는 것이다.

3. 복음의 공동체성을 반영하는 전도

대부분의 목회자들은 오늘날에 만연한 개교회주의에 대해 우려를 한다. 그런데 지역 교회들 사이에 각 교회가 하나님 나라의 한 지체라는 총체적 측면에서 공동체 의식이 부족하고, 교회들 간의 연대도 매우 희박한 것은 무엇 때문일까? 각 개교회가 공동체 의식을 강조하고 있지만, 교인들은 대체로 개인주의적인 신앙생활을 계속하고 있다. 이처럼 한 교회 내의 지체들에 대한 상호책임성을 찾아보기가 쉽지 않은 것은, 신흥 개인주의 기독교 때문이다. 개인주의 기독교는 교인들의 자기중심성(self-centeredness)과 이기심과 같은 죄성의 표현이다. 이것이 극복되기 어려운 것은 처음 복음을 접할 때부터 "내 죄 사함 받는 것은 그 누구도 도울 수 없는 나 자신의 문제이며, 내가 구원받아 내가 영생을 얻고 내가 천당 가는 것"이라는 생각이 전도자로부터 주입되기 때문이다. 이런 개인주의 복음은 회개와 구원이란 관점에서 한 면은 사실이지만, 복음의 총체적인 의미를 축소시킨 것이다. 그것은 전도설교나 개인전도자의 가르침 속에서 "이 세상에 나 혼자만 남아 있어도 나를 사랑하시는 예수께서 오셔서 나를 위해 십자가에서 돌아가 주실 것이라고 나는 믿는다"는 표현으로 나타나기도 한다. 이 말도 일면은 일리가 있겠지만, 우리의 신앙이 얼마나 자기 중심적이며 하나님도 나를 중심으로 움직여야 하고, 구속사와 하나님의 역사도 자기 중심적으로 해석되는가를 단적으로 보여주는 예이기도 하다. 결국 교회의 공동체성 결여와, 개인 경건은 뛰어나지만 이기적이고 개인주의적인 신앙생활을 하는 사람들을 교회에 넘치게 만든 것은, 현대 전도자들이 근래에 새로 나온 '개인주의 복음'을 전했기 때문이다.

그러나 성경은 구원받는다는 것, 즉 전도를 통해 '듣고 믿음'을 갖는 것은 '세례를 받는 것'(행 18:8)으로 이어짐을 보여준다. 이때 세례는 그리스도 예수와 합하는 것(롬 6:3)이며 그것은 이어지는 로마서 6장 4~5절이 보여주는 것처럼 공동체(세례는 한 개인의 문제가 아니라 '우리'의 문제로 이해하고 있음을 주목하라)의 사건이다. 따라서 우리는 구원받는 것을 수많은 사람들 가운데 나 혼자 영생을 확보한 하나님의 외아들이 되는 것이 아니라, 하나님의 '백성'이요, 하나님의 자녀가 되는 공동체적 개념에서 이해하도록 전도하는 것이 중요하다.

지금까지 살펴본 것처럼 오늘날 복음 운동의 문제 중 하나는 전도받은 개인이 복음을 하나님과 자신과의 사적인 문제로만 이해하고 구원을 세상과 연관하여 이해하기가 불가능하다[328]는 점이다. 분명히 해두고 싶은 것은 성경적 전도는 개인주의적 복음을 전하는 전도가 아니라 복음의 공동체성을 살리는 전도가 되어야 한다는 점이다. 그래서 르네 빠딜라는 구원은 한 사람과 하나님 사이의 사적인 문제 이상의 것[329]이라고 한 것이다. 그리스도인이 된다는 것, 혹은 신앙생활의 본질적인 면 중 하나는 이전까지 나와 아무 관계가 없던 하나님과의 관계가 형성되고, 세상 방식과 다른 하나님 나라의 가치에 의해 움직이는 공동체에 연결되어 이웃과 형제자매의 관계로 사는 것이다. 성경이 보여주는 거듭나고 하나님과의 관계가 정립된 사울, 고넬료, 그리고 루디아의 삶이 바로 그것을 보여준 것이다. 그러므로 순종의 삶 없는 오직 믿음, 공동체로의 결합(이것은 교회원이 되는 것으로 표현된다)이 없는 오직 믿음의 신앙이란 성경과 관계없는 사상임을 알아야 한다. 지역 교회 속에서의 코이노니아(행 2:42)가 우리의 그리스도인 됨, 하나님의 백성 됨, 하나님의 가족 됨을 보여주는 것이다.

이제 복음과 구원의 공동체성을 바로 이해했다면, 다음으로는 전도 방식에서도 공동체성이 나타나야 함을 이해하는 것이 중요하다. 성경을 보면 개인전도의 모습 외에도 교회가 있는 곳에서는 공동체가 전도하는 모습을 보여주고 있다.

고린도전서 14장 24절을 보면 '믿지 아니하는 자들과 무식한 자들'이 전도되는 것은 공동체 가운데에서, 교회에서 벌어지는 일이다. 왜냐하면 그들이 전도된 것은 '들어와서'330) 교회에 의한 것이기 때문이다. 전도의 구체적 행위는 '모든 사람에게' 책망을 들으며 '모든 사람에게' 판단을 받고(24절) 그 마음의 숨은 일이 드러나게 되는331) 것(25절)으로 묘사되어 있다. 회개가 일어나게 되는 것은 한 개인의 뛰어난 전도적 언변 때문이 아니라, 모든 교인들 즉 공동체가 잘못된 삶에 대한 지적과 죄인 됨을 드러내 보여주었기 때문임을 주목하라. 한 개인이 피전도자의 죄성을 지적하고 잘못된 삶을 지적할 때 감정적으로 받아들일 수도 있지만, 다수인 공동체의 예언적 증거 앞에서 사람들은 깨어지고 굴복하여 '엎드리어 하나님께 경배'(25절 중반)할 뿐 아니라 '하나님이 참으로 너희 가운데 계시다 전파'하는 일이 벌어지기 마련이다. 이것이 바로 본장의 서두에서 강조한 것처럼 전도의 궁극적 목적, 즉 하나님께 영광이 돌려지고, 공동체에 들어가게 되고,332) 예배가 일어나며, 교회의 명예가 높아지고 2차적 전도가 파생되는 모습이다. 전도자 한 개인이 아니라 공동체가 하나님의 영광을 나타내는 이런 목회가 없이는 진정한 의미에서 능력 있는 전도가 일어나기는 어렵다. 계속 주장해온 것처럼 진정한 전도라면 그 결과 거듭나서 변화된 삶이 따라와야 하고, 공동체에 들어와 함께 하나님을 예배하는 일이 벌어져야 한다. 이것을 가장 효과적으로 하는 것은 개인이 아니라 공동체 전체이다. 이런 관점에서 아이스노글은 심지어 사도들에게 사역과 선교에 대한 방향과 의욕을 제공한 것은 그룹 전체의 행위였고 사도들은 공동체 사역에 참여했고, 공동체는 사도들의 사역에 참여했다[333]고 말하는 것이다. 사울과 바나바의 파송은 한 사도가 한 것이 아니라, 성령께서 인도하신 일이며 그것은 주를 예배하고 금식하는 중에 안디옥 교회가 한 일(행 13:1~3)이었다.

따라서 우리는 개인전도[334] 뿐 아니라, 공동체 전도에 대한 새로운 눈을 뜰 필요가 있다. 물론 개인전도도 필요하지만, 교회와 공동체적 입장에서 볼 때 문제점도 없지 않다. 적지 않은 전도자들이 전도 보고회 때 "내가 이렇게 전도훈련을 잘 받아(힘든 과정을 극복하고 복음제시문들을 달달 외워서 했기 때문에) 그 사람을 내가 구원시켰다"는 식으로 말하는 것을 본다. 그래서 교도소 전도협회를 통해 수많은 사람들을 하나님 앞으로 인도한 찰스 콜슨은 "전도의 노력이 지역교회와 융합되지 않을 때 하나님의 뜻에서 벗어날 위험이 크다. …… 바로 이런 이유 때문에 4세기 경의 초기 기독교 교부들은 개인이 아니라 작은 그룹으로 전도여행을 떠났다"[335]고 경고하는 것이다.

개인전도에 비해 공동체 전도는 이런 문제성이 본질적으로 적을 뿐 아니라, 피전도자에게 덜 공격적이며 긴장상태가 완화된 상태에서 여러 사람들의 변화된 삶 속에서 복음을 확인하고 개념적 원리 차원을 넘어서 복음을 경험할 수 있게 한다는 점에서 바람직한 방식이다. 그래서 마이클 그린(Green, Michael) 같은 학자도 개교회 전도가 가장 자연스럽고 오래가며 효과적[336]이라고 말한다.

이제 우리는 단순한 주일 예배나 전도집회가 아니라, 교회 차원의 일상적 공동체 전도, 혹은 소그룹 전도 전략의 계발이 필요하다는 사실 앞에 직면하게 되었다. 그것은 전도할 때 사람들을 공동체 가운데로 인도하여(교회의 집회로 데려가는 것이 아니라) 복음을 경험할 수 있도록 돕는 차원으로 만들어진 전도 전략이어야 할 것이다.

4. 현재의 전도 방식에 대한 검토

비록 패커는 복음전도의 단 하나의 방법은 그리스도의 복음을 바르게 설명하고 적용하는 것[337]이라고 말하지만, 실제로 복음을 바르게 설명하고 적용하는 방식은 너무도 다양하다. 복음전도의 방법은 이런 개념적 주장과 달리 전도 대상자와 그가 속한 문화에 따라 달라져야 한다. 그런데 같은 문화 속의 같은 전도대상자 그룹을 향해서도 전도 방법과 전도 전략이 그렇게 다르게 나타나기도 하는 것은 전도자의 복음에 대한 이해가 다르기 때문이다.

이제 우리는 지금까지 살펴보았던 복음에 대한 이해로부터 현재 시행되고 있는 전도 방식에 대해 다시 생각해 보며 더 나은 대안을 모색해 보고자 한다.

4.1. 대형 전도집회 개최, 총동원주간과 태신자 카드 제출 방식

많은 교회들이 시행하고 있는 전도 방식은 개교회 중심적 전도 방식이지, 하나님 나라와 공동체 차원의 전도가 아닌 경우가 많다. 이웃교회보다 더 크게 열어야 하고 더 유명한 강사를 섭외하여 개최해야만 한다. 그것은 하나님 나라 차원이 아니라 개교회별 경쟁 체제 속에서 수행되는 것이다. 이 경우 각종 대형 전도집회나 총동원 주간 방식은 각 사람을 진정한 구원으로 인도하는 것보다는 종종 등록교인 수 증대나 교회 출석인원 확대의 수단으로 끝나기도 한다. 블러쉬는 전도가 교인 늘리는 것과 동일시되어서는 안 된다며 심지어 개인전도조차 "방문전도의 목적이 그리스도에게로 회심하게 하는 것보다는 교회 회원 확장인 경우가 많다…… 최악의 경우에 뻔뻔스러운 회원모집 방법보다 나을 것이 없는 개종 권유의 형태로 변질되고 있다"[338]고 지적한다. 패커조차 개인적 야망에 의한 집회 정당화요, 기껏해야 믿음을 기회로 한 사기보다 나을 것이 없다[339]고까지 할 정도로 오늘날의 전도는 그 의도 자체가 의심을 받고 있는 실정이다.

대형교회를 중심으로 행해지는 대형 전도집회는 많은 경우 유명 기독교인인 연예인 초청 공연이나 간증집회 형식이 주종을 이루고 있다. 이 경우 강사료, 홍보, 참석자를 위한 선물과 집회 운영을 위한 제반 비용을 위해 소형교회들은 생각하지도 못할 예산을 지출하지만, 유명 연예인을 보기 위해 몰려든 자기 교회 교인들과 이웃의 작은 교회 교인들이 참석자의 대부분인 경우는 없는가? 극소수의 잘 만들어진 전도집회도 있지만, 간증집회라는 형식도 유명인사의 말재간에 빠져들어 함께 교인들끼리의 즐거운 시간을 갖는 정도로 끝나는 경우도 적지 않고, 인도된 불신자들은 "저렇게 천재적이고 능력 있는 사람도 교회 다니는구나" 정도의 감동으로 마치는 경우도 있다. 정작 간증으로서 갖춰야 할 기본 요건을 지키는 강사도 드물고, 유명인사 초청 간증집회는 우리 기독교인들끼리의 잔치 한마당인 경우가 많다. 이 일을 위해 그 많은 시간과 물질과 노력을 들여야 하는지 의심스러울 때가 많지만 대부분의 이웃 교회들이 하는 일이기 때문에 경쟁에서 낙오될 수 없다는 부담 속에서 또 다시 반복하지 않을 수 없다고 한다. 가장 큰 문제는 이렇게 엄청난 비용과 노력을 들여 개최해도 정작 불신자들의 참석은 매우 적고, 참석을 해도 유명인의 얘기를 듣는 것이지 구원하시는 하나님의 역사와 복음을 경험하기는 쉽지 않다는 점이다. 우리 시대의 이런 형태의 전도방식을 "쉽게 기독교인이 되게 하기 위해 우리를 위한 그리스도의 희생만을 강조하고, 그리스도를 위한 우리의 제자도는 제거해버린 복음 전파는 잘못된 것이다. 그것은 더 많은 수의 교인들을 확보하기 위한 문화 기독교로서, 많은 수의 종교 소비자들에게 나눠주기 위해 복음을 하나의 상품으로 변질시킨 것"[340]이라고 정확하게 진단한 빠딜라의 말에 귀를 기울여야 한다.

대형 전도집회가 집안의 잔치로 끝나는 문제점을 극복하기 위해 많은 교회는 불신자 인도를 위한 전략으로 태신자 카드 제출 방식을 채택하고 있다. 그러나 이 방식 역시 그리 만족스런 효과를 보지 못하고 오히려 교인들에게 큰 부담으로 여겨지고 있다. 이는 평상시에 그리스도인들이 불신자와 관계 형성을 갖게 하는 것보다는, 전통적인 에클레시아 교회론에 근거해 세상으로부터의 분리를 강조하는 신학에 근거한 목회를 해왔기 때문이다. 평상시 불신자와의 접촉점을 갖지 못하게 교회 중심적 생활을 하도록 만들어 놓고, 1년에 한 번 전도집회 기간만 되면 별안간 태신자들을 적어 내라고 하는 것이 과연 효과적인지 생각해 봐야 한다. 사실 전도하는 교회가 되기 위해서는 그리스도인들이 거룩과 구별을 유지하는 것과 함께, 앞으로 전도할 불신자들과의 관계를 생활 속에서 어떻게 만들고 발전시켜가야 하는가에 대한 일관성 있고 주도면밀한 전략 속에서 목회를 하는 리더십이 필요하다.

그리고 이런 형태의 전도 방식에서 전도의 성과 평가는 제출된 태신자 카드의 개수나, 집회 현장에서의 결신자 수를 헤아리는 것으로 행해져서는 안 된다. 전도집회 때 실제로 참석한 숫자가 제출된 카드 수에 비해 극히 적은 현실이 반복되는 것은 개선책을 찾을 필요가 있다는 것을 보여주는 것이다. 그리고 교회성장운동을 비판하는 보수교회들조차, 보험회사에서 보는 것과 똑같이 교회 입구에 태신자 접수 상황을 막대그래프를 그려 놓아 교구별 경쟁을 유도하는 것이 참으로 하나님 나라 방식인지도 생각해봐야 할 것이다. 또한 전도집회의 결신자들 가운데 예수 그리스도를 따르는 삶을 사는 제자로 바르게 자라가는 사람들이 얼마나 되는가를 추적하고 도울 수 있는 교회 시스템 계발이 병행되지 않은, 단발성 전도집회 방식은 개선되어야 할 것이다.

4.2. 의지적 결단에만 의존하는 전도 방식과, 감정 조작을 통한 회심으로의 착각 문제

한 사람의 회심과 구원을 위한 전도는 전인적이어야 한다. 그러나 현재 시행되고 있는 어떤 전도 방식은 앞에서도 지적한 것처럼 전도자가 제시한 몇 가지 원리를 이해하고 동의하면 의지적 결단을 요구하는 것으로 완성되는 방식이다. 여기서는 오직 합리적 이해와 의지적 결단이 주종을 이룬다. 이런 지적, 논리적, 의지적 요소에만 의존하는 전도 방식도 문제이지만, 동시에 조명과 음악과 전도자의 목소리 톤 조정을 통해 감성적인 분위기로 몰아가서 사람들의 좌절감과 슬픔과 죄책감을 북돋아 감정적 격동을 회심으로 착각하게 만드는 것도 위험하다. 개인전도, 전도집회, 그리고 부흥집회에서 성령의 능력에 의지하는 것처럼 보이지만, 실제로는 심리학적인 테크닉으로 소위 영접이란 것을 유도하려는 태도는 없는지 주의해야 할 것이다.

4.3. 소위 후속조치란 이름으로 행해지는 구원의 확신 교육의 폐해와 극복

전도집회나 개인전도 모두 복음제시와 영접기도 유도로 끝나는 문제점을 인식하여, 많은 전도자들이 후속조치를 취하기 시작한 것은 매우 바람직한 일이다. 그러나 구원을 순간적 결단과 단회적 사건으로 보는 복음관으로 인해 전도에서 조급한 구원의 확신 교육을 하도록 만든 것은 여전히 잘못된 일이다. 때로는 구원의 열매를 맺는 삶을 사는지 확인해볼 수 있는 충분한 시간을 갖지도 않고, 회심 이후에 전도자와 피전도자 사이의 관계성 형성도 없는 상태에서 즉시 구원의 확신 교육으로 황급히 넘어가는 것으로 전도를 마무리하려고 서두르는데 이는 매우 위험한 일이다.

사실 전도자의 열심과 집회의 열기 속에서 감동을 받아 마음이 움직이기는 했으나 성령으로 거듭난 적이 없는, 진실로 구원받지 못한 사람에게 확신을 심어주는 것은 그 이후 확신에 근거하여 진정한 회심 체험에 대한 관심을 갖지 못하게 만들 수도 있다는 측면에서 심하게 말하자면 지옥에 도매금으로 보내는 일이 될 수도 있다. 영접기도 후 구원의 확신 교육을 시키고 나서는, 현재 어떤 생활을 하든지 관계없이 "과거에 영접기도를 했던 사실을 기억하라, 한 번 구원받은 것은 영원한 것이다"라고 주입시키는 것처럼 위험한 일은 없다. 이런 소위 'Once Saved Always Saved'[341]란 가르침은 지금까지 우리가 검토해 보았던 구원론과 복음에 대한 이해와는 거리가 먼 것이다. 그리스도가 주님으로 여겨지지도 않고 삶의 변화도 없지만, 영접기도를 한 적이 있다는 사실 때문에 구원의 확신을 가져야 하고, 이후로는 어떤 말에도 흔들리지 말라는 교육이 과연 옳은가를 이제 성경적 구원론에 의거해 다시 생각해 볼 필요가 있다. 이것은 웨슬리안들이 주장하는 배교의 가능성 때문만이 아니다. 처음부터 성령으로 거듭난 적이 없는 사람들일지도 모른다는 점이 더 큰 문제이다.342) 이런 일들이 계속 발생하는 것은 구원을 단순간적인 것으로 보는 개념과, 성경에서 묘사하는 구원의 다차원적인 관점에 대한 이해 없이 구원을 오직 칭의로만 이해해서 생긴 문제이며, 구원이 과정임을 잃어버리고 전도를 개념적 이해 차원으로 축소하려는 전도자의 신학 부재에서 발생한 일이다. 조나단 에드워즈는 단회적 행위에 따라 구원의 확신을 심어주는 이와 같은 전도방식의 위험성에 대해 오래 전에 지적하며, "확신은 매일의 순종에서 계속적으로 유지되어야 한다"고 주장했다. 에드워즈에 의하면 실제로는 회심하는 모든 사람들이 그것을 확신하지는 못하기 때문이다. 그리고 확신하는 사람들이 모두 구원받았는지 쉽게 알 수도 없다. 그렇다면 전도 사역에서 가장 지혜롭고 성경적인 길은 무엇일까? 그는 "우리는 부지런함으로 지속적으로 하나님을 찾으며 하나님을 섬기는 것이 확신을 가지는 길임을 알아야 한다. 그리고 이 길만이 확신을 유지하는 길이다"343)라고 조언한다.

　그렇다면 이런 섣부른 구원의 확신 교육 문제에 대한 대안은 무엇인가? 칼빈주의의 핵심적 강조사항 TULIP의 다섯 번째 요점인 '성도의 견인 교리(perseverance of the Saints)'를 바르게 가르치는 것이다. 참으로 예수님을 주님으로 구세주로 믿기로 했다면 그 믿음을 끝까지 견고히 잡도록(히 3:6; 4:11) 목회하는 것이 중요하지, 영접기도 후 어떤 생활을 해도 관계없이 영원한 구원을 확신하라고 가르치는 것은 바른 일이 아니다. 따라서 전도의 마지막 부분에서 필요한 것은 성령으로 거듭나지도 않은 사람에게 교육을 통해 확신을 심어주는 것이 아니라(이것은 후속조치가 아니다!), 인내로(계 2:2,19) 하나님의 이름을 위하여 끝까지 견뎌

내며(2:3) 그 사랑을 버리지 않게 가르치는 것(계 2:4)이다. 생명의 면류관은 시험 속에서도 죽도록 충성하는 자에게만(계 2:10) 보장된 것이며 그것은 믿음을 저버리지 않는 것(계 2:13)이기 때문이다.

지금까지 강조한 것은 구원의 확신을 갖는 것 자체가 잘못되었다는 말이 아니다. 성경은 우리가 구원의 확신을 가질 수 있다고 가르친다(요일 5:13 등을 보라). 구원의 확신을 갖는 것은 하나님의 자녀로서 건강하고 안정적으로 자라는 데 도움이 된다. 그러나 구원의 확신은 인위적으로 교육받아 갖는 것이 아니라, 평생의 영적 전쟁에서 이기는 자에게(고전 15:55, 요일 5:5; 계 2:7, 11, 17, 26쪽 3:5, 12, 21, 21:7) 주어지는 복된 삶이다. 그것은 영접기도 했다고 그 이후에 어떤 형편없는 삶을 살아도 흔들리지 말아야할 어떤 신념이 아니란 말이다. 결단과 영접기도는 의롭다 칭함 받음으로 인생의 갈등과 영적 전투가 끝나는 것이 아니라, 변화 과정의 시작을 의미하기 때문이다.

4.4. 아웃리치(outreach)란 표현으로 대표되는 편의주의 전도 개념의 폐해와 극복

최근에는 전통적인 전도(evangelism)란 표현 대신 리치(reach)한다는 표현과, 선교를 아웃리치(outreach)라고 말하는 경향이 두드러지고 있다. 그러나 이것은 새로운 용어 사용 이상의 문제를 안고 있다. 피전도자가 회심하고 예수님을 주로 삼고 변화되는 것보다, 전도자의 측면에서 볼 때 복음을 전달하는 것(reach)이 전도 사명을 다한 것이라고 보는 움직임이 생기고 있기 때문이다. 특히 속히 주님께서 다시 오시기를 대망하며 그 일을 앞당기기 위해서는 마태복음 24장 14절이 가르치듯이 세상의 끝은 천국복음이 모든 민족에게 증거되어야 하기에, 전도 받은 사람들이나 민족들의 반응과 변화는 어떠하든 관계없이 우리 그리스도인들이 복음을 모든 민족에 증거하면 된다는 방식의 전도와 선교 개념마저 야기했다. 그러나 마태복음 24장 14절은 전도사역 자체에 대해 해설하는 구절이 아니다. 이 구절 외에 균형 잡힌 이해를 위해 마태복음 28장 19절 등을 함께 이해할 필요가 있다. 그 말씀은 가서 모든 족속으로 제자를 삼아 아버지와 아들과 성령의 이름으로 세례를 주라고 명령하는데, 이것은 전도 받은 사람의 반응과 변화와 예배까지를 포함한다. 즉 진정한 전도는 불신자나 미전도 종족에 가서 승리의 복음을 증거하는(도달하는 reach) 것으로 끝나는 것이 아니라, 회심자가 생기고 그들이 변하고 예배 공동체가 되는 것까지 총체적인 과정을 의미 344)한다. 불신자나 미전도 종족에 복음을 가지고 도달(reach)하고 증거한 것으로 전도자의 사명을 다했다는 식으로 전도를 편의주의 입장에서 약화시키고 전도자의 만족으로 끝나지 말고, 진정한 회심이 일어날 수 있도록 돕는 분명한 전도 개념의 재정립이 필요하다.

4.5. 전통적 대면전도 방식의 한계와 극복

전통적인 전도 방식에는 대체로 삶과 유리된 개념을 이해시키는 것만으로도 전도가 가능하다고 보는 인식론적 입장이 그 배경에 깔려 있음을 앞에서 지적했다. 그것은 복음을 추상적이고 철학적 개념이며, 일련의 명제들의 논리적 전개로 보는 데서 생긴 문제이다. 그러나 성경에 나타난 복음은 살아계신 하나님의 구원의 행위이며, 살아계신 하나님과의 만남의 이야기요, 살아있는 삶의 사건이다. 그러므로 삶이 따르지 않아도 잘 훈련되어 숙달된 구원의 원리를 전도자가 입으로만 잘 전달하면 되는 것으로 전도를 보는 개념은 극복되어야 한다. 그것은 현대 교회의 전도의 주요 과제 중 하나이다.

전통 전도는 가가호호 방문하여 문을 두드려서 나오는 사람들에게 전하는 개인전도, 혹은 길거리와 기차역 혹은 버스 터미널 등에서 개인이나 팀으로 불특정 대상에게 준비한 복음 제시문을 쏟아내는 노방전도 형태를 가장 많이 취하고 있다(노래, 연극, 기념품 같은 선물을 들고 나가도 마찬가지다). 이때 전도자의 입을 통해 나오는 첫 마디는 "예수천당 불신지옥"부터 시작하여 "오늘 죽어도 당신은 천국에 갈 수 있습니까?"와 같은 형태가 많다. 여기에는 전도자의 큰 믿음과 전도에의 열정, 그리고 하나님께서 준비하신 영혼에게 복음을 들려줄 수 있다는 큰 장점이 있음에도 불구하고, 현대 사회에서는 매우 비효율적일 뿐 아니라 반감마저 불러일으키고 있는 실정이다. 이 방식을 대면(confrontation)전도라고 한다. 이런 전도방식은 40년 전의 미국이나 20년 전부터 우리나라에서도 매우 효과적이었다. 당시 2차대전과 월남전을 겪었던 미국이나 경제적 정치적 고비를 넘긴 우리나라 사람들은 갖은 아픔과 회의 속에서 심령이 가난하고 소위 준비된 영혼들이 많았다. 그리고 교회와 복음에 대한 최소한의 존중과 기대가 있었다. 그러나 시대가 지나며 사회가 요구하는 바람에 부응하지 못한 기독교에 대한 급속한 기대감 상실과 무관심, 그리고 반감은 점차 심해지는 물질주의적 가치관, 절대성을 거부하는 문화와 맞물린 탈권위주의 분위기의 확산으로 인해 이런 방식의 전도는 갈수록 비효과적이게 되었다. 이런 대면전도 방식의 개인전도의 이점은 전도자 개인의 신앙을 돈독히 한다는 것이 가장 큰 혜택일 것이다.

사실 "당신은 천국에 가서 하나님과 함께 영생을 누릴 것을 확신하고 계십니까?"라는 진단질문 방식은, 하나님의 존재와 천국의 존재를 인정하지 않는 물질주의 사회 속의 무신론자들에게는 하나님과 천국을 인정하고 출발할 것을 기대하고 있는 것이며, 지극히 그리스도인 입장에서 출발한 우리 방식의 질문이라고 말할 수 있다. 게다가 왜 우리 영혼이 하나님과 함께 영생을 누려야하는지 그 필요성조차 받아들이지 않는 사람들에게 그것을 원할 것이란 전제 속에서 출발한 것이다. 사실 30~40년 전 미국의 경우는 거듭나지 않은 사람들이라도 기독교적 문화 속에 살던 사람들이었기에 이런 질문이 통할 수 있었다. 그러나 현재는 미국에서는 물론 국내에서도 갈수록 그런 방식의 질문 자체가 낯설고 당혹스러울 뿐이다. 이와 같은 대면전도 방식은 이 시대의 전도대상자들에게는 매우 강압적이며 폭력적으로 받아들여지며 심지어는 서구 제국주의 방식이요 정복적이라는 반론까지 불러일으키고 있다. 심지어 "내가 너를 나의 천국에 들어오게 할 이유가 무엇이냐?"는 진단질문에 전도자가 원하는 은혜로 구원받은 믿음과 예수님의 십자가의 대속적 죽음에 관련된 답을 할 수 있는 사람은, 심지어 그리스도인들 가운데서도 많지 않다. 이 경우 그들은 곧 불신자와 대등한 전도대상자로 포착되어 전도자가 미리 준비한 기성복 형태의 복음제시를 무조건 들어야만 한다. 따라서 이 질문을 듣고는 "모르겠다. 너나 가라. 난 관심없다"는 식의 분노에 찬 반응을 하는 사람들이 갈수록 늘어가고 있다는 사실을 전도자들은 인정하고 전도 방식의 개선을 모색해야 할 것이다.

또한 복음은 회개의 촉구와 믿음의 약속에 참여하는 두 부분으로 되어 있음에도 불구하고, 죄에 대한 지적과 회개 없이 축복만 강조하는 식의 현대전도 방식도 개선할 점이 있다. 우리나라의 기독교는 매우 기복적이라고 비판을 많이 하지만, 그 근본적 원인은 우리의 전도방식 때문이다. 구체적인 회개가 없고 진정한 믿음이 존재하지 않기에, 예수님의 주되심도 없고 그 결과 전도된 사람의 삶의 변화도 없으며, 처음 기독교를 믿기로 결심하게 된 동기대로 병고침과 물질의 축복과 성공이 주관심사인 종교가 된 것이다. 그것은 예수님께서 지적하셨듯이 '떡을 먹고 배부르기'(요 6:26) 때문이지 하나님 사랑과 영생, 그리고 하나님의 일 때문이 아닌, 잘못된 길로 인도하는 것이다.

4.6. 하나님의 임재가 경험되지 않는 전도 방식의 극복

현대 전도가 과거에 비해 대체로 무력한 이유는 전도자들이 잘 만들어진 프로그램대로 훈련받은 자신들의 실력에 의지하여 전도하기 때문이다. "나는 훈련받지 못해 전도하지 못한다"는 말을 교회에서는 당연하게 받아들인다. 그러나 회심은 본질적으로 초자연적[345]인 일이며, 한 사람을 구원하는 전도는 본질적으로 하나님의 일이다. 훈련받은 노련한 전도자들이 쉽게 의지하게 되는 훈련된 복음제시 원리, 인간의 설득, 방법, 기술, 새로운 깨달음을 주는 가르침이 한 사람을 구원하는 것이 아니다. 하나님의 계시인 성경 말씀 없이, 하나님의 임재 가운데서 벌어지는 그리스도를 통한 구속적 행위의 현재적 경험 없이, 죄로 어두워진 영혼에 대한 성령님의 거듭나게 하시는 역할 없이 구원은 없다. 이것이 복음주의와 개혁신학에서의 흔들릴 수 없는 기초이다. 전도자는 이 위대한 하나님의 일에 동참하여 그 도구로 쓰임받는 것뿐이다. 만일 우리의 전도 가운데 하나님의 임재와 역사하심이 없으면 우리의 지혜로운 권면과 설득도 생명을 낳지 못한다. 반면 예수님의 사역이 효과적이었던 이유는 자신을 보내신 아버지가 자신을 위해 증거하시기 때문이며(요 8:18), 하나님께서 기뻐하시는 일을 행하기에 하나님께서 함께하시며 홀로 두지 않기 때문(요 8:29)이었다. 그래서 예수님은 우리를 파송하며 그분 자신도 "세상 끝날까지 내가 너희와 함께 있겠다"고 약속하신 것이다. 구원의 주체이신 하나님의 임재와 동행하심이 전도의 전제 조건이다.

4.7. 영적 전쟁을 인식하지 못하는 전도, 성령의 능력이 나타나지 않는 전도의 한계

갈수록 전도의 현장은 치열한 영적 전쟁터임을 우리는 느끼게 된다. 그래서 오늘날의 전도는 더욱 성령의 능력에 근거해야 한다. 전도의 현장은 무지한 인간이 깨닫느냐 깨닫지 못하느냐만의 문제가 아니라, 영적 전쟁이 일어나는 순간임을 깨달아야 한다. 특별히 구원이 단순히 이해의 문제가 아니라, 삶의 주인이 자신과 세상의 권세 잡은 자에서 그리스도로 바뀌는 것임을 분명히 하는 바른 전도를 할 때, 적지 않게 사탄과의 충돌이 일어나게 된다. 비록 그리스도의 십자가와 부활 사건을 통해 하나님은 이미 어둠의 세력에 대해 승리했지만, 아직도 전도의 현장에는 잦은 투쟁들이 벌어진다. 선교지에서는 더욱 그러하다. 그것을 힘의 충돌 혹은 능력대결 (Power Encounters)[346]이라고 정의하는 것은 무리가 없지 않지만, 복음이 전해지는 현장에서는 과거에도 그랬고 지금도 그런 일이 벌어지고 있다.

사도행전 4장을 보면 영적 전투가 벌어지던 상황에서 사도들의 전도와 효과적인 사역의 근거로 첫 째는 담대한 말씀 증거(행 4:29), 둘째로 예수님의 이름으로 행해진 표적과 기사(행 4:30)가 제시됨을 알 수 있다. 이처럼 복음 메시지와 성령의 능력이란 두 가지가 모두 있어야지 그렇지 않고 어느 한 쪽이 상실된 전도는 균형을 잃은 것이고 효과적인 복음증거를 기대하기 어렵다. 사도들의 전도에 나타나야 할 이 두 측면에 대한 기도 결과, 31절이 보여주듯 전도자들은(무리가 다) 성령이 충만함을 입고 전도를 한 결과 삶의 변화가 따르는 새 공동체가 형성된 것(32절)이다. 이처럼 표적과 기사가 따름으로 인해 예수의 부활이 효과적으로 증거되어 무리에게 큰 은혜를 끼친 전도사건을 성경은 '큰 권능으로' 한(33절) 사역이라고 표현하고 있다. 사도행전 14장 3절도 "주를 힘입어 담대히 말하니 주께서 저희 손으로 표적과 기사를 행하게 하여 주사 자기 은혜의 말씀을 증거하시니라"며 성령의 능력은 전도 메시지를 증거해주고 전도를 매우 효과적으로 만들어줌을 가르쳐주고 있다. 따라서 효과적인 전도는 개혁주의 전통에 따라 명백한 말씀의 근거성이 있어야 함과 함께, 성령의 권능이 병행되어야 함을 이해하는 것이 중요하다. 이는 피터 와그너와 존 윔버 계열의 능력전도 주장이 아니라 성경이 증거하고 있는 사실이다. 우리는 성경에서 말하는 표적과 기사가 항상 초자연적인 이적만도 아니고, 예수님과 제자들의 기적은 사람들에게 복음의 핵심 교훈을 보여주는 상징적 사건[347]이라고 믿는다는 점에서 윔버의 진영과는 의견을 달리한다. 그러나 기독교 문화권 밖에 있는 불신자들이 하나님의 살아계심과 광대하심을 깨닫고 믿음을 갖게 해주는 역할을 해준다는 점에서 은사폐지주의자(cessationist)들과 달리, 전도의 현장에 역사하시는 성령의 역사하심을 무시하지 않고 오히려 능력으로 함께하심을 기대해야 한다. 전도할 때 능력의 근거로서 성령의 권능이 필요할 뿐 아니라, 개혁주의 신학자 데이비드 웰스(D. Wells)는 한 걸음 더 나아가 전도의 대상을 정하고 전도의 전략을 결정하는 것도 목사나 전도자인 교인의 계획이 아니라 매일의 삶 속에서 인도하시는 성령에 의해야 한다[348]고 말한다. 성경은 위대한 사도일지라도 "내 말과 내 전도함이 지혜의 권하는 말로 하지 아니하고 다만 성령의 나타남과 능력으로"(고전 2:4~5) 했음을 분명히 보여주고 있다. 주님께서도 제자들에게 '오직 너희가 성령을 받아' 전도해야 한다고(행 1:8) 가르치셨음을 잊지 말자.

4.8. 갈수록 기독교에 비우호적으로 변해가는 문화 속에서의 전도

전도는 그리스도의 십자가와 하나님의 구원 사역을 구술로 증거하는 것이 기본이다. 그런데 문제는 우리나라의 경우도 여타 선교지에 못지않게 갈수록 기독교에 대해 우호적이지 않을 뿐 아니라, 전도의 메시지에 귀를 기울이지 않거나 닫아버리는 경향이 늘어나고 있다는 사실이다. 이런 상황에서는 오직 전통적인 구술 전도만 고집할 것이 아니라, 전도자와 교회와 기독교에 대한 우호적 관계 형성을 병행하는 것이 필요하다. 즉 총체적인 전도가 필요한 것이다. 그것은 고전적인 말씀 위주의 전도와 함께, 교회와 전도자가 사회봉사와 사회책임을 느끼고 있는 이웃임을 보여주는 것과, 능력 전도(표적과 기사)의 세 가지 요소가 모두 필요하다는 말이다. 전도 대상, 지역, 그리고 문화에 따라 조금씩 강조점은 달라도 이 세 가지 요소 모두가 전도사역 가운데 나타나도록 신경을 써야 한다. 선교지나 비기독교문화에서는 능력전도를 하며 말씀을 증거하는 것이 대체로 효과적이며, 기독교가 용납되는 문화권이라 할지라도 지성과 합리성을 우선하는 곳에서는 동일한 방식이 효과적이다. 그러나 서구문화에 익숙한 일반적인 현대 사회에서는 사회봉사, 합리적 말씀, 그리고 능력 전도의 순서가 선호되기도 한다. 사실 이런 입체적 전도방식은 새로운 것이 아니다. 마태복음 4장 23절 이하를 보면 주님께서도 가르치시며 천국 복음 전파하실 때, 백성 중에 모든 병과 모든 약한 것을 고치시는 일을 함께하셨다.[349] 또한 마가복음을 보면 예수님께서는 구술로 복음을 전파하시는데(막 1:14 가르침), 이런 가르치심이 사람들에게 권세 있게(막 1:21~22) 다가온 것은 표적과 기사(1:23~26)가 함께했기 때문이며, 그때에 27절에서 그 가르침이 권세 있는 새 교훈으로 받아들여지게 되는 것을 보게 된다. 이런 방식은 마가복음 이래로 계속해서 전도란 복음과 함께 표적이 동반되는 것으로 이해되고 있었으며(막16:15~20)[350], 전파하는 말씀은 표적으로 인해 확실하게 증거 되는 것으로 묘사됨을 통해서도 알 수 있다. 바울서신에서도 이방인을 전도하기 위한 말씀전파에는 성령의 능력으로 나타나는 표적과 기사가 병행되었으며(롬 15:18), 히브리서에서도 주께서 말씀하시고 전승된 복음의 메시지(히 2:3)는 "표적들과 기사들과 여러 가지 능력과 및 자기 뜻을 따라 성령의 나눠주신 것으로써"(히 2:4) 증거되는 것으로 일관성 있게 그려지고 있다. 반기독교적 문화권이나 갈수록 기독교에 대해 부정적으로 변해가는 악한 세대에서는, 믿음의 소문(살전 1:8)과 함께 나그네 대접과 환난 당한 자를 위한 구제(딤전 5:10)가 효과적인 전도를 뒷받침하기 위해 중요하게 되었다. 기독교에 대해 적대적인 시대에서 전도하려면 선한 삶의 본을 보이라는 세상의 요구에 진지하게 응답해야 하는데 이는 성경의 요구(딛 2:7)이기도 하기 때문이다. 점차로 전도를 위해서는 우리가 전하는 복음에 대해 책망 받을 일이 없을 뿐 아니라 대적할 근거를 주지 않으며(딛 2:8), 세상에서도 선한 삶을 살아서 하나님의 교훈을 빛나게 하는 방식으로 살 것(딛 2:10)을 어느 때보다 더욱 강하게 요청받고 있는 것이다.

5. 효과적인 전도를 위한 제안

앞에서도 언급했듯이 현대는 기독교에 대한 호감이 점차로 낮아지고[351] 있는 정도가 아니라, 일부는 매우 적대적인 반응을 보이고 있다. 이런 기독교에 대한 비우호적인 문화나 반감 속에서는 전통적인 전도 방식이 더 이상 효과적이지 않다는 것만을 지적하는 것으로 끝나서는 안될 것이다. 그렇다면 이런 시대적 흐름 속에서 우리의 전도는 어떤 점에서 개선이 필요한 것인가?

5.1. 현대 사회는 보다 전인격적이고 신뢰관계에 근거한 전도를 요구한다.

지금도 전통적인 노방전도와 축호전도가 필요하고 의미가 있다. 그러나 이것을 이 시대에 가장 효과적인 전도 방식으로 여겨 전도사역의 중심으로 삼을 수는 없다.

전쟁과 가난과 질병으로 고통받던 시대와 사회적 전환기에는 사람들의 심령이 가난했고 하나님께서도 특히 더욱 긍휼히 여겨주셔서 전도자가 길에서 단순히 '예수천당 불신지옥'이라고만 외쳐도 사람들은 반응하였고 하나님 앞으로 돌아왔다. 따라서 노방전도와 가가호호 방문하는 전도를 통해 많은 열매를 거둘 수 있었던 것이다. 그러나 서구 사회가 급속히 후기 기독교시대로 접어들고 난 후, 그리고 우리나라의 경우는 반기독교적인 정서가 강해지면서 노방전도는 이제 더 이상 그리 효과적인 방식이 아니다. 자신과 전혀 관계성이 없는 낯선 전도자가 길을 막아서거나, 바쁘게 지나가는 복잡한 길거리에서 확성기를 통해 전도하는 방식에 대해 사람들은 반감을 가질 뿐 아니라 우리의 선한 의지에도 불구하고 적대감마저 보이며 등을 돌리고 있다.

이 시대에는 보다 인격적이고, 신뢰 관계 속에서 전도하는 방향으로의 세심한 전환이 필요하다. 그것은 일종의 성육신적 전도이다. 구전 전도, 설득으로의 전도, 선포 성 전도에서 이제는 임재 전도와 성육신 전도 방식이 더 효과적인 시대가 되어가고 있음을 인식해야 한다. 근래에 관심을 끌고 있는 관계전도도 이런 관점에서 바람직한 움직임이다. 그리스도를 믿음으로 인해 변화된 사람, 그리고 하나님의 영광과 거룩과 사랑과 은혜가 넘치는 사람이 우리 곁에 함께 있음으로 인해 거부할 수 없는 선한 영향력을 받고, 그로 인해 복음의 진리를 알고 싶어지고 하나님을 믿고 싶게 되는 성육신적 임재 전도 방식이 더욱 요구되는 시대이다.

이런 관점을 이해하게 되면 우리의 전통적인 전도법과 다르다고, 혹은 우리 교회가 하는 전도집회와 다르게 한다고 틀렸다거나 비복음적이라 하지 못할 것이다. 미국 시카고 근교의 윌로우크릭교회는 그 예배와 설교에 대해 전통적인 교회로부터 여러 가지 비판을 계속 받아왔다. 또한 현재 매우 유능한 사역자요, 기독교 저술가로 큰 영향을 끼치고 있는 리 스트로벨이 시카고 트리뷴지 법률문제 편집장으로 일할 때 그는 자신을 무신론자로 자처해 오던 사람이었다. 수많은 교회의 숲 속에 살았음에도 불구하고 기독교를 거부했던 그가 바로 그 교회의 사역을 통해 주님 앞으로 돌아왔다. 변화된 후, 자신과 같은 무신론자와 기독교에 호의적이지 않은 사람들을 위한 사역을 하며 그는 "우리는 단지 사람들을 유화시키고 즐겁게 해주기 위해 오락을 제공하는 것이 아닙니다. 우리는 음악, 연극, 무용 등의 다양한 매체와 비디오 등의 현대 예술 형태를 그리스도를 전하기 위한 도구로 사용합니다. 즉 역사적인 기독교 메시지를 20세기 미국인들이 이해할 수 있는 언어로 번역해 주는 겁니다"352)라고 앞장서서 말하게 되었다. 실제로 그 교회는 대부분의 대형교회들과 달리 수평이동보다는 전도된 불신자가 다수를 차지한 모범적인 교회가 되었다. 그것은 윌로우크릭 목회 비전 4E로 표현되는 것 중에서 두 번째 E에 해당하는 것으로 전도(Evangelism)를 잃어버린 사람들을 우리 왕을 만나도록 인도하는 것353)으로 정의하고 전도 지향적인 목회를 하며, "교회는 배타적 거룩함의 정신보다는 외부 지향적인 자세로 사람들을 대함으로써 구원에 이르는 그리스도의 지식으로 이끈다"354)는 분명한 성육신적 전도사역에 집중하고 있기 때문이다. 따라서 우리 교회와 다르고, 내가 하는 전도 방식과 다르다고 배척하기 전에, 비성경적인 것이 아니라면 혹시 배울 점은 없는가라고 묻는 열린 자세를 갖는 것이 필요하다. 전도는 우선적으로 불신자를 전도할 수 있는 방식이어야 한다. 교회 다니는 사람들을 모으는 방식과 어떻게 다른가를 생각해봐야 한다.

5.2. 복음을 삶과 유리되지 않는 경험적 메시지로 전할 수 있는 전도가 되어야 한다.

『Justification by Faith』란 그의 저서에서 맥그라스(A. McGrath)는 이신칭의 교리에 대해 설명을 마친 뒤 결론 부분에서 "이 교리가 그리스도인의 경험을 한 세대에서 다음 세대로 전수하는 데 필요한 지적인 작업 틀이지만, 교리 체계는 경험 이후의 문제이며 기독교 신앙의 요점은 무엇보다도 경험"355)이라고 말하였는데 그것은 그리 놀라운 일이 아니다. 비록 한때 한국교회가 성경에서 떠난 체험 위주의 신앙에 대한 강조로 어려움을 겪었기 때문에 이 부분에 대한 우려가 있겠지만, 근래에는 성경 중심의 신앙에 대한 개혁교회의 강조가 잘못 받아들여져서 오히려 논리적이고 지적이며 머리만의 기독교가 되어가는 경향이 있다. 그런데 우리 그리스도인들이 잊기 쉬운 것은, 세상의 영으로 가려진 사람들이 복음을 온전히 이해하는 것은 쉬운 일이 아니란 점이다. 그들이 복음을 이해하고 받아들이도록 우리는 복음을 말할 뿐 아니라, 복음을 보여줘야 한다. 그것을 위해서는 우리가 복음이 되어야 한다. 예수님께서 자신을 하늘로서 내려온 생명의 빵으로 제시하고 그렇게 사신 것을 기억할 필요가 있다. 역사신학자 티모시 죠지(Timothy George)는 교회사를 통해 참된 전도는 항상 사회에 대한 관심과 책임, 그리고 희생적 봉사가 있을 때 효과적[356]이었음을 지적한 것이 옳다. 따라서 전도할 때 복음을 서너 개의 원리로 축소시켜서 그것을 이해하고 동의하면 구원을 받는 것이고, 그것이 바로 이신칭의 교리에 근거한 행동인 양 생각해서는 안 된다. 구원은 살아계신 예수님을 인격적으로 만나고, 하나님 나라의 구원의 도리인 복음을 경험적으로 체험하는 사건이기 때문이다.

그런 노력의 한 예로 셀교회에서는 불신자나 구도자들을 각 가정과 직장에서 모이는 셀그룹 모임으로 초청해, 예수 십자가의 대속적 사역이 아직 머리로 이해되지 않아도 하나님 백성들의 삶을 통해 복음을 경험하도록 돕는다. 이처럼 변화된 성도들의 삶을 통해 성육화된 하나님 말씀을 불신자들이 경험할 수 있도록 이끄는 것이 효과적인 전도 전략이다.

지역사회에 대한 관심은 초대형교회만이 할 수 있거나 많은 예산이 드는 일이 아니다. 미국의 사례지만 스티브 쇼그린 목사와 교인들은 상점에서 무료로 물건 포장해주기, 자동차 앞 유리 닦아주기, 적은 주차 요금 대신 내주기, 차 밀리는 곳에서 아침 식사용 토스트 나눠주기,

어버이날 카네이션 나눠주기, 주유소에서 워셔액 채워주기 등 희생과 봉사를 통해 사람들의 마음을 열고 주민들을 주님 앞으로 인도했다. 거룩한 예배를 드리며 이리로 오라는 전통교회들과 달리 이런 삶을 통한 전도 노력의 결과 37명으로 시작했지만 6천 명이 넘는 교회로 자라갔다.[357] 그 교회의 노력 중 돋보이는 것은 교회가 지역사회와 항상 연결되려고 하는 자세였다. 여기 교회가 있고, 여기 우리 그리스도인들이 있으며, 우리는 여러분의 삶에 관심이 있다는 신호를 보여준 것이 결국 본격적인 전도를 위한 큰 발판이 된 것이다.

5.3. 누구나 전도할 수 있는 쉽고 단순한 전도방법을 계발해야 한다.

누구나 전도해야 한다고 말하지만, 실제로는 모두가 전도에 참여하기가 어렵다. 그 이유 중 하나는 대부분의 사람들이 전도를 하려면 철저한 전도훈련을 받아 복음을 능수능란하게 제시해야 한다고 생각하고 있으며, 그것을 위한 전도훈련 자체도 너무 어렵다는 것이다. 전도훈련 받은 특수한 사람만이 전도하는 전도특공대 방식이 아니라, 그리스도인이라면 누구나 쉽게 전도할 수 있기 위해서는 전도훈련 방식이 달라져야 한다. 전도할 때 복음을 제시하는 방법도 단순화되어야 하고, 그것을 배우고 훈련받는 과정도 단순해져야 한다. 일부 전도훈련처럼 몇 달씩 훈련받아야 전도할 수 있다고 여겨지고, 그러기 위해서는 특별한 헌신이 요구되며, 엄청나게 많은 분량을 한 글자도 안 틀리게 암송해야만 전도가 가능하다면, 증인 공동체가 된다는 것은 근본적으로 어려울 것이다. 전도에 뛰어난 일부 교회에서 계발하여 사용하는 것처럼, 몇 시간 혹은 2~3주만 훈련받으면 할 수 있고, 몇 분 이내에 복음 제시가 가능한 단순한 전도 방식이 많이 계발되어야 한다.

5.4. 전도자 중심의 전도에서 피전도자 중심으로 전도전략이 달라져야 한다.

전통적인 전도 방식 특히 대면 전도 방식의 가장 큰 문제점은 전도 대상자가 아니라 전도자인 우리 그리스도인 중심으로 사고하고 준비되고 선포하는 전도란 점이다. 전도자는 그동안 내가 외우고 훈련받고 준비한 방식대로 상대편에게 일률적으로 구원의 원리를 쏟아 놓는 것이다. 그러나 상대는 복음의 모든 신학적 측면을 다 이해해야만 구원받는 것이 아니라, 자신이 믿음을 갖기에 가장 어려운 어떤 특정한 문제만 해결되면 마음을 열고 그 후에 제시될 복음의 다른 요소를 받아들일 수 있도록 자신을 조정한다는 점을 이해할 필요가 있다. 따라서 "내가 이렇게 훈련받고 준비해왔으므로 당신은 내가 복음 제시하는 것을 들어라"는 투의 강압적인 방식은 그리 바람직하지 않다.

특히 현대인들은 전도를 하기 위해서는 그런 담대함을 가지라고 강요받고 있지만, 강압적이기 위한 담대함이 과연 바람직하고 효과적인가 생각해 볼 필요가 있다. 차라리 자연스러운 삶의 한 방식으로 전도하여, 대담한 심장의 소유자가 아니라도 누구나 복음의 감격에서 우러나와 자유함 가운데 복음을 증거할 수 있도록 이끄는 전도 훈련 방식이 이제는 더 효과적이다.

5.5. 교회로 데려오는 전도에서 그들이 있는 현장으로 가는 전도여야 한다.

국내 목회자들에게 근래 들어 가장 관심을 끄는 전도 방식은 앞에서도 언급한 것처럼 소위 '대각성 전도집회' 등 다양한 이름으로 불리는, 교회로 데려와 집회를 하는 방식이다. 전통적인 총동원 주간 행사 같은 것도 이와 유사하다. 그러나 세심한 기획과 준비, 그리고 엄청난 인력과 예산이 투입된 1년에 한 두 번 하는 대형 전도집회로 불신자를 데려오는 방식이 과연 얼마나 효과적이었는가 의문을 제기해 보는 것도 더 효과적인 전도전략 계발을 위해 필요하다. 전도하는 교회 문화 형성을 위해서는, 이런 방식보다는 1년 365일 항상 우리가 속해 있는 그리스도인의 공동체 가운데로 그들을 초청할 수 있어야 할 것이다. 역사신학자 글렌 힌슨(E. Glenn Hinson)은 초기 기독교에서 회심자는 대부분 변증학자나 대규모 전도집회의 설교를 듣고 거듭난 것이 아니라, 지역교회의 계속되는 삶에 의한 즉 '일상 전도(Everyday Evangelism)'를 통한 것[358]이라고 말한다. 따라서 매일의 삶 속에서 행해지는 생활 전도는 20세기 말에 나온 새로운 것이 아니라, 초대교회의 방법으로 돌아가는 것이다. 오늘날 같은 현대 사회에서도 셀그룹 같은 열린 소그룹 공동체 사역이 전도에 있어서 가장 바람직한 방식이다. 교회 안에서 시행되는 전도집회의 경우에는 불신자를 데려오는 것도 쉽지 않고, 삶과 유리된 메시지가 중심이 되며, 실제 전도는 목회자에게 의존되고, 교인들은 실질적 전도가 아닌 인도자의 역할에 머무르기 때문이다. 바람직한 전도는 불신자들을 교회 성벽 안으로 끌어들이는 것만이 아니라, 전도 대상인 사람들이 거하는 교회 밖 장터로 전도자가 나가는 것이어야 한다.[359] 그리고 모든 그리스도인들이 주체가 되어 실제적 전도에 참여해야 한다. 중요한 것은 그리스도인들이 믿음으로 매일 살아가는 곳에서 전도가 일어나야 한다는 점이다. 그리고 장터, 그곳이 우리가 아직 믿지 않는 사람들을 항상 만날 수 있는 곳임을 잊어서는 안 된다. 그곳에서 먼저 거듭난 사람들의 삶을 통해, 삶과 유리되지 않은 경험되는 메시지로서의 복음이 전해져야 한다.

5.6. 비대면적인 관계전도와 공동체적 전도가 활성화되고 발전되어야 한다.

이 시대에 매우 효과적인 전도로 주목받고 있는 알파코스, 오이코스 전도, 셀사역 등의 공통점은 모두 비대면적이고 소그룹 공동체 속에서 행해지는 관계전도 방식이란 것이다. 이 전도 방식의 특징은 또한 복음과 회심을 과정으로 바로 이해하고 있다는 것이다. 따라서 앞으로는 이런 특성이 잘 표현된, 공동체성에 근거한 소그룹 전도 방식을 계발해야 한다.

이미 불신자 전도에 뛰어난 교회들의 중요한 특징을 살펴보면 소그룹 기회를 많이 제공하고 있음[360]을 알 수 있을 것이다. 전통적인 교회에 비해 전도에 뛰어나서 빠른 회심 성장을 일으키고 있는 셀교회의 경우는, 전도를 공동체적 개념으로 접근하며 'Body Evangelism(우선 '공동체전도'라 칭하겠다)'이라고 부른다. 개인전도자의 전도에 비해 소위 공동체 전도를 통해 주님 앞으로 나온 사람들은, '내가 구원시켰다'는 말을 듣는다거나 '누가 나를 구원시켰다'라고 말하는 대신, "그리스도가 이끄시고, 몸(교회)이 나를 주님께 인도했다"고 말하게 된다. 거기서부터 교회 공동체가 세워지고, 회심 후 공동체의 일원으로 자리 잡아가게 되는 것이다.

공동체 전도의 장점은 또한 자연스런 환경 속에서 복음을 시간을 가지고 배울 수 있다는 점이다. 앞에서 전도를 지적으로 이해시키는 논리적 설득으로만 보는 것의 위험을 지적했다. 하나님의 효과적 부르심을 받은 사람과 성령의 능력으로 거듭난 사람들은 성경말씀을 상고함으로 복음을 배워가는[361] 것이 바람직하다. 그래서 바울사도는 복음 전파를 위한 자신의 사명을 "내가 이 복음을 위하여 반포자와 사도와 교사로 세우심을 입었노라(딤후 1:11)"고 교사의 기능을 포함한 3측면에서 전도자와 사역자의 자기 이해를 가졌던 것이다. 반면 전통적인 대면 전도와 개인 중심의 전도는 피전도자를 전도 이후에 계속 만나 지속적으로 가르쳐 복음의 깊이와 넓이의 어떠함을 바로 깨닫게 하기에는 어려움이 있다. 이는 현재처럼 개인전도 후 영접을 하면 전도가 끝난 것으로 보고, 그 사람을 교회로 넘겨버리고 새로운 사람을 찾아 나서는 구조이기 때문이다. 이것은 피전도자가 다른 교회에 등록할 때만이 아니라, 같은 교회에 등록해도 소속 교구나 구역장이 관리하도록 되어 있어서 마찬가지이다. 이런 방식에서는 본질적으로 전도자와 피전도자의 관계성이 단절되어, 복음에 대한 지속적 가르침을 받고 진정으로 거듭나고 자라가는 것까지 연결되기 곤란하다. 이것은 목회적 측면에서 볼 때 생각보다 심각한 문제로서 반드시 극복되어야 할 부분이다.

5.7. 관계전도 혹은 생활전도는 분명한 결단의 촉구를 요청하는 전도와 균형을 잡아야 한다.

현대에 주목받고 있는 관계전도와 생활전도 방식에도 약점은 있다. 일부 생활전도나 관계전도를 잘못 이해한 사람들 가운데는 선한 삶을 통한 증거 단계에만 머물고, 분명한 복음 제시를 하지 못하는 경우가 많다. 복음을 전한다 해도 복음전파에 나타나야 할 기독교의 독특성을 흐리게 하는 경우도 적지 않다. '당신은 오늘 죽어도 천국에 갈 확신이 있습니까?' 혹은 '당신은 구원받았습니까?'란 접근방식의 문제점이 지적되어야 하듯이, 단순히 선한 삶을 통한 증거와 좋은 관계를 형성하고 편한 교제의 대화를 나누는 것이 전도의 모든 것처럼 생각하는 것 역시 지적받아야 한다. 접근은 불신자 중심으로 하지만, 마음이 열리고 관계성이 형성되면 하나님 중심이요, 성경적이며 분명한 복음 메시지가 전달되어야 한다. 우리가 확신하는 것은 전도에 있어서 여러 가지 다양한 방법(세상의 지혜)보다 중요한 것은 십자가의 복음을 명료히 구술하는 '전도362)의 미련한 것'(고전 1:21)이란 점이다. 논리와 설득, 학문 그리고 우리들이 고안한 여러 가지 다양한 전도 방식 같은 세상의 지혜가 사람으로 하여금 하나님을 알게 하는 것이 아니다. 하나님께서는 사람들을 구원하시는 방법으로 이런 가장 원시적이고 단순한 것을 쓰시기로 했다. 그것은 고린도전서 1장 23절에서 보듯이 명료하게 드러난 예수님의 십자가의 대속 사건에 대한 메시지를 인간의 입술로 증언하는 것이다. 명료한 구술전도가 생활전도나 관계전도 등에 반드시 병행되어야 한다. 생활전도나 관계전도를 강조하는 사람들 중 일부는 불신자들에게 그렇게 과격하게 전도하면 안 된다고 생각하는 경향이 있는데 그렇지 않다. 관계성이 형성되어 있지 않을 때는 강압적이지 않고 예의 바르게 해야 하지만, 적절한 관계 속에서(코이노니아) 복음을 제시할 때는 분명하게 도전해야(케리그마) 한다. 바울과 바나바가 이방인들에게 복음을 전할 때도 "이 헛된 일을 버리고 천지와 바다와 그 가운데 만유를 지으시고 살아계신 하나님께로 돌아오라(epistrefein)"(행 14:15)고 분명하게 도전했다. 어느 형태의 전도이든 궁극적인 목표는 결국 거듭남이요 회심이기에 이것을 희석시켜서는 안 된다. 그리고 앞에서 강조한 것처럼, 기독교인이 되도록 영접기도를 하게 하는 것에서 멈춰서는 안 된다. 생명보험을 들어주는 것으로 끝나지 말고 삶의 변화와 믿음의 삶을 촉구하는 제자의 삶으로의 헌신까지, 생활전도자들도 피전도자를 이끌어줘야 한다. 제자는 구원받은 그리스도인과 다른 특별히 훈련받은 대단한 사람들을 지칭하는 것이 아니고, 모든 거듭난 하나님의 백성의 삶의 모습으로 성경은 가르치고 있기 때문이다.

5.8. 기독교 문화권 밖에 있는 사람 전도는 교회 문화권 안에 있는 사람 전도와 달라야 한다.

우리가 전도할 때 종종 저지르는 실수는 모든 불신자는 다 똑같다고 여기는 것이다. 이것은 지나친 일반화의 오류이다. 미국이나 유럽 일부 국가에서는 대부분의 사람들이 교회와 기독교에 대해 친숙하다. 그들은 어려서부터 영화, 텔레비전, 학교 혹은 가족과 친구들을 통해 기독교 문화와 예수란 존재에 대해 많이 들어왔지만 아직 회심하지 않은 사람들이 많다. 반면 어떤 사람들은 예수란 이름을 들어보지도 못했고, 복음과 기독교와 교회에 대해 매우 낯설다. 이런 사람들은 아프리카나 밀림 속에만 있는 것이 아니라 미국이나 우리나라에도 적지 않게 존재한다. 따라서 기독교 문화권 속에 있는 미국의 불신자 전도법과 파푸아 뉴기니 원시 종족 선교가 달라야하는 것처럼, 국내 전도에서도 적어도 두 가지 다른 불신자가 있음을 이해하고 각기 다른 효과적인 전도 방식을 사용해야 함이 마땅하다. 그러나 오랫동안 습관처럼 한 가지 방식으로 전도하고 있는 것은 참으로 안타까운 일이다.

데이비드 웰스는 '내부인'과 '외부인'으로 구별하여 내부인 회심과 외부인의 회심을 위하여 다른 전략을 계발할 필요가 있다[363]고 주장한다. 랄프 네이버는 『Knocking on Doors, Opening Hearts』란 책에서 전도대상자를 Type A 불신자와 Type B 불신자[364]로 구별하여 설명한다. 타입 A 불신자는 우리 그리스도인들과 비슷한 사람들로 전도하기가 수월한 편이다. 그들은 거듭나지는 않았지만, 교회나 기독교 모임에 참석한 적이 있으며 성경과 신을 인정하고 예수에 대해 어느 정도 이해하고 있다. 그러나 그들에게 복음은 아직도 퍼즐과 같아 이해가 가지 않고 분명히 자신을 드린 적이 없는 사람들이다.

반면 타입 B 불신자는 교회를 가본 적이 없거나 갈 의향이 없는 사람들이다. 대부분은 신을 믿지도 않고 성경을 하나님 말씀이라고 인정하지도 않는다. 그런 사람들에게 성경말씀을 펴 읽혀가며 설명하는 전도 방식은 우리 그리스도인들이 추정하는 것과 달리 그리 효과적이지 않다. 성령님의 역사하심과 조명하심이 없다면 복음을 제대로 이해하기가 어렵다. 물론 성령께서 역사하시면 돌멩이를 통해서도 구원받을 것을 우리는 믿는다. 그러나 우리는 주어진 복음을 효과적으로 전할 책임이 있고, 주께서 택하시고 예정하신 사람일지라도 아직 그 얼굴에 수건이 벗겨지지 않은 사람들(고후 3:14~15)에게 복음을 전해야 하므로 이해할 수 있도록 최선을 다해야 한다. 그런데 타입 B 불신자들 가운데는 심지어 아직까지는 자신들의 인생의 의미와 목적을 추구하는 일에 관심을 기울여본 적이 없는 경우도 있다. 이런 사람들에게 기독교문화권 속에 사는 사람들을 위해 계발된 전도문과 진단질문이 효과적일 것으로 가정하는 사람들은 참으로 순진한 것인지도 모른다. 그들에게는 복음을 개념적으로 이해시키려고 시도하기 전에, 적절한 관계를 형성하며 마음을 열고 복음 앞에 나오도록 하는 것이 필요하다. 이런 이해에 근거한 전도법이 얼마나 효과적인지는 셀사역을 통해, 혹은 여러 가지 현대 전도법을 통해 밝혀지고 있음에도 불구하고, 대부분의 순진한 전도자들은 자신들이 준비한 전도문을 상대의 문화, 배경, 특성과 관계없이 동일하게 쏟아내고 있다. 심지어 그 전도용 진단질문과 복음제시문은 기독교문화권 내의 비회심자에게 적절한 것인데도, 마치 그것만이 유일하고 가장 효과적인 방법이란 믿음으로 비기독교문화권에서도 사려 깊지 않게 그대로 시행하고 있다. 국내 전도 현장에서 우리가 경험하는 것은 갈수록 소위 타입 A와 타입 B 전도 대상자들의 간격이 커지고 그 반응의 차이도 매우 급속히 과격하게 달라지고 있다는 점이다. 따라서 교회는 두 부류의 전도대상자에 대한 다른 이해와 각각에 적합한 전도 전략을 구별하여 가르치고 교인들에게도 다르게 접근하는 것이 효과적임을 일깨워줘야 할 것이다.

5.9. 정규 주일 예배와 전도에 대한 민감성

개인전도는 모든 전도의 기본이 되므로 우리는 계속해서 성도 각자가 개인전도자로서의 사명을 잘 감당하도록 훈련시켜야 한다. 그러나 오늘날 많은 교회에서는 개인전도만 강조하고, 전도를 위해 교회가 할 일은 전도집회를 여는 것이 다인 것처럼 움직이는 것이 보인다.

앞에서 전도에서 나타나야 할 공동체성을 언급하면서 강조했듯이, 바람직한 것은 개인보다는 교회가 전도하는 것이다. 그 말은 교회로 불신자를 인도하면 목사가 만나서 개인전도 해주는 것도 아니요, 1년에 한 번 대형 전도집회를 여는 것도 아니다. 교회의 정기적인 공예배와 교회 공동체의 삶과 증거, 그리고 교인들이 합력한 총체적인 전도를 통해 회심자는 건강한 하나님의 백성으로 자라갈 수 있다는 것을 의미한다.

대부분의 교인들이 생각하는 것처럼 전도집회는 날을 잡아서 따로 할 일이고, 매주 시행되는 주일 예배는 믿는 자만의 시간이란 개념 속에서는 교회가 선교적 공동체가 될 수 없다. 그들은 심지어 구도자에 민감한 예배란 비성경적이라고까지 단언하는데, 이는 예배를 본질적으로 믿는 자들이 하나님께 드리는 의식이라고 보기 때문이다. 제사에는 딸은 참석하지 못하고 장손이 주관하고 오직 아들들만 참여할 수 있다는 유교적 제의 규정에 익숙한 우리나라 기독교인들에게는 성경적 근거를 논하기 전에 감정적으로 매우 설득력이 있어 보일 것이다.

그러나 모든 예배는 불신자가 돌아와 함께 하나님을 찬양하고, 모든 미전도족속들이 여호와 앞에 돌아와 함께 예배 공동체를 이루는 꿈이 나타나야 한다. 그것이 바로 "하나님이여 민족들로 주를 찬송케 하시며 모든 민족으로 주를 찬송케 하소서(시 67:3)"라고 노래했던 시편의 예배자의 자세였다. 심지어 구약시대에도 제약은 있었지만(그것은 이스라엘 여성들도 마찬가지였고, 유대 남자들도 제사장들에 비해서는 한계가 있었다) 하나님의 언약백성이 아닌 이방인들도 성전에서 예배를 드릴 수 있었다. 그래서 요한복음 12장 20절에서 보듯 헬라인도 예배를 드릴 수 있었고, 사도행전 8장 27절에서 보듯이 에디오피아 여왕 간다게의 내시도 예루살렘에 가서 예배를 드렸던 것이다. 예배 가운데 임재하신 성령의 능력을 보고 사람들은 그리스도를 믿고 거듭났다는 성경에 기록된 사건들[365]은 불신자들도 함께 예배에 참석할 수 있는 것임을 웅변해주며, 따라서 전도적인 예배, 구도자에 민감한 예배는 참된 예배가 아니라는 일부의 주장은 옳지 않다. 그것은 철학적 신학 개념에서의 예배 정의로는 매력적이지만, 성경이 과연 구도자나 불신자는 예배드릴 수 없다고 가르치며 그런 사례가 정말 하나도 없는지 석의적 연구가 먼저 있고, 그 이후에 성서신학적 근거에 의해 재검토되어야할 주장이다. 성경이 가르치는 것은 전도나 여러 형태의 예배를 통해 예수님을 믿고 성령을 받고 세례를 받는 것이지, 성령을 받은 사람만 예배를 드려야 한다는 것이 아니기 때문이다. 비록 예배가 거듭난 그리스도인들 중심으로 드려지지만, 그때마다 "이 우리에 들지 아니한 다른 양들이 내게 있어 내가 인도하여야 할 터"(요 10:16)라고 외치시는 예수님의 안타까운 심정을 잊지 말아야 할 것이다. 따라서 모든 하나님의 백성이 참여하지만 불신자 전도에 마음이 열리지 않은 사람들을 위해, 그리고 그 예배에 참여하고 있는 불신자와 구도자를 위해 정규 주일 예배가 전도적이 되어야 하고, 설교에 있어서도 십자가와 복음이 나타나야 한다.

한 가지 더 지적하고 싶은 것은 예배에서의 전도도 설교자 1인만의 행위가 아니라는 점이다. 초기교회 전도설교의 모습을 보면, 베드로가 설교했지만 "베드로가 열한 사도와 같이 서서 소리를 높여 가로되"(행 2:14)란 말씀이 가르쳐주듯이 그것은 독립적인 개인적 설교가 아니라 '11명과 같이 서서' 한 공동체적 행위였다. 사도행전에 나오는 베드로의 첫 설교도 "베드로가 그 형제 가운데 일어서서 가로되"(행 1:15)란 말씀이 증언하듯이 공동체적 행위였다. 그는 결코 하늘에서부터 뚝 떨어진 개인적인 독립 설교자가 아니라 공동체로부터 나온 것이다. 우리는 현대 예배 가운데서 시행될 전도설교조차 공동체를 벗어난 설교자 개인의 행위가 아님을 기억해야 할 것이다. 이처럼 개인적 전도보다는 공동체적 전도와 전도적 예배를 강조하는 이유는, 개인적 전도는 전도자 그 개인을 따르게 하지만 공동체 전도는 사람들이 거듭나면 자연스럽게 교회와 공동체로 들어가게 하기 때문이다. 베드로의 공동체적 전도 설교 결과[366)]는 사도행전 2장 42~47절에서 보듯 공동체가 형성된 것이었다면 우리도 그렇게 해야 할 것이다.

5.10. 현대전도에서 간증의 중요성과 주의점

지금까지 전도는 교리 전수에 따른 지적이고 인지적인 행위로 그쳐서는 안 됨을 강조했다. 그것은 우리로 하여금 선포전도만이 아니라 임재전도 방식도 고려하게 해준다. 특히 이 시대의 전도에서는 하나님께서 살아계시고 역사하심을 증거하는 간증이 매우 효과적이다. 따라서 주일 예배 시간에 매주 전도설교만 할 수는 없는데, 전도에 효과적인 간증을 정규 예배 시간에도 할 수 있도록 배려할 필요가 있다.

실제로 정규 예배를 통한 전도에서 가장 효과적인 것이 간증 순서임은 여러 교회의 사역에서 입증된 바 있다. 다만 국내 보수교회의 전통에서 볼 때 거룩한 주일 예배에 어떻게 간증시간을 넣느냐는 우려가 있음을 알지만, 잘 준비된 간증은 하나님을 높이고 주님의 역사하심을 증거함으로 영광 돌리는 예배의 한 행위로 넓게 해석할 수도 있다. 이때 간증은 자기 자랑이 아니라 하나님의 영광이 나타나도록 지도가 필요하고, 자신의 달라진 모습 강조로만 끝나지 않고 그 가운데 나타난 성령의 역사하심에 초점을 맞출 수 있도록 미리 점검해 봐야 할 것이다. 개혁주의 조직신학자인 데이비드 웰스의 지적처럼 간증은 자신의 경험을 증거하는 것이 아니라, 신약에서 보듯이 구원의 실재인 그리스도와 그리스도의 사역에 대해 증거해야[367]하기 때문이다. 그리고 우리의 행동(이전의 삶으로부터의 돌아섬)과, 왜 우리가 그렇게 행동했는지가(그리스도의 우리를 위한 죽음) 포함[368]되도록 목회자가 미리 지도해야 할 것이다. 왜냐면 이는 공적인 예배의 자리에서 행해지는 것이지, 사적인 자리에서 하는 개인간증과 성격이 다르기 때문이다.

6. 결론

효과적인 전도를 하려는 우리의 노력은 여러 측면에서 다양하며 확인 가능한 결과가 있어야 한다. 사역에서 다른 그 무엇과 달리 전도는 결과로 말해지는 것이기 때문이다. 다만 전도 즉시 즉각적인 영접기도를 따라한 숫자를 성공률로 볼 것이 아니라, 좀 더 근원적인 열매 맺음으로 판단해야 할 것이다.

첫째로 그것은 개인적 회심과 삶의 변화이다. 회심은 기독교 고유의 것은 아니지만, 기독교의 회심은 유일하며 유일하게 진실해야[369]한다. 하나님 나라의 혁명적 가치관을 받아들이고 달라진 삶을 보이지[370] 않고, 계속적인 성숙과 성장이 보이지 않는다면 그것은 거듭난 것이 아니다. 이 경우 우리의 전도 방식에 잘못된 점은 없는지 재고해봐야 한다. 예수 그리스도를 만나면 새 피조물이 되는(고후 5:17) 것이기 때문이다.

둘째로 전도의 결과는 새로운 관계성의 형성으로 나타나는데, 공동체로의 연결과 교회 속의 예배의 삶으로 지속되어야 한다. 사도행전 2장 38절의 명령에서 보듯 효과적인 전도의 결과는 한 사람으로 하여금 새 공동체의 일원이 되고 예배와 권위에 복종하는 모습을 낳게 된다. 그리고 궁극적으로 하나님의 일에 참여하여(사역) 세상을 변화시키고 문화를 변혁하며 하나님께 영광 돌리게 된다. 이것이 하나님 나라의 복음의 권능이요, 영향력이다. 복음 전파와 이웃 사랑, 그리고 예배는 함께 가는 것이다. 분리해 생각할 일이 아니다. 전도는 삶의 변화와 하나님 예배와 하나님의 일에 참여하여 섬기는 것까지 포함된 것이란 차원에서 이해되어야 한다. 목회와 전도는 구원받은 자들을 모아서 교회란 울타리 속에 집어 넣어놓고, 천국 가는 그날까지 그들을 잘 지키는 것 이상이다. 그것은 출하 시점까지 상처 나거나 흠집 생기거나 분실하지 않도록 물건을 창고에 잘 보관해 놓는 것[371]과는 달라야 한다.

지금까지 살펴본 것처럼 전도는 신학교 조직신학 시간에 배운 구원론이나 성서신학 시간에 배운 하나님 나라에 대한 신학적 개념에 대한 설명 이상이다. 그것을 이해시키는 것이 전도의 목적이 아니라,[372] 듣고 거듭나 말씀에 순종하는 삶으로의 새 삶의 경험이 따를 수 있는 전도 방식으로의 전환이 필요함을 역설했다. 그 일은 또한 목회자나 전도 훈련을 받은 한 두 사람의 전문 전도자가 할 일이 아니다. 그것은 교회의 일이며 모든 그리스도인의 일이다. 그것은 교회란 울타리로 데려와야만 가능한 것이 아니라, 그들이 거하는 장터로 우리가 나갈 수 있어야 한다. 그리고 아무나 붙잡고 다짜고짜 외치는 것만이 아니라 관계를 형성하고 신뢰관계 속에서 그들이 이해할 수 있는 언어로 전달하는 것과 함께, 우리의 달라진 삶을 통해 성육화된 메시지를 보여주는 전도가 갈수록 더욱 필요한 시대가 되었음을 강조했다. "예배의 가장 거룩한 순간은 설교와 성례로 힘을 얻은 하나님의 백성들이 교회가 되기 위해 예배당 문을 지나 세상에 나가는 그 순간이다. 우리는 교회에 가는 것이 아니다. 우리가 바로 교회이다"란 어니스트 사우스코트(Ernest Southcott)의 말[373]이 우리 모든 전도자의 가슴에 잠언처럼 기억되기를 바란다.

성경적 진리를 있는 그대로 순수하게 표현하기 위해 이 시대를 위한 개혁신학이 필요한 것처럼, 복음의 진리를 이 시대에 효과적으로 전달하기 위해서는 전도에도 개혁이 필요하다.

"그 기쁘신 뜻대로 우리를 예정하사 예수 그리스도로 말미암아 자기의 아들들이 되게 하셨으니…… 그의 은혜의 영광을 찬미하게 하려는 것이라"(엡 1:5~6, 12, 14절 참조).

Chapter 09

종합적 진단과 실제적 제안-
Test Case : 한국의 장로교회의 경우

Healthy Ministry · Healthy Church

종합적 진단과 실제적 제안
- Test Case : 한국의 장로교회의 경우

한 세기를 보낸 한국 장로교회의 발전을 위한 목회신학적 분석과 제안*

이 시대에 가장 탁월한 개혁파 역사신학자 중 한 사람인 데이비드 F. 웰스(David F. Wells)는 "과거에 서구 사회를 하나로 묶어준 것은 세 가지였다. 그것은 전통, 권위, 권력이다"[374]라고 간파하였다. 한국교회의 상황도 이와 크게 다르지 않다. 한국교회를 지탱해 온 것도 그것이었고, 한국교회의 문제도 그것이고, 한국 장로교회의 미래에 대한 문제도 그것이다. 전통은 미래로 도약할 수 있는 디딤돌이 되지 못했고 오히려 변화하는 현대와 미래 사회를 책임질 교회의 개혁에 장애물이 되었으며, 영적 권위 대신 힘과 기술을 통한 교회 부흥 능력이 관심을 끌고, 기독교계 내에서 권력을 추구하는 것이 양떼를 섬기는 목양을 대

※ 이 글은 지난 한국 장로교회 100년을 회고하며 다음 세기를 위한 제안으로, 《기독신학저널》 백석대학교 기독신학대학원, 2007년 5월호에 「한 세기를 보낸 한국 장로교회의 목회신학적 분석과 제안」이란 제목으로 실은 글이다.

신하고 있다.

이런 시점에서 한 세기를 지낸 우리나라 장로교회의 현상을 돌아보며 그 문제점을 분석하고, 두 번째 세기를 맞는 한국 장로교회가 가야 할 길을 찾아보려는 것이 본 논고의 목적이다.

1. 장로교의 정체성을 바로잡기 위한 질문들

그렇다면 우리나라 장로교회의 현상과 문제점을 분석하기 전에, 우리는 장로교회의 본질적 특성이 무엇인가에 대해 먼저 분명히 해야 할 것이다. 과연 무엇이 장로교회를 장로교회답게 만드는 것인가? 다른 말로 해서 무엇이 한국의 장로교회가 지녀야 할 특성이며, 무엇이 그 길에서 벗어난 것이어서 갱신이 필요한 것인가? 이에 대해 숙고해 봐야 할 것이다.

장로교회의 특징을 언급할 때, 한쪽에는 우선 교리적으로 이렇게 다르다고 말하는 사람들이 있을 것이고, 또 다른 쪽에는 장로교회는 다른 교파의 교회들과 운영방식이 이렇게 다르게 움직이기에 다르다고 말하는 사람들이 있을 것이다. 물론 교회 운영방식과 정치 역시 신학과 교리의 산물이지만, 일반적인 접근 방식은 교리적 접근과 교회 정치적(Church Polity) 접근으로 크게 나눌 수 있을 것이다.

1.1 장로교의 정체성에 관한 교리적 접근

장로교의 정체성을 찾을 때 첫 번째 접근 방식은 교리적 차이를 강조하는 것이다. 장로교회가 다른 교단에 비해 어떤 점이 다르냐고 물으면 예정론을 믿는 것이라고 말하는 사람들이 많다. 그런데 과연 다른 교단 사람들은 예정론을 믿지 않는가? 그렇지 않다. 미국 리폼드 신학교(RTS)의 신약교수였던 키스트메이커는 "장로교회는 우스갯소리처럼 장로를 믿는 교회도 아니고, 적지 않은 사람들이 생각하듯이 예정론만 믿으면 다 장로교인이라고 할 수도 없다. 그것은 이신칭의를 믿으면 루터교인이라고 주장하는 것과 같은 논리일 것이다. 개혁교회도 이신칭의를 믿기 때문이다. 예정론은 이미 1512년에 쟈크 르 페브르(Jacques Le Fevre)에 의해 옹호되었으며, 하이델베르크 교리문답서 같은 문서는 그 교리에 대해 아무 언급도 하지 않기 때문이다"[375]고 잘 지적한 바 있다. 그럼 무엇이 한국 장로교회를 장로교회답게 만드는 것일까?

사실 이보다 앞서 던져야 할 질문은 우리 한국교회 현장의 목회자들과 평신도 지도자들은 과연 교리적으로 장로교회의 독특성과 차별성을 제대로 이해하고 논하고, 추구해 왔는가 하는 것이다. 과연 목회 현장의 실제적 신학의 상황은 어떠한가?

예를 들어 일선 사역 현장에서는 칭의와 성화를 분리하며, 그 둘을 조화 있게 이해하고 목회했던 칼빈과 달리 성화를 강조하면 단번에 웨슬리언으로 몰고, 거듭난 자의 순종의 삶을 강조하면 율법주의로 몰아가는 신학적 미성숙과 천박함, 그리고 단편적 이해가 자주 보인다. 개혁주의 성경관을 강조하지만 상당수의 장로교회에서는 율법과 은혜, 율법과 복음을 끊임없이 대치관계로만 이해하고 모순적으로 보는 세대주의적 그림자에서 벗어나지 못한 신학에 기초한 목회가 이루어지고 있다.

또 다른 예를 들어 장로교, 감리교회, 침례교회는 서로 어떻게 다르며 그중 서로 비슷한 것끼리 짝을 지어보라고 하면 일부 목회자와 신학생들조차 대부분은 장로교와 감리교가 비슷하고, 침례교는 다르다고 한다. 이는 구원론 등 신학적 사고는 없이 표피적 현상으로 판단하기 때문에 생긴 현상이다. 사람들은 교리보다는 교회 운영과 겉으로 보이는 제도적 특징으로 차이점을 생각하기 때문이다. 우리나라 교회는 외적 차이만 보고 내적 혹은 교리적 차이는 잘 보지 못한다. 함께 사역하던 요한 웨슬리와 조지 휫필드가 결국 헤어질 수밖에 없었던 교리적 차이의 심각성을 안고 있는 장로교와 감리교는 차이가 없다고 보고, 세례와 침례 등 형태적일 뿐이며 본질적이지도 않고 교회 운영상 나타나는 외적 형태만 보고 같다 혹은 다르다고 하는 수준이다.

그 외에도 대부분의 보수적 장로교회는 교리적으로는 개혁주의를 표방하지만 장동민이 지적한 것처럼, 근본주의적 특성을 보이고 사회 참여를 보이면 자유주의처럼 여기는 경향[376]까지 보여 왔음 역시 인정하지 않을 수 없을 것이다. 즉 우리 한국 장로교회는 목회 현장에서 그 정체성과 독특성 그리고 차별성을 교리적으로 제대로 인지하고 접근하는 데에 한계가 있어 왔다. 이는 교단과 관계없이 부흥 중심으로 움직여온 대다수 한국교회의 신학적 깊이의 얄팍함과 분명한 신앙고백의 부재 때문이다. 단지 예배 순서로 사도신경을 외운다고 장로교회로서 분명한 신앙고백을 갖고 있다고 말할 수 있는 것은 아니다. 과연 한국의 개혁주의 장로교회는 100년을 자랑하는 역사 속에서 신학적으로 '우리 장로교회는 이런 것이다'라는 분명한 선언이나 고백서를 만들어 내 본 적이 있는가? 권호덕 역시 리츨(D. Ritschl)의 지적과 맥을 같이 하여, "한국의 장로교회도 나름대로의 한국 개혁파 신앙고백서를 작성했더라면 한국 장로교회가 개혁파 전통의 선상에 섰을 것이다"[377)]라고 주장한 바 있다.

신학이 있는 교회가 된다는 것은 교회가 신학적인 내용을 가르친다는 것만이 아니라, 목회가 기독교의 신앙고백 위에 삶이 형성되고 성경적 신앙으로 살아갈 수 있는 삶의 지혜를 갖게 해주는 것이다. 물론 이것은 실용적 현대적 지혜로 성경적 진리를 대신하려는 것이 아니라, 하나님 말씀의 진리를 현대 생활의 과정에 연결하는 힘든 작업[378)]이다. 그런데 우리나라 장로교회는 신앙고백과 교리에 기반을 둔 힘든 과정을 기꺼이 감수하려는 목회라기보다는, 대형교회 목회자의 성공적 목회 경험담과 목사 개인의 사역 경험에 근거한 확신 중심으로 움직이려는 모습을 흔히 본다. 이것은 "하나님의 계시에서 출발하지 않고 인간의 경험에서부터 시작하려 했으며, 삶에 대한 하나님의 해석이 아니라 인간이 주체적 자유 가운데서 스스로 만들어낸 해석으로 출발했다"[379)]고 지적받는 서구의 현대 교회의 문제와 다르지 않다. 따라서 이런 일선 목회현장의 상황 속에서 장로교회의 교리적 독특성과 차별성만으로 장로교회의 정체성을 확립해 나가는 것은 쉽지 않은 일일 것이다.

그럼에도 불구하고 장로교회가 타 교단 교회와 차별화될 수 있는 교리적 혹은 신학적 특징은 무엇일까 생각해보자.

첫째로 인간이해와 구원론 등에서 웨슬리언 신학체계와 대조되는 칼빈주의 신학체계를 들 수 있다. 하지만 이러한 칼빈주의는 대다수의 회중교회나 침례교회 등도 공유하고 있는 신학적 특징이기도 하여 이것만으로 장로교회의 교리적 특징이라고 단순 주장하기는 어렵다. 또한 많은 장로교인들은 하나님의 위엄과 주권, 그리고 그리스도의 왕국에 대한 강조가 개혁교회의 중요한 강조점이라고 할 것이다. 우리 칼빈주의자들에게 '오직 하나님께 영광을(Soli Deo Gloria)'이란 좌우명은 '하나님께 더 큰 영광을(Ad Majorem Dei Gloriam)'이란 공리와 함께 가장 중요한 교의적 기초이다. 그러나 두 번째 공리는 16세기에 이미 사용되었고 후에 제수이트 교단의 구호였으며, '오직 하나님께 영광을'이란 금언도 루터파를 비롯한 여러 교파에서도 일반적으로 사용되었다.[380] 그래서 키스트메이커는 오히려 하나님 앞에서(Coram Deo)와 하나님의 주권(Sovereignty of God)에서 그 특징을 찾는다. 그런데 매우 포괄적이어서 다른 교단 역시 강조하는 바[381]인지라 이것 역시 장로교회를 다른 교단과 구별 짓는 요소로 보기 어렵다.

장로교회의 두 번째 교리적 특징은 세대주의에 반하여 언약신학 체계를 가짐에 있다. 언약신학적 성경신학 체계는 세대주의적 관점과 크게 차이를 가지며, 여기에서 종말론과 율법과 복음 관계 등 여러 측면에서 파생적으로 차별성을 갖게 한다. 언약 신학에서 나온 신학적인 그리고 목회적인 차이는 성령론에 대한 접근에서도 나타난다. 우리나라에서 장로교와 유사한 정치체계를 사용하는 순복음교회 등 오순절 교단과의 대표적인 차이는 구원론뿐 아니라 성령론일 것이다. 장로교회의 성령론은 오순절 교단의 성령론 이해와 어떻게 다른가? 그것이 목회적으로 어떤 차이를 만드는가에 대해 장로교 목회자들은 분명한 관점을 가지고 사역해야 할 것이다. 그러나 상당수의 장로교회 목회자들은 교리체계는 개혁주의요, 정치체계는 장로교라고 하며 성령론에 있어서는 개혁주의 성령론보다는 실증적 오순절 성령론으로 그 목회가 특징지어진다.

과거 오순절 교단의 성령론은 물론 축복 신학까지 무차별 전염되어 심지어는 하나님의 축복을 밥을 많이 먹는 것하고 구분을 못하고, 교회의 양적 부흥과 진정한 성숙과 구별을 하지 못한다. 그리하여 1907년 평양 대부흥 100주년을 강조하는 근저에 혹시 과거의 성장에 대한 향수가 있는 것은 아닌가 하는 의구심을 불러일으키기까지 하고 있다.

이처럼, 우리나라 장로교회에서 인간론과 구원론에 있어서 칼빈주의적 체계보다는 알미니안적 요소와의 혼합이 나타나고, 개혁신학에 기초한 복음주의적 자세라기보다는 오히려 근본주의적 모습을 보이며, 정통신학과 전통수호와 보수성을 동일시하여 성경적 개혁신앙과 구분 못하는 태도까지 적지 않게 보인다. 이런 점을 볼 때 신학교에서 제대로 공부를 해야 졸업을 할 수 있는 환경이 속히 마련되어야 함을 느끼며, 계속적인 목회자 재교육의 필요 역시 절실하다고 하겠다.

그렇다면 무엇이 개혁교회와 장로교회를 장로교회답게 만드는 근본적인 해결책일까? 혹자는 이런 모든 것들이 나오고 그런 사상의 출발이 된, 성경에 대한 분명한 자세에 있다고 말한다. 『21세기 개혁신앙의 방향』이란 저서에서 이승구는 교단적 정체성이 흐려져 가는 것에 대한 우려를 표현하며 개혁교회와 장로교회가 강조해 온 가장 핵심적인 요소로 오직 성경의 원리에 충실해야하며 그것은 성경 전체(total Scripture)의 가르침에 유의하고 그 입장에서 해석할 것[382]을 지적하고 있다. 칼빈은 분명히 교회가 아니라 성경이 생활과 교리 문제에 있어서 절대 권위를 갖는다[383]고 가르쳤다. 그럼 현대의 다른 교파에서는 그것을 부인하는가? 그렇지 않다. 모든 프로테스턴트 교회는 동일하게 이것을 강조하고 있다. 오히려 침례교회에서는 오직 성경만의 권위를 강조하는 나머지 예배시간에 성경 외의 신조를 사용하는 것을 꺼릴 정도이다. 장로교의 차이점은 다른 교단에 비해 그 수단으로 고대 교회의 신조들과 교리적 진술에 충실하려고 하는 점[384]일 뿐이다. 심지어 종교개혁의 주요 유산인 만인제사장 교리는, 오직 목사 중심제로 변색되어 가고 있고, 오직 성경이란 외침은 오직 목사 개인의 목회철학으로, 오직 은혜는 오직 봉사로 대치되는 모습을 우리나라 장로교회에서 너무도 흔히 본다. 그 결과 성경이 가르치는 복음전파와 헌신이 헌금으로 대치되는 모습을 보이기까지 한다. 현재 한창 성장하고 있는 모 유명 개혁교회에서는 제직들에게 전도를 못해 오면 한 명 전도하는 것 대신 300만 원씩 헌금하라고 설교하기도 한다. 과연 이것이 교리 중심, 신조 중심, 신학이 분명하다는 개혁교회의 모습이라고 우리는 말할 수 있는가? 성경에 대한 높은 관점만 강조할 것이 아니라, 구체적으로 성경을 해석하고 이해할 수 있는 역량을 길러야 할 것이다.

지금까지 살펴본 것처럼 우리는 장로교의 본질적 특성을 교리적 차이에서 찾기보다는, 교리적 강조점에서 찾는 것이 더 나을 것이다. 그리고 장로교의 본질적인 모습을 이제 많은 사람들은 교리적 차이보다는 더 쉽고 피부로 느끼는 실제적인 접근책을 택하고 있는데, 그것은 교회 정치적인 접근이다.

1.2 장로교회의 정체성을 위한 교회 정치적(Church Polity) 접근

장로교회의 교회 정치적 특징과 차별성은 무엇인가? 아마도 누구나 그것은 장로정치라고 할 것이다. 이것을 좀 더 정확히 말하자면 교회 통치가 개인이나 회중이 아닌 교인들이 선출한 장로로 구성된 대의원회(councils)에 맡기는 방식이다. 그런데 이런 장로정치 체계에 대한 이해는 단순하지가 않다.

쏜웰(Thornwell)은 장로교회주의에 대한 이해를 광의와 협의 두 가지로 나누고 있다. 광의적 장로교회주의란 장로보다 높은 지위에 있는 사람들에게 교회 통치를 맡기는 것을 부인하는 모든 교회 형태를 말한다. 즉 고위 성직자제도(Prelatic), 감독제도(Episcopalian)의 반대말이고, 관구 주교(Diocesan Bishops)는 하나님의 직접 임명을 받는다는 것을 부인하는 모든 교단을 포함한다. 그래서 여기에 독립교회(Independent)나 회중교회와 감리교회까지 포함해서 이해한다. 반면 협의적 이해는 교회의 통치를 대표회의 곧 장로들로만 구성되는 당회에 맡기는 교회만을 의미385)하는데, 우리 한국의 장로교회는 거의 이 개념으로 이해하고 있다. 그렇지만 여기서도 역시 단순하지 않다. 하지(Hodge)는 장로를 교인들을 대표하는 평신도 대표로 보았고, 쏜웰은 목사와 치리 장로 모두로 보았다.386) 미국장로교회 조직은 쏜웰의 개념을 채택하여 목사 안수식에 치리장로들이 참여케 할 수 있게 했다. 이런 차이와 갈등이 생기는 것은 근본적으로 칼빈은 이런 점에 있어서 장로교회의 특징을 명확하게 규정하지 않았기 때문이다.

칼빈주의 교회의 구조는 그럼 어떤 점에서 차별성을 갖는가? 루터파 교회는 중세 교회의 구조를 그대로 답습해 갈 때, 개혁신학은 장로교회의 교회 조직에 중세 교회의 구조와 다른 정치체제를 갖게 만들어 주었다. 그래서 개혁주의는 때로는 회중교회의 조직으로도 성공적으로 성장할 수 있는 근거가 되었고, 영국 성공회의 기능적(functional)이고 관할지배적(jurisdictional)인 체제와 더불어서 발전해 갈 수 있었던 것387)이다. 실제로 교회 역사를 보면 존 오웬(John Owen)은 물론 뉴잉글랜드의 존 코튼(John Cotton) 같은 개혁주의자는 회중교회원이었다. 이것은 미국과 영국의 장로교회 신학자들만의 이해는 아니었다. 박윤선은 장로교 정치원리 제1조인 양심의 자유로부터 로마교회와 다른 장로교의 핵심적 특징을 기본교권이 회중에게, 혹은 교회의 주권은 교인에게 있다는 이해가 장로교 정치의 정신[388]이라고 주장한다. 이는 하지의 장로교회 4대 특징 이해[389]와도 맥을 같이 한 것이다. 그리고 박윤선이 정년 퇴임을 하며 남긴 '칼빈주의 교회론'에서 모든 지교회는 하나의 완전한 교회로 상회의 무조건적 억압이나 어떤 외부 교세의 간섭을 받을 처지에 있지 않으며,[390] 이런 점에서 지역교회의 성격을 '자율성'(autonomy)[391]이라고 학자들이 말한다는 사실도 지적하고 있다. 성경에 기초한 개혁교회의 정치의 근간인 기본교권이 회중에게 있고 지역교회는 자율성을 갖는다는 사실에 대한 인식은, 사실 같은 칼빈주의 체계를 따르고 있는 회중교회나 특히 침례교회의 정치[392]의 근본정신과도 본질적인 면에서 맥을 같이 한다는 점[393]을 주목할 필요가 있다. 물론 침례교단은 이런 점을 발전시켜 총회나 노회의 지배를 받지 않고 교회들의 자율적 연합적 협동사역을 강조하는 쪽으로 발전해 간 것은, 현재의 대다수 장로교회의 실질적 정치 방식과 차이를 보이지만, 성경에 기초한 지역교회의 주권과 자율성에 대한 이해란 측면에서는 전혀 다르지 않다.

이러한 개혁교파 혹은 장로교 전통과 정치의 본질에 대한 깊은 이해는 사실 우리가 알고 있는 장로교회 정치 구조보다 훨씬 다양하고 포괄적이어서, 100개가 넘는 국내 장로교단들이 세부적인 사항에 대한 획일적 통일을 하기가 쉽지 않을 뿐 아니라 그럴 필요를 느끼지 않게 된다. 획일적으로 통일된 정치체계를 만들려는 우리의 시도는 어떤 면에서는 옳지 않다. 게다가 오늘날에는 장로교회 외에도 대부분의 교파 교회가 실질적으로 대표정치를 하고 있다. 그러므로 장로교 통치제도가 장로교회만의 독특성을 보장하는 기준으로 보기는 이제 어렵게 되었다.

이 시점에서 우리의 관심은 다만 장로교회가 추구하는 핵심사항인 대표정치 정신이 과연 현재 우리 한국의 장로교회에서 얼마나 잘 표현되고 있는가이다. 그런데 교계에서 끊임없이 주장되고 있는 장로교회 개혁 요구는 사실 적지 않은 교회들에서 교회 곧 회중을 위한 대표대의제인 장로정치라기보다는 교황적 당회장주의가 실행되고 있기 때문에 발생한 것이며, 장로들은 당회장을 견제하는 것을 사명으로 보는 왜곡된 당회정치를 하기 때문에 야기된 것이라고 해도 과언이 아닐 것이다. 그러므로 지금까지 살펴보았듯이 장로교회의 특징을 교리적으로 주장하거나, 과거에 그랬듯이 단순히 교회정치 방식에서만 찾으려고 하는 것은 모두 갈수록 설득력을 잃게 되었다.

2. 목회적 측면에서 살펴본 한국의 장로교회가 가야할 길

현재 교계의 흐름은 갈수록 교파 간의 차이는 줄어들고, 각 교단 모두 성경적인 목회와 교회 모델을 향해 수렴 현상(Convergence)을 보이고 있다. 실제로 국내 유수의 성장하는 교회들을 살펴보면, 장로교회라고 장로교의 교리와 정치체계에 매이지 않고, 감리교회라고 감리교 교리나 정치체계만 고집하지 않고 나름대로의 목회방식을 구현하고 있다. 각 교회별 목회방식의 차이를 만드는 것은 소속 교단의 교리와 정치체계 규정이 아니라, 개교회 담임목사의 신학적 확신과 개인적 성향과 목회적 확신이기 때문이다. 우리는 그것을 개교회주의라고 비난할 수 있을지도 모르지만, 그것은 사실 과거의 교단주의와 달라진 현대교회에 나타나고 있는 목회적 수렴현상(Convergence)이다. 앞으로 새로 부상하는 새로운 교회들과 신진 목회자들 사이에서는 이런 현상이 더욱 가속화될 것이다. 이런 상황에서 우리의 관심은 한국의 장로교회가 어떻게 해야 좀 더 성경적으로 개혁교회의 본질적 특성을 잘 살릴 수 있는 교회가 될 수 있느냐이다.

교리적 혹은 정치적인 측면을 통합하여 장로교회는 어떤 교회가 되어야 더욱 성경적인 개혁교회가 될 수 있는 것인지 이제 목회적으로 각 분야 별로 정리하여 보고자 한다. 개혁파의 특성을 유지하며 더욱 성경적인 건강한 교회가 되기 위해 우리나라 장로교회는 어떤 모습의 사역을 지향해야 하는지가 우리의 관심의 실제적 부분이기 때문이다.

2.1 개혁파 목사직에 대한 관점 회복

장로교회가 가야할 길을 위해서는 우선 목회를 이끌어가는 지도자들의 목사직에 대한 이해에서부터 출발해야 한다. 개혁주의, 복음주의를 표방하면서도 대부분의 한국교회에서 목사를 제사장으로 이해하는 것은 구약적이며 중세적이다. 김영재는 목사를 평신도와 구별되는 제사장으로 보는 교권주의(clericalism)가 중세교회를 부패하게 만드는 가장 큰 요인이었음을 지적[394]하였는데, 목사의 중요성은 신분(status)에 있지 않고 기능(function)에 있음[395]을 알아야 할 것이다. 권위와 전통을 강조하는 장로교회 목회자일수록 목사는 자신을 제사장으로 여기며 강단을 '제단'으로, 새벽기도회를 '새벽제단'으로 부르길 좋아하는데[396] 이는 개혁파의 일반적 신학 개념에서 벗어난 것이며, 기독교라기보다 유대교적 개념에 가깝다. 신과 인간의 중개자 역할을 하는 샤먼의 무속 종교의 배경에서 자라난 교인들과 이런 비개혁적인 목회자들로 말미암아 프로테스턴트 교회에 로마 가톨릭교회와 같은 성직자주의(clericalism)가 형성되었고, 그에 따라 계급주의 혹은 교계주의(hierarchy)가 형성**397**)되었다. 칼빈은 「기독교강요」 4장4항에서 성직 계급제도(Hierarchy)를 성경적이지 않음**398**)을 분명히 하며 제왕적 목회에 대한 경고를 했다. 그럼에도 불구하고 칼빈을 신봉하는 우리나라 장로교회의 현실에는 그리스도의 몸인 교회를 자신의 왕국처럼 여기고 절대적인 권한으로 통치하려는 성향을 보이는 목회자들이 적지 않다. 그리고 감독제도는 두지 않지만 실질적으로는 목사들끼리도 서열과 계급이 있는 것처럼 행동하고, 교회 안에서 제직들마저 서열화하고 계급화된 개념으로 움직이게 하는 것을 보게 된다. 그것을 강력한 리더십과 질서 있는 교회 교육이라고 생각하는 목회자들도 있지만, 그것은 칼빈이 생각했던 교회의 이상과는 전혀 다른 모습의 교회이다. 장로교회 목사라면 이런 유대교적 제사장 개념이나 로마 가톨릭의 사제적 개념이 아니라, 성경에 나타난대로 목자장 되신 예수님을 본받아 교회라는 초장(pasture)에서 맡겨진 양떼(flock)를 돌보는(caring) 목자(shepherd)로서의 목사(pastor)상을 회복하는 기본부터 새롭게 해야 할 것이다.

2.2 제직제도와 직분 운영

개혁교회 안에 목사직에 대한 유대교적 혹은 로마 가톨릭적 개념이 만연하더니 이것이 제직제도에 있어서도 그 영향을 끼치고 있다. 프로테스턴트 교회는 로마 가톨릭의 교황을 정점으로 한 계급구조(Hierarchy)가 아닌 만인제사장 개념과 은사에 따라 사역 중심적으로 움직이는 곳이다. 그러나 집사를 안수집사와 서리집사로 나누어 둘로 만들고, 여성들은 집사가 되기 전에 권찰이란 단계를 거치게 하고, 나이든 여집사는 권사 혹은 명예권사로 세우는 등 수많은 계급주의적 교계주의의 단면399)을 아무런 숙고 없이 전통적으로 반복하고 있다. 사실 이런 직분을 세우는 것 자체가 비성경적이라고 비난할 수는 없다. 제도와 직분은 교회의 상황과 효과적인 사역을 위해 세울 수도 있는 것이다. 그러나 이런 직제가 교리적 확신에 근거한 것이 아니라 실용적 편리주의와 나아가 나이가 듦에 따라 더 높은 계급과 신분으로의 상승을 추구하는 세상의 가치관을 만족시키는 수단으로 사용된다거나, 사역과 관계없이 서리집사에서 안수집사와 장로로, 권찰에서 집사, 권사로의 진급으로 이해된다면 그것은 새로운 로마 가톨릭적 계급제도요 교계주의라 하지 않을 수 없다. 이것은 지나친 생각이라고 말하고 싶은 사람들도 있겠지만, 실제로 교회에서는 성경적 직분인 집사보다 각 위원회의 위원장이란 직책이 더 영예로운 자리요 더 높은 직책으로 생각하는 것이 현실이다. 이러한 제직의 임명은 교황적인 목사의 권한으로 생각하지만, 1세기 교회상을 엿볼 수 있는 고대 문헌인 디다케 15장 1절을 보면 "여러분(교인들)은 자신들을 위해 감독들과 봉사자들을 선출하라"고 한다. 심지어 순회사역자들과 달리 지역교회의 지도자인 목회자와 집사들은 지역교회 교우들이 선출했음400)을 알 수 있다. 따라서 우리가 깊이 생각하지 않고 해왔던 제직선발은 물론 사역자나 성도들의 봉사가 과연 성경적인가 또한 은사 중심인가 아니면 교회 경력과 직분 계급 중심인가 우리는 자문해 볼 필요가 있다.

2.3 교육목회의 강조와 교사의 위상 회복

칼빈이 하나님께서 제정하셨다고 생각하는 교회의 중요 직분 중에는 목사, 장로, 집사와 함께 교사가 있었다. 물론 그 교사는 오늘날의 신학교수와 유사한 개념이라고 볼 수 있지만, 칼빈은 교회 지도자 그룹에 있어서 제사장적 역할, 다스리는 역할, 봉사의 역할과 함께 가르치는 역할의 중요성을 강조했던 것이다. 그런데 오늘날 대다수 장로교회에서 교사의 위치는 어떠한가? 교사는 아이들을 돌보는 보모 정도로 여겨지지, 교회의 중대사를 의논하고 결정하는 제직회의에도 들어갈 수 없는 존재이다. 장로 권사 집사직분을 받은 사람들만이 참석하고 교회의 일을 결정할 수 있는 권한이 있지, 교사는 교회의 주요직분인 제직이 아니다. 이런 것은 칼빈의 교회상과 다른 것은 물론 성경의 가르침과도 걸맞지 않는 직제와 조직이다. 고든 피는 고린도전서 12장 28절을 설명하며 교사는 선지자와 함께 예언과 가르침과 같은 은사를 정기적으로 행사하여 공동체를 세우고 영적 지도력을 발휘하는 지도자였음을 지적[401]한다.

교사들이 교회 지도자로서 위상을 회복해야 할 뿐 아니라, 교회 내 제직훈련의 방향도 개선이 필요하다. 제직훈련은 제직들이 목사의 사역을 보조하고 교회 운영을 위한 봉사만 잘하게 하는 훈련에만 초점을 두지 말고, 다른 교인들과 함께 교회를 통해 세상을 어떻게 섬기고 변화시킬 수 있느냐에 초점을 둔 제직 교육으로 한 걸음 성숙해가야 한다. 칼빈신학교에서 가르쳤던 고든 스파이크만 역시 "교회 직분자들의 사명은 교회(Church)로 하여금 세상 속으로 들어가게 하는 것"이라는 리더보스의 말을 인용하며 강조[402]하고 있다.

2.4 문화 이해와 세상 변혁

월터스토르프는 개혁주의를 크게 교리주의자, 문화주의자 그리고 경건주의자의 세 가지로 분류했는데[403] 조지 말스든 등 여러 학자들이 그 견해를 따르고 있다.[404] 우리나라 장로교회에는 교리주의자와 경건주의자들은 적지 않지만, 문화주의자는 많지 않다. 제임스 보이스가 지적했듯이 많은 개혁주의 기독교인들이 우리의 현시대와는 동떨어진 무미건조한, 현실과는 무관한 상아탑 속의 지성인들(가짜 지성인들)로 비추어지고 있다.[405] 한국 장로교회가 21세기를 감당할 수 있는 교회로 계속 발전해가기 위해서는 이 문제를 넘어서야 하며, 문화에 대한 이해와 세상 변혁을 위해 교회가 어떻게 참여해야 할지에 대한 더 깊은 통찰이 필요하다.

동시에 장로교의 특징인 교리와 신조의 강조도 중요하지만 실천적 성격을 잃지 않아야 한다. 즉 하나님 나라 개념과 기독교적 세계관에 대한 분명한 의식 속에서 사회와 문화에 대한 책임을 다하는 교회여야 한다. 개인 구원과 내세에만 관심이 있다는 비난을 받지 않고 근본주의적 색깔을 넘어 사회에 대한 책임성을 갖고 섬기고 봉사하는 교회가 되어야 할 것이다. 물론 이런 것을 강조하게 되면 전통적 개혁주의 주창자들의 입장에서는 복음주의와 자신들은 다르다며 차별화하고 싶겠지만, 복음주의란 큰 장 속에서 개혁파 장로교회의 역할을 다해야지 복음주의에 대한 우월적 의식 속에서 배타성을 보이며 스스로를 고립화해서는 안 될 것이다.

2.5 개혁파 설교 정신의 회복

개인적 신앙이 아무리 훌륭해도 신앙과 성경의 진리는 삶의 변두리로 밀려나고 세상을 보는 시각과 삶의 방식에 영향을 주지 못한다면 무슨 소용이 있단 말인가? 성경적 기독교 신앙은 항상 삶에서 통합적 역할[406]을 해왔다. 그러나 심리치유의 시대에 들어서면서 상담과 심리학이 신앙고백을 대신하게 되고, 설교가 심리학화 되면서 기독교 신앙의 의미는 개인화되기 시작[407]했다. 이런 상황에서 한국 장로교회가 개혁교회로서 문화를 변혁하고 기독교적 세계관을 통해 그리스도의 통치가 모든 영역에 나타나게 하기 위해서는 성경적 설교를 통한 분명한 가르침이 전제되어야 한다. 그렇다면 개혁주의 설교 정신의 핵심은 무엇일까?

칼빈이 그의 고린도전서 주석[408]에서 미사여구와 인간의 지혜의 말로 뽐내려는 고린도의 악하고 불성실한 설교 방식을 공박한 것처럼, 칼빈주의 설교는 본래 단순하고 거칠고 능력이 있는 것이었다. 심지어는 니버 같은 사람도 듣기 좋은 설교가 아니라 개혁전승이 찬양해 온 거칠고 단순한 설교를 하기로 결심[409]했을 정도이다. 그런데 우리나라 장로교회의 설교 중 적지 않은 것은 그 말씀이 성경에서 나온 설교인지, 설교자의 주장인지 구분이 되지 않는다. 본질적으로 개혁주의에 입각한 장로교 설교라면 성경 중심적이고, 그것은 언약신학에 기초한 구속사적 설교 혹은 그리스도 중심적 설교여야지, 사건과 이야기 중심적이고 인간의 경험이 출발이 되는 설교일 수 없다. 물론 성경 본문의 메시지를 그리스도 중심적으로 전개할 때 적용적으로는 현대 문화 속에서 인간의 경험과 적절한 연계성을 갖게 해야 함은 두말할 나위가 없다. 그러나 설교를 한참 듣고 있다 보면, 오늘 성경본문은 왜 읽었는지 도무지 알 수 없고 성경을 덮어놓고 들어도 아무런 지장이 없는 설교가 점점 늘어나고 있다. 또한 과거의 한국 장로교 강단은 하나님 중심성을 강조하다보니 다른 교단에 비해 사람들의 삶의 현장과의 연관성이 약하고, 메마른 교리적 설교가 지배한다는 비판을 받았다면 근래 들어 일부 장로교회 설교자와 신학교의 강의실을 통해 성경본문에 대한 충실성이 있는 설교에 대한 관심은 사라져가며 지나친 인간중심적 설교가 고개를 들기 시작했다. 예를 들어 청중이 스스로 결단을 내리도록 결론을 청중에게 남겨놓고 설교자가 결론을 내리지 말아야 한다[410]는 크래독 등 신설교학파의 주장에 따른 설교 관점이 그것이다. 이것은 그가 오래 가르쳤던 에모리대학 신학부처럼 인간의 자유의지를 높이 평가하는 감리교신학에서는 당연하게 받아들여질 수 있겠지만, 인간의 철저한 부패[411]로 인간은 스스로 하나님을 찾아가는 것이 과연 가능한가라는 의문을 갖고 있는 칼빈주의 서클에서는 사실 근본적인 문제를 제기할 수 있는 설교 신학이다. 벌콥은 인간의 타락은 영적인 무능[412]으로 나타났음을 지적하는데 이 부분을 간과하거나, 사람의 재능에 그 출발점을 둔 펠라기우스파의 생각에서 출발하여 인간이 선을 행할 능력을 가지고 있다는 관점[413]을 갖거나 알미니안 견해를 가지고 있지 않다면 주장하기 어려운 설교신학이다. 따라서 칼빈주의 개혁교회는 이런 신설교학파의 견해는 근본적으로 로마서 1장 18~32절의 가르침과 다르다고 보며, 크래독이 설명하듯 사람들이 스스로 결단을 내릴 수 있도록 해야 하는 이유가 '사실은 아무도 결단하는 것을 좋아하지 않기 때문'이라는 것 역시 얼마나 인간중심적인 발상인가를 주목해 봐야 할 것이다. 개혁주의 설교는 권위주의는 거부하지만, 설교에 있어서 권위를 포기하지 않는다. 그 권위는 설교자의 권위가 아니라, 말씀의 권위이기 때문이다. 설교자가 증인으로서 하나님 말씀의 권위에 입각하여 본문에 기초한 결론으로 도전을 촉구하기를 거부하고, 사람들이 스스로 자발적으로 결론을 내리고 선을 행할 의지에 기대하는 설교신학은 칼빈주의 신앙체계와 근본적으로 틀을 달리한다. 설교자는 공동체의 영적 지도자로서 그들을 새롭게 하실 성령의 역사하심을 기대하며 회개를 촉구하고, 주께서 원하시는 하나님 나라의 삶으로 사람들을 구체적이고 분명하게 초대해야 한다. 한국 장로교회의 설교가 진정한 개혁파의 근본정신을 가진 설교라면, 청중에 대한 이해와 현대 문화 속으로의 접근을 위한 노력은 하되 성경에 대한 충실성과 그리스도 중심성이 있으며 동시에 죄와 회심과 은혜의 구원이란 복음이 명료하게 나타나는 다소 거칠더라도 단순한 설교로 돌아가야지, 성경보다 인간이 설교의 출발점이 되려는 흐름을 무비판적으로 추종해서는 안 될 것이다.

3. 개혁교회와 로마 가톨릭교회의 역전(Reversal) 현상에 대한 우려

우리나라의 장로교회가 진정한 개혁파 교회로 바로 서기 위해서 주목해 보며 주의해야 할 점은 근본적으로 개혁교회와 로마 가톨릭교회의 역전(reversal)현상이다. 필자가 역전현상이라고 하는 것은, 요즘 장로교회들의 흐름을 잘 관찰해보면 드러나는 것처럼 개혁교회는 로마 가톨릭교회화 하는 경향과 동시에 로마 가톨릭교회는 반대로 개혁교회화 하고 있는 경향을 칭하는 말이다.

3.1 위계질서의 강조와 권위적 계급주의

앞에서 목사직의 이해에 대한 분석에서도 언급한 것처럼, 프로테스턴트이며 개혁파인 장로교회에서 목사를 로마 가톨릭의 사제(Priest)나

유대교의 제사장 개념으로 거꾸로 돌아가려는 흐름과 당회장을 교회 대표 정치제도 운영을 위한 당회의 의사 진행자가 아니라 교황적 계급구조 이해에서 보려고 한다. 반면 로마 가톨릭교회에서는 근엄하고 권위주의적인 사제(priest) 개념을 버리고 편안한 목자상으로 다가서려고 노력하며, 평신도 사제직을 강조한다. 개혁교회 내의 로마 가톨릭을 향한 움직임은, 그래서 노회나 총회 정치 구조 속에서 같은 목사라도 급이 다르다는 의식을 은연 중에 갖게 하고, 목사와 부교역자, 장로, 집사 사이에도 계급구조적(hierarchical) 이해가 자리를 잡게 했다. 사실 개혁파 교회에서 목회자가 사제가 아님은 제2스위스 신앙고백서 18장에서 이미 분명히 했음에도 불구하고 이렇게 하는 것은 프로테스턴트 안의 새로운 교황제도라 해도 과언이 아니다. 로마 가톨릭교회는 근래에 수평적 구조를 강조해가고 있는 반면 한국의 장로교회는 원로목사, 위임목사, 당회장, 장로, 집사 등의 서열과 계급구조를 통해 지배구조를 강화해 가는 것은 실로 중세의 계급적 사제주의 잔재로서 개혁자들의 정신과 반대[414]되는 일임을 알아야 한다. 심지어 로마 가톨릭 사제들도 가톨릭교회가 지금까지 행해왔던 전통적인 위계질서 체제가 옳지 않고 디다케 등 초기 교회의 민주적 통치 방식으로 돌아가야 한다고 하는데,[415] 어떻게 개혁교회가 로마 가톨릭 방식의 위계질서를 강조하고 그런 일이 계속 자행되고 있는지 의문이다. 우리나라 장로교회의 위계질서 강조는 목회자와 목회자 사이의 혹은 목회자와 평신도 지도자들 사이의 계급구조뿐 아니라, 한걸음 더 나아가 당회와 노회와 총회에 이르는 통제 구조 속에서도 엿보인다. 이승구는 장로회 제도를 바르게 시행하는 나라에서는 결코 당회보다 노회가 더 높은 회의체라고 생각한 일이 없으며, 이는 노회와 총회의 관계에서도 마찬가지416)라고 지적한 바 있다. L. 벌콥도 교회의 권세는 본래 지교회의 치리회에 있음을 분명히 밝히고 있다.417) 즉 노회는 개개 교회의 당회보다 여러 사람이 모이는 회의의 중요성 때문에 가치가 있지, 결코 당회보다 노회가 더 높고, 노회보다 총회가 더 상회며, 그 반대로 하회라고 하지 않는다.418) 심지어 장로교의 본질적 정치 개념은 상비 위원회에 위임된 일 이외에 상설 기관이 아닌 총회가 상시로 노회와 교회를 정치하지 않도록 모일 때마다 조직을 하고 사회자는 의장 역할만 하며 회의가 마쳐지면 총회가 파회되어 교권주의가 되지 않게 하는 것419)임을 잊지 말아야 한다. 이처럼 바티칸의 교황을 정점으로 한 로마 가톨릭의 교계주의와 다른 개혁교회의 정치 개념은 일찍이 1571년 화란의 엠든 총회(Synod of Emden)에서 교회 평등의 원리가 채택됨으로 시작되었다. 즉 어떤 교회도 다른 교회를 지배할 수 없으며, 그 어떤 목사도 동료 목사에 대해, 그리고 그 어떤 장로도 다른 직분자에 대해 지배권을 행사할 수 없다는 규정이 채택420)되었다.

물론 우리나라 장로교 내에는 이에 대한 다른 견해를 주장하는 사람이 적지 않을 것이다. 예를 들어 미국 PCUSA 헌법에서는 총회를 highest governing body로, PCA 헌법에서 총회를 highest court로 묘사함을 지적하며, 상위 개념을 주장할 수도 있다. 그러나 이런 표현은 그 뒤에 이어지는 "and is representative of the unity of the synods" 혹은 "represents in one body"란 구절과 함께 읽고 이해할 때, 꼭 총회를 상위 권력 계급으로 묘사한 것이 아님을 알 수 있을 것이다. 이는 성경이 예루살렘교회가 안디옥교회의 상위에 있는 것으로 취급하지 않는 사실에서, 그리고 바울이 선교하며 세운 작은 신약교회들이 안디옥교회나 예루살렘교회의 지배를 받지 않고, 그리스도를 머리로 하며 상호 협력적으로 선교적 사명을 다했다는 사실에서도 지지되고 있는 개념이다. 정리해 보면 로마 가톨릭교회는 바티칸으로부터 각 교구와 하위 조직으로 혹은 교황으로부터 하위 사제로 내려가는 하향적 상명하복 권위체계이나, 개혁교회는 근본적으로 각 지역교회의 공동의회가 권위의 근원이고 그런 지역교회들이 모여 노회를, 그 노회들이 모여 총회를 결정하는 체계이다. 그럼에도 불구하고 우리나라 장로교회의 교권주의와 상하적 교계주의는 개혁교회답지 못할 뿐 아니라, 로마 가톨릭으로의 역전현상을 보이는 것이라 매우 안타까운 것이므로 노회는 각 지역교회의 대표로 지역교회를 섬기고, 총회는 각 노회를 대표하는 기관으로 각 노회를 섬기는 정신을 회복하고, 그 누구도 어떤 기관도 계급적 상위 기관으로 군림할 생각은 추호라도 하지 말아야 할 것이다.

3.2 장로교회의 예배 정신의 본질

최근 한국 장로교회 속에 로마 가톨릭교회와의 역전현상이 가장 강하게 나타나는 부분 중의 하나가 예배이다. 교회의 신앙은 예배로 표현된다. 그런데 일부 교회의 지나친 예배 현대화 운동에 대한 반발로, 상당수의 현대 개혁교회들 가운데 로마 가톨릭적 예전으로의 회귀 운동이 갈수록 강해지고 있다. 마치 로마 가톨릭에 대한 콤플렉스가 있는 것처럼 예전적 예배만이 신학적으로 옳고 우월한 예배라는 인상을 심어주고 있다. 물론 프로테스턴트 교회 중에서 성공회, 루터파 교회, 그리고 감리교회는 고교회(High Church)의 예전적 예배 전통을 따르는 교회지만, 개혁교회는 그 반대편에 있는 카리스마틱한 예배와 현대적인 자유로운 스타일의 예배 사이에 위치한 중도적인 예배 형태를 갖는 교회이다. 그러기에 예전적인 감리교회나 루터파 예배에 비해 매우 자유롭고 격식에 얽매이지 않는 편[421]이다. 그런데 에큐메니컬 예배 운동을 하면서 시작된 예전적 예배로의 변화 움직임이 장로교 통합 측에서 출발하여 이제는 합동측 장로교단 쪽을 향해서도 밀려들어오고 있다.

개혁파 장로교인으로서 분명히 알아야 할 것은 중세 로마 가톨릭교회의 예전 중심의 교회를 하나님 말씀 중심의 교회로 만든 것이 개혁주의 신앙이며[422] 화란 개혁파 교회가 왜 예전적 예배의 각 요소들과 예배에서 목회자의 사제적 기능을 생략하고 비예전적 예배 순서를 택하게 되었는가 하는 점[423]이다.

이 시점에서 우리는 개혁교회 예배의 핵심적 특성은 무엇일까를 다시 묻게 된다. 그것은 우리가 쉽게 생각하듯, 우리가 행하는 '예배 의식(Liturgy)'이 삶에서 가장 중요한 것이란 인식이 아니고,[424] 말씀의 중심성과 그 말씀에 대한 응답이다. 즉 개혁교회의 예배는 말씀 중심이며, 그것을 표현하기 위해 성례를 시행하되 성례와 말씀을 동일선상에 놓지 않는다. 그것이 바로 예전을 통한 성례 중심의 로마 가톨릭 예배에서, 개혁교회가 말씀 중심으로 설교가 제대로 이루어지는 상황에서 성례의 가치를 찾는 예배로 갱신을 한 핵심 정신이다. 물론 한국교회 예배에서 주님의 만찬에 대한 경홀히 여김에 대한 개선점은 있지만, 그렇다고 성례가 개혁교회 예배의 중심으로 부상하는 것은 칼빈의 예배 이해와 다른 움직임임을 우리는 알아야 한다. 이런 배경 속에서 개혁파 교회들은 물론 복음주의 교회는 항상 고교회적인 의식을 배제하고 설교 말씀을 존중히 여기는 예배 신학을 가졌고, 그로 인해 강도상을 전면 중앙에 위치하고 모든 치장을 단순화해 왔는데, 현재 우리나라 장로교회 일각에서는 목사를 제사장으로 여기고 강단을 성역화하고 강도상을 대형화하여 권위를 강조하고, 강단을 이단 배치함으로 사역자들의 신분과 성별을 구분하고, 신을 벗고 올라가게 하며 제단을 신성시하는 것을 볼 수 있는데, 이는 종교개혁의 정신을 망각**425)**하고 종교개혁 이전으로 돌아가는 것과 방불한 처사이다.

개혁교회의 정신은 예배에서도 우리의 성경 중심적 신앙을 시의적절하게 잘 표현하기 위해 끊임없이 개선하고 변화하는 것이지, 교단별 강조점과 특성은 무시한 채 세계 교회의 예전을 통일하여 교회의 일치를 꾀하려 하거나 정해진 예전의 틀 속에 안주하는 것이 아니다. 일부 예전적 예배운동을 지지하는 학자나 목회자들의 생태와 달리, 칼빈은 정해진 예전에 얽매이지 않았다. 칼빈의 사역 초기에는 로마 가톨릭 예전밖에 없어서 그것을 개선해서 사용하였지만, 목회를 하며 그는 계속 그 예배 형식을 변화시켜 나갔지 한 가지를 고집한 적이 없다. 즉 개혁주의 예배는 정해진 순서와 요소와 틀이 있는 것이 아니라, 더 나은 예배를 위해 끊임없이 변화하는 것이다. 칼빈의 예배 의식서를 연구해보면 첫 예배 의식은 1538~1541년에 프랑스 교회의 목사로 일하며 만든 것인데 그것은 스트라스부르크에서 쉬바르쯔(Diobalc Schwarz)가 독일어로 개정한 미사(the mass)를 개편한 것을 참조한 것이다. 그러나 부쩌(Martin Bucer)가 이끄는 유능한 신학자들의 지도 하에 1539년까지 일곱 번 이상에 거친 개정작업을 거쳐 수정한 프랑스 교회의 기도형식(Form of Prayers at the French Church)을 사용**426)**했지 초기의 미사 스타일의 예전에만 머무르지 않았다. 또한 1561년 기록에는 예배에 용서의 선언이 반드시 포함되어야 한다고 했지만, 제네바의 예배에서는 그 순서를 삭제**427)**하기도 했고 스트라스부르크 개정판은 성찬식에서의 말씀 강조 등 제네바 예배의식과 확연히 구별되는 예배형식을 갖게 된다. 즉 칼빈 자신도 성경에 기초하여 끊임없이 교회의 정황에 맞도록 예배 의식을 개선해 나가려고 노력했지, 하나님을 예배하는 데 어떤 한 가지 형식을 고집하거나 어떤 예전적 지침을 주장하지 않았다는 점을 우리는 잊어서는 안 된다. 칼빈이 영국의 서머세트(Somerset)에게 보낸 글에 보면 예배의 형식이란 그 사람들의 상태와 취향에 맞아야 한다[428]고까지 했다. 따라서 오늘날 개혁교회라고 하면서도 장로교 내에 예배의 형식을 규정하려고 하는 것은 칼빈이나 초기 개혁자들의 자세와 다른 것이며, 현대교회에 고대교회의 예배의식이나, 칼빈의 초기 종교개혁 당시 프랑스 교회의 예배형식이나 루터의 독일교회 예전을 복원하려고 하는 것 역시 적절한 태도가 아니다.

이 시대 가장 탁월한 신약학자 중 하나인 고든 피는 골로새서 3장 16절 등의 연구를 통해 바울의 교회들 안에서 예배는 우리가 후대 교회를 통해 알 수 있는 것보다도 훨씬 더 많은 자발적인 활동들이 포함되는 매우 다양한 형태의 예배였다[429]는 사실을 지적해주고 있다. 장로교회 예배의 흐름도 연구해보면 구체적인 예배의 순서와 그 진행방법에 대해서 장로교회에서는 예배모범(directory of worship)을 통하여 그 '방향'을 제시하고, 영국 교회에서와 같은 통일적인 기도서(Prayer Book)의 사용을 지양하도록 한 것이 특성[430]이다.

칼빈은 초대교회를 맹목적으로 모방하려고 하지 않았으며[431] 의식이 많을수록 하나님께 대한 더 좋은 예배가 된다는 생각도 하지 않았고, 외형적인 규율의 차이로 교회끼리 서로 무시하는 것은 더더욱 생각할 수도 없는 일이며 교회에 유익한 쪽으로 전통적인 관습을 변경하고 폐기하고 새로운 것을 제정하는 것이 합당하다[432]고 말했다.

미국의 개혁교회도 영국 정교회의 예배와 달리 신대륙 나름대로의 개척정신과 자유의 스피릿이란 정서가 담긴 예배를 발전시켜왔다. 그러나 그에 만족하지 못하고 감독교회의 예배 형식에 매력을 느끼는 사람들이 고전적 예전 예배 형식을 만들어낸 적이 있었지만 현재 대부분의 장로교회들은 자신들의 경험과 생소한 유럽식 예배나 고교회의 예전과는 다른 미국 상황에 적절한 개혁파 예배를 계속 발전시켜 오고 있다. 오늘날 우리 한국 장로교회에도 유사한 역사적 흐름을 보게 된다. 그러므로 예전적 예배로의 회귀가 아닌 개혁교회 본래의 예배 정신을 잘 나타내고 우리나라 교인들의 정서를 잘 표현하는 한국 장로교회의 예배를 속히 계발하고 발전시켜야 할 것이며 그 기초는 에큐메니컬 예배학과 예전이 아니라, 프로테스턴트 특히 개혁파 예배 정신의 표현이며 우리 한국인의 정서와 어울리는 것이어야 한다. 또한 한국적이라고 할 때 그것은 전통 국악을 사용해야한다는 뜻이 아니라, 우리 한국인의 정서와 문화적 변화 상태에 대한 고려를 의미하는 것임을 밝혀두고자 한다.

3.3 영성과 기도 사역에서의 역전현상

우리나라 장로교회는 일주일 내내 거의 계속되는 각종 예배와 기도회, 그리고 수시로 열리는 부흥회를 통해 이 만큼 자라왔기에, 기도와 예배 그리고 부흥회로 자란 교회가 영성 부분에 부족함이 있을 수가 없을 것이다. 그런데 냉철하게 돌아볼 때 실제로 교인들은 교인대로,

사역자는 사역자대로 깊이 있는 영성에 대한 갈구를 느끼는 것은 무엇 때문일까? 반복되는 그 많은 예배들과 기도회들이 채워주지 못하는 것이 무엇인지 돌아봐야 할 것이며 현재 장로교회 목회의 약점을 보완하려는 노력이 필요하다. 개혁교회에서 그 답을 찾지 못한 목회자와 성도들은 로마 가톨릭적 영성 운동의 문을 기웃거리고 있다. 프로테스턴트 교회가 부족한 것을 로마 가톨릭교회로부터 배워 보완하는 것은 좋은데, 신비주의나 로마 가톨릭의 수도원주의를 무비판적으로 깊은 영성의 모델로 받아들이는 최근의 흐름은 염려스러운 역전현상의 하나이다. 로마 가톨릭교회는 프로테스턴트 교회의 예배와 기도 운동 방향으로 오고 있는데, 우리는 로마 가톨릭교회의 영성을 향해 달려가고 있다는 말이다. 관상기도와 주부적 묵상을 비롯한 다양한 여러 가지 영성훈련의 전통은 분명히 우리가 잊고 있었던 그리고 간과하고 있었던 기독교 신앙 유산을 회복하게 하고 우리의 영성을 더 풍성하게 해줄 것이기에 무조건 배타시 할 필요는 없다. 그러나 그런 영성훈련의 도구와 함께 로마 가톨릭의 그림자가 개혁교회의 유산마저 잠식해 들어올 수도 있음을 항상 유의하여 조심스럽게 접근해야 할 것이다. 따라서 21세기와 미래 한국사회를 책임지고 영적으로 깊이 있는 영향을 끼치기 위해서는 속히 개혁교회에 적합한 영성훈련 모델을 속히 계발하고 제시해서 일선목회자는 물론 신학생 훈련과정부터 이것을 제대로 감당하여, 더 이상 로마 가톨릭교회를 기웃거리지 않게 해야 할 것이다.

또한 우리 한국 장로교회들은 지금까지 그토록 교리와 신조에 대한 확신으로 목회를 해왔고, 세계 어느 교회보다 뜨거운 기도운동을 하고 있다고 자부하지만 실제로는 기도생활 속에 기복주의와 샤머니즘적인 요소에 대한 지적을 끊임없이 받아왔음도 기억해야 할 것이다.

적지 않은 장로교인들과 사역자들이 작정기도를 하라고 권면하며 기도를 쌓아놓아야 한다고 가르친다. 평상시에 기도를 쌓아놓으면 나중에 힘들 때 곶감처럼 빼먹을 수 있다고 한다. 그들의 기도는 적금을 들고 보험을 드는 식의 기도 개념이며 중세 로마 가톨릭교회가 보였던 공덕주의 기도 개념과 방불하다. 게다가 장로교회의 평신도 지도자인 제직들이 자신의 기도가 아닌 남의 기도에 의존하는 습관을 버리지 못하고, 축복기도와 예언기도를 받으러 다니고 용하다는 목사님에게 안수 안찰을 받으러 이리저리 돌아다닌다. 특히 심방 예배 때에는 복채처럼 상위에 헌금봉투를 내놓고 기도를 받아야 복을 받는다는 식으로 종용하는 일부 교역자들로 인해 우리의 기도와 예배가 샤머니즘적이라는 비난을 아직도 면치 못하고 있다. 예수님의 광야 시험을 문자 그대로 따라 40일 금식기도가 능력의 상징과 계급장으로 여겨지고, 구약의 일천번제를 새벽제단 쌓는 것으로 이해하며, 열심히 뜨겁게 기도하면 지성이면 감천이라 응답하실 것이라는 것은 세속적 개념이 기독교의 기도와 영성에 잠입해 들어온 모습이다. 과연 기독교의 기도는 불교나 무속신앙의 기도와 무엇이 다른가 하는 의문을 갖게 만드는 대목들이다. 요즘은 일상적인 새벽기도는 아무것도 아니고 '특새'만이 기도응답의 통로로 여겨지고, 새벽의 기도회를 넘어선 새벽기도인지 새벽 예배인지 알 수 없는 대형 새벽집회가 사람들의 관심을 끌고있다. 그러면서 매일의 생활 중에 하는 일상적 기도는 아무것도 아닌 것처럼 생각하기에 이르렀다.

우리나라 교회에는 그렇게 세계적으로 유명한 새벽기도와 열정적 기도는 있지만, 그것은 사실 집단적인 개인적 기도일 뿐, 교회 차원의 중보기도는 미약하기만 하다. 구원론에서부터 개인주의적인 신앙관은 결국 기도운동에 있어서도 수 천 수 만 명을 한 자리에 모아놓았을 뿐 여전히 개인주의적 기도일 뿐이다. 즉 공동체적 기도 사역은 우리 한국 장로교회에서는 미약한데, 교회 차원의 중보기도 사역 운동에 대해서는 '중보'기도라는 단어 자체에 매달려 거부하는 모습까지 보이고 있는 것은 참으로 안타까운 일이 아닐 수 없다.

로마 가톨릭교회는 종교개혁 이후 끊임없이 자신을 성찰하며 쇄신하여 이제는 설교, 예배, 교육, 훈련, 소그룹 사역, 영성 등 여러 측면에서 개혁교회 방향을 향해 움직여가고 있다. 반면 지금까지 우리가 살펴본 것처럼, 우리 개혁파 교회들은 로마 가톨릭교회에 무슨 콤플렉스를 가진 것처럼 그들의 영성과 예전과 사제주의를 다시 가져오려고 하는 역전현상을 보이는데, 이에 대해 우리 한국의 장로교회들은 깊이 자성해 보아야 할 것이다.

4. 두 번째 세기를 바라보는 장로교회를 위한 제안

한 세기가 넘는 역사 속에서 한국의 장로교회가 하나님의 놀라운 축복을 경험하여 여기까지 발전해 온 것은 참으로 감사한 일이다. 한편, 단 백년 만에 장로교회는 백 개가 넘는 교단으로 분열하는 아픔도 겪었다. 역사신학자 김영재는 장로교회의 분열을 돌아보며, 기독교장로교와 장로회 통합측에서는 분열이 거의 없는 반면에, 교리적 보수성을 그렇게 강조해 온 개혁주의와 개혁을 더 많이 강조하는 합동을 비롯한 보수측 장로교회가 주로 분열[433]을 이끌어왔음을 지적하고 있다. 그는 그 요인을 불가시적 교회에 집착하는 신령주의 교회관과 분리주의적인 교회관[434] 때문이라고 하지만, 그것만이 문제가 아니라 바른 신학과 성경에 나타난 하나님의 마음에 대한 통찰보다는 자신들만이 보수적이고 정통이라는 자만심과 그 속에서 발생한 편협한 목회관과 융통성 없는 전통주의를 성경적인 신학과 구별하지 못하면서 생긴 외골수적인 확신, 그리고 하나님 나라에서 우리와 조금 다른 모습을 가진 교회와의 협력 정신의 부족 때문은 아닌가 생각해보아야 한다. 우리 한국의 장로교회들이 끊임없이 성숙하고 발전하며 미래를 가지려면 지난 세기의 이런 모습을 극복해야 한다. 개혁파 신앙의 신념과 교리를 버리라는 것이 아니라, 복음의 진전을 위해 가장 중요한 것에서 일치한다면 부차적인 차이와 다양성은 넓은 마음으로 품으며 세계복음화와 지역사회의 봉사를 위해서 복음주의권의 교회들과는 함께 일하는 모습을 보여야 한다는 의미이다. 오직 우리만이 장자교단이라는 자부심과 우리만이 정통이고 최고라는 의식을 버리고 겸손한 자세로 이를 극복하며 끊임없이 자신을 갱신하고 세계선교를 위해 협동하는 교회가 되어야 할 것이다. 칼빈주의는 언제나 그 나라의 문화와 특징 속에서 그 정신을 꽃피우는 보편성과 다양성을 보여주었기에 사실은 독선적이거나 배타성을 갖지 않는다.[435] 그러나 한국 장로교회는 그런 모습을 충분히 보여주지 못하고 오히려 반대의 성향을 보이며 분열의 대명사로 비춰지고 있다. 장로교회는 사실 보수적인 우리 한국 장로교회가 보여준 것처럼 그리 폐쇄적 체계가 아니고, 변화와 발전을 위해 열린 모습을 갖는 교회인데도 말이다. 또한 "만일 교회를 위해서 필요하다면 우리는 아무 거리낌 없이 일부 규정의 변경뿐 아니라 준수해 오던 규정의 폐기까지도 용납할 것이다…… 옛 사람들의 마음이 어둡고 무지해서 지금까지 교회들은 부패한 견해와 완고한 주장으로 의식에 집착했다…… 따라서 과거에 의식을 제정했을 때에는 충분한 이유가 있었고 그 자체로서는 그다지 불경건하지 않았을지도 모르나 지금은 그런 여러 가지 의식을 폐기하지 않으면 교회에서 무서운 미신들을 일소해 버릴 수 없다"436)고 가르쳤던 칼빈의 자세를 장로교 목회자들은 회복해야 할 것이다. 그는 복음만이 교회 존재를 위한 필수요소라는 확신 속에서 다른 개신교회들과의 보편성(catholicity)을 추구437)했음을 21세기를 시작하는 한국 장로교회는 다시 한 번 되새겨야 할 것이다.

한국 장로교회의 미래는 칼빈을 교주화하거나, 중세의 종교개혁 당시의 교회 혹은 초대교회로 복귀하는 데에 있지 않다. 미래를 책임지기 위해서는 종말로부터 오시는 성령님438)의 인도하심을 받아, 오늘의 삶 속에서 성경이 말하는 공동체의 모습을 형성하기 위해 매일 진정한 개혁을 시행하려는 몸부림이 있어야 할 것이다.

우리 한국의 장로교회가 진정 개혁파라면, 매일 개혁하는 모습으로 그것을 증명해야 할 것이다.

Appendix

목회 단상 :
건강한 목회자의 모델

Healthy Ministry · Healthy Church

목회 단상 : 건강한 목회자의 모델

지성과 감성 그리고 신앙의 조화, 조나단 에드워즈※

(Jonathan Edwards, 1703~1758)

작년 미국 국회 도서관에서 열린 'A National Symposium'에서는 예일대학교의 후원으로 학자들이 모여 조나단 에드워즈 탄생 300주년을 기념했다. 왜 에드워즈일까? 역사가 마틴 마티는 강연 중 역대 미국 유명 대통령 얼굴이 새겨 있는 거대한 돌산 러시모어에 다시 다섯 명의 얼굴을 새긴다면 누가 적합할까라고 종종 청중에게 묻는다. 그때마다 거의 항상 언급되는 인물이 조나단 에드워즈다. 그는 개혁신학의 원자로가 되는 하나님의 영광과 주권을 강조한 언약신학에 기초한 칼빈주의 신학자로서의 평가를 받기도 하지만, 그에 못지않게 중요한 것은 18세기 당시 미국의 수많은 전환기적 위기 상황 속에서 진정한 하나님의 사람으로서 철학자요 사상가요 교육가요 인간에 대한 깊은

※ 이 글은 '지성과 감성 그리고 신앙의 조화, 조나단 에드워즈'란 제목으로 백석쿰선교신문 2004년 9월13일자에 실은 글이다.

이해 속에서 치열한 삶을 살았던 그의 일생이 주는 교훈이 크기 때문이다. 마크 놀의 지적처럼 삶을 기초부터 철저히 생각하는 능력을 상실한 오늘날 그리스도인들의 문제를 생각할 때, 그는 오늘날 우리 젊은이들이 눈여겨봐야 할 인물이다.

진정한 부흥이 무엇인지 보여준 사람

그는 열두 살에 예일대학에 입학했고 열여섯 살에 라틴어로 졸업생 대표 연설을 하며 졸업하고 나중에 그 학교 교수로 섬긴 뛰어난, 소위 PK(목회자 자녀)였다. 그런데 열일곱 살이 되어 디모데전서 1장 17절을 읽다가 하나님의 크심과 영광을 느끼며 압도되는 진정한 회심을 경험한다. 그는 일기장에 이렇게 기록했다.

"말씀을 읽는데 내 영혼에 하나님의 영광이 느껴졌다. 아니, 영혼이 온통 그 영광에 휩싸였다. 여태까지 한 번도 느껴보지 못한 전혀 새로운 느낌이었다."

예일대 직분을 사임하고 매사추세츠 주 노스햄튼의 한 교회에서 목회를 할 때, 인간의 죄성과 심판을 설교하자 사람들이 회개하기 시작했는데, 이전까지 세상 쾌락만 추구하여 유흥업소를 드나들던 사람들이 교회로 밀려들며 술집이 문을 닫아 그 결과 지역사회가 변화되기 시작했다. 교회 내에 한정된 부흥이 아니라 주변 사회까지 변화시키는 진정한 부흥이 무엇인지 보여준 것이다. 교회사에서는 그것을 대각성운동이라 하며 요즘 우리나라에서는 전도집회 명칭으로도 쓰고 있다. 마틴 로이드존스는 에드워즈 전집 두 권이 자신에게 끼친 영향은 이루 말로 표현할 수 없는 것이었다고 고백하며, 만일 청교도들을 알프스에, 루터나 칼빈을 히말라야에 비유한다면, 조나단 에드워즈는 에베레스트산에 비유하고 싶다고 한다. 지성, 신학, 철학을 가졌던 사람은 많으나 그처럼 다 가진 사람이 없기 때문이다. 오늘날 한국교회는 한편에서는 논리적 지성주의적 신앙과, 또 다른 한편에서는 오직 뜨거운 체험만을 강조하는 감정주의의 양극단들이 서로를 배척하고 있다. 그러나 에드워즈에게서 우리는 철저히 성경에 근거한 지성적 요소와 동시에 성령에 이끌린 뜨거움이 가장 잘 조화된 균형잡힌 신앙의 모델을 볼 수 있을 것이다.

가장 위대한 인물도 인생에서 좌절을 맛보다

그는 후에 프린스턴 대학교의 총장으로 청빙될 정도로 목회뿐 아니라 모든 면에서 뛰어난 인물이었다. 그러나 목회하던 교회에서 쫓겨나는 좌절도 맛본 사람이다. 무엇 때문이었을까? 하나님의 자녀는 신적 감화로 분명한 변화가 있는 사람이지, 모태신앙이나 오랜 교회생활 혹은 학습으로 되지 않음을 너무도 분명히 강조했기 때문에 교회 평신도 지도자들의 반발을 산 것이다. 다수결은 좋은 것이지만 항상 옳지는 않다. 그 교회에서 쫓겨난 후에 에드워즈는 인디언들이 사는 변방 지역이었던 스톡브리지의 한 교회로 가서 그들을 위한 선교사역에 전념하며, 신학 서적들을 저술한다. 그 저술들이 후대에 큰 영향을 남기게 된다. 핍박에 놀라고 실패로 좌절하지 말자. 바울이, 에드워즈가 그랬듯이 현재의 어려움이 후세에 더 큰 일로 남게 할 일을 만드는 기회가 될지도 모른다.

오직 하나님의 영광만을 위한 삶이 주는 기쁨

그러나 그는 인생의 진정한 기쁨이 무엇인지 너무도 잘 알았던 사람이다. 하나님을 즐거워하는 것만이 우리 영혼을 만족케 하는 유일한 행복임을 외치던 그가 이 시대에 살아 있다면 우리에게 '오늘날 우리 교회에 하나님으로 인한 기이함과 놀라움이 있는가?'라고 물을 것이다. 에드워즈, 그의 깊이와 진지함은 오늘날 우리의 경박하고 자기중심적인 신앙과 너무도 달라 낯설게 다가올지 모른다. 그러나 바로 그와 같은 진지함이 세상을 바꾼다.

젊은 청년들을 위한 모범

그가 교회사뿐 아니라 역사에 지울 수 없는 큰 족적을 남긴 위대한 인물이 된 것은, 하나님께서 쓰신 것과 함께 그의 젊은 날의 결심과 훈련된 삶 때문이다. 19세인 1722년에 그는 자신의 삶을 위해 70개에 이르는 결단(Resolutions)문을 작성한다. 거기에는 '음식을 먹는 일이나 마시는 일에 있어서 절제를 유지할 것이다(#20)', '신앙 이외의 어떤 다른 목적이 나의 행동에 추호도 영향을 미치지 않도록 하겠다(#44)' 외에도 '나는 노인들이 만약 그들에게 청춘이 다시 온다면 어떠한 식으로 살겠다는 이야기를 간혹 듣는다. 내가 늙을 때까지 산다면 내가 늙어서 그렇게 살기를 원했을 그러한 식으로 생활할 것이다(#52)' 등이 있는데 더 알고 싶은 이는 필자의 홈페이지를 참조하기 바란다. 젊은 날에 세운 성경적 가치관에 따른 삶, 그 원칙 중심의 리더십이 진정한 의미로 세상을 변화시킨다.

신학만이 아니라 과학에도 관심을 가졌던 그였지만 1758년 3월 22일 천연두 접종의 부작용으로 55세의 나이로 주님께 갔다. 적지 않은 설교자들이 그저 대양의 해변에서 노닥거리는 초심자들이라면, 에드워즈는 사람들로 하여금 조물주와 만나도록 깊은 곳으로 이끌어주는 사람이라는 평을 받는다. 그러나 동시에 그는 11명의 자녀에게 진심으로 사랑받았던 다정한 아버지로 다정한 연인으로 기억되기도 한다. 데이비드 웰스, 해리 블래마이어스 같은 사람들은 20세기 말 미국 기독교계에서는 진정한 지성이 없음을 한탄했지만, 21세기 우리나라는 어떤가? 조나단 에드워즈처럼 성령으로 불타는 지성으로 세상을 변화시킬 인물이 우리 가운데서도 나오기를 소망해 본다.

Footnote

미주

Healthy Ministry · Healthy Church

미주

1) 릭 워렌,『목적이 이끌어 가는 교회 새들백 교회 이야기』(서울:디모데, 1995), 25.
2) Ibid., 25-26.
3) Ibid., 24-25.
4) 크리스티안 A. 슈바르츠,『자연적 교회성장(*Natural Church Development*)』(성남:도서출판NCD, 1999)
5) 그 연구 결과는 스티븐 A. 매키아,『건강한 교회를 만드는 10가지 비결(*Becoming A Healthy Church*)』(서울: 아가페, 2000)에 잘 밝혀져 있다.
6) 슈바르츠, 30-31를 참조하라.
7) 이 두 가지 특성에 대해서는 매키아, 43-104에 잘 밝혀져 있다.
8) 점진적 변화와 근본적 변화에 대해서는 필자의 책,『셀교회 전환과 셀리더 세우기』(성남:도서출판 NCD, 2002), 57-58 그리고 65-66쪽을 참조하라. 그리고 Robert E. Quinn, *Deep Change-Discovering the Leader Within*, (S.F.,CA: Jossy-Bass, 1996)도 참조하라.
9) 릭 워렌, 180-182.
10) Ibid., 192-196
11) 필립스 브룩스,『설교학특강』(서문강역; 서울: 크리스챤다이제스트, 2001), 108.
12) 조엘 비키,「개혁주의 설교」,『설교개혁』(ed. 돈 키슬러, 조계광 역; 서울: 생명의 말씀, 2003), 106.
13) 아우구스티누스,『기독교 교육론(*De Doctrina Christiana*)』(김종흡 역; 서울: 크리스챤다이제스트, 2000). 152.
14) 싱클레어 퍼거슨,「마음을 변화시키는 설교」in『설교개혁』, 202.

15) 베네딕트 그뢰셴,『심리학과 영성』, (김동철역; 성바오로출판사, 1999), 134~159.
16) 리처드 러브리스,『*Dynamics of Spiritual Life-An Evangelical Theology of Renewal*』(Downers Grove IL: IVP, 1979), 224.
17) 이에 대해서는 Douglas Stuart, *Hosea-Jonah* (Word Biblical Commentary Vol.31; Waco Texas: Word, 1987)를 참조하라. 아모스의 메시지와 사역이 그러하며(p.288), 구약선지자들의 사역은 사실 독자적이거나 새로운 것이 아니라 언약의 축복과 저주에 근거한 선언이며, 따라서 선지자들의 사역은 야훼의 법 특히 모세오경에 근거한 갱신사역이었음을 주지시켜준다(pp.31~32).
18) 누가복음 3장 7~14절을 참조하라.
19) 마가복음 7장 6~16절, 마태복음 23장 등을 참조하라.
20) 존 암스트롱,「생각을 변화시키는 설교」in『설교개혁』, 175.
21) "저희가 이 말을 듣고 마음에 찔려 베드로와 다른 사도들에게 물어 가로되 형제들아 우리가 어찌할꼬 하거늘" (행2:37)
22) D. C. 위코프,『기독교교육의 과제』(전택부역; 서울: 대한기독교교육협회, 1991), 140.
23) Ibid., 141, 143, 215.
24) 아우구스티누스,『기독교교육론(*De Doctrina Christiana*)』, (서울: 크리스챤 다이제스트, 2000), 92~93. 39장을 참조하라.
25) Ibid., 3권 2~5장(98~103쪽)과 24~29장에서 어거스틴은 말씀사역에서 흔히 발생하는 단어, 표현방식 문법적 언어적 번역과 해석적 석의 작업의 구체적 사례들을 일일이 들고 있다.
26) Ibid., 53. (36장 41절)
27) Ibid., 53. (37장)
28) 러브리스, 82.
29) Ibid., 86.
30) 그뢰셴. 139.
31) 로런스 크랩,『인간 이해와 상담』, (윤종석 역; 서울: 두란노, 1993), 114.
32) Ibid., 320.
33) Ibid., 319.
34)『기독교 교육론』, II권 18장28. 75쪽, 27장 82쪽, 29장 84쪽, 30장 85쪽 등을

보라.
35) 필립스 브룩스,『설교학 특강』, 38.
36) 헨리 클라우드,『변화와 치유』(양은순 오부운 역; 서울: HOME, 2001), 125~150.
37) Ibid., 210~231.
38) 아치발트 하트,『마음의 습관』(윤후남 역; 서울: 요단출판사, 2000), 250.
39) Ibid., 251.
40) 위코프,『기독교교육의 과제』, 146.
41) 윌로우크릭교회에서 전도설교를 담당했던 빌 하이벨스 목사와 함께 설교목사로 오랫동안 거듭난 성도들의 영적 양육을 담당한 후 현재 멘로파크(Menlo Park) 장로교회 담임목사로 봉직하고 있다.
42) 제임스 패커,『하나님을 아는 지식』(서울: 한국기독학생회출판부, 1999)
43) 헨리 블랙가비, 클로드 킹,『하나님을 경험하는 삶』(서울: 요단출판사, 2000)
44) 「Holy Tension-The Leadership Interview with John Ortberg」,《Leadership》Vol.25. Number 1, (Winter 2004), 23.
45) 토머스 머튼,「고독속의 사색」에서 (하트,『마음의 습관』, 213에서 재인용.)
46) 제임스 M. 보이스, "개혁주의 전망",『개혁주의 신학 시리즈 2- 웨스트민스터 신학과 화란 개혁주의』(데이빗 F. 웰스 편집; 서울: 엠마오, 1992), 202~203.
47) 설교학자 버트릭은 이것을 대지와 단락을 전환문을 필요로 하는 여러 개의 카테고리별 설명이라고 잘 묘사했다. David Buttrick,『Homiletic- Moves and Structure』, (Philadelphia, Fortress Press, 1987), 70.
48) 이에 대해서는 키이스 윌하이트, 스콧 깁슨 편저,『빅 아이디어 설교』(서울: 디모데, 2002)가 유용한 안내서가 될 것이다.
49) Edwards, Concerning the Revival, ed. C. Goen, *The Works of Jonathan Edwards* (New Haven; Yale University Press, 1972), 4:386.
50) 위코프,『복음과 기독교교육의 과제』, 149.
51) 유진 피터슨,『하나님의 신비에 눈뜨는 영성』(서울: 좋은 씨앗, 2003)
52) 위코프,『복음과 기독교교육의 과제』, 142~143.
53) 이런 구조에 대해서는 전술한 버트릭의 저서『Homilectic』을 참조하라.
54) Eugene Lowry,『*The Sermon: Dancing the Edge of Mystery*』, (Nashville, Abingdon Press, 1997), 81.

55) 프래드 크래독,『귀납적 설교의 이론과 실제-권위없는 자처럼』(김운용역; 서울: 예배와 설교 아카데미, 2003) 등을 보라.
56) 아우구스티누스,『기독교교육론(De Doctrina Christiana)』, 30.
57) 존 파이퍼는『하나님의 방법대로 설교하십니까』(서울: 엠마오, 1995)의 4장에서 이것을 설교의 장중함(gravity 무게)이라고 일컫는다.
58) 어거스틴, 조나단 에드워즈 등 한 시대에 깊은 영향을 끼친 설교자들은 다 그러했다. 존 파이퍼의『하나님의 방법대로 설교하십니까』5~7장과『기독교교육론』, 17쪽 등을 보라.
59) '주 여호와(Adonai Yahweh)'는 4, 5, 7, 9절에 계속 반복되는 수사학적 표현으로서, 종(servant)의 수동성과 야훼께서 주체 되심을 보여준다. Walter Brueggemann,『Isaiah』40~66, (Louisville KY; Westminster John Knox Press, 1998), 122.
60) 예를 들어, 단순히 하나님의 진노라고 하는 대신 계시록 19장 15절을 인용해 그의 입에서 나온 이한 검으로 만국을 치겠고 친히 철장으로 다스리며 전능하신 이의 맹렬한 진노의 포도주 틀을 밟을 것이라는 구체적 표현을 인용하고 그런 표현을 확장한다. 존 파이퍼,『하나님의 방법대로 설교하십니까』(서울: 엠마오, 1995), 95쪽 등을 참조하라.
61) 조엘 비키, 111.
62) 퍼거슨, 207.
63) Jonathan Edwards,『Religious Affections』, (1834; repr. ed., Edinburgh: Banner of Truth, 1974), 1:308.
64) 파이퍼,『하나님의 방법대로 설교하십니까』97, 99.
65) 심지어 그는 '돌봄+대면=성장!'이란 공식까지 제시한다. 하워드 클라인벨,『성장그룹』, (서울: 대한예수교장로회총회출판국, 1990), 22.
66) 프래드 크래독,『귀납적 설교의 이론과 실제- 권위 없는 자처럼』136~130.
67) 불신자 전도를 통한 교회성장으로 유명한 윌로우크릭교회는 불신자들이 교회를 거부한다고 하나님과 복음을 거부하는 것은 아님을 조사 결과 발견했다. Lee Strobel,『Inside the Mind of Unchurched Harry and Mary』(Zondervan, 1993) 참조. 또한 새들백교회의 릭 워런 역시 오랜 목회경험을 통해 비교인들은 희석된 메시지를 원하는 것이 아니라 월요일에 적용할 수 있는 실제적인 것을 주일에 듣고 싶어할 뿐이라고 말하고 있다.-릭 워런,『목적이 이끌어가는

교회-새들백교회 이야기』(서울: 디모데, 1997), 218.
68) 브룩스,『설교학특강』, 205.
69) 프레드 크래독,『설교-열린 체계로서의 귀납적 설교방식』, (서울: 컨콜디아사, 1997), 243.
70) 위코프,『복음과 기독교교육의 과제』, 66~67.
71) 하트,『마음의 습관』226-228.
72) 청중이 설교자의 경험된 이야기 속으로 들어오는 현상을 Chapell은 'mind binding'이라고 한다. Bryan Chapell,『*Using Illustrations to Preach with Power*』, (Wheaton, IL.; Crossway Books, 2001), 132.
73) 예화의 공동체 형성 기능은 전기한 Chapell의 책 68쪽을 참조하라.
74) D. M. 로이드 존스,『목사와 설교』(서문강역; 서울: 기독교문서선교회, 1999), 127. 암스트롱, 192~193.
75) 퍼거슨, 208~209.
76) D. M. 로이드 존스,『목사와 설교』, 404, 416.
77) 고린도후서 2장 4절과 빌립보서 3장 18절 등을 보라.
78) 아우구스티누스,『기독교 교육론』, 172.
79) 로이드 존스,『목사와 설교』, 119.
80) 이에 대해 잘 설명하고 있는 책으로 로빈 R. 메이어스,『설득력있는 설교의 비밀(들을 수 있는 귀를 가진 설교자)』(이호형역; 서울: 쿰란출판사, 1999)를 참조하라.
81) 어거스틴은 말에 설득력이 있으려면 어떤 숭고한 웅변보다도 설교자의 생활이 더 큰 영향을 주기 때문(『기독교 교육론』 27장 59. 175쪽)이라고 지적했고, 19세기 최고의 설교가인 브룩스도 다시 지적했듯이 오늘날 설교에 힘이 없는 이유는 진리가 실패한 것이 아니라, 설교자의 사람됨에 실패의 원인이 있기 때문(브룩스, 37쪽)이다.
82) 하이델베르크 교리문답을 또박또박 강해하는 설교 등이 그런 예라고 말할 수 있다.
83) 한 예로, 율법대로 살지 않았을 때 어떤 징계를 받았는가를 구약을 통해 예시하는 것.
84) 이때는 흔히 대의명분, 책임감, 인간성, 양심에 호소하며 그리고 사랑, 미움, 증오, 불의, 정의, 절대성과 같이 사람들이 귀하게 여기는 것들을 종종 활용한

다.

85) 조나단 에드워즈는 이것을 Affection이라고 불렀다. 우리말 번역으로는 조나단 에드워즈, 『신앙과 정서』(서울: 지평서원, 2000)을 참조하라.
86) 아우구스티누스, 『기독교 교육론』, 173. 그는 "내가 한 말에 효과가 다소라도 있다고 생각한 것은 그들이 박수칠 때가 아니라 그들이 우는 것을 보았을 때였다"라고도 했다(171쪽).
87) Jonathan Edwards, 『Concerning the Revival』, ed. C. Goen, *The Works of Jonathan Edwards* (New Haven; Yale University Press, 1972), 4:388.
88) Jonathan Edwards, 『Religious Affections』 1:238.
89) 조엘 비키 in 『설교개혁』, 107.
90) 위코프, 『복음과 기독교교육의 과제』, 70.
91) Lovelace, 『*Dynamics of Spiritual Life*』, 226.
92) 로버트 웨버, 『예배가 보인다 감동을 누린다(*Blended Worship*)』(서울: 예영커뮤니케이션), 제6장 참조
93) 웨버, 『예배가 보인다 감동을 누린다』, 119쪽
94) Jack Hayford, *Worship His majesty* (Waco, TX, Word Books, 1987), 22.
95) C. 플랜팅가 & 로즈붐, 『진정한 예배를 향한 열망』(서울: 그리심, 2006). 23.
96) Ibid., 18. 서론 부분을 참조하라.
97) Ibid., .240.
98) George barna, 『*Never on a Sunday: The challenge of the Unchurched*』 (Glendale, Cali.: Barna Reasearch Group, 1990), 28. 샐리 21 재인용
99) 이 세 가지 지적은 조기연, 『예배 갱신의 신학과 실제』(서울: 대한기독교서회, 1999), 141~142쪽 전후를 참조하라. 다른 예배학자들의 비판도 이와 크게 다르지 않다.
100) 샐리 모갠쌀러, 『이것이 예배다- 워십 에반젤리즘』 임하나 역 (서울: 하늘사다리, 1998)
101) 이머징교회에 대해서는 필자가 목회와 신학 2005년 9월호에 기고한 Dan Kimball, 『*The Emerging Church- Vintage Christianity for New Generations*』, (Grand Rapids, MI., Zondervan, 2003)의 서평을 참조하라. 그런 교회의 움직임을 적절한 표현이 없어서 '이머징교회'라고 부르겠다.
102) Dan Kimball, 『*The Emerging Church-Vintage Christianity for New*

Generations』, (Grand Rapids, MI., 2003), 112.
103) 모갠쌀러, 111쪽을 참조하라. Robert Webber, 「*Thee Principles That make Worship 'Christian,'*」《Worship Leader》, Apr.-May 1992, 6도 보라.
104) Kimball, 95.
105) Dan Kimball, 105의 표에서 일부만 소개했다.
106) 모갠쌀러, 66.
107) 돈 E. 샐리어스,『예배와 영성』(서울: 은성, 2002), 36
108) 김세광『예배와 현대문화』(서울: 대한기독교서회. 2005), 165.
109) 김세광, 166.
110) 샐리어스, 44~45.
111) 김순환,『21세기 예배론』(서울: 대한기독교서회, 2003), 171.
112) 로버트 웨버,『살아있는 예배』, 황인걸 역, (서울: 예본, 2003), 127.
113) 고린도전서 11장 27~34절에 대한 해석과 이런 관점에 대한 것은 필자의 성찬식 설교 "하늘빛 공동체를 위한 주의 만찬(고린도전서 11장 17~34절, 하늘빛교회 2006. 7. 23주일 설교)"와 Gordon D. Fee,『*The First Epistle to the Corinthians NICNT*』, (Grand Rapids,MI, Eerdmans, 1987) 등의 뛰어난 복음주의 주석들을 참조하라.
114) 로버트 웨버,『예배가 보인다 감동을 누린다』(서울: 예영 2004), 70.
115) 돈 E. 샐리어스, 33~34
116) 모갠쌀러, 96에서 재인용. Jack Hayford,『*Worship His Majesty*』. (Waco: Word, 1987), 56.
117) 로버트 웨버,『살아있는 예배』, 108-110
118) '왜 셀목회를 하려고 하십니까? - 김덕수',《크리스챤 뉴스위크》, 2001년 12월 22, 6면 혹은 http://www.leaderbuilder.org/data/data_pastorate _03.htm를 참조하라.
119) Lyman Coleman,『*Serendipity Training Manual for Groups*』, (Littleton, CO: Senrendipity House, 1987), 31~32.
120) 프랜시스 후쿠야마,『대붕괴 신질서』, (서울: 한경, 2001), 419.
121) IVF 자료계발부 편역,『소그룹 리더 핸드북』, (서울: 한국 IVP, 1996), 32
122) 래리 크랩,『끊어진 관계 다시 잇기』, (서울: 요단출판사, 2002) 등을 참조하라.

123) 칼 F. 조지,『성장하는 미래교회 메타교회』, (서울: 요단, 1997)
124) 로버트 뱅크스, 줄리아 뱅크스,『교회, 또 하나의 가족』, (서울: 한국 IVP, 1999)
125) Neil Cole,『*Cultivating a Life for God*』, (Carol Stream, IL: Church Smart, 1999)
126) 로베르타 헤스테네스,『소그룹 성경공부』. (서울: 두란노, 1996), 24-32
127) Richard J. Neuhaus,『*Freedom for Ministry*』, (Grand Rapids, MI: Eerdmans, 1992), 126.
128) 김덕수,『셀교회 전환과 셀리더 세우기』, (서울: 도서출판 NCD, 2002), 30~31.
129) 소그룹 리더 핸드북, 82.
130) 이동원,「목회와 신학의 가교」, 월간《목회와 신학》, 1999년 5월호를 참조하라
131) 이런 사항과 소그룹 사역 중심 교회로의 전환시 난제와 극복해야 할 부분은 김덕수,『셀교회 전환과 셀리더 세우기』, (도서출판 NCD, 2002) 등을 참조하라.
132) 이런 부분에 대해서는 부족하나마 필자의 천안대학교 기독교신학원과 기독전문대학원 2002년 봄학기 미출간 강의안 '변화목회를 위한 변혁적 리더십' 등 변혁적 리더십 자료들을 참조할 수 있을 것이다.
133) 오스 기네스 저 김동찬 역,『교회 성장 운동의 '새로운 기초'』(서울: 생명의 말씀사, 1998), 68.
134) 랄프 네이버,『셀교회 지침서』(서울: 도서출판 NCD, 2000), 11쪽과 483쪽을 보라.
135) καινὰ ποιῶ πάντα라는 이 말씀은 주께서 마태복음 19장 28절에서 '세상이 새롭게 되어'라고 했던 바로 그 마지막 날, 보좌에 앉아 하시는 선포이다.
136) 이필찬,『요한계시록 어떻게 읽을 것인가』(서울: 성서유니온선교회, 2000), 253-254.
137) 김덕수,『셀교회 전환과 셀리더 세우기』(서울: 도서출판 NCD, 2002), 55.
138) 김덕수, 62.
139) Eugene Peterson,『*Subversive Spirituality*』(Grand Rapids: Eerdmans, 1997), 241.

140) Robert E. Quinn, 『*Deep Change-Discovering the Leader Within*』(S.F., CA: Jossey-Bass, 1996), 78~79.
141) 제임스 A. 챔피,『조직변화를 위한 준비』, 피터 드러커 외 이재규 서재현 역,『미래의 조직』중 (서울: 한국경제 신문사, 1999), 28.
142) 《목회와 신학》(서울: 두란노서원) 1999년 5월호의 「목회와 신학의 가교」란을 참고하라.
143) Jerry C.『*Wofford, Transforming Christian Leadership*』(Grand Rapids, MI: Baker, 1999), 85.
144) 김덕수, 63쪽 이하.
145) G12에 대해서는 조엘 코미스키,『지투엘브 이야기』(서울: 도서출판 NCD, 2000) 등을 참고하라.
146) 로렌스 콩 저, 최봉실 역,『신사도적 셀교회』(서울: 한국강해설교학교, 2001), 279.
147) 데살로니가전서 2장 2절에서 이 부분은 ἐν πολλῷ ἀγῶνι 인데 NRSV와 NIV는 둘 다 in spite of great opposition '강한 반대에도 불구하고'라 번역하고 있다.
148) 《조선일보》 2002년 11월 29일자 '2030'섹션 기사를 참조하라.
149) 김덕수,『셀교회 전환과 셀리더 세우기』(서울: 도서출판 NCD, 2002), 92~93.
150) 김덕수,『셀교회 전환과 셀리더 세우기』247~248
151) 김덕수, 241~260.
152) James M. Kouzes and B. Posner,『*The Leadership Challenge*』(S.F.: Jossy-Bass, 1995), 36.
153) 로렌스 콩, 288.
154) 변혁적 리더십에 대해서는 김덕수, "변혁적 리더십"(천안대학교 기독전문대학원, '변화목회와 변혁적 리더십' 과목 미출간 강의안, 2002년 3월), 혹은 Jerry C. Wofford,『*Transforming Christian Leadership*』(Grand Rapids, Baker: 1999) 등을 참조하라.
155) 김덕수, 64.
156) 이 Action Plan은 CoachNet 2002의 Bob Logan이 제시한 것을 수정하여 제시한 것이다.

157) 셀사역과 유사한 경영방식으로 성공한 일본의 교세라사의 설립자 이나모리는 성공 이유로 "실패하더라도 사원을 타박하거나 질책하지 않기 때문입니다"라고 말한다. 또한 "우리 회사에서는 사원이 회사를 위해 과감하게 도전한 결과가 만일 실패하여회사에 막대한 손해를 끼치게 되더라도 어떠한 벌도 주지 않습니다. (중략) 실패한 경험을 통해 사원은 끊임없이 새로운 도전을 시도하고, 한층 더 노력하는 용기를 가지게 되는 것입니다"라고 한다. 미야 히로시 외, 『아메바 경영』(서울: 한송, 2000), 203쪽 등을 참조하라.

158) Warren Bennis & Burt Nanus, 『Leaders: The Strategies for Taking Charge』 (NY: Harper & Row, 1985), 21.

159) 김덕수, 『셀교회 전환과 셀리더 세우기』(경기도: 도서출판 NCD, 2002), 263.

160) 신사도적 교회는 셀교회와 동의어가 아니다. 피터 와그너는 셀사역 개념에서 볼 때 셀교회가 아닌 교회들도 포함한 이 시대에 가장 성장하고 있는 강력한 역동성을 가진 교회들을 신사도적 교회라고 부르고 있다. 물론 그중에 셀교회들도 일부 포함되어 있다.

161) 피터 와그너 편저, 『신사도 교회들을 배우라』(서울: 서로사랑, 2000), 25.

162) Lawrence Khong, 『Plenary Handbook for the 6th International Conference on Cell Group Churches』(Singapore: Touch Ministries International Pte Ltd, 1997), 54

163) 로렌스 콩, 『신사도적 셀교회』(서울: 한국강해설교학교 출판부, 2001), 173~184.

164) 로렌스 콩, 177.

165) 랄프 네이버, 『셀교회 지침서』(서울: 도서출판 NCD, 2000), 98.

166) 이에 대해서는 가톨릭 신학자인 한스 큉 등(가톨릭교회, 서울: 을유문화사, 2003, pp.120~126, 176)이 오히려 더욱 분명한 목소리를 내고 있다.

167) 이에 대해서는 Decree on the Apostolate of Lay People- Apostolicam Actuositatem, Vatican II, 18 Nov. 1965 등을 참조하라

168) 옥한흠, 'Special Interview 옥한흠목사',"평신도를 깨운다. 50호 특집호", 서울: 국제제자훈련원, 2001.9~10월호, p.14.

169) R. Paul Stevens, 『Liberating the Laity-Equipping the Saints for Ministry』 (Downers Grove, IL:IVP, 1985), 51 혹은 Greg Ogden, 『The New Reformation』(Grand Rapids,MI: Zondervan, 1990), 3장에서 볼 수 있듯이 이

것은 복음주의 신학자들의 공통적 지적이다.
170) 풀러 신학대학의 목회학 박사과정 책임자였던 그레그 옥덴 저 『새로운 교회 개혁 이야기』(서울: 미션월드라이브러리, 1998)'의 원제는 *The New Reformation*이며, 빌 백햄은 『제2의 종교개혁』(도서출판 NCD)란 제목으로 셀목회에 대한 책을 출판한바 있다.
171) 한스 큉, pp.120~121.
172) Eugene Peterson, 『*Subversive Spirituality*』(Grand Rapids:Eerdmans, 1997), 218.
173) 김덕수, 『셀교회 전환과 셀리더 세우기』 5~7장을 참조하라.
174) 이에 대해서는 김덕수, 8장 전반부를 참조하라.
175) 헨리 데이비드 소로우, 『월든』 강승영 역, (서울: 이레, 2004)를 참조하라. 특히 헨리 데이비드 소로우, 『구도자에게 보낸 편지』 류시화 역, (서울: 오래된 미래, 2005)의 경우, 소유지향적인 삶에 반하는 존재 중심적인 삶을 강조하거나 침묵에 대한 강조는 기독교적 영성인 것처럼 보이지만 '신조차도 홀로 있게 하라', '인디언 세계로의 여행', '시인 블레이크와의 대화', '우주를 담고도 투명한 마음 등'의 글에는 평화, 가족, 국가를 강조하는 것처럼 보이지만, 실제로는 가족 부양을 위한 일을 넌더리나는 일이라고 하며 그의 글 곳곳에는 힌두적 사상을 보이고 있음에 주의하라.
176) 앨리스터 맥그래스, 『기독교 영성 베이직』, 57.
177) 앨리스터 맥그래스, 『기독교 영성 베이직』, 64.
178) Ibid.,, 19.
179) 제3회 백석강좌 (백석정신아카데미 주관, 2005년 10월 17일)에서 장종현 박사의 특강에서 비롯되었다. 그리고 개혁주의 생명신학의 발전을 위해 2006년 5월 8일 백석신학연구소가 발족되었다.
180) 한국심리치료전문훈련원의 초기 1, 2기 훈련생 14명 중 3명이 불교승려였던 것으로 알려져 있다. 2004~2005년 동기관 원우회 발행 원우수첩 명단 기준.
181) 맥그래스, 『기독교 영성 베이직』, 20.
182) 이에는 가톨릭 영성, 정교회 영성도 있을 것이며, 개신교 내에서는 루터 교회 영성, 복음주의 영성, 오순절 영성이란 용어를 사용하고 있다.
183) 맥그래스, 『기독교 영성 베이직』, 36~38.
184) 그리스도의 죽으심과 부활의 결과 얻어진 그리스도의 은혜가 성례를 통해

교회에 전해진다는 견해이다.
185) 맥그래스, 『기독교 영성 베이직』, 39.
186) Ibid., 40.
187) 이런 정화, 조명, 연합의 도식은 실제로 디오니시우스에게 나온 것이고, 그 또한 이것은 신플라톤주의 철학자 프로클루스(Proclus)에게서 도용한 것으로 알려져 있다. 도널드 G. 블러시, 『경건의 위기』, 109를 참조하라.
188) 사이먼 찬, 『영성신학』, 22.
189) 도널드 G. 블러시, 『경건의 위기』, 120.
190) A Call to the desert라 한다. Ibid.,, 110~111.
191) 맥그래스, 『기독교 영성 베이직』, 189.
192) Thomas Merton, 『*Seeds of Contemplation*』(Norfolk, CN: James Laughlin, 1949), 185. 블러시 『경건의 위기』, 113에서 재인용. 머튼의 명상에 대해 개념은 토마스 머튼, 『명상이란 무엇인가』오무수 역, (가톨릭출판사, 1998)을 참조하라.
193) 맥그래스, 『기독교 영성 베이직』, 47 재인용
194) 도널드 G. 블러시, 『경건의 위기』이용원 역, (서울: 소망사, 1996), 86~87.
195) Dionysius the pseudo-Areopagite, c. 500을 지칭한다.
196) U. T. 홈즈, 『목회와 영성』, 김외식 역, (서울: 대한기독교서회, 1988), 50.
197) 도널드 블러시, 『경건의 위기』, 107.
198) 달라스 윌라드, 『영성훈련』, 엄성옥역, (서울: 은성, 1993), 95.
199) 맥그래스, 『기독교 영성 베이직』, 161.
200) 이경섭, 『개혁주의 영성체험』, 155~156.
201) 월터스, 『무지의 구름』, 82.
202) 맥그래스, 『기독교 영성 베이직』, 196.
203) 클리프턴 월터스, 『무지의 구름』, 성찬성 역, (서울: 바오로의 딸, 1997), 76. 한글 번역판에는 월터스를 저자라고 하나, 미지의 인물로 알려져 있다. 이 책은 무지의 구름은 곧 그대와 하느님 사이에 가로놓인 것이라고 하며, 필요할 때까지 이 어둠 속에서 참고 기다리면서 사랑하는 그분을 끊임없이 애타게 바라라고 조언한다 (69쪽 참고).
204) Ibid., 97~99. 마리아는 마냥 고요하게 앉아서 자신과 하나님 사이에 가로놓인 이 드높은 무지의 구름 속으로 열심히 팔을 내뻗었고, 사랑의 은밀한 움직

임들을 수없이 체험한 곳이 바로 그 구름 속이었다고 저자는 주장한다.
205) 유진 피터슨,『하나님의 신비에 눈뜨는 영성』, 차성구 역, (서울: 좋은씨앗, 2003), 44.
206) Ibid., 51.
207) Richard Greenham, *Works* (1612), 41. 사이몬 찬,『영성신학』, 김병오 역, (서울: IVP, 2002), 225에서 재인용
208) 윌라드,『영성훈련』, 155.
209) 복음전도에서 이런 문제점에 대해서는 이미 다른 곳에서 다루었다. 다음 글을 참조하라. 김덕수,「현대 전도운동에 대한 검토와 21세기를 위한 효과적 전도 제안」《기독신학저널》제8호 2005년 6월, 97~153.
210) 도널드 G. 블러시,『경건의 위기』, 34에서 재인용. R. Lejeune, ed., *Christoph Blumhardt and His Message*, 95.
211) 유진 피터슨,『하나님의 신비에 눈뜨는 영성』, 차성구 역, (서울: 좋은 씨앗, 2003), 66~67.
212) 도널드 G. 블러시,『경건의 위기』, 119.
213) 도널드 G. 블러시,『경건의 위기』, 98.
214) Kenneth Leech,『*Ture Prayer: An Invitation to Christian Spirituality*』(SF: Harper and Row, 1980), 79. 폴 스티븐스,『현대인을 위한 생활영성』박영민 역, (서울: IVP, 1996), 20에서 재인용.
215) 이 표현은 유진 피터슨,『목회 영성의 흐름, 주일과 주일 사이』, 차성구역, (서울: 좋은씨앗, 2002)에서 차용했으며, 이런 개념에 대해서는 83쪽을 비롯해 저술 전반을 참조하기 바란다.
216) 세속적이며 동시에 비세속적이어야 한다는 지적은 Clement of Alexandria의 말로 알려져 있다. Alfons Auer 등도 그의 저서에 인용했으며, 스티븐스,『현대인을 위한 생활영성』, 20에서 재인용했다.
217) 하워드 L. 라이스,『개혁주의 영성』황성철 역 (서울: 기독교문서선교회, 1995), 76~77.
218) Catherine De Hueck Doherty,『*The People of the Towel and the Water*』(Denville, N.J.: Dimension Books, 1978), 8. 스티븐스,『현대인을 위한 생활영성』, 21에서 재인용.
219) 이경섭,『개혁주의 영성체험』, 81.

220) 존 파이퍼,『여호와를 기뻐하라』(서울: 생명의 말씀사, 1998)를 참조하라
221) 사이몬 찬,『영성신학』, 71~75.
222) 유진 피터슨,『현실, 하나님의 세계』, 이종태, 양혜원 역 (서울: IVP, 2006), 398.
223) 김덕수,『셀교회 전환과 셀리더 세우기』(성남: NCD, 2002), 22~33에서 논자는 특히 회복해야할 교회의 본질적 요소로 공동체신학을 언급했는데 영성 역시 이런 공동체 개념에서 이해되고 논의되어야 한다.
224) 그것이 근래에 셀사역이 다시 강조되고 있는 이유이기도 하다.
225) 하워드 라이스,『영성목회와 영적 지도』, 166.
226) 이것은 lectio, meditatio, oratio, contemplatio 네 과정으로 이루어진다.
227) James Houston, "Toward a Biblical Spirituality," Elmer Dyck, ed., *The Act of Bible Reading A Multidisicplinary approach to Biblical Interpretation* (Downers Grove: IVP, 1996)을 참조하라
228) 메조리 J. 톰슨『영성 훈련의 이론과 실천』, 50.
229) 사이먼 찬,『영성신학』, 228.
230) 이에 대해서는 김덕수,「말씀을 듣는 능력과 사역」,『월간 생명의 삶』두란노, 2006년 4월호, 164~165를 참조하라.
231) 달라스 윌러드,『영성훈련』엄성옥 역, (서울: 은성출판사, 1993), 189.
232) 하워드 라이스,『영성목회와 영적 지도』, 67.
233) 스티븐스,『현대인을 위한 생활영성』, 159,
234) William E. Collins,「A Sermin from Hell: Toward a Theology of Loneliness,」*Journal of Religion and Health*, vol. 28, no.1, Srping 1989, 74. 스티븐스,『현대인을 위한 생활영성』, 159에서 재인용
235) 윌라드,『영성훈련』, 174~175.
236) Albert E. Day,『*Discipline and Discovery*』(Nashville: Parthenon, 1961), 7. 도널드 블러시,『경건의 위기』, 82에서 재인용.
237) 달라스 윌라드,『마음의 혁신』윤종석 역, (서울: 복있는 사람, 2003)
238) 제임스 스미스, 린다 그레이빌,『영성훈련을 위한 아홉 번의 만남』방성규역, (서울: 두란노, 2002)
239) Richard Peace,『*Contemplative Bible Reading*』(Colorado Springs:NavPress, 1998) 등으로 구성된 피스 교수의 Spiritual Formation Study Guide 시리즈와

다수의 저술이 있다.
240) 이에 대해서는 헨리 J. M. 누웬, 『예수님의 이름으로-사역자들을 위한 메시지』 송기태 역, (서울: 두란노, 1992), 33 등을 참조하라.
241) 하워드 라이스, 『영성목회와 영적 지도』, 91.
242) Ibid., 72.
243) 유진 피터슨, 『하나님의 신비에 눈뜨는 영성』, 357~358.
244) 유진 피터슨, 『균형, 그 조용한 목회혁명』 차성구 역, (서울: 좋은씨앗, 2002), 206.
245) 고린도전서 1장 18절은 "십자가의 도가 멸망하는 자들에게는 미련한 것이요 구원을 얻는 우리에게는 하나님의 능력이라"고 한다.
246) 그 미련함과 걸림돌을 고린도전서 1장 23절은 또한 이렇게 묘사한다. "유대인에게는 거리끼는 것이요 이방인에게는 미련한 것이로되"
247) James M. Burns, 『*Leadership*』, (N.Y.:the Free Press, 1978), 20~25.
248) Bernard M. Bass, 『*Leadership and Performance Beyond Expectations*』, (N.Y.: Free Press, 1985), 3~4
249) 거래적 리더십(transactional leadership)의 특징은 1. 사람들이 원하는 것을 알아 최대 성과를 얻어내기 위해 그것을 보장해준다. 2. 사람들의 노력의 대가로 보상과 약속을 제시한다. 3. 성과를 위해 즉각적인 자기 이익에 응답한다. 4. 사람들의 생활상의 필요에 근거해 시도한다. 5. 권력과 정치에 집중한다. 6. 반응적이며 전술에 신경을 쓴다는 점인데 이런 면에서 변혁적 리더십과 구별된다.
250) 로버트 E. 퀸, 『*Deep Change or Slow Death*』, 한주한·박주영 역, (서울: 늘봄, 1998), 52.
251) 로렌스 리처즈, 클라이드 홀다이크, 『창조적인 교회 지도자』, 황을호 역 (서울: 생명의 말씀, 1994), 115~116
252) 존 맥스웰, 『당신 안에 잠재된 리더십을 키우라』 강준민 역, (두란노, 1997), 223
253) 릭 워런, 『새들백교회 이야기』 (서울: 디모데, 1996), 김현회, 박경범 역, 25.
254) 존 맥스웰, 『열매 맺는 지도자』 오연희 역, (두란노, 1997)
255) Ibid., 30
256) Ibid., 55

257) 상세한 내용은 김광건편집,『하나님 나라와 리더십』(서울: 웨스트민스터출판부, 2006)의 41~62쪽에 실린 필자의 글, 제2장 "영적 리더십의 출발점, 성경적 비전 개념의 확립" 부분을 참조하라. 그리고 존 맥스웰,『열매 맺는 지도자』오연희 역, (두란노 1997), 27, 28, 30, 55 등을 주의깊게 읽어보라.

258) 존 맥스웰,『열매 맺는 지도자』, 56

259) Ibid., 61

260) Ibid., 63

261) Ibid., 60

262) Ibid., 67

263) Ibid., 67

264) 짐 콜린스, 윌리엄 레지어,『위대한 기업을 위한 경영 전략』(서울: 위즈덤하우스, 2002), 95

265) Bert Nanus.『*Visionary Leadership*』(SF: Jossey BAss, 1992), 34

266) James M Kouzes & Barry Z. Posner,『The Leadership Challenge』(SF: Jossey Bass, 1995), 109

267) 존 E. 하가이,『세계를 변화시키는 리더십 기법』(서울: 보이스사, 1996), 37

268) 제러드 J. 텔리스, 피터 N. 골더『마켓 리더의 조건』(서울: 시아출판사, 2002), 159

269) 콜린스,『위대한 기업을 위한 경영 전략』, 104

270) 피터 센게,『제5경영』(서울: 세종서적, 1998), 288

271) Ibid., 288

272) 한홍,『거인들의 발자국』, 65

273) Ibid., 71에서 저자는 팔로워십을 "한편, 따르는 것은 리더가 제시한 비전의 소중함을 바로 파악해서 거기에 헌신하는 능력을 말한다"고 정의한다.

274) 피터 센게,『제5경영』(서울: 세종서적, 1998), 279

275) Ibid., 295

276) 피터 센게, 281

277) 짐 콜린스, 윌리엄 레지어,『위대한 기업을 위한 경영전략』, 위즈덤하우스, 2002, 89)

278) 레오나드 L. 베리,『초일류 서비스 기업의 조건(*Discovering the Soul of Service*)』(서울: 김앤김북스, 2001), 50~70

279) 콜린스,『위대한 기업을 위한 경영 전략』, 112.
280) 콜린스,『위대한 기업을 위한 경영 전략』, 107.
281) 브라이언 트레이시,『절대 변하지 않는 8가지 성공원칙』(서울: 더난출판사, 2002), 134.
282) Ibid., 33
283) Ibid., 54
284) Ibid., 58
285) Ibid., 36
286) 김덕수,『다양한 리더십 이론과 리더십 파워베이스의 변화』월간《교회성장》 2002년 11월호 66~70를 참조하라
287) Lovett H. Weems, Jr.『*Church Leadership*』, (Nashville, TN; Abingdon Press, 1993), 47
288) Art McNeil,『*The "I" of the Hurricane*』(Toronto: Stodadart, 1988), 35. Lovett H. Weems, Jr. *Church Leadership*, (Nashville, TN; Abingdon Press, 1993), 47에서 재인용
289) 고린도전서 2장 4~5절은 "내 말과 내 전도함이 지혜의 전하는 말로 하지 아니하고 다만 성령의 나타남과 능력으로 하여 너희 믿음이 사람의 지혜에 있지 아니하고 다만 하나님의 능력에 있게 하려 하였노라"고 한다.
290) 세속 가치관과 하나님 나라 가치관의 차이를 극명하게 대조하는 십자가의 도는 고린도전서 1장 18절에서 분명하게 나타난다. "십자가의 도가 멸망하는 자들에게는 미련한 것이요 구원을 얻는 우리에게는 하나님의 능력이라."
291) 이에 대해서 고린도후서 12장 10절은 "그러므로 내가 그리스도를 위하여 약한 것들과 능욕과 궁핍과 핍박과 곤란을 기뻐하노니 이는 내가 약할 그때에 곧 강함이니라"고 한다.
292) 고든 맥도날드,『영혼이 성장하는 리더』(서울: 하늘사다리, 1997), 133
293) 콜린스,『위대한 기업을 위한 경영 전략』, 105~135.
294) Ibid., 94.
295) Aubrey Malphurs,『*Values-Driven Leadership*』(Grand Rapids, MI; Baker, 1996), 70
296) 개역은 "공의를 지키는 자들과 항상 의를 행하는 자는 복이 있도다"라고 번역되었는데, NIV 번역을 보면 산상수훈의 팔복과 같은 패턴으로 'Blessed are

they who...'로 전개되는데, 그는 "maintain justice, who constantly do what is right" 하는 자이다.

297) 베리,『초일류 서비스 기업의 조건』,73
298) Peter Beyerhaus,『Shaken Foundations: Theological Foundations for Missions』 (Grand Rapids: Zondervan, 1972), 41~42. John Piper, *Let the Nations be Glad!:The Supremacy of God in Missions*, (Grand Rapids:MI, Baker, 1993), 37에서 재인용.
299) John Piper,『*Let the Nations be Glad!:The Supremacy of God in Missions*』, 38 여러 선교학자들이 인정하듯이 철저한 칼빈주의 신학에 근거하여 선교의 동기를 이 시대에 존 파이퍼보다 더 잘 전개한 인물을 찾기 힘들 것이다. 따라서 본 고의 출발점은 그에게 많은 빚을 지고 있다.
300) John Stott,『*Romans: God's Good News for the world*』(Downers Grover, Ill.: IVP, 1994), 53 한글판은 존 스토트,『로마서 강해- 온 세상을 향한 하나님의 복음』, (서울: 한국 IVP, 1996), 59을 참조하라.
301) John Piper,『*Let the Nations be Glad!*』, 38~39. 이 내용은 John『*Dawson, Taking Our Cities for God*』, (Lake Mary, Fla: Creation House, 1989), 208~209에 근거한 것으로, 국내에서는『하나님을 위하여 도시를 점령하라』라는 제목으로 예수전도단에서 번역 출간되었다.
302) 빌립보서 1장 11절 NA 27은 εἰς δόξαν καὶ ἔπαινον θεοῦ 라고 말한다.
303) John Piper, *Let the Nations be Glad!*, 11
304) 르네 파딜라,『복음에 대한 새로운 이해』(이문장 역, 서울: 대장간, 1993), 46
305) 제임스 패커는 그의 책『복음전도와 하나님의 주권』(서울: 생명의 말씀사, 1977), 73쪽에서 "죄의 복음을 전파한다는 것은 세뇌자들의 수법처럼 사람들이 느끼고 있는 약점을 이용하는 것이 아니다"라고 한다.
306) 누가는 하나님 나라의 복음이라 칭하고 (누가복음 16장 16절), 마태는 천국 복음으로 칭한다 (마태복음 4장 23절; 9장 35절; 24장 15절).
307) 이 주장에 대해서는 Brian McLaren,「A Radical Rethinking of Our Evangelistic Strategy」, in *The Challenge of Evangelism in the 21st Century, Theology New & Notes*, (Fall 2004, Fuller Theological Seminary) 5쪽을 참조하라, 그는 Joel Green과 NT Wright같은 신학자들의 주장을 기초로 하여 이렇게 주장하고 있다.

308) Ibid., 5.
309) 데이비드 F. 웰즈, 『하나님께로 돌아오라』(서울: 서로사랑, 1998), 21
310) 도널드 G. 블러쉬, 『목회와 신학(*The Reform of the Church*)』(서울: 한국장로교출판사, 1992), 186
311) 국내의 목회자를 위한 대표적인 잡지로 일컬어지는 《목회와 신학》(두란노)이 2005년 1, 2월호 2회에 걸쳐 "주재권 구원 무엇이 문제인가?"란 제목의 글을 연재하고 그에 대한 신학적 반론이 게재되지 않는 것은 매우 안타까운 일이다. 그런데 이런 주장은 주로 세대주의 신학자들과 또한 그들에게 영향을 받은 사람들을 중심으로 이루어지고 있다.
312) 한 예로, 대학생선교회(CCC)의 전도지에서는 이를 '육에 속한 (carnal) 그리스도인'이라고 하여, 자연인과 대조되는 그리스도인을 다시 영적인 그리스도인과 육에 속한 그리스도인의 두 종류가 있다고 가르친다.
313) 안토니 A. 후크마, 『개혁주의 구원론』(류호준 역, 서울: CLC 1990), 36 이하를 참조하라.
314) Ibid., 39. 그 외에도 존 맥아더는 그의 저서 『구원 얻는 믿음이란 무엇인가(*Gospel According to Jesus*)』(서울: 여수룬, 1993) 전권에 걸쳐 이 문제점을 다루고 있고, 특히 간결하지만 명료한 대응으로는 존 파이퍼, 『하나님의 기쁨』(서울: 은성, 1994)의 부록 부분인 357~391에 나타난 한 목회자에게 보내는 응답 편지형태로 쉽게 쓴 글을 참조하기 바란다.
315) 찰스 콜슨, 엘렌 산틸리 본, 『이것이 교회다』(서울: 홍성사, 1997), 105~107
316) 데이비드 F 웰즈, 『하나님께로 돌아오라』,32
317) J. I. Packer의 이 주장은 John F. MacArthur, Jr.의 『*Gospel According to Jesus*』, (Grand Rapids, MI: Academie Books, Zondervan 1988)란 책 서문(ix)에 실려 있고, James Montgomery Boice의 동일한 맥락의 서문이 계속 이어지고 있다.
318) 존 스토트, 『로마서 강해- 온 세상을 향한 하나님의 복음』, 58
319) Didache, 교부 Clement, Augustine, Martin Luther, Calvin, Zwingli, Melanchthon, Belgic Confession, Heidelberg Catechism, the Synod of Dort, Westminster Confession, William Guthrie, Thomas Watson, Thomas Manton, George Whitefield, Jonathan Edwards, John Gill, Thomas Goodwin, Charles H. Spurgeon, J.C. Ryle, B.B. Warfield, W.H. Griffith Thomas, Oswald T. Allis 등 이루 다 거론할 수 없는 역사적 증언들에 대한 간략한 소

개는 John F. MacArthur, 『*The Gospel According to Jesus*』 221~237을 참조하라.
320) 제임스 패커, 『복음전도와 하나님의 주권』 (서울: 생명의 말씀사, 1977) 59~60
321) Ibid., 77. 패커는 "뿐만 아니라 살아나시고 보좌에 앉으시며 왕이 되사 그가 주가 되는 사실을 인정하는 모든 사람들을 끝까지 구원하기 위해서 지금도 살아계신다"라고 말하고, 같은 책 85쪽에서는 "회개도…… 마음과 심령의 변화를 말하며 자신을 부정하고 그 대신 구주를 왕으로 섬기는 새로운 삶을 가리키는 것이다"라고 분명히 한다.
322) Ibid., 73~75
323) eds., Paul E Engele, Gary L McIntosh, *Evaluating the Church Growth Movement*, (Grand Rapids, MI: Zondervan, 2004). 226에서 재인용. R. Stark 의 『*The Rise of Christianity: A Sociologist Reconsiders History*』란 책이 원전이다.
324) 도널드 블러시, 『목회와 신학』 (서울: 한국 장로교출판사, 1992), 187.
325) 제랄드 보체르트, 『확신과 경고』 (서울: 생명의 말씀사, 1993), 281.
326) 이에 대해서는 앞에서 언급한 블러시의 『목회와 신학』 176~177을 참조하라.
327) 니키 검블, 『알파코스 운영방법』 (서울: 서로사랑, 2000), 49
328) 르네 파딜라, 『복음에 대한 새로운 이해』, 13
329) Ibid., 29
330) 24절의 '들어와서'는 교회 공동체를 전제한다. 이는 바로 앞 절인 고린도전서 14장 23절의 '온 교회가 함께 모여(- if the whole church comes together: NIV)'의 공동체적 상황이다.
331) 이 구절의 직접적 문맥은 교회의 예언 행위(24절의 '다 예언을 하면')지만, 이는 공동체적 전도 행위와 관련된 것으로 이해할 수 있다.
332) 그런 점에서 개인주의적 기독교는 성경에 그 자리가 없다. Arthur Glasser는 그의 책 『*Conversion and the Kingdom*』, 277쪽에서 사도들의 회심에 대한 요청은 분명한 돌이킴(radical repentance), 예수 그리스도에 대한 헌신 (주재권) 그리고 가시적 교제(공동체)권으로의 세례로 표현하여 공동체 교회로의 회심 요청으로 묘사하고 있다.
333) 개러스 아이스노글, 『왜 소그룹으로 모여야 하는가-소그룹과 공동체 사역을

위한 성경적 근거』(서울: 옥토, 1997), 403

334) 개인전도는 이미 전도폭발(Evangelism Explosion)를 비롯하여 다양하게 계발되었으므로 그것을 참조하라.
335) 찰스 콜슨,『이것이 교회다』431
336) Michael Green, 『Evangelism through the local church』(Hodder & Stoughton, 1993)과 검블도 동일한 주장을 한다 (그의『알파코스』48쪽을 참조하라).
337) 제임스 패커,『복음전도와 하나님의 주권』, 103~104
338) 도널드 G 블러시『목회와 신학』(서울: 한국장로교출판사, 1992) 173
339) 제임스 패커,『복음전도와 하나님의 주권』, 101
340) 르네 빠딜라,『복음에 대한 새로운 이해』, 33
341) 지난 세기, 한 목회자가 장례식에서 가족 친지들에게 위로하기 위해 했던 구원의 안전성에 대한 설교 이후 이 개념은 급속하게 퍼져나갔고, RT Kendall, 『Once Saved, Always Saved』(Chicago: Moody Press, 1985)란 대표적인 책으로 확산되어 현재 매우 많은 전도자와 목회자, 그리스도인들에 의해 받아들여졌다.
342) Gerald Bochert는 그것을 확신과 경고 사이에서 혼돈한 것으로 본다. 제럴드 보체르트『확신과 경고』(서울: 생명의말씀, 1993), 12를 참조하라 또한 데이비드 포슨『한 번 구원은 영원한 구원인가?』(서울: 모리아, 2000)도 참조해 볼 수 있다.
343) Jonathan Edwards, Sermon: "The Christian Pilgrim" in Works of President Edwards, Ed. Sereno E. Dwight, VII (N.Y.: S. Converse, 1829~1830), 143~144. 블러시, 177에서 재인용.
344) John Piper,『Let the Nations Be Glad!』, 208~210
345) 데이비드 F 웰즈,『하나님께로 돌아오라』, 26~27
346) 존 윔버는 그의 책『John Wimber and Kevin Springer, Power Evangelism』(San Francisco: Harper & Row, 1986), 16에서 이것을 능력대결이라고 불렀고 피터 와그너(C. Peter Wagner)는 그의 저서 The Third Wave of the Holy Spirit (Ann Arbor, Mich.: Servant, 1988)에서 능력전도를, Kevin Springer가 편집한 Power Encounters (SF: Harper & Row, 1988)에서도 능력 대결이란 개념을 언급하고 있다. 이 용어는 사실을 묘사하는 객관적 단어이지만, 저자들은 진동과 넘어짐 등 특수한 현상들을 일반적인 표적과 기사로 보고 이런 능력들을

항상 있어야 할 규범적인 것으로 받아들이며 (Wimber의 *Power Healing*, 215~223을 참조하라) 정작 복음의 메시지 자체가 무엇인지를 분명히 정의하고 있지 않다는 점에서 능력대결 주장은 한쪽으로 치우치고 건전하지 못하다는 인상을 남기고 있다. (이에 대해서는 콜슨, 패커, 스프라울, 맥그라스가 편집한 『능력 종교』(서울: 엠마오, 1996)의 제3장 '영적능력의 추구'(존 H. 암스트롱) 110쪽을 참조하라) 신학적으로는 십자가와 부활의 승리에도 불구하고 아직도 빛과 어둠의 세력이 팽팽히 대결하고 있는 구도로 이해하게 만드는 느낌을 주는 표현이란 점에서도 주의가 요구되는 표현이다.

347) D.A. 카슨, 「신약성경에서 말하는 표적과 기사의 목적」 in 콜슨, 스프라울, 맥그래스 편집 『능력종교』, 128~129

348) David F. Wells, *God the Evangelist* (Grand Rapids, Eerdmans, 1987), 46. 사도행전 8장의 빌립 전도 기사, 10장 19절의 베드로 이방 전도 기사, 13장 2,4절의 안디옥 교회의 전도자 파송, 16장 6~10절의 선교 노정 변동이 바로 그런 것을 보여주는 사례이다.

349) 마태복음 5~7장, 9장 35절 그리고 10장 7~8절도 참조하라.

350) 여러 학자들은 이 부분은 마가복음의 초기 사본에 없는, 후에 첨부된 교회가 이해한 복음전파 사역으로 보고 있다.

351) 2004년 한미준의 조사에 의하면 종교를 바꿀 경우 불교를, 비종교인들도 불교를 선택할 것으로 나타났고, 불교인들도 종교를 바꿀 경우 80%가 천주교, 20%가 기독교를 선택하겠다고 했으며, 천주교인들도 기독교 선호율은 25%에 불과하나 50%가 불교를 택할 것이라고 조사됐다. 자세한 통계는 한미준-한국 갤럽 엮음, 『2005 한미준-한국갤럽 리서치, 한국교회 미래 리포트』(서울: 두란노, 2005)를 참조하라.

352) 콜슨, 『이것이 교회다』, 429

353) Willow Creek Community Church Section 3 in the Conference Notebook, Church Leadership Conference 1997, Willowcreek Association, Oct, 1997

354) 콜슨 『이것이 교회다』, 429

355) 앨리스터 맥그라스, 『이신칭의의 현대적 의미』(서울: 생명의 말씀사, 1996), 168~170

356) 당대 최고의 전도자로 꼽혔던 찰스 피니는 당대 최고의 사회 개혁자이기도 했다. Timothy George, 「The Challenge of Evangelism in the History of the

Church」in Thom S. Rainer, ed., Evangelism in the *Twenty-First Century, The Critical Issues*, (Wheaton, Ill.: Harold Shaw Publishers, 1989), 18

357) 스티브 쇼그린,『101 전도법 (*101 Ways to Reach your community*)』(경기: 도서출판 NCD, 2000)

358) E. Glenn Hinson, "Ordinary Saints at First Church", 《*Christian History*》 (Issue 57. Vol XVII, No.1), 18~20

359) 필자가 참석했던 전도훈련 컨퍼런스 중에 "The LAOS in Marketplace Evangelism, Boston '90" (Nov. 1-4, 1990, Framingham, Massachusetts, Home Mission Board, SBC주최)란 전국규모대회는 신학교수, 현장 평신도 전도자, 전도훈련가, 목회자들이 모여 지난 10여 년간의 경험을 통한 노하우를 나누는 매우 인상적인 것이었다. 울타리 안으로 데려오는 것에 집중하는 전통 전도 방식의 한계와 시대적 필요와 대안으로 등장했는데, 15년이 지난 오늘 우리 한국에도 꼭 필요한 전도 방식이다.

360) Thomas S. Rainer는 불신자 전도에 뛰어난 교회의 특징을 1. authenticity, 순전성, 2. 개인전도에 대한 강조, 3. 관계성, 4. 사랑과 수용 분위기, 5. 목사가 전도 모범 보임, 6. 열정과 기쁨이 넘치는 교회, 7. 본질과 핵심에 대한 타협 없음, 8. 소그룹 기회를 많이 제공한다, 9. 위기에 처한 사람들 접근, 10. 뛰어난 탁아와 어린이 시설 제공, 11. 어린이와 청소년 전도. 12. 불신자들을 위한 발견 과목 개설, 13. 전도 중심적 지도자 발굴, 14. 마케팅 도구만으로 안된다는 것을 잘 안다. 15. 인내심이 있다고 지적한다. 그의 저서『*Surprising Insights form the Unchurched*』, (Grand Rapids: Zondervan, 2001), 164~172를 참조하라.

361) 복음은 경험되어야 할 것이지만, 동시에 패커가 지적한 것처럼 '이해할 필요가 있는 약간 복잡성을 띤 메시지'(『복음전도와 하나님의 주권』생명의 말씀사, 1977, 56쪽을 참조하라)임을 부인한 것이 아니다.

362) 고든 피는 전도(kerygmatos)를 KJV처럼 설교란 행위가 아니라 선포의 내용 즉 복음 메시지로 본다. Gordon D. Fee,『*The First Epistle to the Corinthians*』, (NICNT, Grand Rapids, MI: Eerdmans, 1987), 73을 참조하라. 그러나 Thieselton은 그런 이해과 함께, Schrage의 주장을 받아들여 전도의 미련한 것은 수사학의 도시였던 고린도 지역의 상황 속에서 다양한 커뮤니케이션 형태(mode)가 아니라 form과 contents 모두를 포함한 하나님의 방식을 의미

하기도 한다고 지적하고 있다. Anthony C. Thiselton, The First Epistle to the Corinthians,『*The New International Greek Testament Commentary*』(NIGNT) (Grand Rapids, MI: Eerdmans, 2000), 167.

363) 데이비드 웰스『하나님께로 돌아오라』(서울: 서로사랑, 1998), 38,
364) Ralph W. Neighbour, Jr, Knocking on Doors, *OPENING HEARTS*, (Singapore, Touch Ministries Int., 1986), 20~21. 이 초기 저서의 전도개념은 그의 후기 저서 랄프 네이버,『셀교회 지침서』, 개정판 (서울: NCD, 2000), 346~347 등에서 오이코스 전도의 기초 개념으로 계속 발전되어 나타난다.
365) 사도행전 2장 5~12절에서 보면 아직 그리스도인이 아닌 천하각국으로부터 온 경건한(eulabeis) 사람들이 성령강림 사건을 보고 놀라며, 설교를 듣고 (14~36절), 회심하여 그리스도인이 된다(37~42절). 물론 방언을 하던 사람들이 집 밖으로 나가 장소를 옮겨 경건한 사람들을 만나고(I. Howard Marshall, *Acts: Tyndale NTC*, (Leiceter, England: IVP, 1980), 70쪽을 참조하라), 베드로와 제자들의 설교도 야외에서 이루어졌을 수도 있다. 여기서 강조하고 싶은 것은 장소 문제가 아니라, 그들이 어떤 존재였으며 언제 변화가 일어났는 가이다. 분명한 점은 그들은 그리스도인이 아니었고, 설교를 듣고 회심하여 거듭난 것이지, 적어도 거듭났기에 예배에 참석할 수 있었던 것은 아니란 점이다. 거듭난 사람만이 드리는 것이 예배라면, 이들처럼 설교를 듣고 세례를 받는(41절) 것은 오늘날 교회 밖으로 나가서 예배시간 이외에만 일어나야 한단 말인가? 개역 성경은 5절에서 이들을 '경건한 유대인'이라고 하나 F. F. Bruce가『*The Book of the Acts*』, Rev. Ed., (Grand Rapids, MI: Eerdmans, 1988) 53~54 지적하듯이 유대인이란 단어는 원문에는 없던 첨가이며, 오순절 예배를 드리러 이방 각국에서 온 유대계 후손이거나 개종자들로 보인다.
366) 사도행전 2장 37절은 "저희가…… 베드로와 다른 사도들에게 물어…… 형제들아 (단수가 아니라 복수이다!)"라고 전도설교의 반응도 공동체 측면에서 기록하고 있음은 흥미롭다.
367) 데이비드 웰스『하나님께로 돌아오라』(서울: 서로사랑, 1998), 31
368) Ibid., 데이비드 웰스『하나님께로 돌아오라』, 37.
369) Ibid., 데이비드 웰스『하나님께로 돌아오라』, 29
370) 마태복음 18장 3절은 '돌이켜' 어린아이들과 같이 되지 아니하면 결단코 천국에 들어가지 못하리라고 분명히 증언한다.

371) 이 비유는 McLaren이 한 것이다. Brian McLaren, 『*A Radical Rethinking of Our Evangelistic Strategy*』, in The Challenge of Evangelism in the 21st Century, Theology New & Notes, (Fall 2004, Fuller Theological Seminary), 6.

372) 사도행전 6장 7절은 회심을 복음을 듣고 이해하는 것이 아니라, 듣고 '복종'하는 것으로 표현한다. 데살로니가후서 1장 8절 등도 동일한 것을 말하고 있다. 존 스토트, 『로마서 강해- 온 세상을 향한 하나님의 복음』(서울: IVP, 1996), 57을 참조하라.

373) 찰스 콜슨, 『이것이 교회다』. 343에서 재인용.

374) 데이비드 웰스, 『신학실종(*No Place for Truth*)』(서울: 부흥과 개혁사, 2006), 134.

375) 시몬 키스트메이커, 『칼빈주의 역사 원리 조망』(서울: 성광문화사, 1982), 91.

376) 장동민, 『21세기 한국 신학과 개혁주의』(서울: UCN, 2005), 62~63. 그는 "박형룡과 후예 교회는 근본주의신학과 유사성을 보인다. 기독교적 세계관과 문화변혁을 꿈꿔왔던 개혁주의와 거리가 있다는 말이다. 게다가 개인적 신앙부흥 측면만을 강조하고, 다소 진보적이고 집단적인 사회참여를 언급하면 공산주의와 일치시키거나 자유주의처럼 여기는 경향"이 있음을 지적했다.

377) 권호덕, 『하나님 형상, 교회 그리고 영원한 안식』, (서울, 도서출판 Th.& E, 2006), 270~271에서 그는 "개혁파 교회는 모든 나라의 모든 개혁파 교회에서 나름대로 자신의 신앙고백서를 새로이 만들었다…… 한국의 장로교회도 나름대로의 한국 개혁파 신앙고백서를 작성했더라면 한국 장로교회가 개혁파 전통의 선상에 섰을 것이다"라고 주장한바 있다.

378) 웰스, 157.

379) Ibid., 108.

380) 키스트메이커, 92.

381) Ibid., 94.

382) 이승구, 『(21세기 개혁신학의 방향』, (서울: SFC, 2005), 402.

383) 키스트메이커, 95.

384) 이승구, 403.

385) John B Adger & John L. Giradeau, eds. 『*The Collected Writings of James Henley Thornwell*』(Richmond: Presbyterian Committee of Publication, 1873), vol.4: 134~135, 존 H. 리스, 『개혁교회와 신학』(서울: 한국장로교출판

사, 2001), 184~185에서 재인용.

386) 스코틀랜드 장로교신학의 G. D. Henderson 역시 장로교회주의란 안수받은 목사들과 평신도 장로들로 구성되며, 모든 목사는 동등한 신분을 가지고, 모든 장로는 논의와 투표문제에 있어서 목사와 꼭 같은 권리와 책임을 지는 것으로 정의한다. G. D. Henderson,『*Why We Are Presbyterians?*』(Edinburgh: Church of Scottland Publicaitons), 82~83. 리스, 186~187를 참조하라. 또한 James Moffatt은 장로들에 의해 다스려지는 교회를 언급하며, 장로들의 동률성(parity) 즉 평신도 대표인 장로들을 통해 교회를 다스리는 일에 동참할 수 있는 교인들의 권리를 강조한다. James Moffatt,『*The Presbyterian Churches*』(Toronto: Methuen Publicaitons, A Division of The Carlwell Company, 1928), 1~2. 리스, 186에서 재인용했다.

387) 존 H. 리스,『개혁교회와 신학』(서울: 한국장로교출판사,2001), 179

388) 박윤선,『대한예수교장로회 헌법주석』, (서울: 영음사, 1983), 7, 혹은 "개혁교파의 교회론 소고 (하),"《파수군》, 3호 (1949년 3월), 13을 참조하라

389) 하지는 장로교회의 네 가지 주요 특징 중 하나로 '누구나 동등한 성직자이며, 교회 통치에 있어서 본질적으로 신자들이 갖는 권리'를 언급한다. Charles Hodge,『*Discussions in Church Polity*』(NY: Cahrles Scribner's Sons, 1878), 119; 리스 184 재인용. 그래서 개혁교회는 본질적으로 교회 통치(government)도 당회장이나 소수의 당회원이 아닌 온 교회에 맡겨진 것이라고 말할 수 있다,(은사에 따라 여러 직분자들이 분담하여 담당.) 리스, 182를 참조하라.

390) 박윤선, "칼빈주의 교회론",『신학지남』41권 2호, 1974년, 18~19, 그리고 박윤선,『대한예수교장로회 헌법주석』, 29을 보라.

391) 박윤선『대한예수교장로회 헌법주석』, 29~30. 이는 개혁교회의 신조 제 84조 "어떤 교회든지 다른 교회들을 주장하지 못하며, 어떤 목사든지 다른 목사들을 주장하지 못하며…" (V. Dellen & Monsma, *Church Order Commentary 1864*, 340~341, 박윤선『대한예수교장로회 헌법주석』, 29에서 재인용)에 근거한 것이지 박윤선만의 독자적 이해나 주장이 아니다.

392) 회중정치 체계를 가진 침례교회 전신의 한 부분인 일반침례교회(General Baptist)가 중앙집권적 교회론을 가졌던 반면, 칼빈주의적인 신학체계를 가졌고 현재 미국 남침례교회의 모체인 또 다른 부분인 특수침례교회(Particular Baptist)는 지역교회의 자율성을 특별히 강조해왔음을 James L.

Sullivan, 『*Baptist Polity As I See It*』, (Nashville, TN: Broadman Press, 1983), 32 등에서 확인할 수 있다. 이는 미국 남침례회의 신앙고백서인 *The Baptist Faith and Message-A Statement Adopted by the Southern Baptist Convention, 1963* (Nashvill, TN: Sunday School Board of the SBC)의 VI. The Church 항목에서 "This church is an autonomous body, operating through democratic processes under the Lordship of Jesus Christ"란 선언으로 명시되어 침례교회 교회관의 중요한 특징으로 이해되고 있다.

393) 벌콥은 장로교의 대표정치를 설명하며 목사 한 사람이 다스리는 것을 인정치 않을 뿐 아니라 회중의 직접적 정치도 인정하지 않음을 분명히 밝히고 있다. 그런데 회중정치를 하는 교단에서도 현실적으로 회중이 직접할 수 있는 길은 교인총회란 기관을 통하지 않고는 현실적으로 불가능하며, 실제적으로는 제직회의와 목회자문위원회와 같은 대의대표제를 통해 이루어지고 있어 표면적 차이에도 불구하고 사실상으로는 교인총회와 대표그룹을 통한 정치를 함에 있어서 큰 차이를 보이지 않는다. 벌콥, 『조직신학 하권』, 364.

394) 김영재, 『한국교회사』(서울: 이레서원, 2005), 309.

395) 리스, 181

396) 김영재, 309 여기서 김영재는 이를 구약적이라고 일축했다.

397) Ibid., 309~310

398) "어떤 사람들은 이렇게 조직된 정치를 교권제도(hierarchy)라고 부르지만 나는 이 말을 부적당하고 보며 또 분명히 이 말은 성경에서 사용되지 않았다"고 칼빈은 말했다.

399) 김영재, 310.

400) 디다케는 물론, 디모데전서 3장, 디도서 1장, 베드로전서 5장 등에 언급된 감독과 집사의 자격은 따라서 특별히 다르지 않다. 사도행전 6장의 7인의 선출과 자격은 물론 선출방식을 주목해 보라. 지역교회의 지도자는 사도가 아니라 교회가 선출했다.

401) 고든 피, 『성령이 들려주시는 하나님의 말씀』(서울: 좋은 씨앗, 2002), 187

402) H. Ridderbos, "The Kingdom of God and Our Life in the World", *International Reformed Bulletin*, no. 28, January, 1967, 11, 고든 J. 스파이크만, 『개혁주의신학』(서울: CLC, 2002), 515에서 재인용.

403) Nicholas Wolterstorff, "The AACS in the CRC," 《*Reformed Journal 24*》

(December, 1974), 9-16.
404) 데이빗 F. 웰스, 박용규 역, 『웨스트민스터 신학과 화란개혁주의』, (서울: 엠 마오, 1996), 15.
405) 제임스 몽고메리 보이스, 『개혁주의 전망』 in 데이빗 웰스 ed., 『웨스트민스터 신학과 화란개혁주의』(서울: 엠마오, 1996), 203.
406) 웰스, 『신학실종』, 166.
407) Ibid., 156.
408) John Calvin, *1 Cor.* (Eerdmans 1948), 77, 특히 고린도전서 1장 17,20절 주석 부분을 참조하라
409) Reinhold Niebuhr, *Leaves from the Notebook of a Tamed Cynic* (Hamden, Connecticut: The Shoestring Press, 1956), 9. 리스, 84쪽에서 재인용
410) 프레드 크래독, 『권위없는 자처럼』, (서울: 예배와 설교 아카데미, 2003), 137,140.
411) 후크마는 전적타락(total depravity)보다는 철저한 부패(pervasive deprivity)란 표현으로 그 의미를 더 정확히 전달하려고 한다. 안토니 A. 후크마, 류호준 역, 『개혁주의 인간론』, (서울: CLC, 1990), 252.
412) 루이스 벌콥, 고영민 역, 『조직신학 상권』, (서울: 기독교문사, 2005), 485, 그리고 안토니 A. 후크마, 류호준 역, 『개혁주의 구원론』, (서울: CLC, 1990), 135도 참조하라. 후크마는 이 책 255쪽에서 전적 무능성보다는 영적 무능력이란 표현으로 그 의미를 살리려고 노력한다.
413) 벌콥, 『조직신학 상권』, 495를 참조하라
414) 박윤선, 『헌법주석』 70.
415) 정양모 역, 『열두 사도들의 가르침 디다케』, (경북 왜관: 분도출판사, 2002), 97쪽에서 로마 가톨릭교회의 정양모 신부는 "1900여년 전에 교우들이 민주적 절차로 자기네 지역교회 지도자들을 뽑다니(cheriotonein) 그저 놀랍다. 교황은 황제, 주교는 영주, 사제는 기사 식의 현행 봉건 교계 제도는 민주화 시대에 걸맞지 않다. 그러니 디다케에서 민주주의를 익혀 마땅하다"고 해설하고 있다.
416) 이승구, 『21세기 개혁신학의 방향』, 424~425.
417) 벌콥, 『조직신학 하권』, 359.
418) 이승구 424~425, 박윤선, 『헌법주석』 120, 벌콥, 『조직신학 하권』 365.

419) 박윤선,『헌법주석』121, 165, 이승구『21세기 개혁신학의 방향』,425, 430
420) 키스트메이커, 45.
421) 로버트 웨버,『예배가 보인다 감동을 누린다』(서울: 예영커뮤니케이션, 2004), 77.
422) 이승구, 421.
423) Ibid.,428.
424) 알리스터 맥그래스,『기독교의 미래』(서울: 좋은씨앗, 2005), 80 등을 참조하라.
425) 김영재, 311. 여기서 그는 이런 것에 대해 단호하게 질타한다.
426) 리스, 217~218.
427) Ibid., 219.
428) Letters of John Calvin, 2:182~198, Letters to Somerset, October 22, 1548.
429) 고든 피,『성령이 들려주시는 하나님의 말씀』(서울: 좋은 씨앗, 2002), 130~136.
430) 이승구. 427.
431) 리스, 187.
432) John Calvin, John T. McNeil Ed.,『Institutes of the Christian Religion』, (Philadelphia, The Westminster Press, MCMLX), Vol. IV. x.31,32
433) 김영재, 334~336.
434) Ibid., 336~338. 현재 한국 장로교회가 보여주는 교회관 중의 하나가 그의 관찰대로 분리주의적 교회관이라는 것이 사실이라면, 이것은 종교개혁 당시 칼빈과 루터파의 교회관과는 달리 그들로부터 모진 공격을 받았던 재세례파의 특성에 더 가깝다는 사실은 매우 아이러니컬하다.
435) 키스트메이커, 90. 그는 특정한 나라와 문화에 제한받지 않고 전세계 여러 나라에서 나름대로 다양한 모습으로 꽃을 피운 개혁파 교회의 모습을 통해 칼빈주의의 보편적 특성에 주목하고 있다.
436) John Calvin, John T. McNeil Ed.,『Institutes of the Christian Religion』, (Philadelphia, The Westminster Press, MCMLX), Vol. IV. x.32.
437) 리스, 173.
438) 레이 앤드슨(Ray S. Anderson),『새천년을 위한 영성 사역(The Soul of Ministry)』 (서울: 나눔사, 1999), 136~143.